Brigitte Kurmann-Schwarz

Glasmalerei im Kanton Aargau
Königsfelden, Zofingen, Staufberg

Überall, wo wir die Dichter von den Glasgemälden reden hören, stimmt ihr Ausdruck in dem Lobe des fröhlichen Glanzes überein, und die Vergleiche, die sie dabei anstellen, weisen auf einen empfänglichen Sinn für die Schönheiten der Natur zurück. Theophilus, wo er einmal von der künstlerischen Ausstattung der Kirchen spricht, hält die Pracht der Farben an Wänden und Decken mit den Blumen des Frühlings, mit dem Grün in Wald und Flur zusammen, er nennt sie ein Bild des Paradieses und fordert den Beschauer auf, dass er beim Anblick derselben die Wunder der Schöpfung lobpreise.

Johann Rudolf Rahn, Geschichte der bildenden Künste in der Schweiz von den ältesten Zeiten bis zum Schlusse des Mittelalters, Zürich 1876, S. 597–598.

Brigitte Kurmann-Schwarz

Glasmalerei im Kanton Aargau
Königsfelden, Zofingen, Staufberg

Farbfotografien
Franz Jaeck

Regierungsrat des Kantons Aargau
Lehrmittelverlag des Kantons Aargau

Inhaltsverzeichnis

Die Kirchen des Aargaus mit mittelalterlichen Glasmalereien

2 Der Aaregau im Mittelalter – Epoche, Zeit und Raum

4 Früh-, Hoch- und Spätgotik

8 Glasmalerei, Teil der Architektur und Erleuchtung der Gläubigen

9 Die Monumente, ihr Rang in der kirchlichen Hierarchie und ihre Formen
  9 Der nördliche Kreuzgangsflügel des Zisterzienserklosters von Wettingen
  11 Kloster und Kirche von Königsfelden
  21 Die Stiftskirche von Zofingen

23 Die Pfarrkirchen
  24 Suhr
  25 Staufberg
  27 Auenstein
  27 Thalheim

28 Zusammenfassung

Auftraggeber, Stifter, Kloster- und Kirchengründer

32 Die Wurzeln des mittelalterlichen Stifter- und Gedenkwesens

34 Die Stifter und Auftraggeber der mittelalterlichen Glasmalereien im Kanton Aargau
  35 Die frühgotische Kreuzgangsverglasung in Wettingen
  36 Königsfelden
  41 Staufberg
  41 Die Abtscheibe von Wettingen
  42 Auenstein
  42 Zofingen, Suhr, Thalheim

42 Kunststiftungen, Fegefeuer und Erinnerungskultur

45 Die soziale Stellung der Stifter und Auftraggeber

46 Was stiftet der im Bild dargestellte Auftraggeber?

49 Für wen stiftete der Auftraggeber? Überlegungen zu den mittelalterlichen Betrachtern der Kunstwerke

52 Zusammenfassung

Die Inhalte der Glasmalereien

56 Die Bedeutung der Glasmalereien im Kirchenraum

60 Die Entwerfer der Bildprogramme

62 Ornamente

66 Die Bibel und biblische Gestalten

73 Heilige und Heiligenlegenden

80 «Stifterbilder» und Wappen

Glasmaler und Werkstätten

86 Kloster und Stadt

88 Mittelalterliche Quellen zum Herstellungsprozess

89 Probleme der Authentizität und der Überlieferung

91 Der Aargau und die oberrheinisch-süddeutsche «Kunstlandschaft»

91	Die Rolle von Strassburg, Basel und Konstanz für die mittelalterliche Glasmalerei im Kanton Aargau
98	Die künstlerische Einordnung der erhaltenen Glasmalereien im Kanton Aargau
98	Wettingen und die frühgotische Glasmalerei im südlichen Elsass und in der Schweiz
99	Die Ornamentverglasungen der Bettelorden
101	Der Christuszyklus in Königsfelden und der Stil um 1300
108	Die Heiligenzyklen in Königsfelden und der Beginn der Spätgotik
114	Der dynastische Zyklus in Königsfelden und die Strassburger Glasmalerei im dritten Viertel des 14. Jahrhunderts
115	Suhr
116	Das Zofinger Passionsfenster
118	Die Glasmalereien auf dem Staufberg
120	14. oder 15. Jahrhundert? Die Fragmente in Auenstein und Thalheim
121	Zusammenfassung

Farbabbildungen

124	Königsfelden Chor
190	Königsfelden Langhaus
204	Zofingen
212	Staufberg
224	Auenstein, Thalheim, Suhr

Kurzbeschreibungen

228	Übersicht über die Restaurierungen der mittelalterlichen Glasmalereien im Kanton Aargau
230	Grundriss Königsfelden und Fensterschema
232	Königsfelden, Chorfenster
254	Königsfelden, Langhaus
260	Zofingen
262	Staufberg
266	Auenstein, Thalheim, Suhr

Anhang

270	Bibliographie
277	Register
282	Abbildungsnachweis

Sponsoren

Der Herausgeber bedankt sich bei den nachfolgenden
Institutionen, Stiftungen und Firmen für ihre grosszügige
Unterstützung

Koch-Berner Stiftung
Fondation Emmy Ineichen
Josef + Margrit Killer-Schmidli Stiftung
Jubiläumsstiftung der Schweizerischen Mobiliar
Genossenschaft, Bern
Generalagenturen der Schweizerischen Mobiliar
Genossenschaft in Aarau, Baden, Lenzburg, Muri, Reinach,
Rheinfelden, Zofingen
Vereinigung Freunde der Klosterkirche Muri
Evangelisch-reformierte Landeskirche des Kantons Aargau
Römisch-katholische Landeskirche des Kantons Aargau
Römisch-katholische Kirchgemeinde Muri

Vorwort des Herausgebers

Bei seiner Gründung 1803 trat der Kanton Aargau ein grosses historisches Erbe an. Dazu gehören neben den archäologischen Fundstätten von europäischem Rang die vielen gut erhaltenen Altstädte, Schlossanlagen, Rathäuser, Bürgerhäuser und Bauten verschiedenster Nutzungen sowie die Klosteranlagen und Kirchen mit ihren wertvollen Ausstattungen. Besondere Beachtung verdient dabei ein überaus reicher Fundus an Glasmalereien, der sich in den ehemaligen Klöstern von Königsfelden, Wettingen und Muri sowie in den verschiedenen Pfarrkirchen und Rathäusern befindet.

Der aargauische Bestand an Glasscheiben hat von der Qualität und Einmaligkeit her gesamteuropäische Bedeutung und gehört zum herausragendsten europäischen Kulturerbe. Dabei gilt dies nicht nur für den Glasscheibenzyklus von Königsfelden, sondern auch für die Glasmalereien in den Klöstern Wettingen und Muri sowie an anderen Orten im Kanton, da die Tradition der kleinformatigen Buntscheiben eine eidgenössische Besonderheit darstellt. Weil der überwiegende Teil des aargauischen Glasscheibenbestandes im Eigentum des Kantons steht, hütet dieser ein kulturelles Erbe, das Vergleiche mit bedeutendsten Kunstdenkmälern nicht zu scheuen braucht.

Schon immer hat der Kanton Aargau für die Pflege und den Schutz seiner Kulturgüter grosse Anstrengungen unternommen. Die elf Chorfenster der Klosterkirche Königsfelden wurden um 1900 erstmals umfassend restauriert. Heute, hundert Jahre später, konnte im Jahre 2002 die zweite vollständige Restaurierung dieser bedeutenden Habsburgerstiftung abgeschlossen werden. Im Kreuzgang von Wettingen ist gegenwärtig die Restaurierung der Kabinettscheiben noch im Gange, während die Scheiben des Kreuzgangs Muri erstmals bei ihrer Rückführung von Aarau im Jahre 1956 restauriert wurden.

Im Hinblick auf das Kantonsjubiläum hat der Regierungsrat bereits im Januar 1998 einem Kredit zugestimmt, der es ermöglichte, diesen wertvollen Bestand erstmals in einer umfassenden Publikation zu würdigen. Eine solche Gesamtschau hat bis heute gefehlt. Die vorliegende Buchreihe befasst sich mit der Zeitperiode vom späten 13. bis zum Ende des 18. Jahrhunderts. Es wurde besonders darauf geachtet, die Ansprüche der Fachwelt und der Kunstinteressierten gleichermassen zufrieden zu stellen. Die dreiteilige Gliederung in einführende Aufsätze, einen vollständigen Bildteil mit neuen Farbaufnahmen und einen wissenschaftlichen Katalog kommt diesem Wunsch entgegen. Durch die eingesetzten Mittel aus dem Lotteriefonds und die grosszügige Unterstützung der Sponsoren konnte ein attraktiver Verkaufspreis festgelegt werden.

Der Regierungsrat dankt an dieser Stelle den Sponsoren sowie allen Beteiligten für ihr Mitwirken und ihr fachkompetentes Engagement, insbesondere aber dem Projektleiter, Herrn Franz Jaeck. Die vorliegende Buchproduktion soll über das Jubiläumsjahr hinaus eine Brücke des Wissens schlagen und die Freunde und Besucher unserer Glasmalereien begleiten und informieren.

Kanton Aargau

Regierungsrat Rainer Huber
Vorsteher Departement Bildung, Kultur und Sport

Vorwort der Verfasserin

Im Jahre 1994 erhielt ich den Auftrag als Bearbeiterin des Corpus Vitrearum Medii Aevi (CVMA) der Schweiz, den für diese Reihe vorgesehenen Band über Königsfelden zu erarbeiten. Im Rahmen dieses vom «Schweizerischen Nationalfonds zur Förderung der wissenschaftlichen Forschung» finanzierten Projektes entstanden die wissenschaftlichen Grundlagen, ohne welche die vorliegende Publikation in dieser Form gar nicht hätte entstehen können. Initiiert wurde das Projekt «Glasmalerei im Kanton Aargau», zu dem dieser Band gehört, von Franz Jaeck und wurde in engster Zusammenarbeit mit dem «Schweizerischen Zentrum für Forschung und Information zur Glasmalerei» in Romont unter der Leitung von Stefan Trümpler realisiert. Für den vorliegenden Band über die Glasmalerei des Mittelalters im Kanton Aargau wünschte man sich ein Buch, das ein breiteres Publikum erreichen sollte. Unter diesen Voraussetzungen war es nicht leicht, das vorliegende Werk gemäss den Wünschen der Auftraggeber zu schreiben, da üblicherweise die vom Nationalfonds geförderten Arbeiten wie der Band Königsfelden (CVMA Schweiz 2) über den wichtigsten mittelalterlichen Glasmalereibestand des Kantons Aargau zunächst der Fachwelt vorgelegt werden, bevor eine Version für eine breitere Leserschaft veröffentlicht wird. So stellte sich denn für die Autorin des vorliegenden Buches bezüglich Königsfeldens immer wieder die Frage, wie viel aus dem im Rahmen des für das Corpus-Werk Erarbeiteten preisgegeben werden darf.

Zur Lösung dieses Dilemmas leistete mir mein Mann Peter Kurmann grosse Hilfe. Ohne ihn hätte das vorliegende Buch in knapp halbjähriger Arbeit kaum entstehen können. Ich danke ihm herzlich für den Beistand, den er mir trotz seiner Überlastung besonders während der letzten Wochen der Arbeit in redaktioneller Hinsicht gewährte. Er hat mir geholfen, einen Text zu schreiben, der dem Kunstinteressierten hoffentlich zu einer angenehmen Lektüre verhilft. Was Königsfelden betrifft, so wird der Leser gewiss dafür Verständnis haben, dass die wissenschaftliche Argumentation dem CVMA-Band vorbehalten bleiben muss. Nach dessen Erscheinen wird man ihn zusammen mit dem vorliegenden Buch zu konsultieren haben, denn beide werden sich gegenseitig ergänzen. Es bleibt deshalb zu hoffen, dass auch die Drucklegung des Corpus-Bandes Königsfelden die nötige Unterstützung findet.

Die erforderlichen technologischen Kenntnisse für die Bearbeitung mittelalterlicher Glasmalereien, die im Rahmen dieses Buches allerdings nur am Rande ihre Früchte tragen durften, erwarb sich die Autorin in erster Linie dank der guten Zusammenarbeit mit den beiden Restauratoren des Glasmalereiateliers in Königsfelden, Fritz Dold und Urs Wohlgemuth. Unermüdlich trugen sie die schweren Scheiben von den Transportkisten zum Leuchttisch und entbanden so die Autorin von der physischen Verantwortung für das kostbare, zerbrechliche Gut. Sie beantworteten alle Fragen zu konservatorischen und restauratorischen Problemen und stellten die Felder so auf, dass sie photographiert werden konnten. Viele Tage verbrachte die Autorin auch im Büro von Christine Buchmüller-Frey, die bergeweise Aktenstösse heraussuchte, Bilder zurechtlegte und viele wertvolle Auskünfte über die lange Restaurierungsgeschichte von Königsfelden beisteuerte. Schliesslich las sie die Korrekturen des Manuskripts für das vorliegende Buch und sah es in Bezug auf die Allgemeinverständlichkeit kritisch durch. Ich danke den Genannten für ihre jahrelange Hilfe, die weit über die Arbeit am vorliegenden Band hinausgeht. Mein Dank ergeht auch an die Verantwortlichen des Baudepartementes, in deren Obhut sich das ehemalige Kloster von Königsfelden befindet. Manfred Tschupp, Rolf Brüderlin und der Kantonsbaumeister Fritz Althaus haben für die vielen Wünsche der Corpus-Bearbeiterin immer sehr grosses Verständnis gezeigt.

Da sich die Vorbereitung für das vorliegende Buch von der Tätigkeit am CVMA nicht trennen lässt, seien folgende Kolleginnen und Kollegen sowie Institutionen erwähnt: Bruno Boerner, Freiburg, jetzt Dresden, war immer bereit, Probleme der im Zusammenhang mit der mittelalterlichen Glasmalerei so wichtigen Theologiegeschichte zu diskutieren. Richard Marks (York), dem Präsidenten des Internationalen Komitees des Corpus Vitrearum, verdankt die Autorin grundlegende Erkenntnisse über den Stellenwert der Glasmalerei innerhalb des Kirchengebäudes. Ernst Schubert (Halle) und Carl Pfaff (Fribourg) haben die historischen Ausführungen einer sachlichen Kritik unterzogen. Besonders möchte ich auch den beiden Historikerinnen Astrid Baldinger, Brugg, und Katrin Proetel, Berlin, danken, die mir grosszügig Einblick in ihre Forschungen gewährten und denen ich viele Hinweise auf Quellen und Studien verdanke. Jürgen Michler, der ausgezeichnete Kenner der mittelalterlichen Architekturfarbigkeit, nahm sich die Zeit, mit der Verfasserin Königsfelden zu besuchen und die Polychromie des Bauwerks eingehend zu betrachten. Wertvolle Anregungen und Erkenntnisse über die Glasmalereien auf dem Staufberg lieferte Christian Kuster, Fribourg. Rüdiger Becksmann, Hartmut Scholz und Daniel Hess vom Corpus Vitrearum Deutschland sowie Françoise Gatouillat, Michel Hérold und Claudine Lautier vom Corpus Vitrearum Frankreich waren immer bereit, Probleme der süddeutschen, elsässischen und lothringischen Glasmalerei mit der Verfasserin zu erörtern und fehlende Abbildungsvorlagen herbeizuschaffen. Andrea Schwarz hat bei der wegen anderer unumgänglicher Verpflichtungen sehr kurz bemessenen Zeit bei den letzten Untersuchungen der Königsfeldener Glasmalereien vom Gerüst aus wertvolle Dienste geleistet. Es sei allen sehr herzlich für Hilfe und Unterstützung gedankt.

Obwohl Studien in den Geisteswissenschaften von persönlichen Beziehungen und internationaler Vernetzung der Forschenden profitieren, sind sie auf die Hilfe der Institutionen vor Ort angewiesen. Besonders sei zunächst denjenigen des Kantons Aargau gedankt. Das Kantonsarchiv in Aarau half der Verfasserin mit grossem Entgegenkommen, Einblick in die Quellen zu nehmen. Allen Mitarbeitern, namentlich Piroska Máthé, sei an dieser Stelle herzlich gedankt. Die Denkmalpflege des Kantons Aargau, insbesondere der Denkmalpfleger Jürg A. Bossardt, der Projektleiter der vorliegenden Publikation, Franz Jaeck, und seine Mitarbeiterin Dunja Baur nahmen grossen Anteil an der Arbeit und unterstützten die Autorin nach Kräften. Beiden Institutionen sei hiermit aufrichtig gedankt. Dank geht ebenfalls an die Graphische Sammlung der Zentralbibliothek Zürich und ihre Mitarbeiter sowie an das Archiv der Eidgenössischen Kommission für Denkmalpflege in Bern, namentlich an Jeanette Frey und Deborah Winkelhausen.

Finanziert wurde die Arbeit am Corpus Vitrearum vom «Schweizerischen Nationalfonds zur Förderung der wissenschaftlichen Forschung», dem «Schweizerischen Zentrum für Forschung und Information zur Glasmalerei» in Romont sowie vom Kanton Aargau. Indirekt kam diese materielle Förderung auch dem vorliegenden Band zugute, dessen Vorbereitung und Druck der Kanton getragen hat. Einen namhaften Beitrag an die Finanzierung des Werkes leistete auch das «Schweizerische Zentrum für Forschung und Information zur Glasmalerei» in Romont, dessen Leiter, Stefan Trümpler, das Projekt besonders am Herzen lag. Diesen Institutionen und ihren Repräsentanten sei für ihre Unterstützung mit Nachdruck gedankt. Mein Dank richtet sich auch an die Kommission des Corpus Vitrearum der Schweizerischen Akademie der Geistes- und Sozialwissenschaften und ihren Präsidenten, André Meyer. Die Kommission, deren Aufgabe es ist, die Autoren des Corpus Vitrearum zu bestellen, zeigte stets Interesse an der Arbeit der Verfasserin und liess es an Förderung nie fehlen. Schliesslich möchte ich auch meiner akademischen Lehrerin Ellen Judith Beer, der früheren Präsidentin der Kommission für das Corpus Vitrearum der Schweiz, für ihr Interesse danken, das sie über ihr Mandat als Leiterin der Kommission hinaus für meine Arbeit zeigte. Immer wieder konnte ich von ihrer grossen Kenntnis der Malerei des 14. Jahrhunderts profitieren und ihr Probleme meiner Arbeit vorlegen.

Brigitte Kurmann-Schwarz

Terribilis est locus iste: hic domus Dei est et porta caeli:
et vocabitur aula Dei.
Schauerlich ist dieser Ort: es ist das Haus Gottes und die Pforte des
Himmels: es wird auch Wohnsitz Gottes genannt.

(Introitus des Commune Dedicationis Ecclesiae [Kirchweihritus],
Gen 28, 17)

Die Kirchen des Aargaus mit mittelalterlichen Glasmalereien

Die Kirchen des Aargaus mit mittelalterlichen Glasmalereien

Der Kanton Aargau bewahrt gemessen an der übrigen Schweiz einen Bestand an mittelalterlicher Glasmalerei von grossem Umfang und ausserordentlicher Vielfalt. Zwei Klosterkirchen, Wettingen und Königsfelden, eine Stiftskirche, Zofingen, und vier Pfarrkirchen, Staufberg, Suhr, Thalheim und Auenstein, besitzen noch mehr oder weniger umfangreiche mittelalterliche Verglasungen oder Reste von Scheiben aus der Zeit vom letzten Viertel des 13. bis zur ersten Hälfte des 15. Jahrhunderts (Abb. 1). Die Geschichte der Glasmalerei geht jedoch viel weiter zurück und dauert gerade auf dem Gebiete der heutigen Schweiz über das Ende des Mittelalters hinaus fort. Die folgenden Ausführungen zu den Glasmalereien und ihrem historischen Hintergrund werden sich nur mit einem Teil des Mittelalters beschäftigen, nämlich mit dem Zeitalter der Gotik. Der moderne Kanton Aargau, der 1803 erst konstituiert wurde, deckt sich nicht mit der historischen Landschaft Aargau, wie sie die mittelalterlichen Quellen umgrenzen. Im Folgenden sollen zunächst einmal die Epochenbegriffe definiert sowie Raum und Zeit umschrieben werden, in denen die zu behandelnden Kunstwerke entstanden sind. Der Zufall der Überlieferung bewirkt, dass die vorliegende Publikation sich mit einem künstlerisch heterogenen Material beschäftigen muss, das für Bauten geschaffen wurde, deren Funktion und Rang unterschiedlicher nicht sein könnten. Mit einer Geschichte von Form und Funktion der Bauten soll daher eine Grundlage für das Verständnis ihrer Ausstattung mit Glasmalereien gelegt werden.

Der Aaregau im Mittelalter – Epoche, Zeit und Raum

Der Begriff Mittelalter wurde erstmals von den italienischen Humanisten des 14. und 15. Jahrhunderts formuliert und bezog sich zunächst vor allem auf die Werke der Literatur und Kunst. Danach umfasste das Mittelalter die Zeit vom Ende der Antike bis zum Beginn der Renaissance, der Epoche, in der die Gelehrten selbst lebten, wobei sie die eigene Ära positiv von dieser mittleren Zeit abhoben. Sie warfen dem Mittelalter vor, dass es sich von den künstlerischen und allgemein kulturellen Errungenschaften der Antike abgewendet hatte und erst ihre eigene Zeit wieder an diese anknüpfte. Ihrer Meinung nach waren sie die Ersten, die zu einer neuen, dem Mittelalter überlegenen Kultur fanden. In der Kunst Italiens kann man die Ansätze der Entwicklung, die zur Renaissance hinführte, ins 14. Jahrhundert zurückverfolgen, während nördlich der Alpen das neue Formengut nicht vor dem Ende des 15. Jahrhunderts aufgegriffen wurde. Als geschichtlicher Epochenbegriff wurde der Terminus Mittelalter relativ spät verwendet, nämlich erst in der zweiten Hälfte des 17. Jahrhunderts (1666 vom holländischen Historiker Georg Horn und 1688 von Christoph Cellarius in Halle). Gemäss der ursprünglich ästhetischen Bedeutung des Begriffs wurde die darunter fallende Epoche als eine Zeit des Niedergangs, der Finsternis und der Wirrnisse aufgefasst, in der die universale Sprache, das Lateinische, verwilderte und verkam. Seither haben zahllose Forschungen erreicht, dass dieses mittlere Zeitalter in einem anderen Licht gesehen wird. Man erkannte, dass die mittelalterlichen Gelehrten und Künstler nie erlahmten, die Leistungen der antiken Kultur zu bewahren und im christlichen Sinne weiterzuentwickeln. Der Übergang zur Renaissance wird daher nicht so sehr als Bruch als vielmehr unter dem Blickpunkt von Wandel und Kontinuität gesehen.

Den Menschen des langen mittleren Zeitalters gelang ein grossartiger Wiederaufstieg aus den Katastrophen der endenden Antike und den Wirrnissen des frühen Mittelalters, indem sie in mancher Hinsicht die Grundlage dessen schufen, was wir heute als Neuzeit auffassen. Besonders für unser Thema berichten die Quellen des oft einseitig mit barbarischen Invasionen und allgemeinem Niedergang gleichgesetzten Frühmittelalters in dichter Folge über das Vorhandensein einer der faszinierendsten Kunsttechniken, der ornamentalen und figürlichen Glasmalerei (Enrico Castelnuovo). Spätestens im 9. Jahrhundert war die Technik dieser Kunstgattung, wie sie der Mönch Theophilus um 1100 beschrieb, vollständig ausgebildet. Wir wissen, dass zumindest die Kirchen, vor allem die Kathedralen und Klosterkirchen, mit gläsernem Bilderschmuck versehen waren. Dies ist etwa für Rouen in der Normandie, aber auch für das Benediktinerinnenkloster von Müstair durch Ausgrabungen belegt (Jacques Le Maho; Jürg Goll). Keines der grossen Klöster auf dem Gebiet des modernen Kantons Aargau wurde im frühen Mittelalter gegründet, doch ist es sehr wahrscheinlich, dass die 1064 geweihte Kirche des 1027 von den Habsburgern gegründeten Klosters Muri eine farbige Verglasung besass. Leider können wir uns von einem solchen Glasmalereiensemble keine genauen Vorstellungen mehr machen, weil die überhaupt ältesten zusammenhängend erhaltenen Scheiben erst nach 1130 entstanden sind (Augsburg, Dom, Propheten, nach 1132 [Denis A. Chevalley]; Saint-Denis, Abteikirche, Chorverglasung, vor 1144 [Louis Grodecki]). Nach allem, was wir jedoch aus schriftlichen Quellen wissen, gab es bereits im 10. und 11. Jahrhundert Glasmalereien mit einzelnen grossen Figuren und szenischen Darstellungen (Fragmente aus Kloster Schwarzach und aus dem Magdeburger Dom sind erhalten beziehungsweise bekannt, vgl. dazu Rüdiger Becksmann).

Älter als die grossen Klöster des Kantons sind die Pfarrkirchen, von denen diejenigen in Zofingen und Suhr auf das frühe Mittelalter zurückgehen. Jüngere Forschungen haben nachgewiesen, dass die älteste Kirche von Zofingen in der Zeit gegen oder um 600 erbaut wurde (August Bickel). Staufberg, Auenstein und Thalheim bewahren in ihrem aufgehenden Mauerwerk jeweils einen frühromanischen oder romanischen Kern (11./12. Jahrhundert). Wenn wir auch noch eine gewisse Vorstellung der Ausstattung von frühen Klosterbauten haben, so wurde bisher kaum untersucht, wie das Mobiliar und der Schmuck von Pfarrkirchen des frühen und hohen Mittelalters aussahen. Richard Marks vermutet, dass ihre Fenster, wenn sie überhaupt Scheiben besassen, mit farbigen Ornamentverglasungen versehen waren, die Öffnung in der Achse des Chores vielleicht mit farbigen und figürlichen Glasmalereien. Es lässt sich jedoch über ihr Aussehen nichts Sicheres sagen, weil keine vor dem 12. Jahrhundert entstandene Verglasung von Pfarrkirchen erhalten blieb und auch solche dieser Zeit höchst selten sind.

Farblose, ornamentale Glasmalereien, die man in der Fachsprache als Grisaillen bezeichnet, dürften weiter verbreitet gewesen sein, als bisher angenommen wurde. Sie waren bemalt oder unbemalt und enthielten auch farbige Elemente (ein spätes Beispiel stammt aus der Stiftskirche von Romont, heute im Schweizerischen Museum für Glasmalerei, um 1300). Dieser Verglasungstypus wird meist mit den Zisterziensern verbunden, die zumindest in der Frühzeit ihres Ordens keine figürlichen und farbigen Scheiben in ihren Kirchen duldeten und lediglich farblose Fensterverglasungen erlaubten (Helen Zakin). Die ältesten erhaltenen Glasmalereien dieser Art stammen aber alle erst aus dem letzten Viertel des 12. Jahrhunderts (Obazine, 1176/90; Eberbach, Ende 12. Jahrhundert). In der Forschung ist umstritten, ob die einfachen, farblosen Verglasungen auf eine Tradition zurückgehen, die älter ist als die Ordensgründung der Zisterzienser (1098), oder ob diese sie sozusagen erfunden hatten (Hartmut Scholz). Die Gesetzgebung dieses Ordens in Bezug auf die Glasmalereien wurde vielleicht

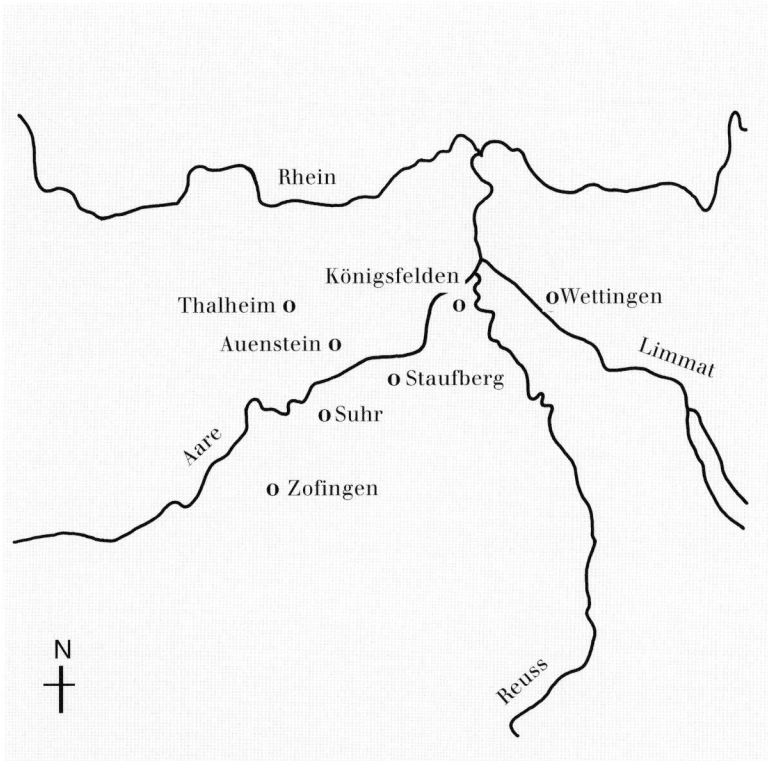

Abb. 1: Kanton Aargau, Standorte der mittelalterlichen Glasmalereien.

1134, jedenfalls vor 1152 erlassen und hält fest, dass die Fenster nur weiss und ohne Bilder sein sollen. Dies deutet darauf hin, dass die Verfasser der Zisterzienser-Statuten eine bestimmte Form von Glasmalereien vor Augen hatten, die allgemein mit der Idee von Einfachheit verbunden wurde. Dies könnten gerade die im 12. Jahrhundert üblichen einfachen Pfarrkirchenverglasungen gewesen sein. Wie der grosse französische Glasmalereihistoriker Louis Grodecki zu Recht betonte, sind uns so wenige Grisaillen überliefert, weil diese ohne langes Federlesen ersetzt wurden, wenn die Verwitterung sie braun verfärbt hatte.

Wie bereits angedeutet wurde, kann das vorliegende Buch aufgrund der Überlieferung der Glasmalereien im Gebiet des modernen Kantons Aargau nur einen Teil der Geschichte der mittelalterlichen Glasmalerei behandeln, und zwar ungefähr die Zeit zwischen 1285 und 1440. Die Standorte der Objekte befinden sich ebenfalls lediglich auf einem kleinen Teil des ursprünglichen Raumes, der im Mittelalter als Aaregau bezeichnet wurde. Nur das südlich des Zusammenflusses von Aare und Reuss gelegene Dreieck gehörte im Mittelalter zur Landschaft mit dem Namen Aargau. Die übrigen Gebiete wurden 1803 ohne Rücksicht auf die historische Zusammengehörigkeit dem neu geschaffenen Kanton einverleibt.

Die Bezeichnung Aaregau erscheint in karolingischer Zeit erstmals in schriftlichen Quellen (8. Jahrhundert). Damals war damit das gesamte Gebiet innerhalb des Aarebogens von den Alpen bis zum Zusammenfluss mit der Reuss gemeint, wobei dieser Fluss und das Westufer des Vierwaldstättersees die Grenze nach Osten bildeten (August Bickel). Im 9. Jahrhundert entstand die Grafschaft Oberaargau, die den westlichen und südlichen Teil des ursprünglichen Gebietes Aaregau umfasste. Die einfache Bezeichnung Aaregau, aus der 1803 auch der Name des modernen Kantons wurde, bezog sich nun nur noch auf das Gebiet, das im Norden durch den Zusammenfluss von Aare und Reuss begrenzt wurde und sich nach Süden bis ins Quellgebiet von Wald- und Wissemme erstreckte. Ein Teil der Objekte, die im Folgenden näher betrachtet werden, befinden sich also historisch-geographisch betrachtet nicht im Aargau. Dies betrifft das an der Limmat gelegene Wettingen sowie Auenstein und Thalheim, beide nördlich der Aare gelegen. Es gab jedoch im Mittelalter keine undurchdringlichen Grenzen, denn die grossen Grafengeschlechter der Gegend, die Rheinfelder, Habsburger, Kyburger, Lenzburger und Nellenburger, hatten über die Region des Aargaus hinaus Besitzungen, sodass die 1803 dem Kanton eher willkürlich zugeschlagenen Gebiete schon im späteren Mittelalter in enger Beziehung zum eigentlichen Aargau standen.

Der Aargau war wie die übrigen Gegenden der modernen Schweiz im Mittelalter Teil des Heiligen Römischen Reiches Deutscher Nation, dem ein gewählter König vorstand. Er wurde in Frankfurt von den Kurfürsten gewählt und in Aachen mit den Reichsinsignien gekrönt. Dies spielt für unsere Epoche insofern eine Rolle, als drei Mitglieder des Hauses Habsburg nacheinander den Thron des Heiligen Römischen Reiches besetzten: 1273 Rudolf I. von Habsburg, 1298 Albrecht I. und 1314 Friedrich der Schöne, wobei dieser in einer Doppelwahl zum König erhoben wurde (Alphons Lhotsky, Karl-Friedrich Krieger). Er konnte sich in der Folge nicht gegen Ludwig den Bayern durchsetzen. Keinem der frühen Habsburger gelang es ausserdem, einen Romzug zu unternehmen und mit dem Papst Einigkeit über die Kaiserkrönung zu finden. Nominell umfasste das Heilige Römische Reich im 14. Jahrhundert folgende moderne europäische Staaten: Deutschland, die Schweiz, Österreich, die Niederlande, Belgien, Luxemburg, die Tschechische Republik, Teile des heutigen Polen, Italien (ausgenommen der Kirchenstaat) und das Rhonetal mit der Provence. Seine Kerngebiete befanden sich jedoch nördlich der Alpen, und wenn hier vom Südwesten des Heiligen Römischen Reiches die Rede ist, bezieht sich diese Bezeichnung auf die heutige Schweiz, Süddeutschland und das Elsass. Mit allen diesen Gebieten stand der mittelalterliche Aargau in engen politischen, wirtschaftlichen und kulturellen Beziehungen.

Früh-, Hoch- und Spätgotik

Während die aargauischen Bauten, in denen noch Glasmalereien des Mittelalters erhalten blieben, in ihrem Kern teilweise viel älter als die farbigen Verglasungen sind, gibt es in ihnen keine Scheiben, die vor der Wende zum

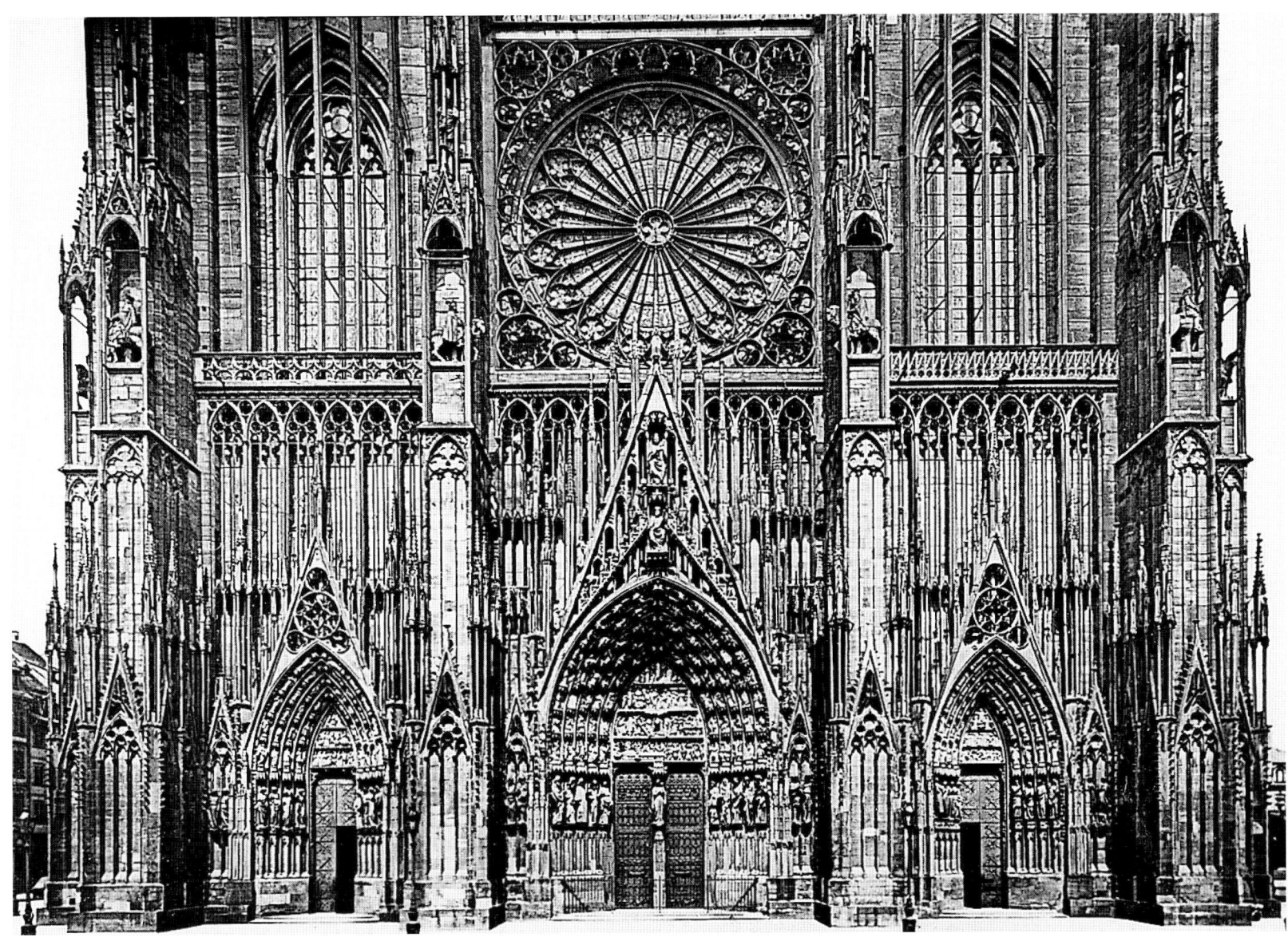
Abb. 2: Strassburg, Münster, Westfassade, Portalzone und Rose, nach 1275.

Spätmittelalter entstanden. Sowohl die Architektur der Bauten, die nachfolgend behandelt werden sollen, als auch ihre mittelalterlichen Glasmalereien werden von der Kunstgeschichte den verschiedenen Phasen der Gotik zugeordnet. Je nach zeitlicher Stellung dieser Architekturen und Glasmalereien werden sie mit den Zeitbegriffen früh, hoch und spät näher umschrieben.

Wie der Begriff Mittelalter war auch der Terminus Gotik negativ belastet, als er in die Geschichtsschreibung eingeführt wurde (Peter Kurmann). War Mittelalter für die Humanisten eine undefinierbare, dunkle Zwischenzeit, in der die hehre Kultur der Antike fast unterging, galt die Gotik als ein verwilderter künstlerischer Stil, der jeder klassischen Ordnung widersprach. Wie der Begriff Mittelalter wurde auch die Bezeichnung «gotisch» zunächst sehr eingeschränkt verwendet. Vom 15. bis ins 19. Jahrhundert findet man ihn ausschliesslich als Terminus im Bereich von Architekturgeschichte und -theorie. Er entstand aus der Vorstellung, dass die Horden der Völkerwanderungszeit, die Langobarden, Vandalen, Hunnen und Goten, einen Baustil mit sich brachten, der sowohl in Bezug auf die Formen als auch auf die Technik ihrer Wildheit entsprechend wirr und ungeordnet war. Eine positivere Auffassung von Gotik gründet auf dem Hauptzeugen antiker Architekturtheorie, Vitruvius («De architectura», gegen 31 vor Christus verfasst). Er schildert in seiner Schrift eine Urhütte, welche die unzivilisierten Völker sich aus Zweigen und Ästen der Bäume errichteten. In dieser Konstruktion sahen vor allem die Historiker und Schriftsteller des 18. Jahrhunderts die Voraussetzung der Gotik. Johann Wolfgang von Goethes begeisterte Beschreibung der Strassburger Münsterfassade (Abb. 2) bedient sich daher des Baumes und seiner Äste als poetisches Bild (erstmals 1772 in Frankfurt gedruckt). Dem grossen Dichter galt die Gotik als eine genuin deutsche Formensprache, die derjenigen der Antike ebenbürtig war. Daran knüpften die Romantiker an, die Gotik nicht nur als eine deutsche Ausdrucksweise, sondern als die ideale christliche Bauform stilisierten (Peter Kurmann).

Das Interesse an der Gotik sowie an den Kunstwerken und Bauten des Mittelalters allgemein basierte anfänglich weniger auf ästhetischen Qualitäten als vielmehr auf ihrem dokumentarischen Wert. Man behandelte sie wie Urkunden und Quellen, die Aussagen über die Vergangenheit machten, erhob sie aber noch nicht zu Gegenständen ästhetischer Betrachtungen. Diese waren ausschliesslich den Werken der Antike vorbehalten beziehungsweise denjenigen, die in der Tradition der Antike standen. Man interessierte sich daher vor allem für Grabmäler, Wappen, Bilder von historischen Personen und anderes mehr. Dies lässt sich etwa in Königsfelden nachvollziehen, dessen heute grösstenteils verlorene Habsburgerbilder und -wappen der Langhausfenster seit der Mitte des 16. Jahrhunderts als Abbildungen für historische Abhandlungen dienten. Erst aus der Feder des deutschen Kunsthistorikers Wilhelm Lübke erfuhr Königsfelden 1866 eine erste künstlerische Würdigung. Er schrieb: «Der unbekannte Meister, der diese herrlichen Werke entworfen und ausgeführt hat, gehört ohne Frage zu den hervorragendsten Künstlern, welche das 14. Jahrhundert diesseits

Abb. 3: Troyes, ehemalige Stiftskirche Saint-Urbain, Ansicht des Chores, um 1270.

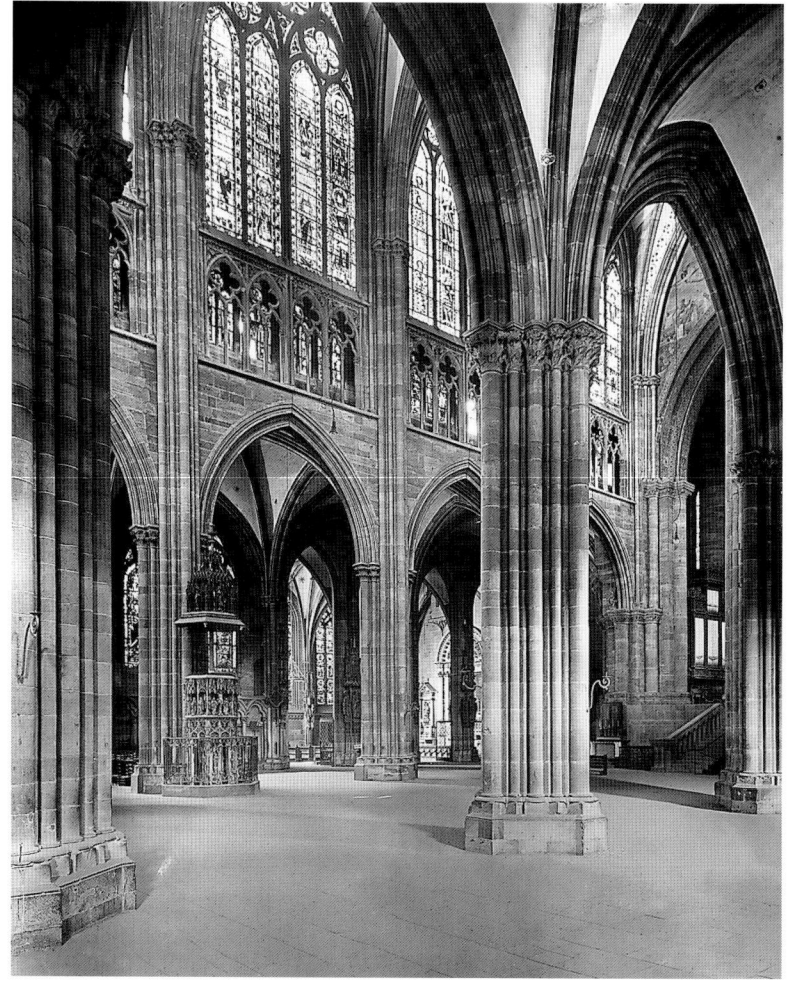

Abb. 4: Strassburg, Münster, Blick ins Langhaus, um 1250–1275.

der Alpen hervorzubringen vermochte.» Im Gegensatz zu der sonst üblichen Sichtweise von Glasmalereien als Produkte von Kunsthandwerkern interpretiert Lübke sie als Werke eines grossen Künstlers.

Die Periodisierung in Früh-, Hoch- und Spätgotik wurde für die formale Entwicklung der Architektur definiert. Erst später übertrug die Kunstgeschichtsschreibung diese Begriffe auch auf die bildenden Künste. Dabei stellt man jedoch fest, dass, ähnlich der Epochenbezeichnung Mittelalter, die südlich und nördlich der Alpen etwas anderes meint, auch die Einteilung des Mittelalters in verschiedene Zeitabschnitte regional und je nach Kunstgattung verschieden ist. Der Stil der hochgotischen Glasmalerei Frankreichs, wie wir sie aus der Sainte-Chapelle des ehemaligen Königsschlosses auf der Île-de-la-Cité in Paris (vor 1248), aus dem Chor der Krönungskathedrale von Reims (um 1240) und der Kathedrale von Troyes (1230/50) oder aus der Stiftskirche Saint-Urbain ebenfalls in Troyes (um 1270/75, Abb. 3) kennen, wurde in der zweiten Hälfte des 13. Jahrhunderts in unseren Gegenden nur langsam assimiliert (Grodecki/Brisac; Kimpel/Suckale). Für diesen Vorgang spielte die Strassburger Münsterbauhütte im Südwesten des Heiligen Römischen Reiches eine herausragende Rolle (Roland Recht). Am Bau des Münsters setzte sich der hochgotische Stil sowohl in der Architektur als auch in der Glasmalerei schon vor der Wende zum 14. Jahrhundert durch (Abb. 4).

Der Hinweis auf das Strassburger Münster macht deutlich, dass die Vorstellung von der Entwicklung der Architektur im Zeitalter der Gotik an den führenden Bauten entwickelt wurde, die hoch komplexe Formen aufweisen. Sie lässt sich nicht immer ohne Mühe auf einfachere Gebäude oder Gebäudeteile übertragen, wie an den hier zu behandelnden Bauten deutlich wird. Die nördliche Galerie des Kreuzgangs von Wettingen steht für den Übergang von konservativeren Masswerkformen der Hochgotik, beispielsweise Kompositionen aus Kreisen mit Vielpässen, zur moderneren Gestaltungsweise der Planrisse für die Strassburger Westfassade sowie deren tatsächlich ausgeführte Version am Elsässer Münster. Ein damit vergleichbares elegantes und schnittiges Masswerk bringt erst der Chor von Königsfelden, obwohl dieser nicht mit dem Reichtum der Strassburger Fassade konkurrieren kann oder will. Trotz komplizierter Masswerkkonfigurationen tritt in den gotischen Bettelordenskirchen des südwestdeutschen Raumes die Wand wieder ganz «ungotisch» dominierend in Erscheinung.

Die übrigen Kirchen, die wir hier behandeln, sind von der Spätgotik geprägt, obwohl sie in ihrem Kern bedeutende Teile von Vorgängerbauten enthalten. Da in der Baukunst des Heiligen Römischen Reiches, wie oben schon angedeutet wurde, das Wandhafte nie ganz verschwand, gingen Spätgotik und Romanik in den Regionen der heutigen Schweiz meist eine harmonische Verbindung ein. In der Gruppe der spätgotischen Bauten des Kantons Aargau, die noch mittelalterliche Glasmalereien besitzen, ist die Stiftskirche von Zofingen das bedeutendste Werk. Das typisch Spätgotische lässt sich vor allem an den Masswerken und an den vereinfachten Profilen der Fensterpfosten, der Gesimse oder der tragenden Elemente ablesen (Joseph Gantner). Charakteristisch sind auch die engmaschigen oder sternförmigen Gewölbeformationen im Chor und in den Anräumen. Im Gegensatz zur kirchenrechtlich höher gestellten Stiftskirche wurden die ländlichen Pfarrkirchen selten gewölbt, eine Ausnahme bildet der Chor von Auenstein. Alle übrigen hier behandelten Bauten besitzen jedoch hölzerne Decken in Schiff und Sanktuarium, die entweder flach oder gebrochen sind.

Auch die Glasmalereien unserer Bautengruppe erlauben es, den Übergang von der Früh- zur Hoch- und zur Spätgotik zu verfolgen. Strassburg und das Elsass sind auch hier der Ausgangspunkt für die Entwicklung in der Region. Der Reigen der gläsernen Standfiguren im Obergaden des Strassburger Münsters (1250–75) weist den Weg zur Hochgotik (Abb. 5; Beyer/Wild-Block/Zschokke). Im deutschsprachigen Raum ging nur Köln Strassburg voraus, denn in der niederrheinischen Metropole hatte sich um 1280 mit der Verglasung der Dominikanerkirche und mit dem Obergaden des Domchors der hochgotische Malstil französischer Prägung durchgesetzt (Brinkmann/Lauer). Damals ringen jedoch die Künstler des Südwestens noch um diese neue Formensprache, wie sich am Beispiel der Glasmalereien im nördlichen Kreuzgangsflügel von Wettingen (um 1285) und verwandter Werke in Schlettstadt, Münchenbuchsee und Ostwald bei Strassburg (alle zwischen 1280 und 1290) zeigen lässt (Gatouillat/Hérold; Gatouillat/Lehni). Da diese südwestdeutschen Werke den entscheidenden Schritt zur Gotik vollziehen, aber noch nicht deren voll ausgereifte Formen aufweisen, bezeichnet man sie als «frühgotisch».

Abb. 5: Strassburg, Münster, Langhaus, Obergaden, Fenster 204 (S II), heilige Jungfrauen, um 1260/65.

Die Formensprache der Hochgotik setzte sich im Medaillonfenster von Sankt Thomas zu Strassburg um 1310/20 und in den östlichen Fenstern der Chorverglasung von Königsfelden um 1330 endgültig durch. Die westlichen Chorfenster der Abteikirche und die Verglasung der Seitenschiffe in ihrem Langhaus weisen dagegen bereits Anzeichen des Übergangs zur Spätgotik auf. Daran schliessen die Heiligen Drei Könige in Suhr an (um 1375). Die Glasmalereien in der Stiftskirche von Zofingen (um 1420) oder diejenigen des Gotteshauses auf dem Staufberg (1440) haben die Schwelle zur Spätgotik längst überschritten. Wie in der Architektur begannen sich auch in der Glasmalerei Regionalstile auszubilden, von denen diejenigen in Suhr, Zofingen und auf dem Staufberg charakteristische Vertreter sind. Die Vorbilder sind vor allem in der Tafelmalerei und im damals jungen Medium Kupferstich, sowohl im Elsass als auch in Süddeutschland, zu finden und wurden wahrscheinlich durch die dem Aargau benachbarten Städte Basel, Zürich und Konstanz vermittelt.

Glasmalerei, Teil der Architektur und Erleuchtung der Gläubigen

Da die Glasmalereien integraler Bestandteil des Baus sind, wird ihr Aussehen nicht nur durch die jeweils herrschenden künstlerischen Ausdrucksformen bestimmt, sondern auch durch den architektonischen Rahmen. Die Scheiben sind jedoch Bauteil und Bildträger in einem. Sie üben also eine doppelte Funktion aus. Einerseits stellten sie in der Fläche der Fensteröffnung die Fortsetzung der Wand dar und sind Klimascheide und Filter für das einfallende Licht, andererseits gehören sie aber auch zur Ausstattung eines Baus und vermitteln, falls sie figürlich gestaltet sind, eine theologische oder moralische Botschaft, die sich an ein bestimmtes Publikum richtet. Dieses ist je nach Status der Kirche sehr verschieden, und entsprechend unterschiedlich sind auch Form und Qualität der gläsernen Bilder.

Die farbigen Scheiben nahmen im Mittelalter wegen ihres besonderen Materials und ihrer Kostbarkeit immer einen sehr hohen Stellenwert ein. Glas ist das einzige Material, das einen Raum nach aussen verschliesst, ohne ihn zugleich völlig zu verdunkeln. Es ist ausserdem der einzige

Stoff, der von einer anderen Materie, dem Licht, durchdrungen werden kann, ohne dass er durch diese verletzt oder gar zerstört wird. Diese Eigenschaft fasziniert die Menschen bis heute so sehr, dass man irrtümlich das Vorhandensein und die stets zunehmende Bedeutung der Glasmalereien anhand einer mittelalterlichen Lichtmetaphysik, einer Lehre vom überirdischen Licht, erklären wollte (Erwin Panofsky). Die Autoren, auf die man sich dabei berief, beispielsweise der griechische Mystiker Dionysius Areopagita, dachten in der Tat über das Licht nach, doch ging es ihnen um das göttliche, das intelligible Licht (der legendäre heilige Dionysius vereinigt in sich drei historische Personen: den Paulus-Schüler, von dem er seinen Namen erhielt, den Märtyrer und ersten Bischof von Paris, der im 3. Jahrhundert starb, und den anonymen Verfasser von theologischen Schriften aus dem 6. Jahrhundert). Es wäre Dionysius nie in den Sinn gekommen, das göttliche Licht als Äquivalent des materiellen Tageslichts zu sehen, das die ebenfalls materiellen Glasmalereien zum Leuchten brachte (Andreas Speer; Binding/Speer). Es lässt sich daher keine direkte Beziehung zwischen dem Nachdenken mittelalterlicher Theologen über das göttliche Licht und den Glasmalereien herstellen. Eine solche war nur auf symbolischer und methaphorischer (bildlicher) Ebene möglich, wie folgendes Beispiel zeigt. Der Franzose Petrus von Roissy, der ab 1204 Kanzler des Kathedralkapitels von Chartres war, schrieb über die Glasmalereien (Mortet/Deschamps): «Fenestrae vitreae quae sunt in ecclesia per quas ventus et pluvia arcentur et claritas solis transmittitur significant sacram scripturam quae a nobis nociva repellit et nos illuminat» («Die gläsernen Fenster, die sich in der Kirche befinden, durch die Wind und Regen abgehalten werden und die das Licht der Sonne durchscheinen lassen, verkünden die Heilige Schrift, die von uns das Böse abhält und uns erleuchtet»). Die Glasmalereien wurden daher von den mittelalterlichen Autoren als Fensterverschluss, als materielle Lichtquelle und Träger einer konkreten göttlichen Botschaft gesehen.

Hinzu kommt, dass die Theologie des Mittelalters im Licht einen materiellen und daher für den Menschen erfahrbaren Ausdruck Gottes sieht. Christus wird als die wahre Sonne bezeichnet, wogegen das Licht des Himmelskörpers nur ein Abglanz des Göttlichen oder dessen materiell erfahrbares Bild sein kann. Christus als das wahre Licht werden die Seligen erst nach ihrem Tode schauen können, wenn sie dem Fegefeuer entgangen und als Gerechtfertigte in den Himmel geführt werden (Caroline Walker Bynum). Die leuchtenden Glasmalereien und ihre Bilder stellen daher in den Augen der mittelalterlichen Menschen nur schwache Annäherungen von dem dar, was sie dereinst als Gerechtfertigte im Himmel schauen werden. Ein reiches Domkapitel wie dasjenige der Kathedrale von Chartres (Kurmann/Kurmann-Schwarz) oder eine Abtei wie diejenige von Königsfelden (Astrid Baldinger) verfügten über mehr Mittel, um sich künstlerisch der unsagbaren Schönheit des Himmels und des Paradieses anzunähern als die ländlichen Pfarrgemeinden. Diese Tatsache muss auch dem heutigen Betrachter der bunten Bilder gegenwärtig sein, wenn er ihre ursprüngliche Bedeutung zu ergründen sucht.

Die Monumente, ihr Rang in der kirchlichen Hierarchie und ihre Formen
Der nördliche Kreuzgangsflügel des Zisterzienserklosters von Wettingen

Die ältesten erhaltenen Glasmalereien des Mittelalters im Kanton Aargau befinden sich im nördlichen Kreuzgangsflügel des Zisterzienserklosters von Wettingen. Da diesem ein eigener Band in der vorliegenden Reihe gewidmet ist, können wir uns zu seiner Geschichte kurz fassen (vgl. Anderes/Hoegger; Peter Hoegger; Glasmalerei im Kanton Aargau, Bd. 2). Es wurde 1227 durch eine Vergabung von Heinrich von Rapperswil vom Zisterzienserkloster Salem aus gegründet. Sein Kreuzgang ist heute vor allem durch die Verglasung aus dem 16. und 17. Jahrhundert berühmt, doch gehören die Masswerkscheiben im nördlichen Flügel zu den ältesten Glasmalereien (Abb. 6), die auf dem Gebiet der heutigen Schweiz erhalten sind. Kreuzgänge hatten im Mittelalter sehr unterschiedliche praktische Funktionen – sie waren in erster Linie Verbindungsgänge –, aber sie waren auch für das religiöse Leben von Bedeutung – Ort des Gebetes, des Studiums, der Fusswaschung, der Bestattung usw. (Regine Abegg). Seit dem 13. Jahrhundert wird es besonders

Abb. 6: Wettingen, ehemaliges Zisterzienserkloster, nördlicher Kreuzgangsflügel, um 1285.

nördlich der Alpen üblich, die Kreuzgänge zu verglasen (ein frühes Beispiel bietet der Kreuzgang des Zisterzienserklosters Heiligenkreuz in Niederösterreich, um 1250, Eva Frodl-Kraft), was wohl in Wettingen auch von Anfang an der Fall gewesen ist, denn die Reste der Verglasung im Nordflügel gehen auf die Bauzeit um 1285 zurück.

Der Nordarm des Kreuzganges öffnet sich in zwölf rundbogigen Arkaden zum Hof hin, von denen elf mit vierbahnigem, eine mit einem dreibahnigen Masswerk vergittert sind. Kleeblattbögen schliessen die Fensterbahnen, während das Couronnement sich abwechselnd aus Dreipässen und Kreisen zusammensetzt, in die unterschiedliche Formen einbeschrieben sind. Peter Hoegger vergleicht die Masswerkformen in der nördlichen Kreuzgangsgalerie mit den Fenstern der Chöre von Sankt Alban und der Predigerkirche in Basel von 1261/69. Die Glasmalereien aus dem 13. Jahrhundert sitzen in den Öffnungen der zwölf Masswerkfenster, während die Bahnen mit einer nachmittelalterlichen Butzenverglasung und farbigen Einzelscheiben gefüllt sind.

Die gleichförmigen Arkadenöffnungen und die gebrochene Holzdecke des nördlichen Kreuzgangsarmes lassen sich in keiner Weise mit der Vorstellung einer Urhütte aus Ästen oder der Baummetapher Goethes verbinden, die dieser zur Charakterisierung der Strassburger Münsterfassade heranzog (Abb. 2). Wie noch gezeigt werden wird, beschränkt sich in Wettingen das Vegetabile auf die Verglasung, während in der Architektur abstrakte geometrische Formen vorherrschen. Selbst die Kapitelle der Arkaden sind mit Ausnahme eines einzigen auf eine glatte Becherform ohne pflanzliche Zierden reduziert.

Die Kreuzgangsverglasung von Wettingen steht für eine jüngere Entwicklung in der Geschichte der Zisterzienser, denn sie enthält sowohl farbiges als auch figürliches Glas. Die Bilder zogen im letzten Viertel des 13. Jahrhunderts in die Glasmalereien der Zisterzienser ein (frühe Beispiele finden sich in: Heiligenkreuz, im Brunnenhaus des Kreuzgangs und im Chor der Klosterkirche, um 1280/90; Neukloster, um 1280; Wettingen, um 1285; Haina, Anfang 14. Jahrhundert). Damit unterschieden sich die Kirchen der

Zisterzienser bezüglich des Fensterschmuckes kaum mehr von den Gotteshäusern anderer Kongregationen (Eva Frodl-Kraft).

Kloster und Kirche von Königsfelden

Das chronologisch als nächstes auf den Wettinger Kreuzgang folgende Hauptensemble der mittelalterlichen Glasmalerei im Kanton Aargau bewahrt die ehemalige Abteikirche von Königsfelden, die von einem Franziskaner- und einem Klarissenkonvent gemeinsam genutzt wurde (Emil Maurer; Marcel Beck/Peter Felder e. a.). Das Doppelkloster entstand an der Stelle, an der am 1. Mai 1308 König Albrecht I. von Habsburg ermordet wurde. Dieser war schon am Anfang des Jahres aus Böhmen in die aargauischen Stammlande seiner Familie gekommen, um dort Truppen gegen Heinrich von Kärnten und die Wettiner anzuwerben. Den letzten Tag seines Lebens verbrachte er auf der Burg zu Baden, wo er mit seinem Gefolge zur Mittagstafel sass und beabsichtigte, nach Tisch aufzubrechen, um seiner Frau, Königin Elisabeth, entgegenzureiten, deren Ankunft man an diesem Tag von Rheinfelden her erwartete. Seit Jahren schon schwelte zwischen dem König und seinem Neffen, Herzog Johann von Österreich, ein Streit um dessen Erbe. Noch am Morgen des 1. Mais liess Johann seine Ansprüche durch Bischof Johannes von Strassburg erneut vortragen, doch enthielt die Antwort des Königs auch diesmal nur wenig Konkretes (Matthias von Neuenburg; Johannes von Viktring).

Grollend verliessen Johann und vier Edelleute, mit denen er sich schon seit einiger Zeit gegen den König verschworen hatte, den Tisch. Als jedoch die Gesellschaft zusammen mit König Albrecht aufbrach, schloss sich ihr der Herzog mit seinen vier Kumpanen wieder an. Die Strasse, die von Baden nach Brugg und von dort weiter über den Bözberg nach Basel führte (Abb. 7), folgte zunächst dem südlichen Ufer der Limmat, bis sie etwas südlich von Windisch auf die Reuss traf. Dort musste der Reisende eine Fähre besteigen, um auf dem Westufer des Flusses seinen Weg fortsetzen zu können. Von hier aus führte die Strasse mitten durch das Gelände des einstigen römischen Legionslagers

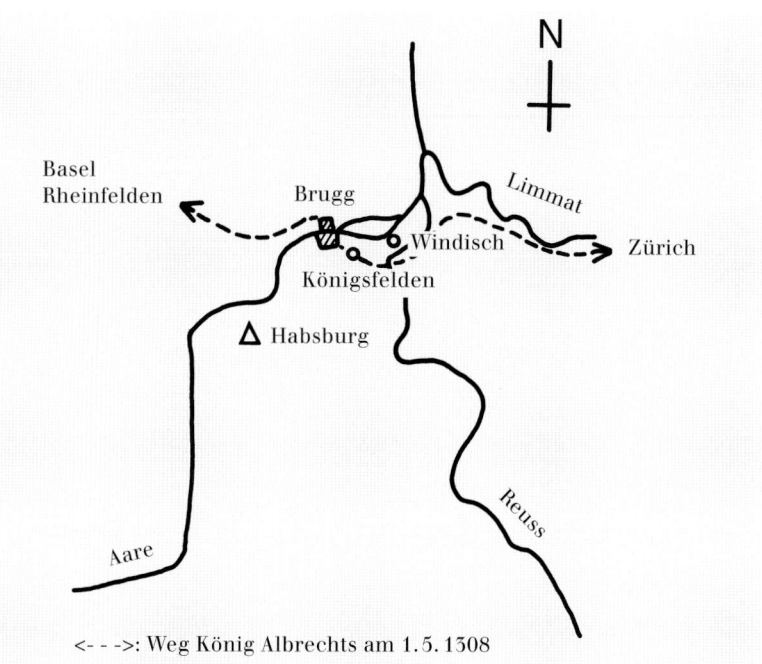

Abb. 7: Königsfelden, Lage des ehemaligen Klosters an der Strasse von Baden nach Brugg und Basel.

Abb. 8: Wettingen, ehemaliges Zisterzienserkloster, Kirche Habsburgergrab, um 1280.

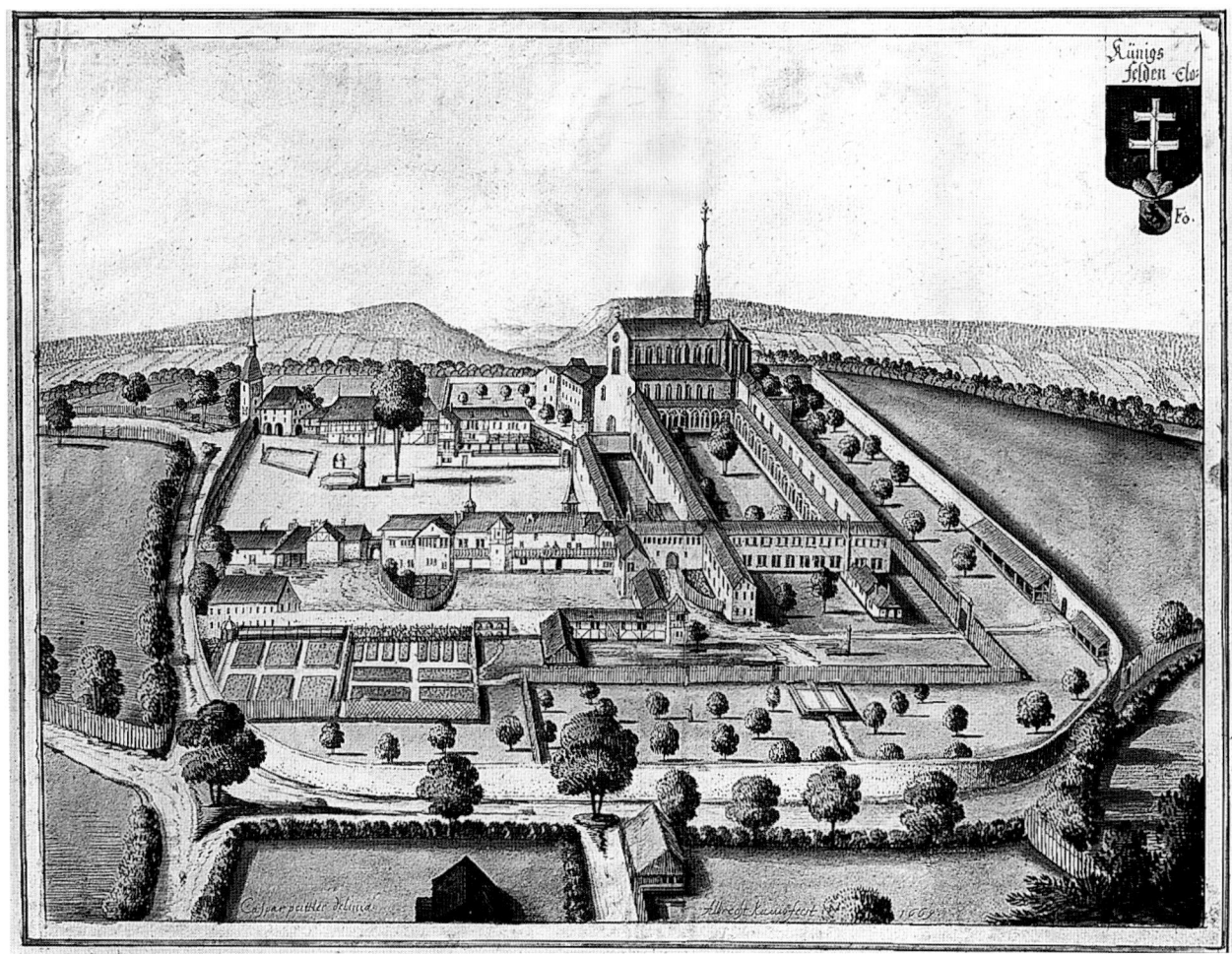

Abb. 9: Königsfelden, ehemaliges Kloster, Ansicht von Süden, Aquarell von Albrecht Kauw, 1669 (Bern, Historisches Museum).

nach Brugg, wo die Aare auf der Brücke überschritten werden konnte.

Als der König und sein Gefolge zu der Stelle kamen, an der über die Reuss gesetzt werden sollte, lag dort nur ein einziger Kahn, mit dem nicht die ganze Gesellschaft übersetzen konnte. Er bot lediglich Raum für den König und einen Begleiter (Dietegen von Kastel), Herzog Johann und seine vier Mitverschworenen sowie deren Bedienstete. Die Schilderungen des Ereignisses deuten an, dass die Verschwörer zufällig mit dem König und einem einzigen Begleiter den Kahn besteigen konnten. Die Chronisten Matthias von Neuenburg und Johannes von Viktring geben einen genauen Bericht des Dramas, das sich abspielte, nachdem der König und die Verschwörer den Fährkahn auf der anderen Seite des Flusses verlassen hatten und die Reise auf der Strasse nach Brugg fortsetzten. Die übrigen Begleiter des Königs befanden sich noch auf dem jenseitigen Flussufer und warteten die Rückkehr des Kahnes ab. Als der König in Richtung des Römerlagers losritt, soll Rudolf von Wart zu den anderen gesagt haben «Quam diu iste cadaver equitare permittemus?» («Wie lange wollen wir diesen Leichnam noch weiterreiten lassen?»). Diese Frage wirkte wie ein Stichwort, worauf die Spiessgesellen über den König herfielen und ihn niedermachten. Als die übrigen Begleiter auf dem Windischer Reussufer anlangten, lag der schwer Verletzte bereits im Sterben. Man brachte ihn anschliessend in die Zisterzienserabtei Wettingen, wo er in dem Habsburgergrab aus dem 13. Jahrhundert vorläufig beigesetzt wurde (Abb. 8). Die Wahl des Ortes war wohl nicht zufällig, galt doch der König als grosser Wohltäter der Zisterzienser. Er selbst hatte 1302/03 das Zisterzienserkloster Königsbronn bei Heidenheim gegründet, und gerade sein früher Tod verhinderte eine solide wirtschaftliche Entwicklung dieses Konventes, zu dessen Gunsten spätere Kaiser immer wieder eingreifen mussten.

Königin Elisabeth, die am Tag des Mordes wahrscheinlich mit ihrer Tochter Agnes, der verwitweten Königin von Ungarn, von einer Wallfahrt zum Grab der heiligen Elisabeth in Marburg zurückkehrte, liess am Ort, wo König Albrecht starb, laut Überlieferung der «Chronicon Koenigsveldense» eine Kapelle errichten und zwei Franziskanermönche ansiedeln (Martinus Gerbert). Diese beteten für das Seelenheil des Ermordeten und wohnten in einem Haus, das neben dem kleinen Oratorium gebaut wurde. Schon ein Jahr später erfährt man aus den Urkunden, dass die Witwe Albrechts und ihre Söhne an der Stelle ein Kloster gründen wollten. Zunächst weiss man nur von den beiden Franziskanerbrüdern, die vor Ort beteten, dann jedoch, anderthalb Jahre nach der Ermordung des Königs, wird klar, dass Elisabeth sich für die Gründung eines Doppelklosters von Franziskanern und Klarissen entschieden hatte (Georg Boner).

Die feierliche Grundsteinlegung, von der die Königsfelder Chronik berichtet, soll nach Meinung der Historiker im Spätherbst 1310 stattgefunden haben. Die beiden Klostergevierte und die Aussenwände des Kirchenschiffes bis zur Höhe der Fenstersohlbänke waren im Herbst/Winter 1312/13 so weit aufgeführt, dass die Kreuzgänge eingedeckt werden konnten. 1311 stellten Königin Elisabeth und ihre Söhne in Wien den Gründungsbrief des Klosters aus. Im folgenden Jahr (August 1312) erteilte der Konstanzer Bischof Königin Agnes die Erlaubnis, die von ihr geplante Gründung eines Klarissenklosters in Gnadenthal (von Windisch aus etwas weiter reussaufwärts gelegen) nach Königsfelden zu übertragen. Der Entschluss, ein Doppelkloster zu gründen, muss jedoch schon 1309 gefallen sein, denn eine Urkunde der Königin Elisabeth vom 6. Dezember dieses Jahres richtet sich bereits an die Äbtissin und den Konvent in Königsfelden.

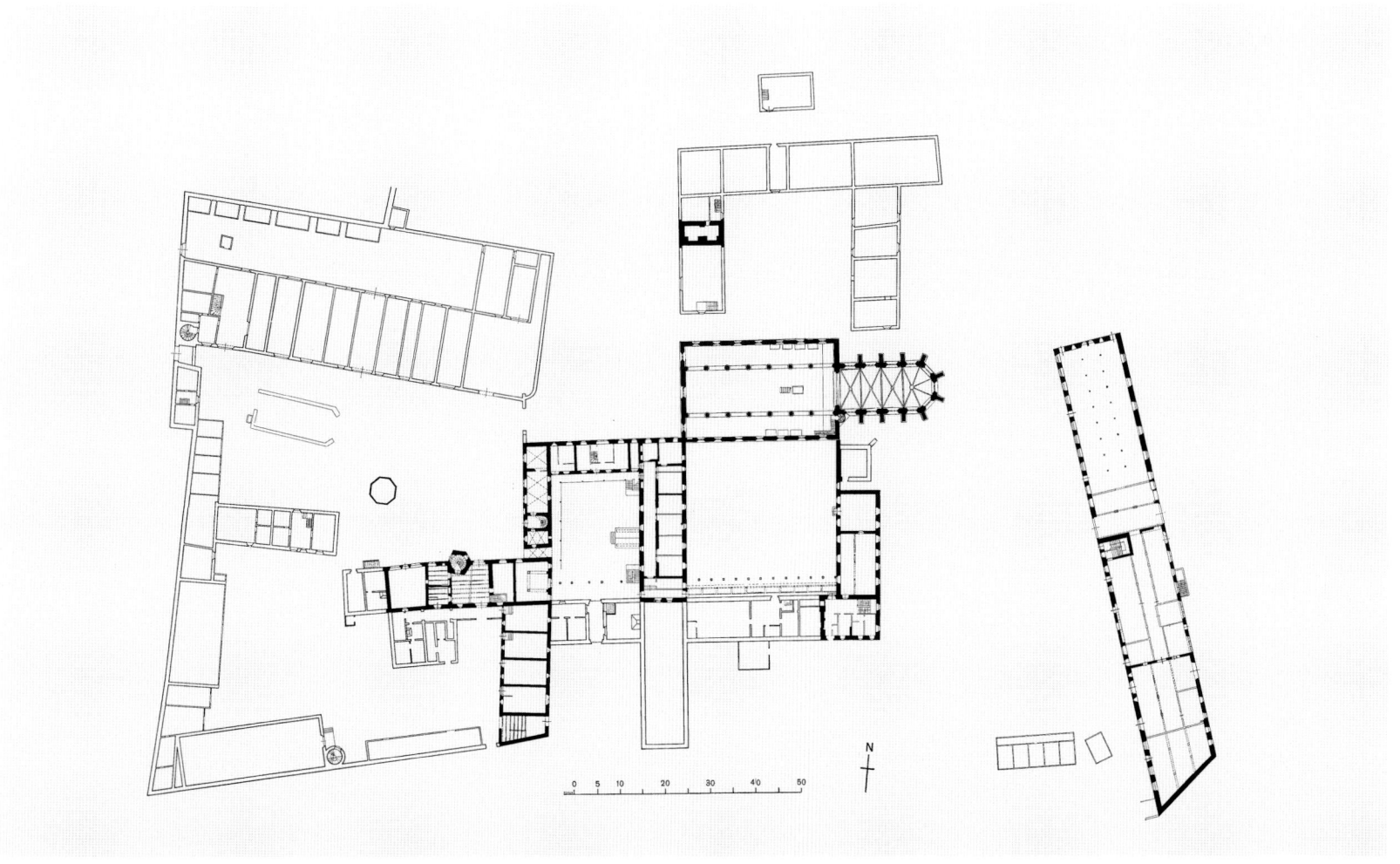

Abb. 10: Königsfelden, ehemaliges Kloster, Plan, Aufnahme der bestehenden Bauten (schwarz) von 1953: abgetragene Bauten (weiss) nach dem Plan der Anlage von J. B. Schwachheim, 1774.

Abb. 11: Königsfelden, ehemaliges Kloster, Ansicht des turmbewehrten Toreingangs von Osten.

Da noch im 14. Jahrhundert nur die Klarissen, nicht aber die Franziskaner Besitz annehmen durften, war der Frauenkonvent mit der Klosterwirtschaft beauftragt. Entsprechende Gebäude wurden daher an der Westseite der Klausur um einen zweiten Hof herum errichtet. Erst am Ende des 16. Jahrhunderts entstand weiter westlich die Hofmeisterei. Schon früh erwähnen die Quellen auch die Mauer, die das ganze Areal der Abtei einfasste. Zugang gewährte nur ein Torbau im Westen der Kirche (Abb. 11), der jedoch wie die Umfassungsmauer des Klosters im 19. Jahrhundert abgerissen wurde. Zwischen dem turmbewehrten Zugang zum Klosterareal und der Kirche standen weitere Wirtschaftsgebäude, die auch im Laufe des 19. Jahrhunderts verschwanden.

Das Männerkloster befand sich auf der Nordseite der Kirche und bildete ebenfalls ein Geviert mit einem Kreuzgang. Möglicherweise barg der Kern der Bauten das Haus, in dem die ersten Brüder untergebracht waren. Die Gebäude wurden 1869 unter dem Vorwand abgerissen, Platz für

Im September 1312 schliesslich zogen die ersten Nonnen aus Söflingen bei Ulm in die Klostergebäude auf der Südseite der künftigen Kirche ein. Das Frauenkloster bestand aus drei Flügeln, die an die Südwand der Kirche anschlossen und den südlichen Kreuzgang einfassten (Abb. 9). Nicht im Verband mit den übrigen Gebäuden befand sich am Ostflügel die gewölbte Sakristei. Wie das Innere der Klausur organisiert war, ist nicht mehr bekannt, da die ehemaligen Klostergebäude im Spätmittelalter und noch danach mehrmals umgebaut wurden. Heute stehen von den Gebäuden des Frauenklosters nur noch ein Teil des Ostflügels und der Westflügel sowie der westlich anschliessende Wirtschaftshof (Abb. 10). Archäologische Nachforschungen im nördlichen Kreuzgangsflügel ergaben, dass sich dort eine Grablege befand, in der während längerer Zeit die Nonnen beigesetzt wurden. Unter den aufgefundenen sterblichen Überresten der Toten konnte nur ein einziges männliches Skelett bestimmt werden. Es wird einem um das Kloster verdienten Mann angehört haben, der zusammen mit den Nonnen der Auferstehung entgegenharren durfte (Markus Gerber).

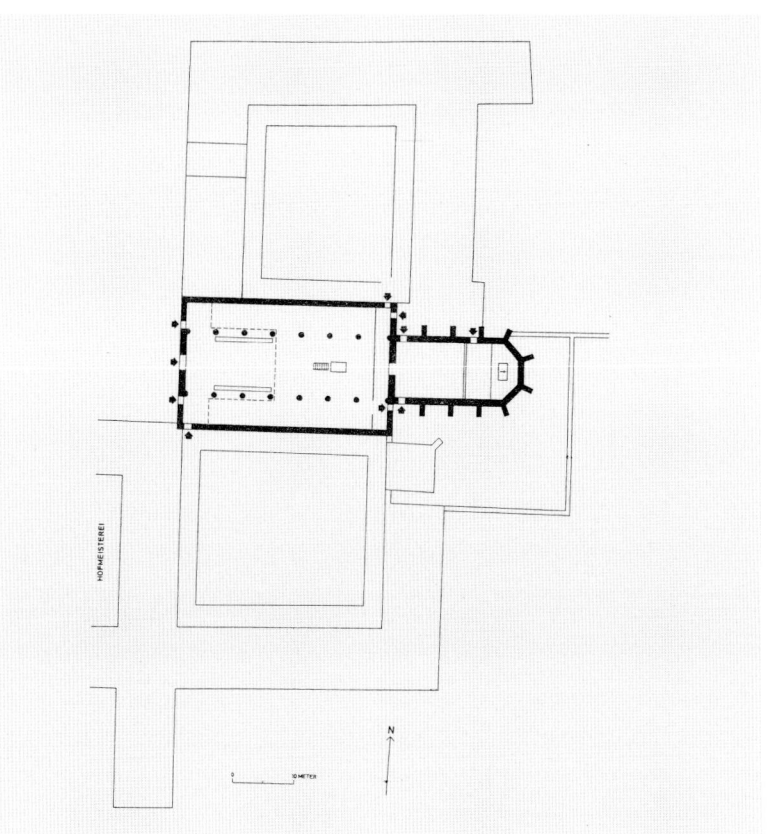

Abb. 12: Königsfelden, ehemaliges Kloster, Plan der beiden Kreuzgänge nach den jüngsten Ausgrabungen von 1982/83 (Brugg, Kantonsarchäologie).

Abb. 13: Königsfelden, ehemaliges Kloster, Kirche, Mittelschiff, Grablege der Habsburger, um 1314/16.

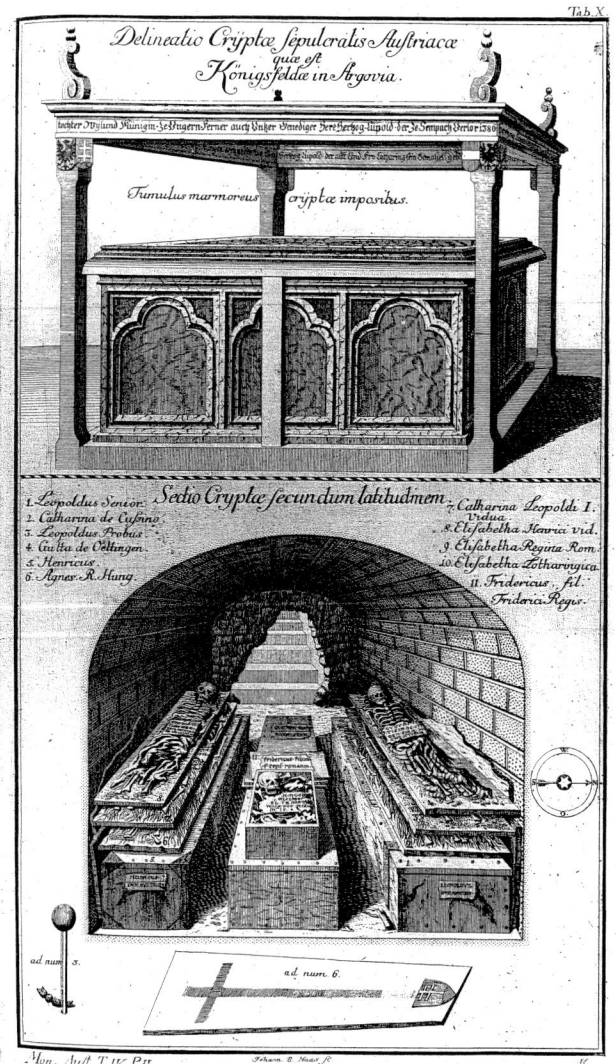

Abb. 14: Königsfelden, ehemaliges Kloster, Kirche, Gründergrab nach Marquart Herrgott, Monumenta 4, 1772, T. 10.

die Erweiterung der psychiatrischen Klinik zu schaffen (Abb. 12). Ansichten, die Johann Rudolf Rahn vor 1869 zeichnete, überliefern zumindest die äussere Gestalt der Bautengruppe. Es blieb davon nur das gewölbte Archiv des westlichen Flügels übrig, das heute als isoliertes Häuschen nahe der Kirche steht. Ansonsten wurde dort nichts Neues gebaut, sodass man heute noch den Grundriss der Konventsbauten auf dem Boden ablesen kann.

Nachdem die Bauarbeiten an den Klostergebäuden weitgehend vollendet waren, wurde am Langhaus der Kirche zügig weitergebaut, von dem bis 1312 nur die Seitenschiffwände und die Westwand bis zur Höhe der Portale standen. 1314 war dann der Rohbau so weit vollendet, dass man den Dachstuhl des Mittelschiffes aufsetzen konnte. Zu dieser Zeit schloss man das Langhaus nach Osten provisorisch ab und verglaste die Fenster der Seitenschiffe und des Obergadens. Sobald Wind und Wetter gebannt waren, konnte man sich an die Ausstattung des Baus machen. Im Inneren wurde der Lettner errichtet (1985/86 rekonstruiert), im Ostteil des Mittelschiffes hob man die Gruft für die Grabstätte der Klostergründer aus und wölbte sie ein (Abb. 13). Darüber stellte man einen monumentalen Sarkophag auf, welcher den Ort der Grabstätte im Kirchenschiff markiert. Er wird von einer einfachen, rechteckig gerahmten Blendarkatur auf schwarzem Marmor verziert. Nach oben schliesst ihn ein glatter, schwarzer, weiss eingefasster Deckel ab, dessen Rand eine skulptierte Ranke schmückt. Diese erscheint auch auf den abgefasten Ecken des Monumentes.

In der Gruft wurde 1316 die schon drei Jahre zuvor in Wien verstorbene Königin Elisabeth als Erste beigesetzt (Abb. 14). Zwei Söhne, Herzog Leopold I. und Herzog Heinrich, die Töchter Elisabeth von Lothringen, Guta von Öttingen und Königin Agnes von Ungarn, die Schwiegertöchter Elisabeth von Virneburg und Katharina von Savoyen, der Enkel Friedrich (ein Sohn Ottos) und die Enkelin Katharina von Coucy (eine Tochter Leopolds I.) sowie 1386 der bei Sempach gefallene Herzog Leopold III. fanden hier ebenfalls

Abb. 15: Königsfelden, ehemaliges Kloster, Kirche, Aussenansicht von Nordosten.

Abb. 16: Königsfelden, ehemaliges Kloster, Kirche südliches Seitenschiff, vermauerter Zugang zur abgetragenen Nonnenempore.

ihre letzte Ruhestätte. Im Falle von Leopold III. wird es die relative Nähe zum Schlachtfeld gewesen sein, die über den Ort seiner Beisetzung entschied. Eine hölzerne Schranke umgibt das Grab und verleiht ihm durch ihre Höhe zusätzliche Bedeutung. Emil Maurer verwies auf eine Quelle, nach der die Schranke 1601 bemalt wurde. Die Schranke selbst ist jedoch früher entstanden, denn die Abbildung des Grabes im Habsburgischen Ehrenspiegel von Fugger/Jäger (Wien, Österreichische Nationalbibliothek, Cod. 8614*, fol. 231v) gibt sie bereits wieder. Mit der Reinschrift des «Ehrenspiegels» und seiner Illustration wurde 1555 angefangen. Die Rokokokartusche auf der Westseite der Grabschranke kam im 18. Jahrhundert hinzu.

Spätestens 1318 wurde im westlichen Teil des Mittelschiffes die Nonnenempore errichtet, die dem Klarissenkonvent als Psallierchor diente. Sie wird sich zumindest im Mittelschiff über mehrere Traveen erstreckt haben, denn sie musste Raum für ein Gestühl bieten, in dem 40 Klosterfrauen Platz fanden. Diese wahrscheinlich hölzerne Empore ist vollständig verschwunden. Auf ihre Existenz verweisen lediglich Wandvorsprünge unterhalb der Fenster an der inneren Westwand der Seitenschiffe, auf denen die Balken für die Zugänge zur Empore geruht haben können. Im ersten Joch des südlichen Seitenschiffes ist ausserdem eine zugemauerte Türe auf der Höhe der Fenstersohlbänke sichtbar (Abb. 16). Sie kann nur zum Nonnenchor geführt haben. An

Abb. 17: Königsfelden, ehemaliges Kloster, Kirche, Langhaus, Blick von Westen.

der Nordseite der Nonnenempore könnte sich eine Treppe befunden haben, die zu einem Kommunionsgitter oder zu einer Durchreiche für die Monstranz mit der konsekrierten Hostie führte. In der Tat wird im Schatzverzeichnis von 1357 ein Gefäss aufgeführt, nämlich ein hoher Kristall auf einem silbernen Fuss, gekrönt von einem Kreuz, von dem ausdrücklich gesagt wird, es habe dazu gedient, den Frauen das Sakrament zu bringen (Emil Maurer).

Da 1320 in Konstanz der Sitz des Bischofs, in dessen Sprengel sich Königsfelden befand, gerade nicht besetzt war, wurde das Langhaus in diesem Jahr vom Strassburger Bischof Johannes feierlich geweiht (Martinus Gerbert). Er war den Habsburgern und dem ermordeten König Albrecht besonders verbunden und muss auch zu Königsfelden ein enges Verhältnis gehabt haben, denn er soll, wie oben schon angedeutet wurde, dem Gefolge König Albrechts angehört haben, als dieser am Standort der Kirche von der Hand seines Neffen fiel. Nur das «Chronicon Kœnigsveldense», das in der Umgebung von Königin Agnes verfasst wurde, berichtet über die Weihe der Klosterkirche (Martinus Gerbert). Diese Feier fand in Gegenwart «grosser Herrschaft» statt, zu der Herzog Leopold I. und Königin Agnes zählten. Zusammen mit dem Kirchengebäude, das der Bischof Maria und allen Heiligen weihte, konsekrierte er auch vier Altäre, die sich wohl unter den Gewölben des Lettners beidseits vom späteren Choreingang befanden (Abb. 17). Nur eine neuzeitliche Quelle, der schon erwähnte «Ehrenspiegel des Hauses Habsburg» (Wien, Österreichische Nationalbibliothek, Cod. 8614*) überliefert die Patrozinien dieser Altäre: Danach weihte der Bischof einen Altar den Heiligen Drei Königen, den Heiligen Stephanus und Laurentius sowie allen Märtyrern, einen weiteren allen Aposteln und Evangelisten, einen dritten den Heiligen Franziskus, Ludwig von Toulouse, Martin und Nikolaus sowie einen vierten den Heiligen Maria Magdalena, Klara, Agnes, Elisabeth, Margareta und allen heiligen Jungfrauen.

Nachdem das Langhaus feierlich geweiht worden war, verstrichen fast zehn Jahre, bevor der Bau des Chores in Angriff genommen wurde (Abb. 15, 18). Nach der dendrochronologischen Analyse des Dachstuhls über dem Chor, der im Spätmittelalter nach einem Brand teilweise erneuert wurde, ist dort Holz von Bäumen verbaut, die 1325 und 1329/30 ge-

Abb. 19: Königsfelden, Chor, Schlussstein des Chorgewölbes, Christus als Kosmokrator, um 1330.

fällt wurden. Es ist wenig wahrscheinlich, dass man während fünf Jahren am Dachstuhl arbeitete, vielmehr wird man 1329/30 den Dachstuhl über dem gerade vollendeten Chor errichtet und dabei auch ältere Balken benutzt haben. Damals verglaste man die Couronnements von sieben Fenstern und setzte auch in den Bahnen der drei Polygonfenster die Glasmalereien mit dem Leben Christi ein. Warum man nicht gleich den ganzen Chor in einem Zug verglaste, wissen wir nicht. Plante man wie in der Esslinger Franziskanerkirche (Rüdiger Becksmann), nur in der Achse des Chores figürliche Glasmalereien anzubringen, während in den übrigen ornamentale Scheiben oder gar eine Blankverglasung wie ursprünglich in San Francesco in Assisi eingesetzt werden sollte (Frank Martin; ders./Gerhard Ruf)? Wir werden im Kapitel über «Künstler und Werkstätten» noch zeigen, dass man erst gegen 1330 daranging, die übrigen Chorfenster mit figürlichen Glasmalereien zu versehen und auch die «couronnements» der vier westlichen Öffnungen mit vegetabilen Ornamentscheiben zu schmücken.

Abb. 18: Königsfelden, ehemaliges Kloster, Chor, Inneres, Blick von Westen.

Bei der Weihe des Chores im Jahre 1330 amtete der Konstanzer Oberhirte, Rudolf von Montfort. Wie der bereits mehrfach zitierte «Ehrenspiegel des Hauses Habsburg» in der Wiener Nationalbibliothek mitteilt, konsekrierte der Bischof zwei Altäre, den Hochaltar, der dem Leib und Blut Christi sowie dem heiligen Kreuz geweiht war, und einen zweiten mit den Patronen Michael und allen Engeln sowie Fides, Verena und Barbara. Während der Hochaltar um wenige Stufen erhöht in der Apsis des Chores stand, ist es nicht sicher, wo sich der Engelaltar befand (Abb. 18). Da Altäre mit diesem Titel traditionell an erhöhter Stelle in der Kirche errichtet wurden, kommt entweder der Lettner oder aber die Nonnenempore in Frage. Allgemein wird angenommen, dass es in der Kirche auch einen Marienaltar gab, weil im Schatzverzeichnis von 1357 ein «altartuoch mit menschenbilden zuo den frowen altar» erwähnt wird. Man könnte diesen Hinweis auch als den Altar der Frauen, d. h. den Altar auf der Nonnenempore, verstehen. Ausser dem Hochaltar kann jedoch keiner der Altäre, die aus den Quellen bekannt sind, sicher lokalisiert werden.

Die Altäre wurden nach der Einführung der Reformation im Jahre 1528 entfernt, und zu einem nicht mehr bekannten Zeitpunkt brach man auch den Lettner und die Nonnenempore ab. Betritt man heute das Langhaus durch eines seiner drei Westportale, befindet man sich in einem bis auf den Sarkophag, einige Grabplatten und die gotische Kanzel völlig leeren, dreischiffigen Raum. Die Kanzel war notwendig, um, wie David L. d'Avray zeigte, die Totenpredigten bei den Begräbnissen und Jahrzeiten abzuhalten. Die Farbigkeit der Architektur, die grau gestrichenen Pfeiler und die crèmeweissen Wandflächen mit dem roten Fugennetz geben die ursprüngliche Polychromie des Baus nur ungefähr wieder (Jürgen Michler). Der umlaufende Akanthusfries unterhalb der Flachdecke im Langhaus wurde nach vorhandenen Resten erneuert. Seine Form ist auch durch Zeichnungen aus dem späten 19. Jahrhundert belegt. Da die Pfeiler 1891–93 völlig neu gebaut werden mussten, weil sie von Salzen vollkommen zerfressen waren, wird man auf den alten Steinen kaum noch Spuren der originalen Farbigkeit gefunden haben, die man anschliessend hätte rekonstruieren können (Abb. 17). Das gebrochene Weiss und das Grau bestimmen auch die Farbigkeit des Lettners. Der Chor ist ganz in gebrochenem Weiss gehalten und weist kein Fugennetz auf (Abb. 18). Ein solches findet sich nur an den gliedernden Teilen, die dunkelgrau gestrichen sind. Der Triumphbogen zwischen Langhaus und Chor sowie die Schlusssteine und die von ihnen ausgehenden Rippen bilden die einzigen starkfarbigen Akzente der Architekturbemalung (Abb. 19). Spuren von figürlichen Wandmalereien sind

Abb 20: Basel, ehemaliges Barfüsserkloster, Kirche, Chor, Aussenansicht, vor 1325.

nur über dem Triumphbogen erhalten, wo Christus entsprechend der apokalyptischen Vision zwischen den vier Wesen thronte (Emil Maurer).

Die ornamentalen Glasmalereien des Langhauses nehmen den dominierenden hellen Ton der Architekturbemalung auf und passen sich ihm vollkommen an (Farbabb. 70, 72–74). Dies kann heute nur noch an der Verglasung des Westfensters beobachtet werden, obwohl sich gerade dort die moderne Masswerkverglasung unangenehm bunt bemerkbar macht. Die übrigen Fenster bilden ebenfalls stärker farbige Akzente, mit denen die Monochromie der Architekturfarbigkeit durchbrochen wird. Dies fällt vor allem an den Resten des genealogischen Zyklus auf (Farbabb. 66–69), der neben der zurückhaltenden Farbigkeit der ursprünglichen, ornamentalen Scheiben lebhaft bunt wirkt. Die mittelalterlichen Glasmalereien sind heute ohne rechten Plan in den Fenstern des Langhauses eingesetzt und stehen unmittelbar neben Fragmentfeldern, moderner Verglasung und Scheiben, deren Herkunft nicht mehr bestimmt werden kann. Das Ganze wirkt daher als unruhiger Flickenteppich und gibt kaum noch den ursprünglichen Eindruck der Langhausverglasung wieder. Im Chor bildet die zurückhaltende, helle Architekturfarbigkeit einen kräftigen Gegensatz zu den buntfarbigen Scheiben. Während die Bemalung der Architektur und die ornamentalen Scheiben des Langhauses die Einfachheit als Ideal der Bettelorden unterstreichen, betonen die farbigen und figürlichen Scheiben des Chores und der Seitenschifffenster, obwohl von letzteren nur noch wenige erhalten sind, die Bedeutung der Gründerfamilie. Die Pracht des Gottesdienstes und der Totengedenkmessen wurde durch kostbare liturgische Geräte und die Ausstellung eines bedeutenden Reliquienschatzes gesteigert. Die Einfachheit der architektonischen Folie, in der die Glasmalereien wie prachtvolle Bilderwände eingelassen sind, wird hinter den kostbaren Stoffen der Gewänder und dem blitzenden Gold der Kelche, Weihrauchschiffchen, der Patenen und Reliquiare zurückgetreten sein, wenn in feierlichem Gesang das liturgische Gedenken an die Toten der Familie Albrechts I. gefeiert wurde.

Die Tochter Königin Elisabeths, die verwitwete Königin Agnes von Ungarn, kam wahrscheinlich im Geleit des Leichnams ihrer Mutter 1316 nach Königsfelden, an dessen Gründung sie, wie oben bereits erwähnt wurde, von Anfang an beteiligt war. Spätestens 1317 bezog sie ein Haus, das sich nach Aussage der Quellen auf der Südseite des Chores und etwas östlich des Frauenklosters befand. Der genaue Standort des Hauses wurde jedoch bisher nicht durch Grabungen nachgeprüft (Abb. 12). Jedenfalls lebte die hoch gestellte Dame bis zu ihrem Tode im Jahre 1364 mit ihren Bediensteten in dem erwähnten Haus nahe der Klausur des Frauenklosters (Georg Boner). Ihre Anwesenheit prägte fast 50 Jahre lang die Geschicke der jungen Klostergründung: Königin Agnes gab dem Doppelkloster eine Verfassung, die sie durch die kirchlichen Oberen, aber auch durch die weltliche Herrschaft absegnen liess, konsolidierte den Besitz des Frauenkonvents sowie die Einkünfte der Franziskaner und gründete das intensiv gepflegte Totengedenken für ihre ganze Familie (Astrid Baldinger). Wir werden ihre Stiftertätigkeit zugunsten von Königsfelden im folgenden Kapitel noch einer eingehenden Betrachtung unterziehen.

In Königsfelden wies weniger die Form der Bautengruppe, die sich aus der Kirche, den jeweils abgeschlossenen Bezirken beider Klöster und den Wirtschaftsgebäuden zusammensetzte, als vielmehr die Grösse des Gotteshauses im Vergleich zur Anzahl der dort angesiedelten Nonnen (40) und Brüder (12) sowie die ungewöhnliche Verfassung als Doppelkloster auf die Bedeutung der Gründer hin. Betrachtet man nämlich die noch erhaltenen Bauten, vor allem die Kirche (Abb. 9, 15), unterscheidet sich diese formal und bautypologisch von den damals gängigen Anlagen der Franziskaner, Dominikaner oder Augustiner sowie von ihren weiblichen Zweigen in keiner Weise (Wolfgang Schenkluhn; Helma Konow). Damit besitzt die ehemalige Klosterkirche von Königsfelden alle formalen Eigenarten des Bettelordensbaus in den Regionen am Oberrhein. Im Gegensatz zu den meisten anderen Bauten dieser Art steht sie aber nicht in einer Stadt, sondern als weithin sichtbares Monument in freier Landschaft. Dies muss im Mittelalter besonders eindrücklich gewesen sein, als Brugg und Windisch noch nicht zusammengewachsen waren und das Kloster mit seiner Kirche baulich völlig isoliert dastand.

Formal ist Königsfelden den Bettelordensbauten im Elsass besonders nahe verwandt (Roland Recht). Charakteristische Elemente am Aussenbau des Chores gehen auf die Dominikanerkirche in Colmar zurück, deren Chor ebenfalls dreibahnige Fenster, kleine Öffnungen zum Dachstuhl oberhalb der Spitzbogen der Fenster und ein Gesims aufweist, das die Fenstersohlbänke über die Strebepfeiler hinweg verbindet. Der erste deutsche König aus dem Geschlecht der Habsburger, Rudolf I. selbst, legte 1283 den Grundstein zum Chorneubau dieser Kirche. Das Gotteshaus von Königsfelden übernimmt vom Chor der Colmarer Dominikanerkirche auch die Einfachheit und die mittlere Höhe. Die Monumentalität, ja fast Megalomanie der ehemaligen Strassburger Dominikanerkirche stand hingegen den beiden Bauten fern. In die direkte Nachfolge des Chors der Colmarer Dominikanerkirche gehörten auch das Gotteshaus des Predigerklosters von Gebweiler (Guebwiller, Haut-Rhin) sowie die Franziskanerkirchen von Colmar und Basel (Abb. 20). Die

Formen im Inneren der drei Chöre dieser Kirchen, die dreibahnigen Fenster, die Masswerke, die Dienste, die von Konsolen getragen werden und ohne Kapitelle in die Gewölberippen und Gurten überleiten, sind Königsfelden sehr nahe. Es ist jedoch schwer zu beurteilen, welches der erwähnten Monumente das Vorbild abgab und welche die Nachfolger sind, denn es gibt von keinem dieser Gotteshäuser eine gesicherte Baugeschichte. Die Dominikanerkirche von Gebweiler wird im Allgemeinen zwischen 1306 und 1339 datiert, während der Chor der Barfüsserkirche in Basel als ein Werk der Zeit vor 1325 gilt. Es scheint jedoch, dass die Planung dieser beiden Werke kurz vor derjenigen von Königsfelden liegt, die wohl nicht früher als 1310 angesetzt werden kann. Während alle bisher gemachten Beobachtungen und Vergleiche auf elsässisch-oberrheinische Bauten verweisen, sieht die Forschung den Ursprung eines Details von Königsfelden, die oktogonalen Pfeiler des Langhauses, im Bodenseegebiet. Sowohl die Franziskanerkirchen in Schaffhausen und Konstanz als auch das Gotteshaus der Augustiner der Bischofsstadt am Bodensee weisen diese Form des Arkadenpfeilers auf (Helma Konow). Im Übrigen findet man sie auch in dem um 1320 erbauten Langhaus des Fraumünsters im benachbarten Zürich. Die Franziskanerkirche von Colmar besitzt im Langhaus ebenfalls den oktogonalen Pfeiler, doch ist diese wohl weniger das Vorbild für Königsfelden als vielmehr dessen Nachfolger (Roland Recht).

Obwohl im vorliegenden Rahmen Königsfelden allein die Hochgotik vertritt, ist auch hier die Vorstellung des Baums und des Skelettbaus nur bedingt nachvollziehbar. Anders als an den hochgotischen Kathedralen Frankreichs dominiert nicht das «baumartige» Gerüst der tragenden Elemente (Abb. 3, 4), sondern die glatten Wandflächen und die flache Holzdecke geben den Ausschlag. Nur im Chor (Abb. 18) steigen die dunklen, schlanken Dienste ohne Unterbrechung zu den Gewölben auf und verzweigen sich auf Kämpferhöhe wie die Äste eines Baumes. Die Formen dieser Bauglieder sind jedoch vollkommen abstrakt, ebenso die Komposition der Masswerke in den elf grossen Fenstern (Farbabb. 6, 12, 18, 24, 30, 34, 38, 44, 50, 56, 62) und über der Piscina (Nische mit Wasserabfluss in die geweihten Fundamente der Kirche, in der die Eucharistiekelche ausgespült werden und der Priester seine mit der konsekrierten Hostie in Berührung gekommenen Hände wäscht). Das vegetabile Element findet man wie im Nordflügel des Wettinger Kreuzganges nicht als Teil der Architektur (Abb. 6), sondern als dekoratives Motiv der Glasmalereien. Bedeutungsmässig heben die Formen der Architektur eindeutig die Ordenszugehörigkeit hervor, während die hohe Stellung der Stifter durch die reiche Ausstattung zum Ausdruck gebracht wurde, die, sofern sie die Glasmalerei betrifft, in den weiteren Kapiteln ausführlich behandelt werden wird.

Die Stiftskirche von Zofingen

Dank den Ausgrabungen, welche von der Kantonsarchäologie zwischen 1979 und 1981 in der Stiftskirche vorgenommen wurden, weiss man sicher, dass diese über mehreren Vorgängerbauten errichtet wurde, von denen der erste aus der Zeit um 600 stammt (August Bickel). Dieser war ein einfacher Rechteckbau. An seiner Südseite fand man die Bestattung des Kirchenstifters und der -stifterin. Die darin gefundenen Grabbeigaben lassen sich ins 7. Jahrhundert datieren und deuten darauf hin, dass die Toten der reichen Bevölkerungsschicht angehörten, die man später als adelig zu bezeichnen pflegte. Weitere Vornehme wurden in den folgenden Jahrhunderten in der Vorhalle der Kirche begraben, während die Dorfbevölkerung auf dem umliegenden Friedhof ihre letzte Ruhe fand. In karolingischer Zeit fügten sich Annexbauten an die Kirche, doch wurde deren einfache Rechteckform nicht verändert.

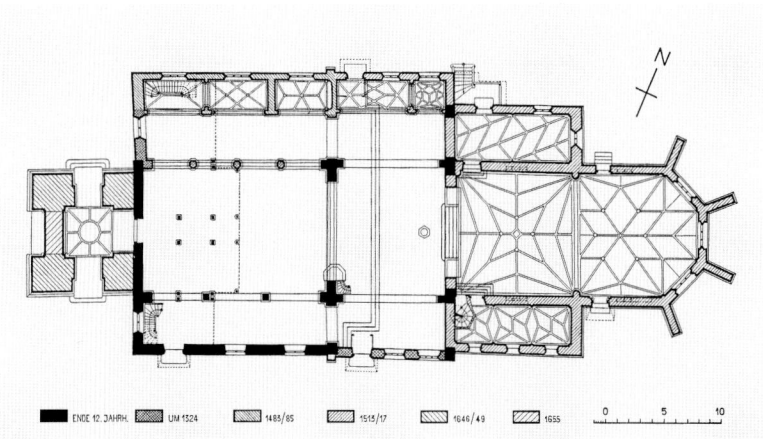

Abb. 21: Zofingen, ehemalige Stiftskirche, Grundriss, 11.–16. Jahrhundert.

Erst im 11. Jahrhundert ergab sich die Notwendigkeit, die Kirche neu zu bauen. Es ging vor allem darum, den Bau zu erweitern, was wahrscheinlich mit der Zunahme der Bevölkerung innerhalb des Zofinger Pfarrsprengels zusammenhing. Der Chor des Neubaus war schon fast vollendet, als man eine radikale Abkehr vom ursprünglichen Bauplan vollzog. Jetzt erhielt das Langhaus die Form einer dreischiffigen Basilika mit Querhaus, das sich an den Chor der ursprünglich geplanten Saalkirche anschloss. Diese neue, vornehmere Form wurde gewählt, weil inzwischen die Grafen von Frohburg ein Kolleg von Weltgeistlichen gegründet hatten, das in Zukunft den Gottesdienst in der Kirche von Zofingen zu feiern hatte. Der Schwerpunkt der frohburgischen Besitzungen lag im Buchsgau, doch müssen die Grafen schon früh im Aargau interveniert haben (Hans Dürst). Weitere Ländereien gewannen sie wahrscheinlich durch die Heirat von Graf Adalbero I. († 1146) mit einer Frau aus dem Geschlecht der Grafen von Lenzburg hinzu. Zwar wird das neue Kanonikerkolleg in Zofingen erst 1201 erwähnt, doch ist die Planänderung beim Kirchenneubau ein eindeutiger Hinweis, dass die Gründung des Stifts auf das 11. Jahrhundert zurückgeht. Der in die Vierung vorgezogene Chor deutet ebenfalls auf eine grössere Klerikergemeinschaft hin, die in diesem Bereich des Gotteshauses ihren Dienst tat. Die Mauern des Langhauses dieser ersten Stiftskirche stecken heute noch weit gehend im bestehenden spätgotischen Bau. Um 1200 musste der Chor des 11. Jahrhunderts einem im Osten flach geschlossenen Neubau weichen, und anstelle der einfachen Fassade wurde ein Westmassiv mit flankierenden Türmen errichtet.

Stifte oder Kapitel sind Institutionen, in denen mehrere Kleriker, d.h. Kanoniker, zu Deutsch Chorherren, den Gottesdienst versehen. Neben ihren seelsorgerischen und gottesdienstlichen Verpflichtungen übernahmen die Mitglieder eines Kapitels oft auch administrative Aufgaben für den Stifter, da sie als Kleriker des Lesens und Schreibens mächtig waren. Wegen der materiellen Abhängigkeit von der Gründerfamilie waren sie im Allgemeinen loyale Diener ihres Herrn und vertraten ihn entsprechend, auch wenn er abwesend war. Sicher war Zofingen am Anfang ein Eigenstift, d.h. ein solches, dessen Beziehung zur Gründerfamilie besonders eng war. In den Städten spielten diese Institutionen über ihre Tätigkeit für den Herrn hinaus eine wichtige Rolle für die Bildung der Führungsschicht und auch für den Klerikernachwuchs.

Die Reformbewegungen, die seit dem 11. Jahrhundert unter anderen die Kanonikergemeinschaften erfassten, waren bestrebt, die enge Bindung zwischen den weltlichen Gründern und den Geistlichen zu lösen. In der Folge erfuhr auch die innere Organisation der Kanonikerkollegien eine Wandlung. Ihr Gemeinschaftsvermögen wurde aufgelöst und in einzelne Pfründen aufgeteilt, die jeder Kleriker selbst verwalten musste. Die ältesten Zofinger Quellen (erste Erwähnung des Stiftes 1201, älteste Statuten 1242) belegen, dass sich diese Entwicklung innerhalb der Gemeinschaft bereits vollzogen hatte (Christian Hesse). Zur Zeit, als die romanische Stiftskirche umgebaut wurde, waren die Frohburger immer noch Schirmherren des Stiftes (Kastvögte), aber dieses musste an sie keine Steuern mehr entrichten. Bevor jedoch der erste gotische Umbau der Kirche vorge-

Abb. 22: Zofingen, ehemalige Stiftskirche, Aussenansicht von Westen.

Abb. 23: Zofingen, ehemalige Stiftskirche, Chor, Inneres von Westen, 1514–1520.

nommen wurde, ging diese Schirmherrschaft an die Herzöge von Österreich über (Ende des 13. Jahrhunderts).

Kurze Zeit danach, 1317–1344, unternahm das Kapitel einen ersten gotischen Umbau der Kirche, der chronologisch eng mit dem Kirchenbau von Königsfelden zusammengeht. In Zofingen wurde jedoch nur der dreijochige, gewölbte Langchor mit der Krypta neu erbaut, während das Langhaus lediglich einer Sanierung und Modernisierung unterzogen wurde. Der verheerende Stadtbrand von 1396 fügte der Kirche so grossen Schaden zu, dass zu ihrer Erneuerung umfassende Baumassnahmen notwendig waren (August Bickel). Zunächst mussten die Vierungsbögen unterfangen werden, und ein neuer Lettner wurde gebaut. Einschneidend war ausserdem der Abriss des Westmassivs und die Errichtung eines neuen Einturms an seiner Stelle. Im Übrigen beschränkte man sich auf Sanierungsmassnahmen, denn es fehlte den Stiftsherren damals an Geld, um einen durchgreifenden Neubau ihres Gotteshauses zu unternehmen. Mit Blick auf diese Situation stellt sich die Frage, ob das Stift schon um 1400, wie oft behauptet wird, in der Lage war, den Chor mit neuen Glasmalereien zu versehen.

Die Erneuerung der Kirche im Sinne der Spätgotik erfolgte erst 1514 (Abb. 21). Damals wurde der Verding (Vertrag) mit Baumeister Steffan Ruotschmann abgeschlossen, nach dem die Krypta verfüllt, der Chor von einem drei- in einen zweijochigen Raum umgewandelt und zwei Sakristeien sowie ein neuer Lettner errichtet werden sollten. Der Chor, der die lang gezogene, dreiseitig geschlossene Form behielt, wurde mit einem prachtvollen spätgotischen Sterngewölbe gedeckt (Abb. 23). Zahlreiche Schlusssteine schmücken es an den Schnittstellen der Rippen. Im Langhaus, das im 18. Jahrhundert eine Gipsdecke erhielt, blieb die romanische Basilika und ihre Vierung im Kern der Mauern erhalten. Die Arbeiten schritten zügig voran, sodass die Weihe des Neubaus im Januar 1520 stattfinden konnte. In den neuen Chor wurden offensichtlich die Glasmalereien aus dem Vorgängerbau übernommen.

Schon acht Jahre nach der Vollendung der neuen Stiftskirche nahm Bern die Reformation an und löste das Chorherrenstift auf. Das Gotteshaus blieb jedoch bestehen und wurde seither als städtische Pfarrkirche genutzt. Der Einturm der Westfront (Abb. 22), der das Vorbild für andere Kirchtürme der Gegend abgab, erhielt 1649 seine barocke Form (Hans Maurer).

Die Pfarrkirchen

Sämtliche der bisher betrachteten Kirchen gehörten zu Institutionen, die von den mächtigen Adelsgeschlechtern der Region gegründet wurden und daher auch einen entsprechend wichtigen Rang innerhalb der kirchlichen Hierarchie einnahmen. Die vier aargauischen Pfarrkirchen, die Reste von mittelalterlichem Glas bewahren, sind dagegen bescheidene Bauten, deren Geistlichen die Seelsorge der Landbevölkerung oblag (Abb. 1). Dort empfingen die Landleute die Sakramente, wurden ihre Kinder getauft, die Ehen geschlossen und die Toten eingesegnet. Dort versammelte man sich zur sonn- und feiertäglichen Messe und nach der Reformation zur Predigt und zur Abendmahlsfeier. Diese Kirchen, so bescheiden sie auch in ihrer baulichen Gestaltung waren, spielten im Leben der Landbewohner eine zentrale Rolle. Die Pfarreien, deren Mittelpunkt diese Kirchen bilden, formten zugleich die Basis der kirchlichen Hierarchie.

Zwei der hier zu behandelnden Bauten zeichnen sich durch eine ausserordentliche Lage aus, die Kirche auf dem Staufberg (Abb. 28) mit ihren dazugehörigen Bauten und diejenige von Suhr (Abb. 25), die mit ihrem hohen Turm eine weithin sichtbare Landmarke bildet (Stettler/Maurer). Die beiden anderen Kirchen, Auenstein (Abb. 31) und Thalheim (Abb. 33), entstanden im Schatten von Adelssitzen, als deren Eigenkirche sie errichtet wurden. Dies ist auch für den Staufberg belegt, dessen Kirche auf eine Gründung der Lenzburger zurückgeht. Als Besitzer von Eigenkirchen durften die Herren nicht nur über das Vermögen und die Einkünfte des Gotteshauses verfügen, sondern das «ius patronatus» erlaubte ihnen ausserdem, den Geistlichen vorzuschlagen. Es wurde schon im Zusammenhang mit Zofingen (Abb. 21–23) darauf hingewiesen, dass die Reformbewegungen seit dem 11. Jahrhundert diese weit gehende Verfügungsgewalt weltlicher Herren über geistliches Gut und die Geistlichkeit beseitigen wollten. Die Ernennung der Geistlichen, vor allem die Beurteilung ihrer Eignung, sollte allein Obliegenheit der Kirche sein. Nach zähem Ringen mit den weltlichen Mächten erklärte der Rechtsgelehrte Gratian in seinen Dekreten den Kirchenbesitz von Laien schliesslich für ungesetzlich (um 1142). Anders verhielt es sich mit den Kirchen im Besitz von geistlichen Institutionen, einem Verhältnis, das mit dem Begriff Inkorporation bezeichnet wird. So war die Kirche auf dem Staufberg Königsfelden inkorporiert (Astrid Baldinger). Im Gegensatz zum immer mehr bestrittenen weltlichen Kirchenbesitz war die Inkorporation von Kirchen in geistliche Institutionen eine gängige und anerkannte mittelalterliche Praxis.

Die ersten Pfarreien auf dem Lande, die auch als Urpfarreien bezeichnet werden, entstanden im frühen Mittelalter. Am Beispiel von Zofingen konnte dies bereits gezeigt werden (August Bickel). Unter den Pfarrkirchen, die wir im Folgenden näher betrachten wollen, geht auch diejenige von Suhr auf diese Frühzeit der kirchlichen Durchdringung der Landschaft zurück. Im 9. Jahrhundert überzog ein erstes Netz von Pfarreien das Gebiet der heutigen Schweiz, das sich in den folgenden Jahrhunderten immer mehr verdichtete (Handbuch der Schweizer Geschichte). So erhielten auch die Eigenkirchen Pfarreirechte (das Recht, zu taufen und die Sakramente zu spenden), wodurch die Ausdehnung der grossen Urpfarreien verkleinert wurde. Im Allgemeinen war die Einrichtung und Abgrenzung der Pfarrsprengel unserer Gegenden im 12. Jahrhundert abgeschlossen. Wie noch gezeigt werden wird, waren bis dahin auch die Kirchen von Staufberg, Auenstein und Thalheim errichtet.

Im Folgenden soll ein kurzer Blick auf die Geschichte und die architektonische Gestalt der einzelnen Pfarrkirchen des Kantons Aargau geworfen werden, sofern diese noch mehr oder weniger umfangreiche Reste von mittelalterlichen Glasmalereien besitzen. Da die farbigen Scheiben ein Teil der Architektur sind, entstehen sie meist dann, wenn Neubaumassnahmen oder bedeutende Umbauten an Kirchen vorgenommen werden. Das braucht aber nicht durchweg die Regel zu sein. Die Kenntnis der Baugeschichte ist jedoch für die Betrachtung von mittelalterlichen Glasmalereien stets grundlegend.

Suhr

Die den Heiligen Barbara und Mauritius geweihte Kirche erhebt sich in eindrücklicher Lage auf dem Rücken eines lang gezogenen Hügels (Michael Stettler). Ihr Grün-

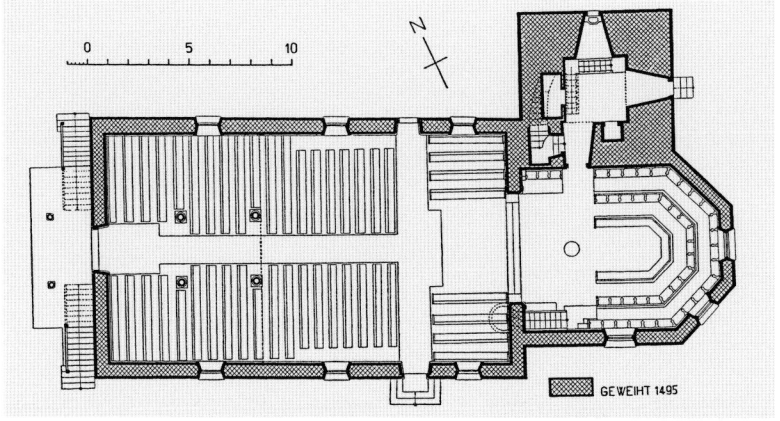

Abb. 24: Suhr, Pfarrkirche, St. Barbara, Grundriss.

Abb. 25: Suhr, Pfarrkirche, Sankt Barbara und Mauritius, Aussenansicht von Süden, 1495.

Abb. 26: Suhr, Pfarrkirche, St. Barbara, Inneres.

dungsbau wurde im frühen Mittelalter über einem keltisch-römischen Vierecktempel errichtet. An den Saalbau der bestehenden Kirche fügt sich ein eingezogener, polygonaler Chor an, an dessen Nordflanke ein sehr hoher Turm aufragt (Abb. 25). Schiff und Chor sind flach gedeckt, die Fenster mit einfachem Masswerk in spätgotischen Formen geschmückt (Abb. 26). Die gekreuzten Rundstäbe in den gekehlten Gewänden der Türen sind für die Architektur dieser Zeit ebenfalls charakteristisch. Das spätgotische Gotteshaus, das 1495 völlig neu gebaut wurde, scheint im Laufe der Jahrhunderte nur geringfügig verändert worden zu sein (Reparatur am Chor zwischen 1562–1580). 1844 jedoch richtete ein durch Blitzschlag ausgelöster Brand grosse Schäden an. Dem Feuer fielen die mittelalterlichen Glasmalereien, die aus der Vorgängerkirche übernommen wurden, bis auf ein einziges Fragment vollständig zum Opfer (Ellen Beer). Heute sind nur noch die Heiligen Drei Könige aus einer Anbetungsszene erhalten (Farbabb. 99), die in ein Feld mit Butzenverglasung eingelassen und in dieser vor die blanken Scheiben des Südwestfensters im Langhaus montiert sind (Abb. 24). Als Schmuck der Kirchenfenster tritt das Fragment ganz hinter der modernen Farbverglasung des Chores von Felix Hoffmann zurück (1956–57).

Staufberg

Die Lage der Nikolaus-Kirche auf dem Staufberg gegenüber dem Schloss Lenzburg ist noch beeindruckender als diejenige des Gotteshauses in Suhr (Abb. 28). Kirche, Pfarr-, Sigristen- und Beinhaus krönen die Hügelkuppe als malerische, eng gedrängte Bautengruppe (Michael Stettler). Im 10. Jahrhundert gründeten die Grafen von Lenzburg das Gotteshaus. Der letzte des Geschlechtes vermachte seinen Besitz Kaiser Friedrich I. Barbarossa, der 1173 drei Viertel des Kirchensatzes (die Einkünfte aus den Gütern und Rechten, die der Pfarrkirche gehören) von Staufberg an das Stift

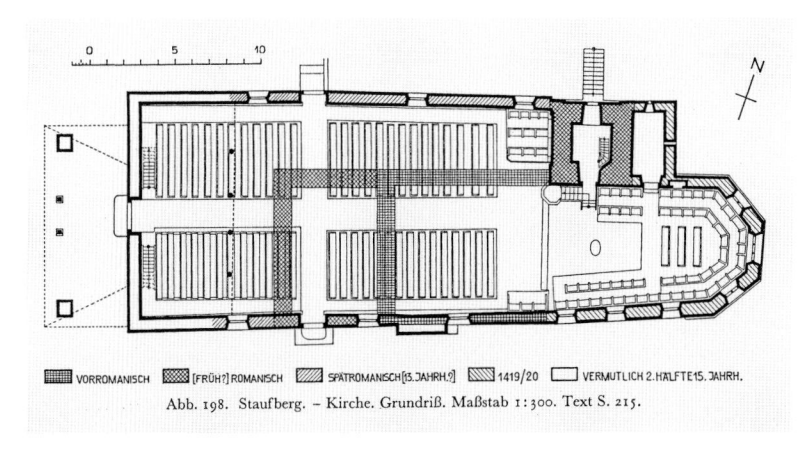

Abb. 198. Staufberg. – Kirche. Grundriß. Maßstab 1:300. Text S. 215.

Abb. 27: Staufberg, Pfarrkirche, St. Nikolaus, Grundriss, 13.–15. Jahrhundert.

Abb. 28: Staufberg, Pfarrkirche, Sankt Nikolaus, Ansicht der Baugruppe.

Beromünster übergab, während ein Viertel bei der Gründerfamilie verblieb (Hans Dürst). Ausserdem teilte der Kaiser das übrige Erbe auf, von dem Teile an die Kyburger und die Habsburger kamen. Vermutlich leiteten daraus die Habsburger später ein Recht am Kirchensatz von Staufen ab, denn in ihrem Urbar (Besitzverzeichnis in Form eines Buches) reklamieren sie diesen vollumfänglich. In einem langwierigen Vorgang, der erst 1362 abgeschlossen war, wurde die Kirche auf dem Staufberg schliesslich dem Kloster Königsfelden inkorporiert (Astrid Baldinger).

Grabungen in der Kirche brachten die Grundmauern eines vorromanischen Gotteshauses zum Vorschein. Dieses wurde in frühromanischer Zeit nach Westen verlängert und auf der Nordseite mit einem Glockenturm versehen. Im 13. Jahrhundert erfuhr die Kirche erneut eine Erweiterung (Abb. 27). Diesen Bau setzte 1419 ein Blitzschlag in Brand, der ihn sehr weit gehend zerstörte. Gleich danach beschloss man, die Kirche wieder aufzubauen und den Chor zu vergrössern. Ausserdem sollte das Kirchendach mit Ziegeln eingedeckt und der Turm wiederhergerichtet werden, damit darin ein neues Geläute aufgehängt werden konnte. Als Inhaber der Rechte an der Kirche steuerte das Kloster Königsfelden «von sunder gnaden und früntschaft wegen» 110 Gulden an den Neubau des Chores bei.

Das Gotteshaus auf dem Staufberg weist den bereits bekannten Typus der ländlichen Pfarrkirche aus der Zeit der Spätgotik auf. Ein einfacher Saalbau ist mit einem nach Süden verschobenen, polygonalen Chor verbunden, an dessen Nordflanke sich der Glockenturm mit hölzernem Aufsatz erhebt. Langhaus und Chor sind flach gedeckt (Abb. 29); das Sanktuarium liegt um zwei Stufen höher als das Schiff. In den drei Apsisfenstern, von denen das mittlere dreibahnig, die beiden seitlichen zweibahnig sind, befinden sich mittelalterliche Glasmalereien, die zu einem nicht mehr bekannten Zeitpunkt in den neuen Chor gestiftet wurden. Wie noch gezeigt werden wird, stammen diese Glasmalereien aus

Abb. 29: Staufberg, Pfarrkirche, St. Nikolaus, Inneres, Blick von Westen.

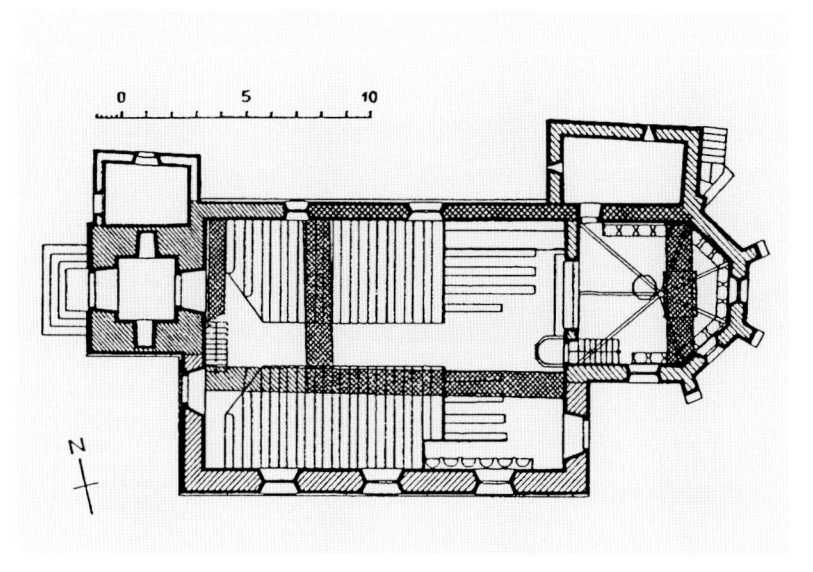

Abb. 30: Auenstein, Pfarrkirche, Sancta Maria, Grundriss.

Abb. 31: Auenstein, Pfarrkirche, Sancta Maria, Ansicht, 14./15. Jahrhundert mit späteren Veränderungen.

mehr als drei Fenstern (Farbabb. 81–94), sodass ein grosszügiger Stifter wohl alle sechs Chorfenster mit farbigen und figürlichen Glasmalereien versehen liess (Ellen Beer, Christian Kuster). Dieser reiche Scheibenschmuck ist für eine einfache Landpfarrkirche so ausserordentlich, dass man sich die Frage stellen muss, wie es gerade auf dem Staufberg zu einer solchen Stiftung kam.

Auenstein

Die Maria geweihte Kirche von Auenstein wurde wahrscheinlich im 11. Jahrhundert neben der Burg errichtet, die den Herren von Rinach gehörte. Diese waren Inhaber der Rechte an der Kirche, die ihnen ausserdem als Grablege diente. Der unregelmässig gestaffelte Bau erhebt sich inmitten der Gräber des Friedhofes. Grabungen brachten Fundamente des Gründungsbaus aus dem 11. Jahrhundert zu Tage (Stettler/Maurer). Die romanische Kirche wurde im 14. Jahrhundert umgebaut und erweitert (Abb. 30, 31). Damals errichtete man vor der Westfassade den Glockenturm, der den Zugang zum Kirchenschiff gewährt. 1327 macht Berchtold von Rinach eine Stiftung, aus deren Einnahmen die Wachslichter vor dem Marienbild in der Kirche bezahlt werden sollten. Der Chor erhielt seine heutige Gestalt erst im späten 15. Jahrhundert. Weitere Erneuerungen und die Vergrösserung des Schiffes erfolgten 1572/73 und 1651. Über dem Langhaus wölbt sich eine Holztonne, während der Chor mit einem Sterngewölbe versehen ist.

In der Butzenverglasung des südlichen Chorfensters sitzt ein kleines Wappenschildchen mit einem aufgerichteten Löwen, das wohl ursprünglich zu einer umfangreicheren Verglasung gehörte (Farbabb. 96). Es ist mit Schwarzlot auf ein hellgelbes Glas gemalt. Entweder stammt es aus dem 14. Jahrhundert, in dem die Herren von Rinach Vergabungen an die Kirche machten und an dieser bedeutende bauliche Massnahmen vornehmen liessen, oder aus der Zeit des Chorbaus am Ende des 15. Jahrhunderts.

Thalheim

Die romanische Kirche von Thalheim wurde dem heiligen Petrus geweiht. Der rechteckige Saal erfuhr im 14. und 15. Jahrhundert Veränderungen, bewahrt jedoch in seinem Kern grosse Teile einer älteren Kirche (Stettler/Maurer). Wann der niedrige, gerade geschlossene Langchor angefügt wurde, ist ungewiss, denn sowohl 1543 als

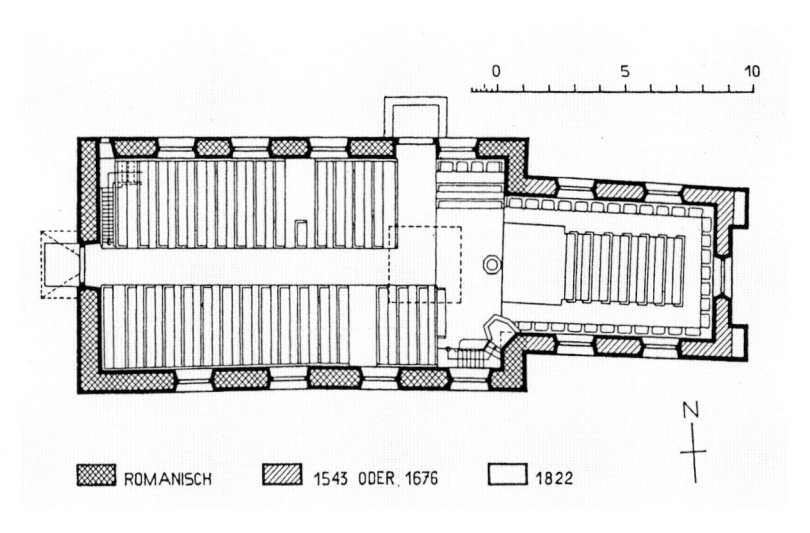

Abb. 32: Thalheim, Pfarrkirche, Sankt Peter, Grundriss.

Abb. 33: Thalheim, Pfarrkirche, Sankt Peter, Aussenansicht, 14./15. Jahrhundert, mit späteren Veränderungen.

Zusammenfassung

Der Überblick über die mittelalterliche Glasmalerei und ihre Standorte zeigt, dass im Kanton Aargau der Zufall der Überlieferung keine repräsentative Auswahl von Bauten und Fensterschmuck der Gotik bietet. Dennoch erlauben die Monumente einen vielfältigen Einblick in die Geschichte der Regionen, die 1803 zum modernen Kanton zusammengefasst wurden. An der Entstehung der Bauten und ihren Glasmalereien waren Mitglieder sehr unterschiedlicher gesellschaftlicher Gruppen beteiligt, die alle zusammen zu ihren Lebzeiten die Gemeinschaft prägten. Als Erbauer von Kirchen, Gründer von Klöstern oder Stiften sowie als Stifter von Kunstwerken treten in erster Linie die weltlichen Grossen auf. Die Benützer der Kirchen und damit die Betrachter der Kunstwerke sind je nach Status der Gotteshäuser verschieden, doch sind im Publikum auch die einfachen Leute eingeschlossen, die regelmässig am Gottesdienst teilnehmen. Den Stiftern der Glasmalereien, ihren Motivationen für die Stiftungen und dem Publikum, das die Kunstwerke betrachtete, wird das nächste Kapitel gewidmet sein.

auch 1676 wird von grösseren Baumassnahmen berichtet (Abb. 32, 33). Ein spätklassizistischer Dachreiter überragt die hintereinander gestaffelten Baukuben von Chor und Langhaus. Im Inneren verbindet eine weisse Gipsdecke die beiden Raumteile. Die grossen Korbbogenfenster mit gekehlten Leibungen wurden erst 1842 eingebrochen.

Das südseitige Fenster über der Kanzel weist zwei Dreipässe mit Sonne und Mond auf (Farbabb. 97, 98), die aus einem spätgotischen Masswerkfenster stammen. Ihrer Form nach waren sie ursprünglich für runde Dreipässe bestimmt, doch gestaltete man sie für eine Zweitverwendung in zugespitzte Passformen um.

Qui Mariam absolvisti,	Wie Du Maria (Magdalena) vergeben hast,
Et latronem exaudisti	Und den Schächer erhört hast
Mihi quoque spem dedisti	Hast Du mir auch Hoffnung gegeben
Preces meae non sunt dignae:	Meine Bitten sind nicht würdig:
Sed tu bonus fac benigne	Aber Du, voller Güte, mache gnädig,
Ne perenni cremer igne.	dass ich nicht dem ewigen Feuer anheim falle.

(Missa defunctorum, Sequentia: Dies irae; Totenmesse, Sequenz: Tag des Zornes)

Auftraggeber, Stifter, Kloster- und Kirchengründer

Auftraggeber, Stifter, Kloster- und Kirchengründer

Keine einzige der Glasmalereien, die hier behandelt werden, kann einem Künstler namentlich zugeschrieben werden. Die Archive enthalten bezüglich der Glasmaler keine Angaben, keine Hinweise auf die Standorte ihrer Werkstätten und auf die Entstehungszeit ihrer Werke. Im Gegensatz dazu ist einiges über die historischen Personen bekannt, die in den Glasmalereien wiedergegeben sind. Bisher hat man sie fast ausnahmslos als Stifter der Werke bezeichnet (Emil Maurer), doch ist die jüngere Forschung bei ihrer Interpretation sehr viel vorsichtiger geworden. Sie können als Auftraggeber und/oder Stifter der Glasmalereien, als Kloster- beziehungsweise Kirchengründer und/oder als Begründer liturgischer Feiern auftreten. Es muss daher für jeden Fall vorsichtig abgewogen werden, wie das Bild der meist betend abgebildeten Figuren zu verstehen ist (Brigitte Kurmann-Schwarz). Dabei ist es sehr hilfreich, den grösseren Kontext mit zu bedenken, in den die Stiftungen zugunsten der Kirche hineingehören. Die Verse aus der Totenmesse am Anfang dieses Kapitels verdeutlichen dies auf sehr eindrückliche Weise.

Die Wurzeln des mittelalterlichen Stifter- und Gedenkwesens

Im Folgenden sei kurz den Ursprüngen des mittelalterlichen Stifter- und Gedenkwesens nachgegangen. Daran schliesst sich die Betrachtung der einzelnen Stifterdarstellungen in den mittelalterlichen Glasmalereien des Kantons Aargau an. Die Darstellung des geistesgeschichtlichen Kontextes führt diese konkreten Überlegungen weiter. Dabei werden Fragen nach der Motivation der Stifter im Vordergrund stehen. Weiter wird geschildert, wie sich die betreffenden Personen in den Glasmalereien darstellen liessen und in welcher Rolle sie selbst gesehen werden wollten. Für die Interpretation dieser Bilder ist die Frage nach der sozialen, wirtschaftlichen und politischen Stellung der Stifter wichtig. Es wird aber ebenfalls untersucht werden müssen, was die Leute eigentlich stifteten, die in den Glasmalereien dargestellt sind. Waren es nur diese Scheiben oder gab es darüber hinaus nicht etwas anderes, das ihnen viel wichtiger war? Diese Überlegung drängt sich in Hinsicht auf das Zitat aus der Sequenz «Dies irae» («Tag des Zorns», damit ist das Jüngste Gericht gemeint) mit grossem Nachdruck auf. Bilder werden jedoch nicht nur für denjenigen gemacht, der sie in Auftrag gibt und bezahlt, sondern sie sollen von anderen betrachtet werden und bei ihnen ein besonderes Verhalten hervorrufen. Mit der Frage, an wen sich die Bilder richten, wird das zweite Kapitel abgeschlossen.

Zunächst wird an die Wurzeln der mittelalterlichen religiösen Stiftertätigkeit erinnert: Der Brauch, an Altären Almosen niederzulegen, spielte im Christentum seit seinen Anfängen eine wichtige Rolle (Michel Lauwers). Diese Almosen wurden für den Bau und den Unterhalt von Kulträumen, vor allem aber für die Unterstützung bedürftiger Gemeindemitglieder verwendet. Erst in zweiter Linie schuf man damit liturgische Bücher und Geräte an oder verwendete sie, um die Kirche auszuschmücken. In frühchristlicher Zeit (1.–6. Jahrhundert) hatte die Unterstützung der Armen immer Vorrang, was dazu führte, dass Kirchenschätze bei Bedarf verkauft wurden, um die Gemeindeglieder in Zeiten der Not ernähren oder kleiden zu können (Arnold Angenendt). Für diesen Brauch ist die Legende des heiligen Vincentius exemplarisch. Bei einer Christenverfolgung in Spanien wurde ihm befohlen, das mobile Gut der Gemeinde herauszugeben. Er leistete dieser Aufforderung keine Folge, sondern verkaufte alles und gab das eingenommene Geld den armen Christen. Als die Heiden wieder anrückten, um die Kostbarkeiten der Kirche in Empfang zu nehmen, hatte Vincentius die Armen um sich versammelt und sagte, indem er auf sie wies, «dies ist der Schatz der Kirche». Kein Wunder, dass die mittelalterlichen Autoren, vor allem diejenigen mit reformerischer Tendenz, im Zusammenhang mit Spenden und Stiftungen an die Kirche immer wieder auf die Armenfürsorge als deren erste Pflicht hinwiesen. Stiftungen aller Art waren daher immer mit karitativen Werken verbunden, und zwar so eng, dass mit der Zeit jede Art von Gabe an die Kirche als Geschenk der Nächstenliebe aufgefasst wurde. Wer solche Gaben machte, schuf sich einen Schatz im Himmel, der ihm sein Seelenheil sicherte.

Reformorientierte Autoren sehen Kirchenbesitz als etwas, das von den Gemeindegliedern kam und auch diesen in Zeiten der Not zur Verfügung zu stehen hatte (Conrad Rudolph). Es wurde jedoch im vorangehenden Kapitel dargelegt, dass im Mittelalter einfache Pfarrkirchen, Kollegiatskirchen oder Klöster von führenden Gliedern der Gesellschaft errichtet wurden und diese sich durch den Stiftungs- oder Gründungsakt bestimmte Rechte an den betreffenden Institutionen erwarben, etwa die Ernennung des Pfarrers oder der Kleriker, einen privilegierten Begräbnisplatz, die Verpflichtung der Geistlichen, für den Gründer der Kirche oder des Klosters und dessen Familie Fürbitte zu leisten, die Einnahme von Abgaben, zu welchen die Angehörigen einer Pfarrei oder die Untertanen eines Klosters verpflichtet waren (Otto Gerhard Oexle, Christine Sauer). Dadurch wurde die Kirche als Institution von den Grossen und Mächtigen abhängig und verstrickte sich im Frühmittelalter immer mehr in das feudale Herrschaftssystem. Seit dem Hohen Mittelalter war es erklärtes Ziel von Reformbewegungen, die Kirche und ihre Institutionen aus diesen Fesseln zu lösen, damit sie sich auf das eine Ziel konzentrieren konnte, nämlich die Seelen ihrer Mitglieder für den Himmel zu gewinnen.

Männer wie der heilige Bernhard von Clairvaux, der Zisterzienserabt und grosse Theologe, waren unermüdlich bestrebt, die Mönche vom weltlichen Treiben fernzuhalten (Conrad Rudolph). Er trat daher gegen den Wallfahrtsbetrieb in Klöstern ein und lehnte auch das Begräbnis von Laien in den Zisterzienserabteien strikt ab. Erst im 13. Jahrhundert öffnete der Orden seine Kirchen für Gräber grosser Wohltäter, wie das Beispiel von Wettingen zeigt. Es wurde auch schon in anderem Zusammenhang darauf hingewiesen, dass Kloster- und Pfarrkirchen den Gründerfamilien als Grablegen dienten. Darüber hinaus waren die dort amtenden Kleriker dazu verpflichtet, den Totendienst für die vornehmen Verstorbenen zu erfüllen und dabei für deren Seelenheil zu beten. In früher Zeit beschränkte sich diese Pflicht darauf, den Namen der Verstorbenen am Jahrestag ihres Ablebens nach der Messe zu verlesen (Arnold Angenendt). War eine monastische Gemeinschaft zum Totendienst verpflichtet, wurde vom 9. Jahrhundert an der besonderen Wohltäter im Kapitelsoffizium gedacht, das anschliessend an die im Chor gebetete Prim, die erste Gebetstunde nach der Matutin (um 6 Uhr früh), abgehalten wurde (Michel Huglo). Falls entsprechende Verfügungen bestanden, beteten die Kleriker entweder eine Vigil für den Toten (den ersten Teil, das «placebo», während der Vesper nach Sonnenuntergang, den zweiten Teil, das «dirige», während der Matutin im Morgengrauen) oder lasen eine spezielle Messe zu seinem Gedenken. Die Verbformen «placebo» (ich werde mich freuen) und «dirige» (er richtet aus) sind jeweils die ersten Worte, mit dem die entsprechenden Teile des Stundengebetes anfangen.

Das liturgische Totengedenken hat seine Wurzeln ebenfalls in frühchristlicher Zeit und wurde durch den heiligen Augustinus in seiner Schrift «De cura pro mortuis gerenda» («Über die Fürsorge, die den Toten zukommen muss», um 421/22) dogmatisch festgelegt (Michel Lauwers). Seither gelten Messen im Namen eines Verstorbenen sowie Fürbittgebete und Almosen, die man in seinem Namen spendet, als hilfreich für das Heil der Seele. Seit dem 5. Jahrhundert umfasste daher die Totenfürsorge immer die erwähnten drei Komponenten, die Totenmesse, das Fürbittgebet und karitative Werke im Namen des Verstorbenen. Um die Seele bis zum Jüngsten Tag in den Genuss des Totendienstes kommen zu lassen, mussten entweder die Lebenden für den schon Verstorbenen sorgen oder aber jeder Einzelne traf bereits zu seinen Lebzeiten die nötigen Massnahmen, damit bis zum Jüngsten Tag Fürbitte für ihn geleistet wurde (Himmel, Hölle, Fegefeuer). Während die Erwähnung des Namens nach der Messe im frühen Mittelalter genügte, wurden die Vorkehren für das Gedenken vom 11. Jahrhundert an immer umfangreicher. Auf Einzelheiten der Totenfürsorge wird anhand der aargauischen Beispiele eingegangen werden. Es sei ausserdem vorausgeschickt, dass der heilige Augustinus in der oben erwähnten Schrift festhielt, dass die Messe das wirksamste Mittel für die Seele im Jenseits sei. Fürbittgebete und karitative Werke im Namen des Verstorbenen galten ebenfalls als nützlich, aber doch weniger wirksam als die Feier der Eucharistie. Dadurch sicherte Augustinus in Bezug auf den Totendienst die Mittlerstellung der Kirche und ihren Einfluss. Dies bedeutet, dass die wirksamste Hilfe für die Seele einzig ein geweihter Diener der Kirche leisten konnte, da nur dieser die Messe lesen und das Sakrament spenden durfte. Jenseitsvisionen des frühen Mittelalters betonten ausserdem, dass besonders das Gebet der Mönche der abgeschiedenen Seele hilfreich war (Arnold Angenendt). Vom 12./13. Jahrhundert an vertraute man die Toten auch gerne weiblichen Konventen an, zu deren Gebet man ebenfalls grosses Vertrauen hatte.

Bevor näher auf den geistesgeschichtlichen Hintergrund des Totenkultes im Mittelalter eingegangen wird, sollen die Bilder der Auftraggeber, Stifter und Klostergründer in der mittelalterlichen Glasmalerei des Kantons Aargau näher betrachtet werden.

Die Stifter und Auftraggeber der mittelalterlichen Glasmalereien im Kanton Aargau

Als Stifter oder Auftraggeber bezeichnet man im Allgemeinen die betenden Personen, die entweder zu Füssen eines Heiligen oder der Madonna knien, wie etwa der Zisterziensermönch in Fenster Nord III des Wettinger Kreuzgangs (Abb. 35). Sie erscheinen auch oft am Rande einer biblischen oder legendären Darstellung. Als Beispiel für die

Abb. 34: Wettingen, ehemaliges Zisterzienserkloster, Kreuzgang Nord V, 1AB, schreitender Löwe.

Abb. 35: Wettingen, ehemaliges Zisterzienserkloster, Kreuzgang, Nord III, Madonna mit betendem Mönch, um 1285.

zweite Gruppe kann man auf die Habsburger in den Chorfenstern von Königsfelden verweisen wobei diese ausserhalb der Szenen und gleich gross wie die Heiligen wiedergegeben sind (Farbabb. 19, 31, 39, 45, 57). Der Stifter muss nicht unbedingt «in effigie», d. h. als Person, anwesend sein, sondern kann wie in der Kirche auf dem Staufberg lediglich durch sein Wappen vertreten werden (Farbabb. 84). Häufig trifft jedoch die pauschale Bezeichnung «Stifter» auf die Darstellung solcher betender Personen nicht zu, und auch die Annahme ist falsch, diese hätten den Gegenstand, auf dem sie sich finden, zu ihren Lebzeiten selbst gestiftet (Brigitte Kurmann-Schwarz). Es wird daher von Fall zu Fall sorgfältig abzuwägen sein, in welcher Rolle die dargestellten Personen gesehen werden wollten. Es ist diesen nämlich nicht nur wichtig, dass der Betrachter erkennt, wer sie waren, sondern auch, was ihr Bild an seinem Standort aussagen sollte, in welcher Beziehung sie zum bestifteten Konvent oder der beschenkten Kirche standen und welche Stellung sie in der Gesellschaft ihrer Zeit einnahmen. Bevor diese Problematik eingehender diskutiert wird, seien vorerst die erhaltenen Beispiele von Stiftern in mittelalterlichen Glasmalereien des Kantons Aargau vorgestellt.

Die frühgotische Kreuzgangsverglasung in Wettingen

Am Beispiel des bereits erwähnten Zisterziensers (Abb. 35), der in Fenster Nord III des Wettinger Kreuzganges zu Füssen Marias betet, wurde das Problem der Interpretation von solchen Figuren in der Kunstgeschichtsschreibung bereits angeschnitten. Während Hans Lehmann diese Figur als Abt Volker identifizierte (1278–1304), äusserte Ellen Beer zu Recht Zweifel an dieser Benennung. In der Tat erscheint der Mönch ohne Abtstab, worauf Volker als Klostervorsteher sicher nicht verzichtet hätte, denn nur durch dieses Attribut war seine besondere Würde ablesbar. Das Bild stellt aus diesem Grunde eher einen idealtypischen Zisterzienser dar, der auf die besondere Marienfrömmigkeit des Ordens verweist. Er diente den in Wettingen lebenden Klosterbrüdern als Identifikationsfigur und Vorbild (Sabine Benecke; Andreas Bräm). Wenn sie durch den Kreuzgang gingen und ihr Blick auf die Glasmalereien fiel, forderte das Bild sie zur Nachahmung auf. Wie der betende Klosterbruder sollten sie sich an Maria wenden und ihr die schuldige Verehrung erweisen.

Anders wurden dagegen die schreitenden, heraldischen Löwen in Fenster Nord V interpretiert (Abb. 34). Da Abt Volker, während dessen Amtszeit der Kreuzgang errichtet wurde, enge Beziehungen zu König Rudolf von Habsburg pflegte, nahm man an, dass dieser an den Bauarbeiten im Kloster Anteil nahm. Nachdem er als Graf von Habsburg 1273 zum Deutschen König gewählt wurde, gelangte Wettingen unter die Oberhoheit der Herzöge von Österreich. Ellen Beer und Peter Hoegger vermuteten daher, dass die Löwen auf das Wappen der Habsburger verweisen. Der s-förmig geschwungene Schweif mit der stilisierten Quaste und das Motiv des Schreitens lassen jedoch diese Löwen denjenigen ähnlicher erscheinen, die auf dem Kyburger Schild des Grabmals der Zeit von 1250–1260 im Langhaus der Kirche skulptiert sind (Abb. 36). Dies schliesst nun allerdings eine mögliche Intervention König Rudolfs nicht aus, war doch seine Mutter Heilwig eine geborene Gräfin von Kyburg (Hans Dürst; Frühe Habsburger; Habsburger zwischen Rhein und Donau). Ausserdem nahm er die Gemahlin des jüngeren Hartmann von Kyburg, Elisabeth von Chalon, nach dessen Tod unter seinen Schutz, ebenso die Erbtochter Anna. Es müsste näher untersucht werden, warum mehr als zwanzig Jahre nach dem Erlöschen des kyburgischen Mannesstammes das Wappentier dieser Familie in einem Glasmalereizyklus des Klosters Wettingen erscheint. Eine solche Untersuchung hätte eine Beziehung zwischen dem heraldischen Symbol in der Glasmalerei und dem Kyburgergrab in der Kirche herzustellen, in dem die beiden letzten Grafen beigesetzt sind (Hartmann der Ältere und

Abb. 36: Wettingen, ehemaliges Zisterzienserkloster, Kirche Kyburgergrab, um 1250/60.

Hartmann der Jüngere). Sie hätte auch den zweiten Sarkophag mit dem Habsburgerwappen einzubeziehen (Abb. 8), der genau in der Zeit aufgestellt wurde, als die Glasmalereien für den Kreuzgang entstanden (Peter Hoegger). Wer dieses Monument errichten liess, ist nicht bekannt, doch kann es nur ein naher Verwandter König Rudolfs gewesen sein. Sicher verbrieft ist lediglich, dass dieses Grab 1308 König Albrecht I. als vorübergehende Ruhestatt diente und 1315 Rudolf III. von Habsburg-Laufenburg darin beigesetzt wurde. Eberhard von Habsburg-Laufenburg, der Onkel Rudolfs III., hatte einst die kyburgische Erbtochter Anna, die Tochter Hartmanns des Jüngeren, geheiratet. Die Habsburger der Laufenburg-Linie könnten daher mit ihrer Wettinger Grablege eine kyburgische Tradition aufgegriffen haben, die sich auch in den Glasmalereien des Kreuzganges spiegelte. Es ist ausserdem kaum vorstellbar, dass die mächtige Familie der Kyburger in der Kirche der Zisterzienserabtei ihre Grablege aufstellen liess, ohne auch liturgische Gründungen, verbunden mit entsprechenden Geld- oder Immobilienstiftungen, zu machen. Diese Vermutung müsste jedoch durch Recherchen in den Archiven belegt werden.

Das Beispiel von Wettingen macht deutlich, dass betende Figuren zu Füssen von Heiligen oder am Rand von biblischen oder hagiographischen Szenen nicht so ohne weiteres als Stifter derjenigen Gegenstände bezeichnet werden können, auf denen sie dargestellt wurden. Als Stifter kann auch ein Nachfahre auftreten, der im Namen des Abgebildeten eine kirchliche Institution beschenkte. Im Falle von Wettingen könnte ein Mitglied der habsburgischen Seitenlinie derjenigen gedacht haben, in deren Rechte er eingetreten ist.

Königsfelden

Während die Habsburger beziehungsweise die Kyburger in Wettingen nur indirekt als Wohltäter einer kirchlichen Institution auftreten, gründeten zwei Habsburgerinnen, die Königinnen Elisabeth († 1313) und Agnes († 1364) das Kloster Königsfelden an der Stelle, an der König Albrecht I. ermordet wurde (Georg Boner; Astrid Baldinger). Dort blieben gleich zwei Zyklen mit Mitgliedern des Hauses Habsburg erhalten. Der eine befindet sich in den um 1340 entstandenen Glasmalereien des Chores (Emil Maurer), der andere dagegen wurde erst zwischen 1358 und 1364 geschaffen (Brigitte Kurmann-Schwarz) und war für die Fenster in den Seitenschiffen des Langhauses bestimmt. Die Forschung interessierte sich bisher vor allem für die Habsburgerbilder im Chor, weil sie glaubte, daraus die Datierung der Glasmalereien ableiten zu können (Michael Stettler; Emil Maurer). Seit jedoch Gerhard Schmidt und Christiane Block dargelegt haben, dass der grösste Teil der Glasmalereien im Chor rund 10 bis 15 Jahre später entstand, als bisher angenommen wurde, kann die Interpretation der Habsburgerbilder als Darstellung der Glasmalereistifter nicht mehr aufrecht erhalten werden.

Neue Überlegungen zur Interpretation dieser Bilder müssen daher von den Fragen ausgehen, warum sich gerade die Herzoge Albrecht II., Otto, Heinrich und Leopold mit ihren Gemahlinnen sowie Herzog Rudolf von Lothringen, ein Enkel König Albrechts I., dort darstellen liessen und ob diese Reihe überhaupt vollständig sei (Brigitte Kurmann-Schwarz). Die Antwort darauf wird durch die schlechte Erhaltung der Glasmalereien erheblich erschwert, denn drei Fenster auf der Südseite des Chores (Paulus-Maria- s III, Apostel- s IV und Nikolausfenster s V) verloren den grössten Teil der Verglasung ihrer Lanzetten, und auch in zwei Öffnungen auf der Nordseite sind jeweils zwei originale Felder der ersten Reihe zerstört (vgl. dazu die Kurzbeschreibungen der Glasmalereien in diesem Band). Es gingen daher mit grosser Wahrscheinlichkeit mehrere Stifterbilder verloren, sicher diejenigen der Gemahlinnen der Herzoge Otto (n V, Farbabb. 39) und Heinrich (n IV, Farbabb. 31) sowie diejenigen der beiden Klostergründerinnen, der Königinnen Elisabeth und Agnes (wahrscheinlich s III). Auch darf man bezweifeln, ob Herzog Rudolf von Lothringen im Nikolausfenster (s V, Farbabb. 45) allein dargestellt war. Die von den übrigen Habsburgerbildern abweichende Stellung in der Mittelbahn deutet darauf hin, dass er von zwei weiteren Figuren, wohl von seinen Eltern, flankiert wurde. Herzogin Elisabeth von Lothringen, seine Mutter, war eine Schwester von Königin Agnes und Königsfelden sehr eng verbunden, denn man weiss, dass sie sich als Witwe öfter dort aufhielt. Es ist daher anzunehmen, dass im Chor von Königsfelden neben den erhaltenen Habsburgerbildern noch die Gemahlinnen von Herzog Otto (n V, 1c) und Herzog Heinrich (n IV, 1c), die Königinnen Elisabeth und Agnes (s III, 1a und 1c) sowie der Herzog und die Herzogin von Lothringen (Ferry IV. und Elisabeth, s V, 1a und 1c) dargestellt waren.

Teilweise denselben Personenkreis zeigte der dynastische Zyklus in den Seitenschifffenstern des Langhauses. Erhalten ist nur noch das Bild von Herzog Albrecht II. (s XIII, 1b, Farbabb. 67) und dasjenige seines älteren Bruders König Rudolfs von Böhmen (s XIII, 1a, Farbabb. 66) sowie vier Felder mit Architekturbekrönungen (s XII, 2a/b, s XIII, 2a/b, Farbabb. 68, 69). Die Seitenschifffenster sind zweibahnig und werden von einem einfachen Masswerk gekrönt, dessen Formen nicht mehr original sind (1982/91; Manfred Tschupp ohne genaues Datum). Die dreidimensionalen Architekturrahmen geben Raum für die betende Figur und ihr Wappen. Auf ihren Namen und die Bedeutung ihres Wappens verweisen die Inschriften der schwebenden Schriftbänder. Diese über zwei Fensterbahnen ausgedehnte Komposition wird von einem rechteckigen Rahmen umfasst, auf dem Name, Todesdatum und Stellung der dargestellten Person festgehalten werden. Diese Inschriften überliefert der Augsburger Chronist Clemens Jäger, der im Auftrag von Johann Jakob Fugger den «Ehrenspiegel des Hauses Habsburg» in der Wiener Nationalbibliothek (Cod. 8614*) verfasste. Die Reihe der Glasmalereien in den Seitenschifffenstern zählte ursprünglich 14 Figuren. Wahrscheinlich blickten sie in Richtung des Chores und verharrten in der Verehrung der Eucharistie. Richard A. Nüscheler, der 1900 die beiden erhaltenen Fürstenbilder ergänzte und retuschierte, passte sie fälschlicherweise in das erste Fenster auf der Südseite ein, sodass sie sich heute dem Besucher zuwenden, der die Kirche durch das rechte Westportal betritt. Anlässlich der jüngsten Restaurierung liess jedoch die

Abb. 37: Wien, Österreichische Nationalbibliothek, Cod. 8614*, fol. 232r, König Rudolf I. (Augsburger Buchmaler, um 1555 nach einer verlorenen Glasmalerei in Königsfelden der Zeit um 1360).

Abb. 38: Wien, Österreichische Nationalbibliothek, Cod. 8614*, fol. 232v, König Albrecht I.

Denkmalpflege die figürlichen Scheiben verkehrt montieren, damit die Fürsten erneut zum Chor blicken.

In der Wiener Handschrift beginnt die dynastische Reihe mit König Rudolf I. (fol. 232r, Abb. 37). Über seinem Haupt wölbt sich ein Schriftband, das Name und Titel des Herrschers aufführt: «Dominus Rudolphus Rex Romanorum» («Herr Rudolf, König der Römer», d. h. König des Heiligen Römischen Reiches Deutscher Nation). Der König kniet auf dem Boden und hat die Hände zum Gebet gefaltet. Links und rechts sind das Wappen des Reiches und dasjenige der Grafen von Habsburg zu sehen. Die Inschrift auf dem Rahmen, der die Figur mit ihrem Wappen einfasste, enthielt das Todesdatum des Königs (1291) und die Angabe seines Verwandtschaftsverhältnisses zu König Albrecht («Pater domini Alberti Romanorum Regis», «Vater des Herrn Albert, des Königs der Römer»). Dieser folgt im nächsten Bild (fol. 232v). Er war genau gleich dargestellt wie sein Vater und wurde ebenfalls als König der Römer bezeichnet (Abb. 38). Anstelle des Habsburgerschildes findet man jedoch rechts das Wappen der Herzöge von Österreich. In der Tat war Albrecht I. 1282 von seinem Vater am Hoftag in Augsburg zum Herzog von Österreich erhoben worden (Alphons Lhotsky; Karl-Friedrich Krieger). Die Inschrift des Rahmens verweist auf seine Ermordung an der Stelle, wo der Hauptaltar der Klosterkirche steht («Occisus est [...] in loco, ubi est maius altare»; «er wurde ermordet [...] am Ort, wo der Hauptaltar steht»).

Die Illustration des «Ehrenspiegels» bringt als Nächstes das Bild von Königin Elisabeth (fol. 233r, Abb. 39). Wie die beiden Männer erscheint sie kniend, doch wird sie nur von einem Wappen begleitet, demjenigen von Kärnten, und sie faltet ihre Hände nicht zum Gebet, sondern präsentiert das vereinfachte Modell der Klosterkirche von Königsfelden. Die beiden Dachreiter weisen darauf hin, dass diese zwei Konventen als Gotteshaus diente. Das Wappen deckt politische, aber auch verwandtschaftliche Verhältnisse auf, denn König Rudolf hatte 1276 Elisabeths Vater, dem Grafen Meinhard von Görz-Tirol, das Herzogtum Kärnten übertragen. Die Rahmeninschrift enthielt wiederum das Todesdatum

Abb. 39: Wien, Österreichische Nationalbibliothek, Cod. 8614*, fol. 233r, Königin Elisabeth.

Abb. 40: Wien, Österreichische Nationalbibliothek, Cod. 8614*, fol. 233v, Königin Agnes.

1313 und den Hinweis, dass die Königin die beiden Klöster von Königsfelden gegründet hatte sowie die Gemahlin von König Albrecht war. Auf ihre Rolle als Gründerin wies einst das Kirchenmodell hin, das sie in Richtung auf den Altar Christus, Maria und allen in Königsfelden verehrten Heiligen als Geschenk entgegenhielt.

Auf den nächsten beiden Seiten des «Ehrenspiegels» erscheinen König Andreas III. von Ungarn (fol. 233v) und Königin Agnes (fol. 234r, Abb. 40). Die Darstellung von König Andreas entspricht derjenigen von Rudolf I. und Albrecht I. Die Inschrift im Rahmen enthielt einst das Todesdatum 1300 und den Hinweis, dass Andreas mit Königin Agnes verheiratet war (Georg Boner; Kurt Ruh; Volker Honemann). Das Bild von Agnes stimmt weit gehend mit demjenigen ihrer Mutter überein. Sie erscheint jedoch nicht gekrönt, sondern liess ihre Krone über dem Ungarnschild platzieren. Das Schriftband im Bild bezeichnet sie als Königin von Ungarn und Tochter Albrechts I. Die Schrift auf dem Rahmen verweist auf ihre soziale Stellung und den Verwandtschaftsgrad zu Albrecht I. und fährt danach fort: «… per cuius procurationem ista duo monasteria plene sunt aedificata» («… durch deren Bemühung diese beiden Klöster vollständig erbaut wurden»). Da die Inschrift das Todesdatum verschweigt, entstanden die Glasmalereien wohl vor 1364, dem Jahr des Todes von Königin Agnes.

König Rudolf von Böhmen († 1306), dessen Bild in Königsfelden noch erhalten ist, erscheint in der Reihe des «Ehrenspiegels» als Nächster (fol. 234v, Abb. 42). Er war einst mit den heute verlorenen Wappen von Österreich und Böhmen dargestellt und wird in den Inschriften als «rex Bohemiae» («König von Böhmen») bezeichnet. Da Deckfarbenbild und Glasmalerei (s XIII, 1a) erhalten sind, ergibt sich die Gelegenheit, Original und Kopie zu vergleichen (Abb. 41). Die Gegenüberstellung macht deutlich, dass der Zeichner der Zeit vor 1555 nicht sehr genau war, denn er gibt Rudolf im reinen Profil wieder, während der König in der Glasmalerei das Gesicht leicht zum Kirchenschiff hin wendet. Auch streckt Rudolf in der Glasmalerei des 14. Jahr-

Abb. 41: Königsfelden, ehemalige Klosterkirche, Langhaus (s XIII, 1a), König Rudolf von Böhmen.

Abb. 42: Wien, Österreichische Nationalbibliothek, Cod. 8614*, fol. 234v, König Rudolf von Böhmen.

hunderts die Hände nicht so stark vom Körper weg, sondern hält sie direkt vor die Brust. Im Original verschwindet ausserdem der Fuss nicht vollständig unter dem Mantel wie in der Illustration des «Ehrenspiegels», und die Glasmalerei zeigt eine andere Kronenform als die Malerei des 16. Jahrhunderts.

Auf den nächsten Seiten des «Ehrenspiegels» folgen vier weitere Brüder von Königin Agnes, die Herzöge Leopold (fol. 235r), Heinrich (235v), Otto (fol. 235r) und Albrecht II. (fol. 236r). Bei allen vieren ist das Todesdatum verzeichnet (Leopold †1326, Heinrich †1327, Otto †1339, Albrecht II. †1358). Da Herzog Albrecht II. als Letzter starb, darf man annehmen, dass die Glasmalereien mit den Fürstenbildern nach 1358, dem Todesjahr des Herzogs, von Königin Agnes in Auftrag gegeben wurden (Farbabb. 67). Auch das Bild von Herzog Albrecht II. belegt, dass es dem Zeichner des 16. Jahrhunderts nicht so sehr auf eine genaue Kopie der Glasmalereien ankam, vielmehr waren ihm die Wappen und Inschriften, die Lebensdaten und die soziale Stellung des Dargestellten wichtig. Den Bildern des «Ehrenspiegels» und den sie begleitenden Texten lassen sich keine Hinweise auf die ursprüngliche Anordnung der Glasmalereien in den Seitenschifffenstern der Klosterkirche entnehmen. Die Illustrationen folgen vielmehr einer hierarchischen Reihenfolge, an deren Anfang die königlichen Mitglieder der Familie stehen.

Die dynastische Reihe schliesst mit zwei Nichten und Neffen von Königin Agnes, die ihr offensichtlich nahe standen. Als Erster erscheint Erzherzog Rudolf IV., der Sohn von Herzog Albrecht II. (fol. 237r). Mit seiner Gemahlin Katharina von Böhmen, der Tochter Kaiser Karls IV., hielt sich Rudolf öfter bei seiner greisen Tante in Königsfelden auf. Herzog Rudolf (Raoul) von Lothringen ist bereits aus der Chorverglasung bekannt (fol. 237v, Farbabb. 45). Er ist der Sohn von Ferry IV. von Lothringen und Elisabeth von Österreich, der Schwester von Königin Agnes. Er hatte zwei Schwestern, die seiner Tante ebenfalls sehr verbunden waren, Herzogin Margarete von Chalon (fol. 238r) und Herzogin Elisabeth von Bar (fol. 238v).

Die Auswahl und die Platzierung der Figuren in Chor und Langhaus lässt vermuten, dass die Bedeutung der beiden Habsburgerreihen verschieden war. Die Glasmalereien im Chor entstanden zu einem Zeitpunkt, als die Gründungsphase der beiden Klöster gerade abgeschlossen war (ab ca. 1335/37), während diejenigen im Langhaus am Ende des Lebens von Königin Agnes geschaffen wurden, zu einem Zeitpunkt, als sie als Einzige ihrer Generation noch am Leben war. Während die Habsburger des Chores im Zusammenhang mit der Geschichte des Klosters gesehen werden müssen, umgeben diejenigen im Langhaus das Grab, in dem die Toten der Familie ruhen (Brigitte Kurmann-Schwarz). Die Glasmalereien stehen daher in Beziehung zur Funktion der Kirche als Familiengrablege. Das Doppelkloster verdankt seine Entstehung dem Wunsch, am Ort, wo König Albrecht ermordet wurde, der Toten der ganzen Familie und ihrer königlichen Abstammung zu gedenken. Aus diesem Grunde beginnt die Geschlechterreihe in den Glasmalereien des Langhauses nicht mit irgendeinem mythischen Ahnen, sondern mit demjenigen, der die Familie zur Würde des Königtums erhob, mit König Rudolf I.

Um die Abstammung der Familie und das Gedenken an ihre Toten sichtbar zu machen, wurde die Klosterkirche auf Wunsch von Königin Agnes ab 1330 mit figürlichen Glasmalereien bereichert, deren Programm in mehreren Etappen erweitert wurde. Obwohl es kein Dokument gibt, das die Königin als Stifterin der Glasmalereien nennt, gibt es dennoch Hinweise darauf, dass sie diesbezüglich die treibende Kraft war. Wie laut «Ehrenspiegel» die Inschrift um ihr Bild im Langhaus einst festhielt, wurden die beiden Klöster dank ihrer Bemühungen vollständig fertig gebaut. Dies schliesst die Glasmalereien ein, da sie integraler Bestandteil der Architektur sind. Man wird daher Königin Agnes als Stifterin der Chorverglasung und ebenso der figürlichen Scheiben in den Seitenschiffen des Langhauses betrachten müssen. Dabei kam es ihr offensichtlich darauf an, sowohl diejenigen wiederzugeben, welche die Gründung des Klosters zu Ende gebracht haben, als auch diejenigen, welche die besondere Stellung ihrer Familie garantierten. Nicht nur die berühmten Vorfahren sollten dargestellt werden, sondern auch diejenigen, von denen sie hoffen konnte, dass sie nach ihrem Tode das Kloster weiterhin förderten.

Staufberg

Im Mittelfenster des Chors der Pfarrkirche auf dem Staufberg sitzt in der untersten Reihe ganz links (1c) ein Feld mit dem heiligen Johannes Evangelist, der am Kelch in seiner Linken zu erkennen ist (Farbabb. 84). In der rechten unteren Ecke der Scheibe schwebt ein der Mitte zugeneigtes Grisaille-Wappen. Es wird vom zentralen Motiv des Sparrens beherrscht, um den herum drei Mohrenköpfe angeordnet sind. Das Wappen konnte bisher nicht sicher identifiziert werden. Emanuel Büchel zeichnete im 18. Jahrhundert eine Grabplatte der Basler Kartause ab, auf der sich ein mit den Scheiben in Staufberg identisches Wappenbild befand. Die Platte bedeckte das Grab eines Mannes aus dem Geschlecht der Kölner und seiner Frau Katharina. Ellen Beer fand ein entsprechendes Wappen ausserdem in Augsburg, das der Abt von Sankt Ulrich und Afra, Konrad Mörlin, führte (1496–1510). Christian Kuster konnte ausserdem vergleichbare Wappen in Genf, Frankreich und Luzern nachweisen. In Basel findet man neben den Kölner die Gundelsdorf, die einen ähnlichen Schild führten, doch war dieses Geschlecht schon am Ende des 14. Jahrhunderts ausgestorben. Kuster stellte daher die Frage, ob es sich beim Träger des Staufberger Wappens eventuell um den Rechtsnachfolger der Gundelsdorf handeln könnte. Obwohl es immer noch keine sichere Identifizierung des Wappens gibt, verweist der Schild doch offensichtlich nach Basel.

Der Kollator der Pfarrkirche auf dem Staufberg war bekanntlich das Kloster Königsfelden, dem die Kirche inkorporiert war (Astrid Baldinger). Wie schon erwähnt wurde, zahlte das Kloster 110 Gulden an den Wiederaufbau der Kirche, nachdem diese 1419 durch Blitzschlag zerstört worden war. Dieser Betrag ist für den einfachen Chorbau so hoch, dass vielleicht auch die Glasmalereien inbegriffen waren. Verhielte es sich so, würde man eher das Wappen des Klosters Königsfelden oder aber der Äbtissin erwarten als dasjenige eines aussenstehenden Stifters. Interessanterweise lässt sich jedoch gerade am Anfang des 15. Jahrhunderts eine Klarisse in Königsfelden mit dem Namen Mechthild Kölner nachweisen (Christian Kuster). Es könnte sein, dass sie und ihre Familie sich an dem Beitrag für den Wiederaufbau der Kirche auf dem Staufberg beteiligten und insbesondere für die Verglasung des Chores aufkamen. Im Gegensatz jedoch zum Personenkreis, der im Zusammenhang mit den Glasmalereien in Wettingen und Königsfelden angetroffen wurde, dürften die hypothetischen Stifter der Chorverglasung auf dem Staufberg nicht einem adeligen Geschlecht, sondern dem stadtbürgerlichen Milieu angehört haben.

Die Abtscheibe von Wettingen

Die Monolithscheibe des Abtes Rudolf Wülflinger befindet sich heute im Masswerk des Fensters N IX im Wettinger Kreuzgang (Abb. 43). Die rechteckige Form des Scheibchens deutet darauf hin, dass das Masswerk dieser Öffnung wohl nicht der ursprüngliche Standort des Feldes ist (Ellen Beer; Peter Hoegger). Seine Komposition zeigt den heiligen

Abb. 43: Wettingen, ehemaliges Zisterzienserkloster, Kreuzgang (Nord IX, 3BC), Memorialscheibe des Abtes Rudolf Wülflinger, um 1435.

Bernhard von Clairvaux im Gebet vor dem Gekreuzigten. Nach der Legende beugte sich dieser nieder und umarmte den Heiligen. Abt Wülflinger kniet rechts vom Kreuz und wendet sich wie Bernhard betend an Christus, indem er diesen um Erbarmen bittet. Die Psalmworte «domine miserere mei» («Herr, erbarme dich meiner») bekräftigen die Darstellung im Bild. Er wird sowohl durch sein Wappen als auch durch die Insignien des Klostervorstehers eindeutig identifiziert. Wahrscheinlich wurde die Scheibe vom Abt in Auftrag gegeben, allerdings muss sie für einen Ort bestimmt gewesen sein, wo man sie allgemein sehen konnte. Ein Standort in der Abtswohnung, wie schon vorgeschlagen wurde, macht wenig Sinn, will doch ein solches Kunstwerk in erster Linie andere zum Beten und zur Fürbitte zugunsten des Seelenheils von Abt Wülflinger auffordern. Das Feld könnte daher entweder für den Kreuzgang oder für einen anderen Raum bestimmt gewesen sein, in dem sich die Mönche von Wettingen versammelten. Sicher hoffte der Stifter, die Mitbrüder würden es denjenigen im Bild gleichtun und Christus ebenso inbrünstig wie der heilige Bernhard für sein Seelenheil anflehen.

Auenstein

Das Wappenschildchen der Herren von Rinach, das in der Butzenverglasung der Kirche von Auenstein erhalten blieb (Farbabb. 96), dürfte ebenfalls auf die Stiftung eines Mitglieds dieses Geschlechts zugunsten der Kirche hinweisen. Die Rinach waren Kollatoren der Kirche (d. h., sie zogen die Einkünfte der Kirche ein, von denen Abgaben an den Bischof geleistet und der Priester bezahlt werden musste) und nutzten diese ausserdem als Grabstätte. Der von ihnen gestellte Geistliche wird daher auch den Totendienst für die in der Kirche ruhenden Familienmitglieder versehen haben. Mit der Eroberung des Aargaus durch Bern gingen die Rechte der Rinach an den Staat über, was jedoch die ursprünglichen Fundatoren der Kirche nicht hinderte, auch später noch Glasmalereien dorthin zu stiften (vgl. dazu die Ausführungen in Band 4). Das Monolithscheibchen in der Form eines Wappenschildes dürfte auf eine frühere Stiftung der Herren von Rinach zurückgehen, von denen oben bereits die Schenkung für die Lichter vor der Madonnenstatue erwähnt wurde (1327; Stettler/Maurer). Vielleicht blieb das Wappenschildchen als einziges Fragment einer Verglasung dieser Periode erhalten. Eine zeitliche Einordnung des Schildchens muss notwendigerweise unsicher bleiben, da sich heraldische Motive im Laufe der Jahrhunderte formal nur sehr wenig veränderten und daher keine genauen Anhaltspunkte für die Datierung liefern können.

Zofingen, Suhr, Thalheim

Weder der umfangreiche Passionszyklus im Mittelfenster der ehemaligen Stiftskirche von Zofingen (Farbabb. 75) noch die Fragmente in Suhr (Farbabb. 99) und Thalheim (Farbabb. 97, 98) lassen sich mit einer bekannten Stiftung verbinden. Auch die Glasmalereien selbst enthalten keine Informationen, die man in irgendeiner Weise mit einem Wohltäter verbinden könnte. Dies ist umso bedauerlicher, als die Glasmalereien weder künstlerisch sicher zugeordnet noch sicher datiert sind.

Kunststiftungen, Fegefeuer und Erinnerungskultur

In den einleitenden Überlegungen zu den Wurzeln des mittelalterlichen Stifter- und Gedenkwesens liess sich bereits die enge Verbindung zwischen Stiftungen und Totenkult aufzeigen. Auch die Übersicht über Hinweise auf Stifter und Darstellungen von nicht heiligen oder biblischen Personen in den erhaltenen mittelalterlichen Glasmalereien des Kantons Aargau belegt zahlreiche Beziehungen zwischen Glasmalerei einerseits und Grablege sowie Kirchen- oder Klostergründung andererseits. Wie die jüngere mediaevistische Forschung dargelegt hat, sind solche Zusammenhänge nicht zufällig (Michel Lauwers; Otto Gerhard Oexle; Christine Sauer; Ernst Schubert). Seit frühchristlicher Zeit war es die Lehrmeinung der Kirche, dass den Seelen der Verstorbenen von den Lebenden durch Messen, Gebete und karitative Werke geholfen werden konnte. Als dieses Dogma formuliert wurde, glaubten die Christen, das Ende der Welt und damit das Gericht sei sehr nahe. Als später jedoch keine Anzeichen erkennbar waren, dass sich das Weltgericht in absehbarer Zeit ereignen würde, drängte sich eine immer brennendere Frage auf: Was geschieht mit den Seelen der Verstorbenen im Jenseits, und wo halten sie sich auf? Es war klar, dass die ganz Schlechten in die Hölle, die Heiligen in den Himmel kamen. Wo aber blieben diejenigen, die nicht ganz gut, aber auch nicht ganz schlecht waren? Seit der Zeit der Kirchenväter postulierten die Autoren daher einen dritten Ort, an dem die abgeschiedenen Seelen der Verstorbenen sich von ihren Sünden reinigen konnten (Himmel, Hölle, Fegefeuer).

Erste Hinweise stammen von dem bereits mehrfach zitierten Kirchenvater Augustinus, der von einem «ignis purgatorius» (einem «reinigenden Feuer») spricht (Arnold Angenendt). Für die Jenseits- und Todesvorstellungen des Mittelalters entscheidend wurden jedoch die Gedanken Papst Gregors des Grossen, die dieser in Dialogen um 593/94 niederschrieb. Er benutzt ebenfalls den Begriff «ignis purgatorius» und verstand darunter einen Ort, in dem diejenigen Seelen geläutert werden, die nicht im Zustand der Vollkommenheit vom Körper schieden. Dieser jüngste der grossen Kirchenväter führte einen weiteren, wichtigen Aspekt für die kommende Entwicklung des Totenkults ein, nämlich den Kampf der bösen Geister um die Seele des Verstorbenen. Daraus entstand die Angst der Sterbenden vor dem Teufel und seinen Helfern, die zur Sterbestunde an ihrem Lager erscheinen, sobald sie verschieden waren (Nigel Palmer). Um den bösen Geistern entrissen zu werden, bedurften die Verstorbenen der bereits beschriebenen Fürbitte und anderer frommer Handlungen. Diese Vorstellungen formierten und verfestigten sich in den frühmittelalterlichen Jenseitsvisionen, einem literarischen Genre, das seine Hochblüte im 12. Jahrhundert hatte. Damals bildete sich die Vorstellung von einem dritten Ort, dem Fegefeuer, konkret heraus, so wie es Dante in seiner Jenseitsreise der «Divina Comedia» beschrieb. Der grosse italienische Dichter führte mit seiner Schrift die Literaturgattung der Jenseitsvision zu einem letzten grossartigen Höhepunkt.

Solche und ähnliche Texte belegen, dass das Jenseits im 13. bis 15. Jahrhundert nicht etwas Nebulöses und Verschwommenes war, sondern aus ganz konkreten Orten bestand, denen man nach dem Tode je nach Lebensführung zugeordnet wurde. Voraussetzung für die Bestimmung des Aufenthaltsortes der Seele war ein Gerichtsentscheid (Bruno Boerner). Da jedoch das universale Gericht auf sich warten liess, entstand die Idee eines Partikulargerichtes, durch das jeder Einzelne nach seinem Tode abgeurteilt wurde. Je nach Ausgang der Verhandlung kam die Seele des Toten in den Himmel, in die Hölle oder ins Fegefeuer. Wie die Christen noch heute glauben, wird ein jeder durch die Taufe von den Folgen des Sündenfalls Adams und Evas gereinigt. Vergehen, deren sich der Mensch danach schuldig macht, müssen möglichst noch zu Lebzeiten gesühnt werden, denn ist die Seele einmal vom Leib getrennt, besitzt sie keine Möglichkeit mehr, selbsttätig für Wiedergutmachung zu sorgen. Nach dem Tod muss die Sühne daher an die Lebenden delegiert werden. Die Vorstellung, es könne jemand für einen anderen Sühne leisten, stammt aus dem frühmittelalterlichen System der Tarifbusse, die ganz genau festlegte, für welches Vergehen welche Bussleistung erbracht werden musste (Arnold Angenedt). Dabei konnte jemand (meist ein Mönch oder Kleriker) stellvertretend für einen anderen büssen.

Unter den Mitteln, die der Seele im Fegefeuer Linderung brachte, waren die Messe und das Gebet von Mönchen und Nonnen das wirksamste. Dies belegen viele Jenseitsvisionen des frühen Mittelalters: So berichtet etwa der Mönch Barontus von der Entrückung seiner Seele ins Jenseits (678/79), dass diese Erleichterung durch das Totengeläute und durch das Vespergebet der Mönche erfuhr, über deren Kloster sie auf dem Weg ins Jenseits flog. Aus den Fängen der Teufel jedoch wurde sie erst gerettet, als seine Klosterbrüder anhoben, Fürbitte für ihn zu leisten. Cluny und die mit ihm verbundenen Klöster entwickelten sich zu Spezialisten der Fürbitte im Dienste der Toten. Später waren es vor allem die Reformorden, die Zisterzienser, die Franziskaner oder Dominikaner sowie die mit ihnen verbundenen Frauenorden, deren Gebet man für besonders wirksam hielt (Caroline Walker Bynum; Michel Lauwers). Durch die Verfassung als Doppelkloster konnten in Königsfelden der liturgische Totendienst und die Gebetsleistungen auf ideale Weise vereinigt werden. Wollten Laien den Toten helfen, stand ihnen vor allem das Fasten und das Spenden von Almosen zur Verfügung. Die Sorge um das Schicksal der Toten

Abb. 44: Königsfelden, ehemaliges Kloster, Kirche, Chor, Schlussstein, Habsburgerwappen.

im Jenseits intensivierte sich in der Zeit, als sich spätestens im 12. Jahrhundert die Vorstellung vom Fegefeuer verfestigte. Alle Monumente, die in dieser Studie behandelt werden, entstanden daher vor diesem Hintergrund.

Mit der Verbreitung des Glaubens an einen dritten Ort im Jenseits entstand ein gut funktionierendes System des Gebens und Nehmens, an dem alle in irgendeiner Weise beteiligt waren. Im Vertrauen auf die Wirksamkeit des Gebetes von Nonnen und Mönchen gründeten die Grossen und Reichen Klöster und Niederlassungen geistlicher Gemeinschaften. In den Städten richteten einzelne oder mehrere reiche Bürger Spitäler ein und dotierten die Seitenkapellen der Pfarr- und Stiftskirchen mit Altären, an denen die Anniversarien (Gedenkmessen am Todestag) der Stifter und ihrer Familien bis zum Jüngsten Tag gefeiert werden sollten. Genügte anfänglich der Eintrag ins Totenbuch, damit man nicht dem Vergessen anheim fiel, bildete sich immer mehr der Brauch aus, Messen für bestimmte Personen zu lesen (Arnold Angenendt). Diejenigen, die es sich leisten konnten, schufen für die Jahrzeitfeiern eigene Räume, liessen Altäre aufstellen und verschafften einem Kleriker oder einem ganzen Konvent ein Auskommen. In diesem Zusammenhang entstanden darüber hinaus zahlreiche Kunststiftungen, zu denen, dies sei noch einmal betont, auch die mittelalterlichen Glasmalereien des Kantons Aargau gezählt werden müssen.

Trotz gewichtiger Proteste seitens der Kirchenreformer verfestigte sich die Vorstellung, Kunststiftungen seien Werke der Barmherzigkeit und Nächstenliebe (Conrad Rudolph). Kein Wunder, dass Schenkungen von Kunstwerken sich neben den wirklich karitativen Stiftungen fest etablierten, denn auf diese Weise konnte sich der Spender selbst darstellen und zugleich die schriftlich niedergelegte Erinnerung durch Bilder verstärken. Die bisherigen Überlegungen zum Memorialwesen und zur Totenfürsorge zeigen, dass beides auf sehr verschiedenen Ebenen verankert war, sodass es Otto Gerhard Oexle zu Recht mit dem Begriff «des totalen sozialen Phänomens» (Marcel Mauss) umschreibt. Man hielt die Stiftungen «pro remedio animae» («zum Heil der Seele») schriftlich fest und bestimmte, welche Gegenleistungen von den bestifteten Institutionen oder einzelnen Klerikern erwartet wurden. Entsprechende Passagen findet man in den Urkunden, in denen Habsburger mehrerer Generationen festlegten, wie die Klarissen und Franziskaner die Jahrzeiten der Familienmitglieder (Gedenken am Jahrestag des Todes) in Königsfelden zu feiern hatten.

Das liturgische Gedenken wurde schon früh, spätestens seit dem 11. Jahrhundert durch Bilder und Symbole intensiviert. Ein früher Beleg dafür ist das Grabbild Rudolfs von Rheinfelden im Merseburger Dom. Aber auch anhand von Beispielen der mittelalterlichen Glasmalerei im Kanton Aargau kann dies erhärtet werden: In Königsfelden findet man die Bilder der Habsburger im Chor und im Langhaus, ausserdem Wappen in den ornamentalen Glasmalereien aus den Obergaden- und den Westfenstern sowie an den Schlusssteinen des Chorgewölbes (Abb. 19, 44). Sehr wahrscheinlich zierten der Reichs- und der Ungarnschild auch die Verglasung der Kreuzgänge (Farbabb. 70, 71). Ein Wappen, das sich auf Gründer oder Stifter bezieht, gibt es ausserdem in Auenstein (Farbabb. 96) und in der Kirche auf dem Staufberg (Farbabb 84). In Bezug auf Königsfelden ist darüber hinaus bekannt, dass die Stifter der Jahrzeiten auch kostbare liturgische Gewänder schenkten, welche die Priester aus dem Franziskanerorden zur Zelebration der Gedenkmessen trugen (belegt in einer Urkunde von 1358, in der das Inventar des Schatzes festgehalten wurde; Emil Maurer; Susan Marti). Im Kloster bewahrte man auch den Waffenrock König Albrechts I. auf, den er in der Schlacht von Göllheim (1298) trug und der wahrscheinlich anlässlich der Feier seiner Jahrzeit auf den Sarkophag im Langhaus gelegt wurde. Der Kirchenschatz enthielt auch einen silbernen Apfel. Von diesem Symbol des Herrschers hält das Inventar ausdrücklich fest, dass es in der Liturgie der Jahrzeiten gebraucht wurde (Aarau, Staatsarchiv, UK 276a). So wie der dynastische Zyklus in den Seitenschifffenstern des Langhauses alle Könige aus dem Geschlecht (ausser Friedrich dem Schönen) wiedergab, so war dieser Apfel das Symbol dafür, dass die Toten, deren im Kloster gedacht wurde, alle königlichen Geblütes waren. Nachdem die Gefallenen der Schlacht von Sempach in der Kirche beigesetzt wurden, malte man ihr Wappen und ihr Bild an die Wände des Langhauses. 1692 waren die Toten immer noch so verehrungswürdig, dass man einen Maler beauftragte, diese verblassten Wandmalereien auf Leinwand zu kopieren (die damals entstandene Memorientafel befindet sich noch heute an der Nordseite des Langhauses; Emil Maurer). Zu dieser Zeit hatte sich die Memoria (das Gedenken) allerdings von der Liturgie und damit vom Glauben an das Fegefeuer längst gelöst, da in der Reformation die Messen und Fürbitten abgeschafft worden waren, nicht aber, wie viele nachreformatorische Wappenscheiben im Berner Münster bezeugen (Brigitte Kurmann-Schwarz), das Andenken an Vollbringer historisch bedeutender Taten oder an Wohltäter von Institutionen. Das galt auch für solche, die noch in katholischer Zeit gegründet worden waren.

Die soziale Stellung der Stifter und Auftraggeber

Die Personen, die sich mit den liturgischen Stiftungen und in deren Zusammenhang mit den mittelalterlichen Glasmalereien des Kantons Aargau verbinden lassen, sind ausnahmslos Repräsentanten von Gruppen der oberen Gesellschaftsschichten. Glasmalerei war eine teure Kunst und konnte daher nur von Korporationen oder sehr reichen Leuten in Auftrag gegeben werden (Richard Marks; Brigitte Kurmann-Schwarz). Leider weiss man wenig über Preise und deren Relation zur Kaufkraft in der Entstehungszeit der Glasmalereien. Wo wir solche Zusammenhänge kennen, sind die Kosten für Glasmalereien beeindruckend hoch. Für das Mittelfenster des neuen Berner Münsterchores bezahlte die Stadt 1441 dem Ulmer Glasmaler Meister Hans 157 Gulden (Brigitte Kurmann-Schwarz). Dies ist mehr, als damals in Bern ein grosses Steinhaus kostete, wobei jedoch einschränkend festgehalten werden muss, dass Häuser zu dieser Zeit anders als Nahrungsmittel im Vergleich zu heute eher billiger waren. Für England wurde festgestellt, dass die Glasmalereien grossen Preisschwankungen unterlagen (Richard Marks), aber dies ändert nichts an der Tatsache, dass sie zu allen Zeiten sehr teuer waren und nur reiche Leute sie sich leisten konnten.

Die Glasmalereien in Wettingen und Königsfelden weisen Beziehungen zu den beiden Grafengeschlechtern der Kyburger und der Habsburger auf. Letztere rückten 1282 in den Reichsfürstenstand auf, nachdem einer der Ihren, Graf Rudolf IV., 1273 zum deutschen König Rudolf I. erhoben worden war. Die beiden Geschlechter beherrschten im 13. und 14. Jahrhundert den Aargau und die angrenzenden Gebiete (Hans Dürst). Als 1311 das Kloster Königsfelden gegründet wurde, waren die Habsburger längst zu einer europäischen Dynastie aufgestiegen. Die beiden Königinnen Elisabeth und Agnes verfügten dementsprechend über Mittel, das Doppelkloster bei Windisch zu gründen und ihm eine solide wirtschaftliche Basis zu geben. Man darf jedoch nicht vergessen, dass sie auch als Königinnen nicht ohne die Zustimmung ihrer Söhne beziehungsweise ihrer Brüder Besitz in Stiftungen investieren konnten (Amalie Fößel), was die so genannten «Stifterbilder» des Chores von Königsfelden illustrieren. Während man die Wettinger Glasmalereien, wie noch gezeigt werden wird, eindeutig einem südelsässisch-nordwestschweizerischen Kreis zuordnen kann, weisen zwar die Glasmalereien von Königsfelden ebenfalls elsässische Züge auf, doch überragen sie durch ihre Qualität die meisten noch erhaltenen Scheibenzyklen aus der gleichen Zeit. Zweifellos wollte die Auftraggeberin ihre hohe Stellung durch eine angemessene künstlerische Wahl unterstreichen. Sie besass ausserdem die Möglichkeit, die Memoria ihrer Familie mit Hilfe vieler Kunstwerke zu intensivieren, nicht nur anhand von Glasmalereien, sondern vor allem durch wertvollen Altarschmuck, wie die noch erhaltenen Antependien im Historischen Museum zu Bern, und ferner durch liturgische Geräte (Emil Maurer; Susan Marti). Von Letzteren ist jedoch ausser dem Tragaltar aus dem Besitz König Andreas' III. von Ungarn nichts mehr übrig geblieben.

Die Herren von Rinach, die sich in der Pfarrkirche von Auenstein ihre Grablege einrichteten, stehen eindeutig hinter der Gründung der Habsburger in Königsfelden und der Grablege der letzten Kyburger in der Klosterkirche von Wettingen zurück. Sie konnten nicht auf die Ressourcen der Habsburger zurückgreifen und mussten sich auch in Bezug auf den Ort ihres Begräbnisses bescheiden. Wie das Wappenschildchen belegt (Farbabb. 96), setzten sie für ihre Präsenz bescheidene visuelle Zeichen. Ob das Wappen jedoch der einzige bildliche Hinweis auf die Toten war, lässt sich mangels weiterer Zeugnisse nicht mehr sagen. Was den Staufberg betrifft, so deuten alle bisher bekannten Hinweise auf einen Stifter oder eine Stifterin der Glasmalereien aus einem stadtbürgerlichen Geschlecht hin, das wahrscheinlich in Basel sesshaft war (Farbabb. 81). Eine solche Verbindung könnte, wie Christian Kuster gezeigt hat, am ehesten durch eine in Königsfelden eingetretene Nonne entstanden sein.

Hinweise auf die Auftraggeber der Glasmalereien von Suhr, Thalheim und Zofingen gibt es keine mehr. Nur im Falle von Zofingen lässt sich dazu wenigstens eine Hypothese aufstellen (Farbabb. 75–80). Unter dem Personal des Stiftes, das von Christian Hesse untersucht wurde, bietet sich der Propst aufgrund seines Ranges als Stifter der Glasmalereien an. Betrachtet man die Liste der Stiftspröbste aus dem ersten Viertel des 15. Jahrhunderts, kommt mit Blick auf seine Laufbahn am ehesten Konrad Marti in Frage, der 1400–1426 Chorherr in Zofingen war und auch aus der Stadt selbst stammte. Zwar war er 1422 nur vorübergehend Propst des Stifts, doch verfügte er mit Sicherheit über Kenntnisse von Kunststiftungen, denn er stand 1397–1411 im Dienste der Katharina von Burgund, der Gemahlin Herzog Leopolds IV. Marti dürfte die Glasmalerei-Stiftungen der Herzogin in den Kirchen von Thann und Altthann gekannt haben (Gatouillat/Hérold). Da seine Propstwürde umstritten war, könnte er versucht haben, seine Stellung durch eine Stiftung zu festigen. Dies würde jedoch voraussetzen, dass das von der bisherigen Forschung vorgeschlagene Entstehungsdatum «nach 1394» zugunsten einer Spätdatierung um 1420

aufgegeben würde. Erwiese sich dieser Vorschlag als richtig, wäre das Passionsfenster von Zofingen das einzige der hier behandelten Werke, von dem man wenigstens hypothetisch annehmen könnte, dass es auf die Stiftung eines hohen Geistlichen zurückgeht.

Was stiftet der im Bild dargestellte Auftraggeber?

Diese Frage klingt beinahe banal, doch wurde oben gezeigt, dass die meisten mittelalterlichen Kunstwerke nicht einfach als Verschönerung der Gotteshäuser und der mit ihnen verbundenen Bauten geschaffen wurden. Vielmehr entstanden sie im Zusammenhang mit liturgischen Stiftungen und sollten nicht nur an die im Kunstwerk dargestellte Person, sondern auch an die Pflichten derjenigen erinnern, die stellvertretend für Gott und die Heiligen die Stiftung empfingen (Otto Gerhard Oexle; Michel Lauwers; Christine Sauer). Mehrheitlich sind die Glasmalereien nichts anderes als eine Art Nebeneffekt einer sehr viel umfangreicheren und aufwändigeren Schenkung «pro remedio animae» («zum Heil der Seele»).

Im Falle von Wettingen ist die Frage nach dem Stifter und dem Auftraggeber nicht klar zu beantworten. Wie noch in Bezug auf den Inhalt zu zeigen sein wird, kommt als Auftraggeber wohl am ehesten der Konvent selbst in Frage, worauf auch der betende Zisterziensermönch (Abb. 35) hinweist. Hingegen deutet der Löwe der Kyburger darauf hin (Abb. 34), dass möglicherweise ein Rechtsnachfolger dieser ausgestorbenen Grafenfamilie sich finanziell an der Ausführung der Kreuzgangsverglasung beteiligte, um den Totendienst zugunsten der Vorfahren zu visualisieren. War dies der Fall, so steht diese Stiftung im Zusammenhang mit den Grablegen der Kyburger und der Habsburger in der Kirche (Abb. 8, 36).

Gesetzt den Fall, es gab eine Übereinkunft zwischen den Habsburg-Laufenburg in ihrer Rolle als Rechtsnachfolger der Kyburger, so wurde diese sicher auch schriftlich niedergelegt und mit dem Siegel der Parteien bekräftigt. An Letzteres erinnert das heraldische Zeichen in den Glasmalereien und dürfte daher eine dem Siegel ähnliche Funktion erfüllt haben. Da jedoch die Urkunde nach dem Abschluss des Geschäftes in einer Truhe der Abtei verschwand, wurde sie den Blicken all jener entzogen, die nicht direkt an der Übereinkunft beteiligt waren. Das Wappen oder das Wappentier in den Fenstern des Kreuzgangs war hingegen den Mönchen täglich sichtbar und ermahnte sie, der Toten zu gedenken, die sich ihnen gegenüber als Wohltäter erwiesen hatten. Zwischen Siegeln und Glasmalereien bestand um 1285 schon lange ein Zusammenhang. Wie auf Petschaften liessen sich schon 1210/1220 einige adelige Stifter von Scheiben als Reiter in der Hochchorverglasung der Kathedrale von Chartres darstellen (Kurmann/Kurmann-Schwarz).

Die Hauptmotivation des Stifters war also meistens nicht das Schenken von Glasmalereien, sondern die Gründung eines liturgischen Gedenkens und dessen Intensivierung im Bilde. Dies hatte zum Ziel, nicht in Vergessenheit zu geraten, sodass die Seele im Fegefeuer weiter in den Genuss der Fürbitte kam (Himmel, Hölle, Fegefeuer). Da jedoch im Mittelalter Religiöses und Weltliches nicht getrennt wurde, können diese Bilder darüber hinaus auch juristische und politische Bedeutung gehabt haben (Andrew Martindale). Diese Seite der Stifterrepräsentation im Wettinger Kreuzgang ist leider nur ansatzweise erforscht.

Auch in Königsfelden lassen die Quellen des 14. Jahrhunderts nichts über die Entstehung und Ausführung der Glasmalereien verlauten. Dagegen sind diese Schriftstücke sehr eloquent, was die Fundationen der Habsburger «pro remedio animae» («für das Heil der Seele») betrifft. Die Forschung versäumte es bisher, diese Dokumente zur Interpretation der «Stifterbilder» heranzuziehen und auszuwerten. Liest man jedoch die Urkunden zugunsten von Königsfelden durch, in denen die Jahrzeiten für die Brüder, die Schwestern, die Eltern, die Nichten und Neffen sowie den Gemahl von Königin Agnes festgehalten sind, wirken sie wie eine Illustration der allgemeinen Entwicklung des Totendienstes, so wie sie im ersten und dritten Abschnitt dieses Kapitels nachgezeichnet wurde.

«... daz wir ... got und unser vrowen, seiner lieben muoter, ze lob und ze eren, allen heylegen ze dienst, unseres lieben herren und wirtes, chuenk Albrehtes, und aller unser vordern selen ze hilfe und ze troste ein vrowen chloster sande Chlaren orden und ein chloster der minneren Brueder orden in unsere lande ze Swaben in Argeu in dem chilchspel ze Windisch in Chostnitzer pistume gestiftet habent» («... dass wir ... zum Lobe und zu Ehren Gottes und unserer lieben Frau, seiner Mutter, zum Dienste aller Heiligen, und als Hilfe und als Trost für unseren lieben Herrn und Gemahl, König Albrecht, und für die Seelen aller unserer Vorfahren ein Frauenkloster des Klarenordens und ein Kloster des Minoritenordens in unserem Lande zu Schwaben im Aargau im Kirchspiel von Windisch im Konstanzer Bistume gestiftet haben»). Mit diesen Worten umreisst die Gründungsurkunde des Klosters Königsfelden (Aarau, Staatsarchiv, UK 20a), welche die Königin Elisabeth und ihre Söhne am 29. September 1311 in Wien ausstellten, den Zweck der Stiftung. Dieser besteht in der Hilfe und im Trost für den ermordeten König Albrecht und die Seelen der bereits verstorbenen Vorfahren. Ähnlich wird das Motiv für die Gründung auch in der Urkunde umschrieben, die der Konstanzer Dompropst Conrad von Klingenberg 1312 für Königin Agnes ausstellte: «Volens saluti suae ac suorum predecessorum salubriter provedere» («sie will für ihr eigenes und das Seelenheil ihrer Vorfahren heilsam Vorkehren treffen»; Freiburg, Erzbischöfliches Archiv, Kopialbuch AA, 568, Abschrift: Aarau, Staatsarchiv). Diese Zitate zeigen, dass die Klostergründung ganz im Zeichen der Vorsorge für das Seelenheil der Gründerinnen und des Totendienstes für ihre Vor- und Nachfahren stand. Königin Agnes verstand es ausserdem, mehrere von ihren Geschwistern dazu zu bewegen, in Königsfelden reich dotierte Jahrzeiten (Totengedenkfeiern) zu gründen und einige von ihnen beschlossen gar, sich in der Kirche begraben zu lassen, was die Bedeutung des Klosters stark aufwertete.

Wie die Totengedenktage in Königsfelden begangen wurden, sei am Beispiel der Anniversarien von Königin Elisabeth und König Albrecht dargelegt. Die Urkunden 74 von 1322 und 103 von 1330 im Aarauer Staatsarchiv legen Folgendes fest: Das ältere der beiden Dokumente bestimmt die Einnahmen aus einem Gut und einem Zehnten für die Feier der Jahrzeit (liturgische Gedenkfeier am Todestag) von Königin Elisabeth und König Albrecht I. von Habsburg. Es soll Wachs im Wert von 3 Pfund Silber gekauft werden, um daraus Kerzen herzustellen, die während der Vigil am Vorabend brennen sollen. Diese Lichter geben der Totengedenkmesse ihren besonders glanzvollen Rahmen. Die Franziskaner, welche diese liturgischen Feiern durchführen, aber auch ihre Gäste erhalten gemeinsam 30 Schillinge für das Essen am Jahrtag, an dem der Gefeierte verstorben ist. Auch die Klarissen, die an den Anniversarien ebenfalls teilnehmen müssen, erhalten gleich viel Geld als Aufbesserung für ihre Mahlzeit. Drei Pfund werden ausserdem an alle Eremiten und Armen im Umkreis von einer Meile um das Kloster herum verteilt. Im Übrigen muss die Äbtissin 20 Mütt Weizen zu Ehren von König Albrecht und 15 Mütt im Namen von Königin Elisabeth zu Brot verbacken lassen. Nach Annemarie Dublers Studie über Masse und Gewichte in der alten Eidgenossenschaft entsprach ein Mütt in Brugg ungefähr 88,5 Litern (was in Kilogramm nicht ganz die Menge eines so genannten Bundessackes ausmacht, in dem die Bauern zu Zeiten unserer Grossväter den Weizen zu packen pflegten). Die Menge der Brote, die zu den Gedenktagen der beiden berühmten Toten gebacken wurden, war also beträchtlich. Jede an der Feier anwesende Person erhielt ein Brot, die übrigen wurden an die Armen verteilt.

Die Urkunde 103 bestimmt die Einkünfte, die für die Jahrzeitfeier von König Andreas III. von Ungarn verwendet werden sollen. Diese fand am Fest des heiligen Felix in Pincis, dem 14. Januar, statt. Am Vorabend wurden Brote von 7 Mütt Weizen gebacken. Die Klarissen erhielten zwei Pfund Geld für ihre Mahlzeit und vier Pfund sollten unter ihnen verteilt werden. Die Armen dagegen erhalten insgesamt nur ein Pfund. Dieselbe Summe geht an die Mahlzeit der fremden Priester. Die Franziskaner erhalten ein Pfund für ihre Mahlzeit und darüber hinaus sollen 30 Schilling unter ihnen verteilt werden. Drei Pfund werden wiederum für Kerzenwachs aufgewendet. Anders als im schon besprochenen Dokument legt die Urkunde 103 auch fest, was die beiden Konvente dafür zu tun haben. Die Franziskaner rezitieren die Vigilien und singen am Tag darauf die Totenmesse. Ausserdem soll jeder der Brüder eine stille Messe für König Andreas feiern. Die Klarissen beten in seinem Namen ebenfalls das Totenoffizium und 100 Ave Maria. Am Todestag von Andreas soll die Sakristanin ausserdem Öl für die Lampen vor dem Allerheiligsten und für diejenige vor dem Grab von Königin Elisabeth kaufen.

Um zu verstehen, wie die Kosten für diese Feiern zu werten sind, müssen die dafür aufgewendeten Ausgaben in Relation zu anderen Geldsummen gesetzt werden. Laut der Gründungsurkunde von Königsfelden (Aarau, Staatsarchiv, UK 20a) erhielt jeder im Kloster ansässige Franziskanerbruder vom Frauenkloster jährlich ein Almosen für seinen Unterhalt von 4 Mark Silber. Geht man davon aus, dass eine Mark einem halben Pfund entsprach, wurde allein für das Kerzenwachs an einem solchen Tag mehr Geld ausgegeben als einem Franziskanerbruder während eines ganzen Jahres für seinen Unterhalt zur Verfügung stand. Der Vergleich zeigt, dass der materielle Aufwand für diese Feiern ausserordentlich hoch war. Die Stifter mussten daher für ein solides Kapital sorgen, das dauernd so viele Zinsen abwarf, dass die Jahrzeiten bis zum Jüngsten Tag gefeiert werden konnten. Obwohl die Glasmalereien sehr teuer waren, musste für die liturgischen Stiftungen ein Vielfaches des für die Kunstwerke bezahlten Preises aufgewendet werden.

Die Durchsicht der Urkunden zugunsten von Königsfelden, von denen allein aus der Zeit bis zum Tod von Königin Agnes über 300 erhalten sind, zeigt ausserdem, dass sich diejenigen Mitglieder der Gründerfamilie, die in den Chorfenstern dargestellt sind, nicht nur auf umfangreiche Anniversarstiftungen beschränkten. Vielmehr verbanden sie diese mit der Einrichtung von Pfründen, damit sich im Franziskanerkloster dauernd zwölf Brüder aufhalten konnten und der Konvent damit die kanonische Zahl des Apostelkollegiums erreichte. In den diesbezüglichen Urkunden steht, dass die Inhaber dieser Pfründen Priester sein und den kirchlichen Gesang beherrschen müssen. Die Geistlichen haben daher nicht nur die Aufgabe, Messen für die Stifter der Pfründen zu lesen, sondern Feierlichkeit und Glanz der Gottesdienste in Königsfelden zu garantieren. In den oben zitierten Dokumenten zu den Jahrzeitfeiern von Königin Elisabeth und König Albrecht I. ist ausserdem von Gästen die Rede, die bei der Teilnahme an den Anniversarien auch Geld erhalten sollen. Es könnten dies Weltgeistliche der Umgebung gewesen sein, die durch Gesang und Rezitation die Feierlichkeiten zusätzlich steigerten.

Den Bildern der Habsburger im Chor kommt in diesem Zusammenhang wiederum die Funktion eines Siegels zu, das den Vertrag zwischen den beiden Konventen einerseits und den Stiftern andererseits sichtbar macht. Sie erinnerten die betenden und zelebrierenden Brüder daran, die Bestimmungen in den Urkunden genau zu befolgen, indem sie der toten Stifter gedachten und für sie Fürbitte leisteten. Die in den Chorfenstern dargestellten Personen wurden daher als Gründer dargestellt. Sie hatten den Franziskanerkonvent ins Leben gerufen und finanziell ausgestattet. Gegen diese Interpretation kann man einwenden, dass weder Herzog Albrecht II. und seine Gemahlin noch Herzog Rudolf von Lothringen eine entsprechende Stiftung machten. Die Darstellung der beiden Herzoge erweist sich jedoch als sinnvoll, wenn man die rechtliche Stellung der Frauen im 14. Jahrhundert in Betracht zieht. Selbst eine Königin konnte in dieser Zeit nicht «sui iuris» («aus eigenem Recht») Urkunden ausstellen (Madeline Harrison Caviness; Amalie Fößel). Wenn sie rechtliche Dokumente abfassen liess, war es notwendig, sie von einem männlichen Familienmitglied, d. h. vom Gemahl, vom Vater, vom ältesten Sohn oder Bruder, bestätigen zu lassen. Genau dafür sorgten die drei Stifterinnen. Die Verfügungen der Königinnen Elisabeth und Agnes wurde in den Bildern durch die Präsenz des einzigen um 1340 noch lebenden Sohns beziehungsweise Bruders, Herzog Albrechts II., rechtskräftig gemacht. Sein Platz in Fenster n III deutet darauf hin, dass die beiden Frauen wahrscheinlich in der gegenüberliegenden Öffnung des Chores (s III) dargestellt waren, und zwar in den verlorenen Feldern 1a und 1c. Ihre Bilder fielen wohl dem Hagelsturm zum Opfer, der auch die Fenster s IV und s V schwer beschädigte (vgl. die Kurzbeschreibungen zu den beiden Fenstern in diesem Band). So wie die Herzöge Heinrich (Farbabb. 31), Otto (Farbabb. 39) und Leopold (Farbabb. 57) verband auch Herzogin Elisabeth von Lothringen ihre umfangreiche Jahrzeitstiftung mit der Begründung einer Pfründe für einen Franziskanerbruder (Brigitte Kurmann-Schwarz). Sie war zu diesem Zeitpunkt bereits Witwe und musste daher ihre Stiftung durch den ältesten Sohn und Nachfolger ihres Mannes bestätigen lassen. Dieser erscheint daher in Fenster s V (Farbabb. 45) und war vermutlich links und rechts von den Bildern seiner Eltern flankiert. Die Bilder der Habsburger im Chor verweisen insgesamt nicht auf eine Glasmalereistiftung, sondern auf die Klosterstiftung und die damit verbundenen liturgischen Fundationen und deren rechtliche Absicherung. Sicher wollten die Dargestellten in diesem Sinne als Stifter gesehen werden (Kurmann/Kurmann-Schwarz). Die Anniversarstiftungen wurden ausser denjenigen von Königin Agnes, Herzogin Elisabeth und Herzog Otto alle nach dem Tod der übrigen in den Glasmalereien dargestellten Personen gemacht. Als Auftraggeberin der Glasmalereien kommt daher am ehesten Königin Agnes in Frage, von der die Überlieferung mitteilt, sie habe Sorge dafür getragen, dass die Bauten des Klosters vollständig errichtet wurden. Mit anderen Worten heisst dies, dass dank ihr das Doppelkloster in allen Belangen funktionsfähig geworden war.

Der Memoria werden auch der Rinachschild in Auenstein (Farbabb. 96) und das Wappen in der Chorverglasung der Kirche auf dem Staufberg gedient haben (Farbabb. 84). Da die übrigen hier behandelten Glasmalereien keine Hinweise auf konkrete Personen enthalten, kann es kaum mehr gelingen, ihren historischen Kontext zu rekonstruieren. Man wird darüber höchstens noch Hypothesen aufstellen können. Es darf jedoch davon ausgegangen werden, dass die Memoria auch hier die Stiftung motivierte.

Für wen stiftete der Auftraggeber? Überlegungen zu den mittelalterlichen Betrachtern der Kunstwerke

Wie Monumentalskulptur und Wandmalerei ist die Glasmalerei eine an die Öffentlichkeit gerichtete Kunstgattung. Anders als die Buchmalerei, die für ein Individuum oder eine kleine Gruppe von Betrachtern geschaffen wurde, wandten sich die farbigen Scheiben an all jene, die in den Kirchenraum eintraten, die darin den liturgischen Dienst versahen oder die dem Gottesdienst und den Zeremonien beiwohnten. Das Publikum kann je nach der Funktion des Baus oder einzelner seiner Raumteile sehr verschieden sein. Es ist nicht möglich, hier allgemeine und umfassende Überlegungen zur Rezeption von mittelalterlichen Glasmalereien in ihrer Entstehungszeit anzustellen. Wir beschränken uns auf die aargauischen Beispiele.

In Wettingen befinden sich die mittelalterlichen Glasmalereien im Kreuzgang, der bei den Zisterziensern eine wichtige Rolle im klösterlichen Leben spielte (Regine Abegg), denn sie hielten darin die gemeinsamen Lesungen ab. Meist geschah dies im Flügel, der parallel zur Kirche stand. Wie allgemein üblich dürfte der Wettinger Kreuzgang samt seinem Hof auch als Begräbnisplatz gedient haben. Er wurde anlässlich der Jahrzeitfeiern in einer Prozession besucht. Es weist einiges darauf hin, dass dieser Gebäudeteil zur Klausur des Klosters gehörte, in der sich ausschliesslich die Mönche aufhielten. An sie richteten sich die Glasmalereien daher in erster Linie, wenn sie, der Kirchenwand entlang sitzend, täglich ihre Lektüre verrichteten. Damit bestätigt sich die oben angestellte Vermutung, dass der betende Mönch zu Füssen Marias eine Identifikationsfigur für die Klosterinsassen war. Sein Bild forderte sie auf, Gebete und Fürbitte an Maria zu richten.

Im Falle von Königsfelden ist die Frage nach dem Publikum der Glasmalereien nicht eindeutig zu beantworten. Lange war nicht einmal sicher, in welchem der beiden Klöster, von denen das eine im Norden und das andere im Süden an die Kirche angebaut war, sich der Franziskaner- beziehungsweise der Klarissenkonvent befand. Heute jedoch steht fest, dass die südseitigen Bauten, die auch Ökonomiegebäude umfassen, die Klarissen beherbergten (Annelis Kirchhof-Hüssy), während der dreiflüglige Bau auf der Nordseite, der 1869 abgerissen wurde, das Kloster der Franziskaner war. Die Kreuzgänge wurden 1312/13 eingedeckt und waren wahrscheinlich auch verglast. Darauf weisen die ornamentalen Scheiben mit den Mustern A–C (es werden hier die Bezeichnungen von Emil Maurer verwendet) hin, die sich durch ihre schraffierten Gründe von den übrigen Glasmalereien mit Ornamenten unterscheiden (Farbabb. 71). In den Mustern waren die Wappen des Reiches und Ungarns eingelassen (Farbabb. 70, 71), die auf die beiden Stifterinnen, Königin Elisabeth und Königin Agnes, hinwiesen. Wappen, die an Wohltäter erinnern, wurden auch bezüglich des Klosters Wettingen erwähnt (Abb. 34), und die Funktion des Kreuzgangs im Nonnenkloster von Königsfelden als Grablege wurde im Zusammenhang mit den archäologischen Grabungen ebenfalls angesprochen (Abb. 12). Der Scheibenschmuck des Kreuzgangs verwies daher auf die beiden grossen Wohltäterinnen und der nördliche Flügel des Gevierts war ausserdem Ort des Begräbnisses. Wappen fanden sich wohl auch im Kreuzgang des Männerklosters. In den Umgängen der beiden «claustra» kommen in erster Linie die Bewohner und Bewohnerinnen des Klosters als Betrachter in Frage, ausserdem hatten bei den Brüdern Gäste, bei den Frauen Königin Agnes und ihre Begleiterinnen Zutritt.

An die Klarissen richtete sich wahrscheinlich die Gruppe der weissgrundigen Scheiben, von denen heute zwei in Fenster s XII und eine weitere im Westfenster angebracht sind (Farbabb. 63–65). Die beiden ersten zeigen eine Christus-Johannes-Gruppe und einen Ölbergchristus, die dritte eine heilige Klara. Christus-Johannes-Gruppe und Ölbergchristus sind charakteristische Bildthemen der Frauenfrömmigkeit des 14. Jahrhunderts und wurden den Nonnen von ihren Beichtvätern als Vorbilder für Gebet und Gehorsam vor Augen gehalten (Jeffrey F. Hamburger; Reiner Haussherr; Cordula M. Kessler, Petra Zimmer). Als Modell eines Lebens in strenger Askese, lebenslänglicher Klausur und Gebet galt den Klarissen ihre Ordensgründerin. Die drei Scheiben überlebten als Lückenbüsser in den Chorfenstern, ohne dass man wüsste, welches ihr ursprünglicher Standort war. Vergleichbare Themen zieren im Kloster Wienhausen (Niedersachsen) die Fenster des Gangs, der zum Nonnenchor führt (Becksmann/Korn). Es wäre daher durchaus möglich, dass auch die drei erwähnten Scheiben in Königsfelden ursprünglich für die Klostergebäude bestimmt waren.

Das Langhaus der Kirche, das als Begräbnisort für die Klostergründer (Abb. 13) und für wenige andere Vornehme diente, erhielt anfänglich eine rein ornamentale Verglasung (1314/16), die wie im Kreuzgang nur mit den Wappen des Reiches und Ungarns geschmückt war. Der Provinzialminister der Franziskanerprovinz von Strassburg legt in einer Urkunde von 1318 (Aarau, Staatsarchiv, UK 59b) dar, dass die Kirche ursprünglich den Franziskanern zugewiesen worden sei. Er teile jedoch den Schwestern von Königsfelden mit, dass sie ihren Chor «in fine ecclesiae» (am Ende der Kirche, d.h. im Westteil des Langhauses) haben sollen, wo sie ihr Stundengebet abhalten können. Der Hauptchor aber wird, wie er ausdrücklich festhält, den Brüdern vorbehalten sein. Dieser wurde allerdings erst zwölf Jahre später vollendet und geweiht. Selbstverständlich sind nach der Weihe die Bestimmungen des Provinzialministers von 1318 ebenso gültig gewesen wie vorher (eine gegenteilige Meinung vertritt Carola Jäggi), denn sonst hätte Königin Agnes die entsprechende Urkunde nicht 1335 in das Kopialbuch der Klarissen eintragen lassen. Wie Astrid Baldinger zu Recht hervorhob, vereinigt das Kopialbuch alle wichtigen Dokumente über den Besitz und die Rechtstitel des Frauenkonvents.

Erst um 1360 erhielten die Seitenschifffenster des Langhauses figürliche Glasmalereien, welche die Mitglieder der Gründerfamilie im Gebet darstellten (Brigitte Kurmann-Schwarz). Dieser Zyklus dürfte wohl das einzige Glasmalereiensemble von Königsfelden gewesen sein, das eine grössere Öffentlichkeitswirkung erzielte. Oft spricht man im Zusammenhang mit dem Langhaus vom Laienschiff. Aber hat hier eine grosse Schar von Gläubigen den Messen beigewohnt? Sicher nicht, denn das Kloster besass keine Pfarreirechte. Das Langhaus der Klosterkirche ist jedoch der einzige Ort, wo Gäste von nicht geistlichem Stand oder auch Bedienstete des Klosters Zutritt hatten. Ihnen wird die königliche Familie der Habsburger vor Augen geführt, wie sie in Verehrung vor der Eucharistie verharrt und zum Weltenrichter fleht, der an der Wand über dem Triumphbogen erscheint (Emil Maurer). Der Chor mit den berühmten Glasmalereien dagegen war durch den Lettner vom Schiff abgetrennt und den Laien nicht zugänglich. Er diente den Franziskanern als Psallierchor, und am Hochaltar wurden mit grosser Wahrscheinlichkeit die Konventsmessen und ebenso die Seelmessen für die in den Glasmalereien dargestellten Habsburger gelesen. Das Bildprogramm des Chores richtete sich also in erster Linie an die Franziskanermönche.

1332 erliess der Provinzialminister des Franziskanerordens auf Bitte von Königin Agnes folgende Gottesdienstordnung (Aarau, Staatsarchiv, UK 126). Von den kanonischen Gebetsstunden (ihre genaue Zeit hängt von den Jahreszeiten ab) mussten die Franziskaner an einem, die Klarissen am anderen Tag die Matutin (Gebetsstunde im Morgengrauen) singen. Ausserdem sollen die Schwestern Prim (ca. um 6 Uhr), Non (ca. um 15 Uhr) und Komplet (bei Anbruch der Dunkelheit) begehen, die Brüder Terz (ca. um 9 Uhr), Sext (Mittag) und Vesper (Sonnenuntergang). Dies bedeutet, dass jeder Konvent nur jeweils die Hälfte der Gebetsstunden abhielt. Die Vorstellung, dass die Nonnen im Hauptchor beteten, wie in der älteren Literatur und auch jüngst wieder behauptet wurde (Carola Jäggi), könnte unter Umständen durch den alternierenden Gebrauch des architektonischen Chors gerechtfertigt werden. Aber keine Quellen belegen einen solchen Usus, auch steht dieser Vorstellung die Tatsache entgegen, dass es von den Gebäuden des Klarissenklosters keinen direkten Zugang zum Chor gab. Die Klarissen hätten um die Sakristei herumgehen und den Hof des Hauses von Königin Agnes überqueren müssen, um den Chor durch die kleine Tür auf der Südseite zu betreten (Abb. 10). Da solche Umwege unzumutbar waren, drängt sich der Schluss auf, dass die Nonnen ihr Stundengebet auf der bequem zu erreichenden Westempore abhielten (Abb. 16).

Das umfangreiche Bildprogramm der Chorfenster visualisiert die Schenkung an Gott, Maria sowie die Heiligen und erinnert die Brüder an die Fundatoren, denen gegenüber sie sich zu Fürbitte und Messfeiern besonders verpflichtet hatten. Auch in Zofingen wird das Passionsfenster in erster Linie von der dort ansässigen Klerikergemeinschaft betrachtet worden sein. Darauf deuten vor allem die zahlreichen Inschriften hin, die nur von denjenigen gelesen werden konnten, die der Schrift kundig waren. Über diese Fähigkeit verfügten im Spätmittelalter zwar nicht mehr ausschliesslich die Kleriker, doch bildeten sie noch immer eine herausragende Gruppe unter den Bildungseliten.

Für ein ganz anderes Publikum waren die Glasmalereien im Chor einer Pfarrkirche bestimmt. Es wurde gezeigt, dass zumindest in Auenstein Beziehungen zwischen der Glasmalerei und der Grablege der Herren von Rinach bestanden. Diese waren auch die örtlichen Herren, sodass ihr Wappen nicht nur ihrer Memoria diente, sondern auch ein Zeichen der herrschaftlichen Repräsentation gegenüber dem Kirchenvolk setzte. Die Stiftung der Glasmalereien im Chor der Kirche auf dem Staufberg dürfte aus dem Umkreis des Patronatsinhabers, des Klosters Königsfelden, hervorgegangen sein, sodass auch hier im weitesten Sinne Herrschaft versinnbildlicht wird, die sich an das Kirchenvolk wendet. Darüber hinaus ist jedoch das Kloster auch für die Seelsorge der Pfarrgemeinde verantwortlich. Das Bildprogramm richtet sich an die Kirchgänger; es zeigt ihnen, was sie zu glauben haben. Es ist auf das Mysterium der Eucharistie fokussiert, die im Spätmittelalter immer mehr den Mittelpunkt der Frömmigkeit breiter Bevölkerungsgruppen bildete. Vergleichbare Themen dürften auch die Glasmalereien in Suhr und Thalheim bestimmt haben, von denen erstere Fragmente einer Anbetung der Könige, letztere Reste einer Kreuzigung bewahren. Fraglos wandten sich diese Bilder an die Dorfbevölkerung und stellten die Beziehung zwischen biblischer Erzählung und dem in der Messe real vollzogenen Opfertod Christi her. Welche Bildthemen dazu dienten, diesen Zusammenhang aufzuzeigen, soll im nächsten Kapitel dargelegt werden.

Zusammenfassung

Zusammenfassend lässt sich sagen, dass die Auftraggeber mittelalterlicher Glasmalereien der gesellschaftlichen Spitze angehörten. Aber selbst diese ist noch deutlich hierarchisch geordnet. Der deutsche König oder der Herzog von Österreich steht weit über dem lokalen Dienstadeligen, wie etwa den Herren von Rinach. Entsprechend verschieden sind auch die kirchlichen Gründungen, die von den hierarchisch geordneten Adelsgruppen getätigt waren. Was die Adressaten oder besser die Rezipienten betrifft, so weist dieser Kreis grosse Unterschiede auf, doch ist er, je weiter man nach unten geht, deutlich breiter als derjenige der Auftraggeber. Allen mittelalterlichen Menschen gemeinsam jedoch ist der Glaube ans Fegefeuer und an das Jüngste Gericht sowie der Wunsch, in irgendeiner Weise für den Aufenthalt der Seele im Jenseits Vorsorge zu treffen (André Vauchez; Bruno Boerner; Caroline Walker Bynum). Diese Vorsorge muss notwendigerweise wieder sehr verschieden ausfallen, und doch beteuerte die Kirche, dass das Scherflein der Witwe einer Klostergründung ebenbürtig sei.

Te ergo quaesumus tuis famulis subveni,   Daher ersuchen wir Dich,
    Deinen Dienern zu helfen,
quos pretioso sanguine redemisti.   die Du mit deinem kostbaren
    Blut erlöst hast.
Aeterna fac cum Sanctis tuis   Mache, dass sie in der ewigen
    Herrlichkeit
in gloria numerari.   zu Deinen Heiligen gezählt
    werden.

(Verse aus dem so genannten ambrosianischen Hymnus
«Te Deum ladamus», 6. Jahrhundert)

Die Inhalte der Glasmalereien

Die Inhalte der Glasmalereien

In den bisherigen Überlegungen stand das Verhältnis der Glasmalereien zur Architektur sowie zu den Auftraggebern, zu ihren Wünschen und Zielen im Vordergrund. Im Folgenden soll der Bedeutung der Glasmalereien und ihrem Inhalt nachgegangen werden. Dabei muss man stets im Auge behalten, dass diese leuchtenden Bilder zum schmuckreichen architektonischen Rahmen der liturgischen Feiern gehörten. Des Weiteren werden wir fragen, wer die ikonographischen Themen, d. h. die Bildinhalte, festlegte. Es folgt die Analyse dieser Inhalte selbst, ihrer Quellen und der Art und Weise, wie sie literarische Vorlagen ins Bild umgesetzt haben. Je nachdem, wie sie kombiniert wurden, welches Programm sie konstituieren, machen die Bilder sehr verschiedene Aussagen. Überlegungen zur Gestaltung der so genannten «Stifterbilder», auf deren Funktion im vorangegangenen Kapitel intensiv eingegangen wurde, werden das Kapitel schliessen.

Die Bedeutung der Glasmalereien im Kirchenraum

Gotische Glasmalerei ist integrierender Bestandteil der Architektur. In der Tat führt sie die Wand als durchscheinende Membran dort fort, wo Fenster sie durchbrechen. Als Fortsetzung der Wand erfüllt Glasmalerei daher eine praktische und als Trägerin religiöser Inhalte eine didaktische Funktion (Peter Kurmann). Welche Bedeutung kommt jedoch ihrem Inhalt innerhalb des Kirchengebäudes zu? Wie Richard Marks gezeigt hat, stellen Glasmalereien mit ihren Bildern den Hauptträger der Memoria dar, worauf im vorangehenden Kapitel bereits detailliert eingegangen wurde. Der englische Kunsthistoriker weist ausserdem darauf hin, dass anhand der Bildthemen von Glasmalereien innerhalb der Kirche einzelne Raumteile festgeschrieben werden. Das gilt auch für die mittelalterlichen Scheibenzyklen des Kantons Aargau.

Eine besonders enge Verbindung besteht im Allgemeinen zwischen Altären und Fenstern, die zusammen in einer Achse stehen. In erster Linie trifft das für den Hauptaltar und das darüber stehende Fenster zu. Es überrascht nicht, dass man in diesem Fenster fast immer Passionsbilder oder die Anbetung der Könige findet, d. h. zentrale Themen der Heilsgeschichte. In umfangreicheren Zyklen sind diese Themen in ein Leben Christi eingebettet, das dessen Ereignisse von der Verkündigung bis zu Himmelfahrt und Pfingsten erzählt. Diesen Bilderfolgen werden häufig Prophetenfiguren mit Schriftbändern beigegeben. Damit wird die ganze Heilsgeschichte vom Alten Testament bis zur Gründung der Kirche an Pfingsten eingebracht. Auch abgebildete historische Personen und ihre Wappen gehören in weiterem Sinne zur Heilsgeschichte, denn sie stellen die Verbindung zur gegenwärtigen Kirche her, die in der Eucharistie den Opfertod Christi unblutig immer wieder nachvollzieht. Einen umfangreichen christologischen Zyklus findet man in den mittelalterlichen Glasmalereien des Kantons Aargau nur in Königsfelden (Farbabb. 1–18). An zweiter Stelle stehen in dieser Hinsicht die Glasmalereien im Chor der Kirche auf dem Staufberg (Farbabb. 81–83). Sie geben jedoch nicht mehr die gesamte Heilsgeschichte wieder, da sie auf die Visualisierung der Beziehung zum Alten Testament verzichten, und der christologische Zyklus beschränkt sich auf die Zeit von der Verkündigung bis zur Disputation des zwölfjährigen Jesus im Tempel. Im Chor der Stiftskirche von Zofingen blieben drei Szenen der Passion Christi erhalten (Farbabb. 75). Die zu keinem der dort überlieferten Bilder passenden gemalten Baldachine deuten jedoch darauf hin, dass die drei Episoden der Passion Christi das Fragment eines umfangreicheren Zyklus bilden. Zwei Bruchstücke einer Kreuzigung, die sich wohl im Achsfenster des Chores befand, sind in der Pfarrkirche von Thalheim erhalten (Farbabb. 97, 98). Auf das ursprüngliche Vorhandensein eines weiteren christologischen Zyklus weist das Fragment mit den Heiligen Drei Königen in Suhr hin (Farbabb. 99).

Die Passionsbilder oder -zyklen im Mittelfenster der Chöre geben jeweils mit Blick auf den Hauptaltar, an dem im Mittelalter täglich die Eucharistie zelebriert wurde (Peter Browe), den historischen Hintergrund des liturgischen Geschehens wieder und bieten zugleich auch eine Erklärung des Messgeheimnisses an. Brot und Wein wandeln sich bei den Worten des Messkanons «hoc est Corpus meum» («dies ist mein Leib») und «hic est enim Calix Sanguinis mei» («hier ist der Kelch meines Blutes») zu Leib und Blut Christi. Damit wird nach dem Glauben der katholischen Kirche die historische Passion Christi, die im Fenster hinter dem Altar als leuchtendes Bild oder als Bilderfolge aufscheint, täglich neu vollzogen. Brot und Wein bedeuten jedoch nicht nur den realen Leib und das reale Blut Christi, sondern auch seinen mystischen Leib, der aus allen Mitgliedern der Kirche besteht. Auf diese Bedeutung des Sakramentes weist die Anbetung der Könige hin. Schon die Kirchenväter interpretierten die Könige als die ersten Vertreter der Heidenkirche, die Christus als ihren wahren König anerkannten. Dies geschah im Ort Bethlehem, dessen Name im Lateinischen mit «domus panis» («Haus des Brotes») übersetzt wurde (Ursula Nilgen). Ein gebildeter Gläubiger muss daher in diesen Bildern den Zusammenhang von Brot und Corpus mysticum (mystischer Leib) Christi sofort erkannt haben (Henri de Lubac; Handbuch der Dogmengeschichte). Nicht zufällig ist daher das Dreikönigsfenster im Chor des Berner Münsters direkt neben dem Sakramentshaus angebracht (Brigitte Kurmann-Schwarz).

Diesen Zusammenhang findet man auch in Königsfelden, wo die Anbetung der Könige in der linken Choröffnung neben der Kreuzigung des Achsfensters erscheint (Farbabb. 9). Zweifellos kannten die Franziskaner von Königsfelden die komplementäre Bedeutung der beiden Szenen. Durch Predigt und Unterricht wurde dieses Verständnis auch den einfachen Pfarrkindern nahegebracht, denn sonst hätte man im Achsfenster der Kirche auf dem Staufberg kaum die beiden Szenen übereinander eingesetzt (Farbabb. 82). Die Anbetung der Könige im «Haus des Brotes» forderte die Gläubigen auf, den lebendigen Christus am Altar zu verehren und die Kommunion zu empfangen. In Thalheim (Farbabb. 97, 98) und in Zofingen (Farbabb. 75) begnügte man sich damit, den Zusammenhang von Passion und Altar zu zeigen, und verzichtete auf eine Ausdeutung im Hinblick auf die Kirche.

Warum verspürte man so häufig die Notwendigkeit, an dieser Stelle die Kindheit Christi wiederzugeben? Die Passion würde doch eigentlich genügen, um den Chor als Ort der Eucharistiefeier und der Kommunion zu visualisieren, wie dies die Glasmalereien von Zofingen und Thalheim belegen. Zieht man jedoch nicht nur die Bedeutung der Eucharistie, sondern auch die Art und Weise ihrer Zelebration in die Überlegungen mit ein, sind Assoziationen an die Inkarnation Christi unvermeidlich. Der Priester nämlich, der am Altar fungiert und in der «elevatio» («Erhebung») der Hostie dem Gläubigen den wahren Leib Christi zeigte, erscheint als Mensch, der wie Maria Christus in seinen Händen hält. Es entsteht dadurch eine Parallelität zwischen dem Priester und Maria, die beide Jesus halten (Donald L. Ehresmann). Aus diesem Grunde platzierte man im Mittelalter auf den Altären neben dem vorgeschriebenen Kreuz auch fast immer eine Madonnenstatue, die dem Priester bei der Messfeier als Vorbild vor Augen steht. Maria ist zudem auch Ecclesia, die personifizierte Kirche, die als mystischer Leib Christi ebenfalls im Altarsakrament enthalten ist. Das Leben Christi mit der Passion im Zentrum erweist sich daher als eine äusserst sinnvolle Illustration für den Altar und seine Umgebung. In Hymnen wird die Erlösungstat des Herrn besungen (siehe die am Anfang des Kapitels zitierten Verse aus dem «Te deum») und nicht zufällig findet man die entsprechende Ikonographie fast immer auch auf den frühen geschnitzten Flügelretabeln, die im deutschsprachigen Raum seit 1300 immer häufiger auf den Altären aufgestellt werden (Donald L. Ehresmann/Norbert Wolf).

Bei der Definition von Räumen und Raumteilen als Bereiche bestimmter Funktionen innerhalb des Kirchengebäudes spielten die Heiligendarstellungen eine ebenso wichtige Rolle wie die Szenen aus dem Leben Christi. Diese Bilder lassen mit einem Blick erkennen, welche Heiligen in der betreffenden Kirche verehrt und von welchen möglicherweise auch Reliquien aufbewahrt wurden (Kurmann/Kurmann-Schwarz). Durch die Reformation oder spätere Umgestaltungen der katholisch gebliebenen Kirchen sind diese ursprünglichen Zusammenhänge meist verloren gegangen, und nur mühsame Archivarbeit erlaubt es, sie zu rekonstruieren. Solche Untersuchungen gibt es in Bezug auf die hier behandelten Gotteshäuser erst ansatzweise für Königsfelden. Bekanntlich überliefert nur der «Ehrenspiegel des Hauses Österreich» von Fugger-Jäger, dessen Reinschrift 1555 angefangen wurde, die Titel der Altäre in der Klosterkirche. Dies bedeutet, dass der Historiker sich nur auf eine Quelle stützen kann, die fast 30 Jahre nach der Aufhebung des Klosters verfasst wurde. Auf welche Informationen sich der Augsburger Ratsdiener Clemens Jäger bezog, als er im Auftrage von Johann Jakob Fugger die Schrift niederschrieb, konnte bisher nicht eruiert werden. Es ist jedoch keineswegs sicher, ob die von Fugger-Jäger aufgeführten Titel der Altäre in Königsfelden alle auf die Weihen von 1320 und 1330 zurückgehen. Da sämtliche Heiligen, die für die vier Altäre unter dem Lettner erwähnt sind, auch in den Glasmalereien des Chores erscheinen, könnte es sich in diesem Falle tatsächlich um die ursprünglichen Altarpatrozinien handeln. Es seien die Heiligen nochmals aufgezählt und darauf hingewiesen, in welchem der Chorfenster jeweils ihr Bild erscheint: Die schon erwähnten Heiligen Drei Könige (n II, Farbabb. 9), der heilige Stephanus (s III, Farbabb. 25) und der heilige Laurentius (n VI, 10a, Farbabb. 55) treten in szenischen Darstellungen beziehungsweise in einem einzelnen Heiligenbild auf. Märtyrer kommen ebenfalls mehrfach vor (neben den schon erwähnten Stephanus und Laurentius die Apostel in n und s IV, Farbabb. 31–38, Johannes der Täufer und Katharina in n III, Farbabb. 19–24, Paulus in s III, Farbabb. 26, 27, die Märtyrerinnen im Annafenster, n VI, Farbabb. 51–53). Die Apostel, die zugleich auch Märtyrer sind, wurden zusammen mit den Evangelisten an einem eigenen Altar verehrt. Von den Verfassern der Evangelien erscheinen in den Apostelfenstern stellvertretend für alle vier Johannes und Matthäus (Farbabb. 33), wobei nur das Bild des Letzteren erhalten blieb (n IV, 7/8b). Die übrigen Heiligen, die einen Altartitel erhielten, sind ebenfalls in den Glasmalereien präsent: Franziskus in n V (Farbabb. 39–43), Ludwig von Toulouse in n VI, 4c (Farbabb. 52), der heilige Martin in n VI, 8a (Farbabb. 54) und der heilige Nikolaus in s V (Farbabb. 45). Maria Magdalena tritt in I und s II auf (Farbabb. 4, 14), die heilige Klara in s VI (Farbabb. 57–61) und w I, 1b (Farbabb. 65) die heilige Agnes erkennt man in n VI, 9c (Farbabb. 54), Elisabeth in n III, 1b (Farbabb. 19), Margarete in n VI, 9a (Farbabb. 54) und die heiligen Jungfrauen in n VI, aber auch in n III und s VI.

Der Weihetitel des Hochaltars wirkt wie ein Beleg für die oben angestellten Überlegungen zur Beziehung zwischen Passionsfenster und Eucharistiefeier, denn der Konstanzer Bischof Rudolf von Montfort konsekrierte diesen 1330 auf den Titel Leib und Blut Christi. Am zweiten Altar, von dem vermutet werden kann, er habe sich auf dem Lettner befunden, wurden der heilige Michael und alle Engel verehrt. Ausserdem erwähnt der «Ehrenspiegel» als Titelheilige Verena, Barbara und Fides. Der Erzengel und Gottesstreiter Michael erscheint in den Glasmalereien nicht gesondert. Man findet aber in den Bildern zahlreiche Engel in den unterschiedlichsten Funktionen. Verena tritt wiederum unter den Jungfrauen des Annafensters auf, und zwar als Besucherin am Wochenbett der Mutter von Maria (n VI, 6c, Farbabb. 53). Von den beiden anderen heiligen Jungfrauen fehlen in den Glasmalereien die Bilder. Es könnte jedoch sein, dass ihre Verehrung erst nach Abschluss der Chorverglasung durch neue Stiftungen am Engelsaltar eingeführt wurde. Im Übrigen muss festgehalten werden, dass sich das inhaltliche Programm der Chorverglasung auf das sinnvollste mit dem Titel der Klosterkirche verbinden lässt, die Maria und allen Heiligen geweiht war. Zu diesen hoffen auch die Lebenden dereinst gezählt zu werden, wie die am Anfang des Kapitels zitierten Hymnenverse aus dem «Te deum» ausdrücken.

Zahlreiche Heilige waren auch in der Chorverglasung auf dem Staufberg wiedergegeben (Farbabb. 81–83), doch kann man sie wegen der fehlenden Dokumentation nicht konkret auf Altarweihen beziehen. Auch sind wohl längst nicht alle Figuren erhalten, die einst in den sechs Chorfenstern dargestellt waren. Es ist lediglich bekannt, dass die Kirche dem heiligen Nikolaus geweiht war, dessen Bild jedoch nicht mehr erhalten ist. Es kann am ehesten im Mittelfenster neben dem heiligen Johannes und einem weiteren ebenfalls verlorenen Heiligen vermutet werden. Anstelle dieser fehlenden Figuren erscheinen heute zwei Felder mit den

Apostelfürsten Petrus und Paulus (Farbabb. 85, 86). Diese gehörten möglicherweise einem sonst nicht mehr erhaltenen Apostelzyklus an, der einst zwei der südlichen Chorfenster umfasst haben könnte (der Vorschlag lautet: jeweils sechs Apostel in zwei der dreizeiligen und zweibahnigen Öffnungen). Auch der heilige Beatus kam aus einer der südlichen Choröffnungen als Lückenbüsser in das Fenster n II mit den Szenen aus der Kindheit Christi (Farbabb. 81). Dasselbe gilt für Maria Magdalena in Fenster s II (Farbabb. 83). Es sind daher nur noch vier von ursprünglich 18 Heiligen erhalten, die in den beiden südlichen Chorfenstern Platz gehabt haben.

Abb. 45: Königsfelden, ehemaliges Kloster, Kirche, Langhaus, Rekonstruktion der Glasmalereien in den Seitenschifffenstern (Richard A. Nüscheler).

Die Rolle, den Raum in liturgischer Hinsicht zu definieren, erfüllt der dynastische Zyklus im Langhaus von Königsfelden über seine Funktion als Träger der Memoria hinaus (Richard Marks). Zwar enthält diese Verglasung der Zeit um 1360 formal keine religiösen Motive (Abb. 37–42; Andrew Martindale), doch ist sie von ihrem Inhalt her, wie ausführlich dargelegt wurde, durchaus von religiöser Bedeutung. Die Bilder der Habsburger forderten nämlich den Betrachter zur Fürbitte für die Dargestellten auf (Abb. 45). Das galt für die Franziskanerbrüder von Königsfelden ebenso wie für die Besucher. Die ursprünglich 14 betenden Habsburger mit ihren Wappen umgaben einst das Grab (Abb. 13), in dem 11 Mitglieder der Familie bestattet waren. Die Glasmalereien weisen vor allem auch darauf hin, dass das Langhaus der Ort ist, wo die beiden Klostergründerinnen und ihre Familienangehörigen ruhen. Dies kann der Betrachter dem einfachen, bildlosen Sarkophag nicht entnehmen, obwohl dieser sich als mächtiges Monument mitten im Hochschiff erhebt. Vielleicht genügten im Nachhinein der greisen Königin Agnes die bilderlose Grabstätte und die liturgischen Feiern allein nicht mehr, um in der Gewissheit zu sterben, dass die Fürbitten für sie und ihre Angehörigen auch weiterhin zum richtenden Gott in den Wandmalereien über dem Triumphbogen aufstiegen.

Unsere Beispiele belegen, dass die Glasmalereien, sofern sie noch an ihrem ursprünglichen Standort eingesetzt sind, als aussagekräftige Quellen über die Funktion und die Bedeutung von Kirchenräumen und Raumteilen zu werten sind. Die Bilder entstanden mit Sicherheit nicht in erster Linie als ästhetischer Schmuck, sondern als Erläuterung des liturgischen Geschehens und der Glaubensinhalte, die dieses zum Ausdruck brachte. Selbst dann, wenn gerade keine Liturgie stattfand, verwiesen sie auf die Zeremonien, die sich in der Kirche während der liturgischen Feiern vollzogen.

Die Entwerfer der Bildprogramme

Wenn der Besucher der Kirchen die leuchtend farbigen Bilderwände in den Fenstern betrachtet, wird er sich fragen, wer denn die Programme entworfen und die künstlerischen Vorlagen beschafft haben könnte. Das ist nicht ganz einfach zu beantworten, da kaum Quellen überliefert sind, denen zu entnehmen wäre, wie die Ausführung von Glasmalereiprogrammen geplant und vorbereitet wurde. Sicher waren immer zwei bis drei Personen oder Personengruppen beteiligt: Der Auftraggeber und Stifter wird Wünsche oder eigene Vorstellungen geäussert haben, die er einem Kleriker der zu bestiftenden Gemeinschaft oder dem Geistlichen der Pfarrkirche vorlegte. Zweifellos waren die Zisterzienser von Wettingen sowie die Franziskaner und Klarissen von Königsfelden in geistlichen Dingen gebildet genug, um ein Bildprogramm zu entwerfen, das sowohl die Wünsche des Stifters als auch die Bedürfnisse der Nutzer der Kirche sinnvoll berücksichtigte. Während die Orden ihre Geistlichen gezielt als Prediger und Seelsorger ausbildeten, galt dies für den Pfarrklerus nicht, der im Mittelalter lediglich von einem älteren Weltgeistlichen zu den Zeremonien angeleitet wurde, bevor er durch den Diözesanbischof die Weihe erhielt (Friedrich W. Oediger; Carl Pfaff; Oskar Vasella). Man darf daher nicht ohne weiteres davon ausgehen, dass der Pfarrer auf dem Staufberg in der Lage war, das Bildprogramm selbstständig zusammenzustellen. Der Stifter der Glasmalereien in der Kirche auf dem Staufberg wird sich jedoch an das Kloster Königsfelden, den Kollator, gewandt haben, um zu einem durchdachten Bildprogramm zu gelangen.

Für einen einfacheren Bildschmuck wie etwa in Thalheim (Farbabb. 97, 98), wo wahrscheinlich nur die Kreuzigung dargestellt wurde, könnte der Auftrag direkt an den Künstler ergangen sein, der wissen musste, wie man gängige Themen ins Bild umsetzte. Ein Geistlicher war wohl immer der Berater, wenn komplexere Zusammenstellungen von Bildern gefragt waren, denn religiöse Bildung befand sich bis zur Schwelle des Spätmittelalters fast ausschliesslich in den Händen einer bestimmten Gruppe von Geistlichen. Erst mit der Ausbreitung der Schriftlichkeit beschafften sich auch wohlhabende Laien bis zu einem gewissen Masse theologische Kenntnisse. Dies betraf in erster Linie die Kaufleute, die aufgrund ihres Berufes lesen und schreiben konnten. So wurden volkssprachliche Legendare, d. h. Sammlungen kurz gefasster Heiligenleben, von denen die Übersetzungen der «Legenda aurea» die bekanntesten sind, zur beliebten Lektüre der Stadtbürger (Werner Williams Krapp).

Es kann sein, dass die ausführenden Künstler von Anfang an bei den Beratungen anwesend waren, doch ist es auch möglich, dass man mit dem fertigen inhaltlichen Programm erst an sie herantrat, als man sie mit der Umsetzung beauftragte. Wiederum wird es einen Dialog zwischen dem Auftraggeber und dem Entwerfer des inhaltlichen Konzepts einerseits sowie dem Künstler andererseits gegeben haben, an dessen Ende der endgültige Entwurf der Glasmalereien stand. Dem hier hypothetisch dargestellten Vorgang, wie ein inhaltliches Konzept entstanden sein könnte, ist eines ganz sicher zu entnehmen: Der Entwurf von Glasmalereien war das Ergebnis der gemeinsamen Anstrengung einer Gruppe von Personen. Bei Werken anderer Kunstgattungen lief der Prozess gewiss ganz ähnlich ab. Wie noch gezeigt werden wird, war wohl auch die künstlerische Ausführung ein Gemeinschaftswerk. Es war daher ganz selbstverständlich, dass Entwurf und Ausführung nicht in jedem Fall auf eine einzige Hand zurückgingen. Daher macht es wenig Sinn, hinter dem fertigen Werk jeweils nur einen Meister zu suchen. Dies gilt im Bereich der Glasmalerei nicht nur für Werke aus dem Mittelalter, sondern ebenso sehr auch für solche der frühen Neuzeit.

Eine weitere Problematik wurde bisher in Bezug auf den Inhalt nur indirekt angesprochen, nämlich die Rolle des Stifters, d. h. der Person, welche die Glasmalereien bezahlte. Für die bisherige Forschung galt die Regel, dass es sich bei einer historischen Person, die in den Glasmalereien dargestellt oder durch ihre Wappen vertreten ist, stets um den Stifter der Glasmalereien handelt. Die Kunsthistoriker stellten ebenso die Behauptung nicht in Frage, dass derjenige, der bezahlte, auch in jedem Fall über den ikonographischen Inhalt der Glasmalereien zu bestimmen hatte. Diese Auffassung spiegelt ein modernes Verständnis des Verhältnisses zwischen dem Auftraggeber und dem Concepteur, um ein in der heutigen Kunstgeschichte in Mode gekommenes Wort zu gebrauchen. Im Mittelalter, dessen Gesellschaft streng hierarchisch geordnet war, ist es undenkbar, dass etwa die mächtigen Kathedralkapitel von Chartres, Bourges oder Sens sich den Wünschen von Handwerkergemeinschaften beugten, die sich zur Stiftung der Glasmalereien bereitfanden (Kurmann/Kurmann-Schwarz). Für die Handwerker war es auch gar nicht wichtig, dass in den Glasmalereien die heilsgeschichtlichen Themen nach ihren Wünschen dargestellt wurden. Was für sie zählte, war die Schaffung eines kollektiven Gedenkens «sub specie aeternitatis» («im Hinblick auf die Ewigkeit»). Deshalb liessen sie sich am unteren Bildrand bei ihrer beruflichen Tätigkeit darstellen. Indem dies der für das Bildprogramm verantwortliche Klerus akzeptierte, legte er ein theologisch fundiertes Entgegenkommen gegenüber den Stiftern an den Tag, das auch ihn selbst wieder aufwertete.

Fabienne Joubert warnt zu Recht, einen Fall wie Chartres zu verallgemeinern, dennoch beweisen ihre Untersuchungen zu Glasmalerei-Stiftungen im Spätmittelalter, dass die Stifter in ihrer grossen Mehrzahl ein gängiges, vom Klerus festgelegtes Programm finanzierten. Dies dürfte mit Sicherheit auch für die Glasmalereien im Chor der Kirche auf dem Staufberg zutreffen, aber die Glasmalereien im Chor von Königsfelden machten hiervon keine Ausnahme, wie die eindeutigen Beziehungen zwischen dem Programm der Glasmalereien und den Altarpatrozinien der Klosterkirche belegen. Auch für die Mitglieder des Hochadels stand die Sorge um die Memoria im Vordergrund, und genau dies drücken die Bilder der Habsburger im Chor und im Langhaus sehr deutlich aus. Im Übrigen finanzierten sie ein Verglasungsprogramm, das den Bedürfnissen der Benutzer des Chores entsprach. Ausnahmen von dieser Regel dürfte es gewiss gegeben haben. Doch findet man selbst in den Quellen zur Gründung von Altären und Kapellen in Kathedralen, Stifts- und Pfarrkirchen des Spätmittelalters Hinweise darauf, dass sich der Klerus ein Mitspracherecht für den Bildinhalt der Ausstattung vorbehielt. Dies ist im Falle der sehr gut dokumentierten Glasmalereien in der Kapelle des reichen Kaufmanns Jacques Cœur nachzuweisen, die dieser in der Kathedrale von Bourges gründete (Brigitte Kurmann-Schwarz). Wie aus den Protokollen der Kapitelssitzungen hervorgeht, legte Jacques Cœur seine Pläne den Chorherren vor und holte ihr Einverständnis ein. All dies läuft darauf hinaus, dass der Entwerfer des ikonographischen Programms eine herausragende Rolle spielte, denn er musste die Sorge des Stifters um die Memoria und die Wünsche des Klerus, der die Kirche benutzte, miteinander in Einklang bringen.

Die mittelalterliche Glasmalerei des Kantons Aargau enthält sehr unterschiedliche Themen und Themengruppen. Es finden sich Ereignisse und Figuren aus dem Alten und dem Neuen Testament, Heilige, Szenen ihres Lebens und Wirkens, schliesslich die in ihrer inhaltlichen Bedeutung schon ausführlich besprochenen so genannten «Stifterbilder» und/oder ihre Wappen. Eine wichtige Rolle spielen aber auch ornamentale Verglasungen. Diese kommen beispielsweise im Langhaus von Königsfelden als besonderer Scheibentyp vor, aber man findet auch ornamentale Felder, die mit figürlichen Glasmalereien kombiniert wurden. Letzteres ist kennzeichnend für die Masswerkfüllungen des Wettinger Kreuzgangs oder des Chors von Königsfelden. Im Folgenden werden die einzelnen Themen näher betrachtet, und anschliessend soll der Versuch gemacht werden, sie in die Tradition der südwestdeutschen Kunst des 13.–15. Jahrhunderts einzuordnen.

Ornamente

Der bedeutendste Ornamentzyklus unter den mittelalterlichen Glasmalereien des Kantons Aargau stammt aus dem Obergaden und den drei Westfenstern des Königsfelder Langhauses. Obwohl dieses 1777 in ein Kornhaus umgewandelt wurde, blieb zumindest ein Teil der Scheiben erhalten, weil man sie als Lückenbüsser für zerstörte Felder in der Verglasung des Chores wiederverwendete (Abb. 46). Aus baugeschichtlichen Gründen dürfte das Langhaus im zweiten Jahrzehnt des 14. Jahrhunderts mit Glasmalereien versehen worden sein. Wenige Jahre älter sind wahrscheinlich drei Scheibenfragmente, die am ehesten aus einem oder den beiden Kreuzgängen des Doppelklosters stammen (Abb. 47, 48, Farbabb. 71). Obwohl sich diese Fragmente und die Felder aus dem Langhaus aufgrund ihrer künstlerischen Ausführung voneinander unterscheiden, weisen sie motivische Gemeinsamkeiten auf. Formal basieren sie auf einer geometrischen Struktur, in die naturalistisches Blattwerk integriert ist, das fast ausnahmslos auf weisses Glas gemalt erscheint. Eine grosse Rolle spielt schliesslich das Ornament auch in den Masswerkverglasungen der Zeit um 1285 im Wettinger Kreuzgang (Abb. 49).

Aufgrund der Tradition der Ornamentverglasung überrascht es letztlich nicht, dass sie gerade in Wettingen und in Königsfelden eine so herausragende Rolle spielte. Erstmals in der Geschichte der monastischen Bewegung machten es sich die Zisterzienser zur Regel, ihre Kirchen ausschliesslich mit farblosen Ornamentscheiben auszustatten (Helen Zakin; Brigitte Lymant; Ivo Rauch; Hartmut Scholz). Auch wenn diese Regel im 13. Jahrhundert bereits durchbrochen wurde (wofür gerade Wettingen ein schönes

Abb. 46: Königsfelden, ehemaliges Kloster, Kirche, Chor, Fenster s III, 8–11a–c, Zustand vor 1896.

Abb. 47: Königsfelden, ehemaliges Kloster, Kirche, Langhaus, n XIII, 1a, Ornamentscheibe mit Muster B, um 1311/13.

Abb 48: Königsfelden, ehemaliges Kloster, Kirche, Langhaus, n XIII, 2a, Muster A, um 1311/13.

Beispiel liefert), adelte doch der Orden den besonderen Typus Ornamentscheibe, indem er ihm in seinen Kirchen während mehr als eines Jahrhunderts zur Ausschliesslichkeit verhalf. Diese Art der Verglasung ist ein besonderer Ausdruck von Einfachheit und Armut, den beiden Haupttugenden, denen sich der strenge Reformorden verschrieb.

Trotzdem verlangten die Gründer des Zisterzienserordens von den Brüdern nur individuelle, keine gemeinsame Armut, sodass die Klöster, auch wenn ihre Oberen noch so sehr auf Einfachheit und Askese setzten, nach und nach einen reichen Grundbesitz erhielten (Conrad Rudolph). Das bot den Vorteil, dass sich die Mönche nicht um ihren Unterhalt

Abb. 49: Wettingen, ehemaliges Zisterzienserkloster, Kreuzgang, Nord II, 1AB, Ornamentfeld, um 1285.

Abb. 50: Wettingen, ehemaliges Zisterzienserkloster, Kreuzgang, Nord X, 1AB, Ornamentfeld, um 1285.

zu kümmern brauchten und sich ganz dem Gebet widmen konnten.

Obwohl sich der heilige Franziskus für die von ihm gegründete Bewegung in manchem an den Zisterziensern orientierte, ging er einen Schritt darüber hinaus, indem er von seinen Anhängern neben der persönlichen auch die gemeinsame Armut verlangte (John Moorman; Helmut Feld). Sie sollten keinen Besitz, kein eigenes Haus, keine Bücher und kaum etwas anzuziehen haben. Dies konnte vielleicht für die kleine Gruppe von Wanderpredigern in Umbrien noch angehen, die Papst Innozenz III. 1209 anerkannte (Bestätigung der verlorenen Urregel), doch war dies für einen Orden utopisch, der Tausende von Mitgliedern und Hunderte von Niederlassungen in ganz Europa umfasste (Duncan Immo; Carolly Erickson). Die Folge war ein Jahrhunderte dauernder Streit, der innerhalb des Franziskanerordens über die richtige Auslegung der Regel ausgetragen wurde. Dennoch waren sich alle Franziskaner darüber einig, dass zumindest als Ideal die Tugenden der Armut und der Einfachheit das Ordensleben in einer besonders starken Weise zu prägen hatten. Dies spiegelte sich auch in den Bauten des Ordens und ihrer Ausstattung wider. Im Gegensatz zu den Zisterziensern wirken die meisten Kirchen der Franziskaner sehr einfach, doch gab es auch hier Ausnahmen, die gegen das Armutsprinzip krass verstiessen (Wolfgang Schenkluhn). Das repräsentativste Beispiel ist in dieser Hinsicht die Grabeskirche des heiligen Franziskus in Assisi. Obwohl der Orden immer wieder versuchte, den Bauluxus einzudämmen, gelang es ihm nie, die diesbezüglichen Vorschriften allgemein durchzusetzen. Auch die Statuten von Narbonne (1260) erreichten dieses Ziel nur teilweise (Mortet/Deschamps). Sie verlangten, dass nur die Chöre gewölbt wurden, die Langhäuser hingegen mit einer hölzernen Decke abzuschliessen seien. Was die Bilder betraf, so durften einzig im Achsfenster des Sanktuariums figürliche Glasmalereien eingesetzt werden. Wie die Zisterzienser so lehnten auch die Franziskaner die Monumentalskulptur ab. Im Gegensatz zu anderen Vorschriften hat sich diese Skulpturenfeindlichkeit bei den Franziskanern allgemein durchgesetzt (Rüdiger Becksmann).

In Königsfelden hielt man sich bezüglich der Architektur an die Statuten von Narbonne und wollte wohl auch anfangs auf eine umfangreiche figürliche Verglasung verzichten, denn die Kreuzgänge und das Langhaus erhielten nur ornamentale Glasmalereien. Allerdings beschränkte man sich nicht auf farblose Scheiben, wie sie bei den Zisterziensern lange üblich waren. Im deutschsprachigen Raum entstanden in der zweiten Hälfte des 13. Jahrhunderts stark farbige Ornamentscheiben mit einer geometrischen Grundstruktur, die in der Art von Masswerken architektonisch durchgestaltet sind. Sie boten sich in idealer Weise als

Abb. 51: Kappel am Albis, ehemaliges Zisterzienserkloster, Kirche, Langhaus, N IX, heiliger Bernhard von Clairvaux flankiert von zwei heiligen Bischöfen, um 1310.

Füllungen für die verschiedenen Passformen an, welche die Couronnements der Fenster schmücken. In die übergeordneten geometrischen Muster wurden pflanzliche Elemente integriert. Die einen Scheiben der Masswerkfenster des Wettinger Kreuzgangs zeigen diese Blätter stark stilisiert und stehen abstrakten Palmettenmotiven noch sehr nahe (Abb. 49), während andere bereits natürlichere Blattformen enthalten (Abb. 50).

Was bedeutet die grosse Vorliebe der gotischen Glasmalerei für vegetabile Ornamente? Sowohl die abstrakten Palmettenmotive als auch die natürlichen, manchmal sogar botanisch bestimmbaren Blätter spielen auf den Paradiesesgarten an (Lottlisa Behling). Schon im 12. Jahrhundert schrieb der Mönch Theophilus im Prolog des dritten Buches seiner «Schedula diversarum artium», dass Malerei und Glasmalerei im Haus Gottes dem Betrachter das Bild des Paradieses vor Augen führen. Man kann daher die ornamentalen Glasmalereien der Kirche nicht einfach als inhaltlose Dekoration abtun, denn, wie Theophilus bezeugt, verwiesen diese in den Augen der Gläubigen auf den Aufenthaltsort der Seligen, mit anderen Worten auf den Himmel. Gerade dorthin sollten dereinst auch die Seelen der Toten gelangen, für die in Königsfelden und auch in Wettingen Fürbitte geleistet wurde. In Königsfelden wird dies besonders deutlich, denn dort harrten im Langhaus der Klosterkirche die in ihrer Grablege bestatteten Habsburger auf die leibliche Auferstehung am Jüngsten Tage (Abb. 13, 14).

Obwohl sich nicht nachweisen lässt, dass bestimmte Orden, ausgenommen die Zisterzienser in der Zeit von ungefähr 1150 bis 1250, oder andere religiöse Gemeinschaften besondere Verglasungstypen für ihre Gotteshäuser bevorzugten (Rüdiger Becksmann), waren die Ornamentverglasungen ein Zeichen für eine demonstrativ zur Schau getragene Einfachheit. Die repetitiven Rapporte der verschiedenen Muster scheinen diesem Ideal besser zu entsprechen als reiche figürliche Glasmalereien, selbst solche, die urfranziskanische Themen wiedergeben, wie etwa das Leben des Ordensgründers selbst. Aber nach den Zisterziensern waren es nicht die Franziskaner allein, die ihre Kirchen mit umfangreichen Ornamentverglasungen ausstatteten. Verglasun-

Abb. 52: Köniz, ehemalige Deutschordenskirche, Chor, Fenster s II, Apostel Bartholomäus und Jakobus, 1320/30.

gen mit rein ornamentalen Motiven findet man auch bei den Dominikanern (Colmar, Dominikanerkirche, dort mit Figuren kombiniert, Gatouillat/Hérold; Erfurt, Predigerkirche, Drachenberg/Maercker/Schmidt). Wie Rüdiger Becksmann zu Recht hervorhob, dürften die Bauten der Bettelorden und ihre Ausstattung sich überdies bis zu einem bestimmten Grad auch nach lokalen Gewohnheiten gerichtet haben. Gerade im Elsass, in der Nordwestschweiz und auch in der Gegend zwischen Zürich- und Bodensee finden sich Glasmalerei-Ensembles, die sich aus ornamentalen und figürlichen Teilen zusammensetzten, und dies nicht nur bei den Zisterziensern und Bettelorden (Beispiele u. a. in Konstanz, Dominikanerkirche; Kappel am Albis, Zisterzienserkirche, Abb. 51; Niederhaslach, Stiftskirche Sankt Florentius, Chor; Münchenbuchsee, Johanniterkirche; Köniz, Deutschordenskirche, Abb. 52). Es lässt sich daher nicht so genau sagen, ob nun die Ornamentverglasung von Königsfelden auf franziskanische oder ganz einfach auf lokale Gewohnheiten zurückging. Da aber die Erstverglasung des Langhauses von Königsfelden ganz auf Figuren verzichtete, dürfte sich wenigstens dort der Leitgedanke nach der Einfachheit, dem primären Ideal franziskanischer Lebensweise, gerichtet haben.

Die Bibel und biblische Gestalten

Die Erzählungen aus dem Alten und Neuen Testament waren neben den Heiligenlegenden die reichsten Quellen für die religiöse Kunst des Mittelalters (Biblia sacra; Die Heilige Schrift). Es überrascht denn auch nicht, dass die meisten Bilder, die in den mittelalterlichen Glasmalereien des Kantons Aargau erhalten sind, Episoden aus der Bibel und biblische Gestalten wiedergeben. Zwei thronende Madonnen mit dem Jesuskind, eine Vera icon Christi und eine Madonnenbüste zieren die ornamentalen Scheiben in den Masswerken des Wettinger Kreuzgangs (Abb. 56, 57). In der Chorverglasung von Königsfelden sehen wir einen umfangreichen christologischen Zyklus (n II, I, s II, Farbabb. 1–18), zwei Folgen mit Apostelbildern (n und s IV, Farbabb. 31–38), zwei Szenen aus dem Leben Johannes des Täufers (n III, Farbabb. 20, 21), Episoden aus der Apostelgeschichte (s III, Farbabb. 25–27), alttestamentliche Figuren (s II, I, s II,

n IV, n VI, Farbabb. 51), die Erschaffung Evas (n VI, 1c) und die Trunkenheit Noahs (n VI, 1a). Eine Bilderfolge mit Szenen der Kindheit Christi und der Kreuzigung bestimmt die drei östlichen Fenster des Chors der Kirche auf dem Staufberg (Farbabb. 81–83), und schliesslich blieben in Zofingen drei Passionsszenen (Farbabb. 75) sowie in der Pfarrkirche von Thalheim Sonne und Mond einer Kreuzigung erhalten (Farbabb. 97, 98). Das Fragment einer Anbetung der Könige in Suhr (Farbabb. 99) deutet darauf hin, dass es dort vor dem Brand von 1844 ebenfalls einen christologischen Zyklus gab.

Die beiden Leben Christi in Königsfelden und auf dem Staufberg stimmen zum Teil inhaltlich überein. Während man jedoch in Königsfelden die wichtigsten Stationen des Lebens Christi von der Verkündigung bis zur Himmelfahrt in den Bildern verfolgen kann, beschränken sich die Glasmalereien des Staufbergs auf die Kindheit und die Kreuzigung. Wird das Wunder der Auferstehung weggelassen, so läuft das auf eine Betonung der menschlichen Natur Christi hinaus. Werden jedoch wie im Zyklus von Zofingen und Königsfelden die Passion und die Auferstehung miteinander kombiniert, so liegt der Schwerpunkt auf der Darstellung Christi als Mensch und Gott. Vergleichbare Bilderfolgen kommen während des ersten Viertels des 14. Jahrhunderts in Südwestdeutschland, im Elsass und in der Schweiz auf. Die Glasmalereien, die sich heute in der Westfassade der Strassburger Wilhelmerkirche befinden (Abb. 53) und die ursprünglich wohl das Mittelfenster des Chores geschmückt haben, dürften zusammen mit denjenigen aus der mittleren Choröffnung der ehemaligen Dominikanerkirche von Strassburg (Abb. 86) zeitlich der Verglasung des Chorhaupts von Königsfelden kurz vorausgegangen sein (um 1325). In beiden Bilderfolgen steht der Passionszyklus im Zentrum, und man findet auch die halbfigurigen Propheten, die leere oder mit ihrem Namen beschriebene Schriftbänder entfalten. Direkt an die Verglasung von Königsfelden schliessen um 1350 die Glasmalereien im Chor der Pfarrkirche von Rosenweiler (Rosenwiller, Haut-Rhin) im Elsass an (Abb. 76).

Alle erwähnten Vergleichsbeispiele stehen wie das Königsfelder Achsfenster im Zusammenhang mit dem Altar. Obwohl in Rosenweiler das mittlere Fenster mit dem Passionszyklus der Errichtung des barocken Altarretabels zum

Abb. 53: Strassburg, Sankt Wilhelm, Westfenster, Kindheit und Passion Christi, um 1320/30.

Opfer gefallen ist, galt auch hier ursprünglich die Ausrichtung der Glasmalereien auf den Altar, genauso wie in Königsfelden. Sonne und Mond, die im Achsfenster von Rosenweiler heute noch vorhanden sind, gehörten natürlich zu einer Kreuzigung. Damit ist auch hier die Existenz eines Passionszyklus zweifelsfrei belegt.

Der Vergleich zwischen dem christologischen Zyklus von Königsfelden und demjenigen der Pfarrkirche auf dem Staufberg sowie mit der Passionsfolge in Zofingen ist aufschlussreich. Er macht deutlich, dass es nicht nur ein Standardprogramm für die Verglasung im Altarbereich gab, sondern viele Varianten. Eine einmal gefundene Komposition aus dem Leben Christi wurde dagegen von den Nachfolgewerken nur wenig verändert und über lange Zeit immer wieder aufgegriffen. Das gilt in unserem Zusammenhang aber nicht für die Kreuzigung, denn sie erscheint in unterschiedlichen Darstellungsformen. Während in Zofingen das Personal dieser zentralen Szene gegenüber Königsfelden deutlich erweitert wurde (Farbabb. 75), reduzierte man sie auf dem Staufberg zur einfachen Dreifigurengruppe (Farbabb. 88). Im Vergleich zu Zofingen, wo das Kreuz Christi zwischen den beiden Schächern steht, konzentriert sich das Geschehen in Königsfelden auf Christus und die klagenden Engel auf dem Querbalken des Kreuzes (Farbabb. 3). Links steht Maria, die von einer Begleiterin gestützt wird, und neben dem trauernden Johannes tritt allein der römische Hauptmann auf, der von Christus sagt «Vere filius dei erat iste» («Dieser war wahrhaft Gottes Sohn», Mt 27, 54). Die Komposition in Zofingen dagegen zeigt in der mittleren Fensterbahn neben dem Kreuz Christi die beiden Schächer und den blinden Longinus, der mit seiner Lanze Christus die Seitenwunde zufügt (Farbabb. 76). Er wird von einem jungen Diener mit Judenhut begleitet, der mit seiner Rechten auf den Gekreuzigten weist. Maria wird wie in Königsfelden von einer heiligen Frau gestützt (Farbabb. 77), und der römische Hauptmann rechts von Johannes unterhält sich mit

Abb. 54: Bern, Münster, Chor, Wurzel-Jesse-Fenster (n II, 2b/c), Verkündigung, nach 1451.

einem Begleiter, der sich durch seinen Hut als Israelit zu erkennen gibt (Farbabb. 78). Auf den Kreuzen der beiden Schächer sieht man ausserdem einen Engel und einen Teufel (Farbabb. 75). Sie nehmen die Seelen der Sterbenden in Empfang, die den Körper durch den Mund verlassen. Damit werden die beiden Schächer zu Prototypen für jeden Gläubigen, denn die Darstellung entspricht der Wahl, die dieser zwischen Seelenheil und Verdammnis hat. Je nach Lebensführung wird seine Seele nach dem Tod entweder von einem Engel oder von einem Teufel abgeholt. Verstirbt der Sünder zwar im Stande der heilig machenden Gnade, aber belastet mit vielen zeitlichen Sündenstrafen, so streiten sich, wie schon Gregor der Grosse meinte, die Boten des Jenseits um den Besitz der Seele (Farbabb. 75). In der Zofinger Kreuzigung fallen die vielen Inschriften auf. Der gute Schächer in der linken Fensterbahn sagt: «here herbarm dich uiber mich so du kumest in di rich» («Jesus gedenke meiner, wenn du kommst in dein Königreich», Lk 23, 42). Christus antwortet ihm: «warli wirtu hüt im paradys syn» («Wahrlich, ich sage dir: Heute noch wirst du mit mir im Paradies sein», Lk 23, 43). Auf dem Schriftband rechts von Christus steht wie in Königsfelden der Ausspruch des römischen Centurio, in Zofingen jedoch in deutscher Sprache: «dz ist gewerlichen gotts sun» («Dieser war wahrhaft Gottes Sohn», Mt 27, 54). Das Schriftband ganz rechts enthält schliesslich noch den Ausspruch des bösen Schächers: «bistu gotts sun so hilf dir selbs und och uns» («Bist du nicht der Messias? Hilf dir selbst und uns», Lk 23, 39).

Der Entwerfer der Zofinger Kreuzigung versah diese nicht nur mit vielen Inschriften, sondern bereicherte das Bild mit der Löwin und ihren Jungen zu Füssen des Kreuzes (Farbabb. 77). Löwen sehen wir auch im Passionsfenster von Königsfelden, doch sind sie dort nicht in die Bildkompositionen eingebunden, sondern erscheinen als deren Träger (Farbabb. 1–5). In beiden Fällen muss der Löwe als Auferstehungssymbol aufgefasst werden. Die Zofinger Kreuzigung bezieht sich jedoch durch die Darstellung der Löwin mit ihren Jungen explizit auf den Physiologus, ein spätantikes Tierbuch, das im Mittelalter sehr verbreitet war und häufig gelesen wurde (Homburger/von Steiger). Sein Autor berichtet über den Löwen, dass das Weibchen die Jungen tot

Abb. 55: Freiburg i. Br., Augustinermuseum,
Tennenbacher Altar, Beschneidung Christi,
um 1440.

zur Welt bringe, sie aber durch ihr Gebrüll zum Leben erwecke. Dieser angeblich physiologische Vorgang aus dem Tierreich wurde von den mittelalterlichen Gelehrten auf die Auferstehung Christi übertragen, sodass die Löwin mit ihren Jungen zum Symbol für dieses Wunder wurde. In Zofingen bildet das Tierwunder eine Art Verdoppelung der Auferstehung, da es als eigene Szene unterhalb des Kreuzigungsbildes wiedergegeben ist. Dem Entwerfer kam es offensichtlich darauf an, deutlich zu zeigen, dass der Tod Christi Garantie für die Auferstehung und für das Paradies ist. Nicht von ungefähr verspricht dieses Christus dem guten Schächer, und seine Weissagung erinnerte jeden Gläubigen an eine zentrale Glaubenswahrheit: Jeder Sünder, der seine Taten bereut, findet Vergebung und zieht mit Christus in den Himmel ein. Darauf beziehen sich die am Eingang des Kapitels zitierten Verse aus der Sequenz der Totenmesse.

Die Szenen aus der Kindheit Christi in Königsfelden und im Chor der Kirche auf dem Staufberg unterscheiden sich nur durch Nuancen. Wie im Spätmittelalter sehr oft üblich, wird Maria in der Staufberger Verkündigungsszene als Betende vor einem aufgeschlagenen Buch dargestellt (Farbabb. 92), während sie in Königsfelden entsprechend dem Usus der hochgotischen Bildkünste stehend den Engel empfängt (Farbabb. 7). Dieser Unterschied bedeutet keinen Wandel, denn auch im spätgotischen Wurzel-Jesse-Fenster des Berner Münsters findet man Maria in der Verkündigungsszene noch stehend wiedergegeben (nach 1451 vollendet, Abb. 54). Eine wirklich modernere Komposition gegenüber Königsfelden bringt die Geburt Christi in den Glasmalereien des Staufbergs: Maria betet das Neugeborene an (links muss man sich anstelle des Feldes mit dem heiligen Beatus den heiligen Joseph, eine Kerze haltend, denken, Farbabb. 81). Wie Ellen Beer darlegte, tritt dieses Bildmotiv zuerst in liturgischen Handschriften des späten 13. Jahrhunderts aus Oberitalien auf. Ein örtlich und zeitlich näheres Beispiel enthält das Katharinenthaler Graduale im Schweizerischen Landesmuseum aus der Zeit um 1310. Erst im 15. Jahrhundert nimmt die Glasmalerei des deutschen Südwestens diese neue Form des Geburtsbildes auf, in dem Maria nicht mehr auf dem Wochenbett liegt, sondern das Kind anbetet, das sie soeben geboren hat.

Die Beschneidung Christi und die Disputation des zwölfjährigen Jesus im Tempel kommen in den hier behandelten Kunstwerken nur auf dem Staufberg vor (Farbabb. 92, 93). Die Beschneidung gehört indessen auch zum Jugend-Christi-Zyklus auf den Flügeln des etwa zeitgleichen Tennenbacher Altars im Augustinermuseum zu Freiburg im Breisgau, dem die Staufberger Glasmalereien künstlerisch verwandt sind (Abb. 55). Seltener findet man in den Jugend-Christi-Zyklen die Szene mit dem zwölfjährigen Jesus im Tempel (Farbabb. 83). Das Haupt der Muttergottes, das auf dem Staufberg rechts ins Bild hineinragt, deutet darauf hin, dass die Szene den Moment darstellt, in dem die Eltern den Jesusknaben wiederfanden. Die Komposition bildet das Pendant zur Geburt Christi in Fenster n II, in der

Abb. 56: Wettingen, ehemaliges Zisterzienserkloster, Kreuzgang, Nord VII, 2CD, Marienbüste, um 1285.

Abb. 57: Wettingen, ehemaliges Zisterzienserkloster, Kreuzgang, Nord VII, 1AB, Vera Icon Christi, um 1285.

Abb. 58: Strassburg, Münster, mittleres Westportal, Tympanon, Abendmahl, um 1280/1300.

Christus Menschengestalt angenommen hat (Farbabb. 81). Als Maria dem Knaben Vorwürfe machte, dass er sie und Joseph durch sein Zurückbleiben im Tempel geängstigt habe, erwidert ihr Jesus, dass «er in dem sein muss, was seines Vaters ist» (Lk 2, 41–49). Er verweist damit zum ersten Mal selbst auf seine göttliche Herkunft. Durch die Wahl dieser Szene deutet die Bildfolge zusammen mit der Geburt auf die doppelte Natur Christi als Mensch und Gott hin.

Die biblischen Geschichten der Glasmalereien vermitteln dem Betrachter einen Ausschnitt aus dem Leben Christi, wie es die Evangelien erzählen. Zugleich illustrieren sie durch die Auswahl und Anordnung der Bilder grundsätzliche und wichtige Glaubenswahrheiten, so etwa die doppelte Natur Christi oder die Beziehung zwischen dem historischen Ereignis der Passion und der Eucharistie.

In Wettingen und Königsfelden finden sich vier besondere Bilder, welche Einzelfiguren und in einem Fall eine Figurengruppe darstellen. Man kann sie nicht unter die gewöhnlichen Heiligenbilder einordnen. Es handelt sich um die Christusdarstellung (Vera icon, Abb. 57) und die Marienbüste (Abb. 56) in Fenster Nord VII von Wettingen und um die Christus-Johannes-Gruppe sowie den Ölbergchristus, beide heute in Fenster s XII des Langhauses von Königsfelden (Farbabb. 63, 64). Zunächst seien die Vera icon und die Marienbüste von Wettingen näher betrachtet.

Es gibt mehrere Darstellungen, die im Mittelalter für das wahre Bild Christi gehalten wurden. Das Wettinger Medaillon bezieht sich mit grosser Wahrscheinlichkeit auf die so genannte Veronica, die in Sankt Peter in Rom verwahrt wurde und seit der Zeit um 1200 als «Acheiropoieton Christi» (ein nicht von Menschenhand geschaffenes Bild Christi) verehrt wurde. Es stammte angeblich nicht von der Hand eines Malers, sondern es soll dadurch entstanden sein, dass Christus bei der Kreuztragung den Schleier der Veronica an sein schweiss- und blutüberströmtes Gesicht drückte. 1216 verfasste Papst Innozenz III. ein Gebet auf die Vera icon, für dessen Rezitation er einen Ablass von 10 Tagen gewährte, wenn es in Gegenwart des Bildes selbst oder auch nur einer Kopie verrichtet wurde (Flora Lewis). Die Veronica oder Vera icon ist das erste Bild in der Geschichte, das in Beziehung zu einem Ablass stand. Als älteste Kopie dieses Christusbildes gilt eine Miniatur in der «Chronica maiora» des Engländers Matthäus Parisiensis, die um die Mitte des 13. Jahrhunderts entstand. Die Wettinger Vera icon steht motivisch in der Tradition der englischen Miniatur, wobei diese selbst jedoch kaum Vorbild für die Glasmalerei in Wettingen gewesen sein kann. Das Aussehen der Veronica wurde auch über Texte verbreitet. So schreibt etwa Gervasius von Tilbury um 1210/15, die Veronica habe Christus «a pectore superius» (von der Brust an aufwärts) wiedergegeben. Vergleichbare Darstellungen gibt es im mittleren Chorfenster von Saint-Gengoult in Toul (Lothringen, um 1260/70; Gatouillat/Hérold; Meredith P. Lillich) und im Psalter aus dem Zisterzienserkloster Bonmont (Kanton Waadt, heute Besançon, Bibliothèque municipale), der möglicherweise in einem Skriptorium am Oberrhein entstanden ist (um 1260; Peter Hoegger). Falls diese Lokalisierung aufrechterhalten werden kann, hätte man es mit einem Objekt zu tun, das Wettingen zeitlich und geographisch sehr nahe steht. Wie auch immer, so ist wenigstens eines sicher: Die Veronica war in den Kreisen der Zisterzienser seit dem dritten Viertel des 13. Jahrhunderts von grosser Bedeutung.

Die Veronica forderte zum Gebet auf und bestätigt damit die im vorangegangenen Kapitel angestellten Vermutungen, dass der Zisterzienser, der in Fenster Nord III zu Füssen Marias kniet (Abb. 35), als Identifikationsfigur für die Mönche diente und diese zum Gebet mahnte. Die Interpretation der Vera icon in Wettingen als Aufforderung zum Gebet belegt auch die Marienbüste, die lange Zeit in sinnentstellender Weise rechts von Christus, jetzt aber wieder links von ihm eingesetzt ist. Sie wendet sich ihrem Sohn zu und tritt als Fürbitterin für jeden Beter auf, der sich an sie wendet. Die Darstellung der halbfigurigen Muttergottes geht auf byzantinische Ikonen zurück. Diese geben sie meistens nicht nur als Bruststück wieder, sondern sie zeigen sie mit bittend erhobenen Händen (vgl. etwa die römische Madonna aus San Sisto, 6. Jahrhundert, heute Rom, Santa Maria del Rosario auf dem Monte Mario; Hans Belting). In Wettingen wird das Motiv des Bittens nur durch den leicht geneigten Kopf der Muttergottes angedeutet. Die Madonna in der Kirche des römischen Frauenkonventes von San Sisto war im 13. Jahrhundert berühmt. An hohen Festtagen führte man ihr prozessionsartig Christusikonen zu, oder man trug sie umgekehrt zu anderen Heiligtümern. Rom-Besucher werden sich solche Schauspiele eingeprägt haben, und

von besonderem Eindruck muss der Moment gewesen sein, in dem nach getrennten Prozessionen die beiden Bilder zueinander fanden. Diese Begebenheiten werden den Wunsch nach sich geführt haben, eine Christusikone mit einer solchen der Maria zu vereinigen. Der Kreuzgang als Ort der Meditation war dafür besonders geeignet (eine erweiterte Deutung im Rahmen des Gesamtprogramms schlägt Peter Hoegger in Band 2 vor).

Auf die Vorbildfunktion der weissgrundigen Scheiben in Königsfelden für Gebet und klösterliches Leben der Nonnen wurde schon in anderem Zusammenhang hingewiesen. Forschungen, die in jüngerer Zeit die Rolle von Bildern in der Nonnenseelsorge untersuchten, machen deutlich, dass die drei Scheiben Themen darstellen, die sich in erster Linie an Klosterfrauen wandten (Jeffrey F. Hamburger). Im Falle der heiligen Klara ist dies leicht verständlich und braucht keiner weiteren Erklärung. Der betende Christus am Ölberg spielt im Leben der Nonnen eine wichtige Rolle (Farbabb. 64). Das Besondere dieses Bildes besteht darin, dass Christus isoliert dargestellt ist und nicht wie in erzählerischen Folgen von den drei schlafenden Aposteln und dem Engel mit dem Kelch begleitet wird. Das Bild konzentriert sich ausschliesslich auf Christus und drückt das aus, was er im Gebet am Ölberg sprach. Die Evangelien berichten von seiner grossen Angst vor der bevorstehenden Passion und seiner Bitte an Gott, er möge diesen Kelch an ihm vorübergehen lassen. Nachdem der Engel kam und Christus getröstet hatte, sagt dieser: «doch nicht wie ich will, sondern wie du willst» (Mt 26, 39; Mk 14, 36). Mit anderen Worten unterwirft sich Christus ganz dem Willen Gottvaters. Genau darin liegt die Vorbildfunktion, die das Bild für die Nonnen hatte. Ihre Beichtväter erinnerten sie immer wieder an die Worte Christi am Ölberg, denn «imitatio Christi» war für Klosterfrauen nicht gleichzusetzen mit übermässiger Kasteiung. Vielmehr sollten sie auf den eigenen Willen völlig verzichten und sich ganz und gar Gott und den kirchlichen Oberen unterwerfen.

Wohl nicht zufällig war der Ölbergchristus in nicht allzu weiter Entfernung von der Christus-Johannes-Gruppe wiedergegeben (Farbabb. 63). Dieses Thema war häufig in Form hölzerner Skulpturen verbreitet. Bekannt sind vor al-

Abb. 59: Königsfelden, ehemaliges Kloster, Chor, Schlussstein, Inschrift beidseits des Reichsschilds, «Rex Albertus».

lem die Figurengruppen aus Katharinenthal (heute Antwerpen, Museum Mayer van den Bergh) oder aus Heiligkreuztal (noch am alten Standort). Das intime Zusammensein von Christus und seinem Jünger Johannes dem Evangelisten war ursprünglich Teil der Abendmahlsdarstellung (Jo 13, 23; Reiner Haussherr; Cordula M. Kessler; Petra Zimmer). Ähnlich ruht Johannes an der Brust des Herrn beispielsweise in der Abendmahlsszene des Bogenfeldes über dem mittleren Westportal des Strassburger Münsters (Abb. 58). Es war das Ziel jedes Nonnenlebens, dereinst den Platz des Lieblingsjüngers bei Christus einzunehmen und die Geheimnisse des Glaubens an der Brust des Herrn zu erfahren. Ausserdem sollte sich die Nonne ihm auch durch ihre Jungfräulichkeit angleichen. Der Verzicht auf den eigenen Willen, den der Ölbergchristus ihr nahelegte, war der Weg, der sie an den Platz des heiligen Johannes führte. Wie die Vera icon und das Marienbild von Wettingen müssen sich die weissgrundigen Scheiben von Königsfelden an einem Ort befunden haben, an dem sich die Nonnen ihnen meditierend zuwenden konnten. Dafür bietet sich entweder die Westempore oder eines der Klostergebäude, vorzugsweise der Kreuzgang, an.

Heilige und Heiligenlegenden

Die Heiligen sind Fürsprecher der Gläubigen bei Gott, und ihr Wirken ist Modell für das christliche Leben. Gestalten, die nicht biblisch sind, aber als Heilige galten, findet man unter den behandelten Glasmalereien nur in Königsfelden und in der Kirche auf dem Staufberg. Die Wahl der abgebildeten Heiligen war nicht zufällig, vielmehr hängt sie mit dem Reliquienbesitz und den Altarpatrozinien zusammen. Für Königsfelden kann das einwandfrei nachgewiesen werden. Neben einfachen Heiligenbildern veranschaulicht die Abteikirche auch Szenen aus dem Leben der Heiligen. Die beiden äussersten Fenster des Chorschlusses, die direkt an den christologischen Zyklus anschliessen, enthalten neben dem Marientod das Martyrium von vier Heiligen: der heiligen Katharina (n III, Farbabb. 22, 23), des Johannes Baptist (n III, Farbabb. 20, 21), des heiligen Stephanus (s III, Farbabb. 25) und des heiligen Paulus (s III, Farbabb. 26, 27). Die drei zuletzt Genannten sind nicht nur Heilige, denn sie zählen auch zu den biblischen Gestalten.

Der Tod Marias ist nicht im Evangelium beschrieben (Farbabb. 28). Dennoch wurde er im Mittelalter für alle Christen das beliebteste Modell für ein vorbildliches Sterben (Klaus Schreiner). Nach der Legende versammelten sich die Apostel am Sterbebett Mariens, und sie waren Zeugen, wie die Gottesmutter die Beichte ablegte und Psalmen rezitierte. Umgeben von brennenden Kerzen empfing sie die letzte Ölung, kommunizierte und widerstand dem Teufel (Kurmann/Lutz). Schon kurze Zeit nach ihrem Tod wurde ihr Körper in den Himmel erhoben. Da sie ohne Sünde starb, hielt Christus sofort Gericht über sie und empfing nicht nur ihre Seele im Himmel, sondern vereinigte diese vorzeitig mit ihrem Körper. An der Seite Christi wie Maria zu weilen und gerechtfertigt aus dem Gericht hervorzugehen, strebten alle guten Christen an (Bruno Boerner). In Königsfelden war die Marienkrönung ziemlich sicher im obersten Medaillon von s III dargestellt, doch sind von dieser Komposition lediglich zwei betende Engel erhalten geblieben. Die Vorbildfunktion des Marientodes bietet eine Erklärung dafür, warum der Entwerfer des Programms die Martyrien Johannes' des Täufers, der heiligen Katharina, des heiligen

Stephanus und des heiligen Paulus für die in n III und s III eingelassen Glasmalereien wählte. Diese Martyrien lassen sich besonders gut mit dem Wunsch nach einem guten Sterben und der Erfüllung des Seelenheils verbinden. In Fenster s III, dessen Glasmalereien nur fragmentarisch überliefert sind, waren einst die Steinigung des Stephanus (erhalten ist Saulus, der spätere Paulus, der die Kleider der Steiniger hütet, 2c, Farbabb. 25), die Bekehrung des Saulus zum Paulus (4b/c, Farbabb. 26) sowie die Enthauptung Pauli (nur noch ein Zuschauer der Hinrichtung erhalten, 6c, Farbabb. 27) dargestellt. Als der heilige Stephan unter den Steinen zusammenbrach, rief er Gott an, empfahl seine Seele und bat um Vergebung für seine Peiniger (Apg 7, 58–60). Sein Verhalten im Angesicht des Todes wurde in der Folge für alle Christen vorbildlich. Wenn der Priester an das Lager des Sterbenden gerufen wurde, fragte er ihn, ob er mit seinen Feinden Frieden gemacht habe. Dies ist für einen guten Tod ebenso unabdingbar wie die «imitatio» («Nachahmung») Christi, die der Sterbende durch das Lesen beziehungsweise Hören der Passionsgeschichte vollzieht (Klaus Schreiner; Nigel Palmer). Im Augenblick des Todes schliesslich sollte er nach dem Vorbild Christi seine Seele Gott an-

Abb. 60: München, Bayerisches Nationalmuseum, Franziskus sagt sich von seinem leiblichen Vater los, aus Regensburg, Monoritenkirche, um 1370.

empfehlen («commendatio animae»), die nach Psalm 31 (30), 6 formuliert wird: «In deine Hände befehle ich meinen Geist, du erlösest mich, Herr, du getreuer Gott.» Indem der heilige Stephanus wie Christus mit diesem Psalmvers auf den Lippen verschied, ist er ein Modell für die «imitatio» Christi des Sterbenden und für den guten, Heil bringenden Tod. Ähnliches lässt sich auch für Paulus, Katharina und Johannes den Täufer nachweisen (Richard Benz, Legenda aurea).Bei Paulus kommt ausserdem wie beim guten Schächer das Motiv des reuigen Sünders hinzu, dem vergeben wurde und der darauf ein vorbildliches Leben in den Fussstapfen Christi führte.

Bisher haben wir vor allem die Bilder der Klostergründer und den dynastischen Zyklus in den Seitenschifffenstern des Langhauses in den Zusammenhang des Totenkultes gerückt (Brigitte Kurmann-Schwarz). Aber auch in den Märtyrerfenstern werden das Sterben, die Fürbitte und die Sündenvergebung angesprochen. Fürbitte zugunsten der Verstorbenen, die zur Sündenvergebung führt, ist Sinn und Zweck der liturgischen Memoria. Während der Zeremonien, die sich im Chor der Klosterkirche abspielten, wurden Heilige angerufen. Die Wahl der «Spezialisten» für Totenfürsprache, Sündenvergebung und gutes Sterben in den Fenstern n und s III erfolgte daher sicher nicht zufällig. Die Forschung hat schon immer beobachtet, dass sich der Marientod und die Märtyrerszenen zu beiden Seiten des Hochaltars befinden, wo nach der Überlieferung König Albrecht ermordet wurde (Emil Maurer). Es war besonders sinnvoll, gerade an dieser Stelle Bilder des guten Sterbens und der Sündenvergebung anzubringen, denn dem König war gerade kein guter Tod vergönnt gewesen. So sehr vertrauten die Klostergründerinnen der Fürsprache der beiden Konvente, dass sie am Schlussstein über der Apsis (Abb. 19), der das Bild Christi als Kosmokrator zeigt, den König inschriftlich verewigten. «Rex Albertus» heisst es dort (Abb. 59). Damit wird die Hoffnung angedeutet, dass die ständige Fürbitte der Mönche im Chorgebet den ermordeten König zu Christus führen wird.

Im Chor der ehemaligen Klosterkirche von Königsfelden ist vier weiteren Heiligen je ein szenischer Zyklus gewidmet. Es braucht keine Erklärungen, warum Franziskus und Klara (Marco Bartoli), die Gründer der beiden ersten franziskanischen Orden, besonders hervorgehoben werden. Die vier Heiligenlegenden sind in den Fenstern angebracht, unter denen das Chorgestühl der Franziskaner stand (Farbabb. 39–56). In diesem rezitierten sie das Stundengebet und wohnten der Messe bei. Mit Blick auf das Franziskusleben wies die Forschung immer auf italienische Vorbilder hin, ja man postulierte sogar einen besonders engen Zusammenhang zwischen Königsfelden und dem um 1290 entstandenen Franziskuszyklus, den Giotto und seine Gehilfen in der Oberkirche von San Francesco zu Assisi gemalt haben (Emil Maurer). Andererseits kann man aber nachweisen, dass schon sehr bald nach der Heiligsprechung von Franziskus auch nördlich der Alpen eine Ikonographie seines Lebens entstand (die älteste Verbildlichung des Franziskuslebens nördlich der Alpen ist in der Barfüsserkirche zu Erfurt erhalten, 1230/35; Drachenberg/Maercker/Schmidt). Die Quellen des Königsfelder Fensters sind deutlich älter als Giottos Bilderfolge des Franziskuslebens (Brigitte Kurmann-Schwarz; Chiara Frugoni). Die einzige Szene, die sich in Königsfelden von allen älteren Vorbildern unterscheidet, ist in der Abwendung des heiligen Franziskus von seinem leiblichen Vater zu sehen. In allen älteren Darstellungen erhebt Franziskus entsprechend dem Wortlaut der «Legenda maior» von Bonaventura sein Haupt zum himmlischen Vater, während er sich in Königsfelden dem Bischof von Assisi zuwendet, der ihn unter sein Gewand nimmt. Bisher konnte dieses Bildmotiv nur noch in den etwa 30 Jahre jüngeren Glasmalereien aus der Minoritenkirche in Regensburg (Jolanda Drexler) nachgewiesen werden (heute München, Bayerisches Nationalmuseum, Abb. 60).

Wie kann eine so frappante Abweichung des Bildes von der literarischen und auch der vorhergehenden bildlichen Tradition erklärt werden? Künstlerische Freiheit kann man wohl kaum als Grund dafür anführen. Historische Ereignisse, die kurz vor der Entstehungszeit des Franziskusfensters stattfanden, bieten sich zur Erklärung an. Um 1340 waren innerhalb des Franziskanerordens noch immer die Nachwirkungen des so genannten «theoretischen Armutsstreites» zu spüren, der sich während des Pontifikates

Abb. 61: Nürnberg, Germanisches Nationalmuseum, Fragment eines Flügels von einem Klarenretabel, Tod und Krönung der heiligen Klara, Nürnberg, um 1350.

von Papst Johannes XXII. (1316–1334) abspielte und den Orden in seinen Grundfesten erschüttert hatte (Helmut Feld; John Moorman; Duncan Immo). Ein Teil der Franziskaner kündigte damals dem Papst seinen Gehorsam auf, und ihre Führer gingen an den Hof von Kaiser Ludwig dem Bayern, den die Kurfürsten 1314 gleichzeitig wie den Bruder von Königin Agnes, Friedrich von Österreich, zum deutschen König gewählt hatten. Als natürliche Gegner von Ludwig dem Bayern gaben sich die Habsburger betont papstfreundlich und verhinderten, dass sich ihr Kloster in die Reihe derjenigen einordnete, die dem Papst den Gehorsam verweigerten (Alphons Lhotsky; Karl-Friedrich Krieger). Selbstverständlich war die Hoffnung damit verbunden, dass der Kirchenfürst für König Friedrich Partei ergreifen würde. Diese historische Konstellation floss in die Konzeption der Szene mit der Abwendung des heiligen Franziskus von seinem Vater ein. Der Heilige unterwirft sich daher nicht nur dem Papst, wie es die älteren Bilder der Regelapprobation zeigen, sondern er erwählt sich in dieser Szene entgegen dem Wortlaut der «Legenda maior» nicht Gott (Legendae S. Francisci; Fonti francescane), sondern den Bischof zum Vater. Die Franziskuslegende betont daher in erster Linie den Gehorsam der Franziskaner gegenüber der Hierarchie der irdischen Kirche.

Die Klarenlegende (Farbabb. 57–62), die schräg gegenüber dem Fenster mit der Franziskusvita angebracht wurde, gehört zu den ältesten Bilderfolgen, die diesem Thema gewidmet sind, wenn es nicht überhaupt das älteste erhaltene Klarenleben nördlich der Alpen ist (Brigitte Kurmann-Schwarz). Während die Bilder der Franziskuslegende teilweise Beziehungen zu älteren italienischen Vorlagen aufweisen, kann keine Verbindung zwischen dem Leben der heiligen Klara und der einschlägigen ikonographischen Tradition südlich der Alpen hergestellt werden (Servus Gieben), nicht einmal zur offiziellen Vita auf der Tafel in Santa Chiara zu Assisi (um 1280; Marino Bigaroni e.a.; Valentino Pace). Wie die Franziskuslegende schloss auch diejenige Klaras ursprünglich wohl mit der Szene der Heiligen auf dem Sterbebett. Dieses Bild wurde wahrscheinlich zu derselben Zeit zerstört, als die Fenster s III–s V einen Grossteil ihres ursprünglichen Bestandes einbüssten.

Abb. 62: Saint-Denis, ehemalige Abteikirche, Chor, Kindheit-Christi-Fenster (1), Abt Suger, um 1144.

Das Annafenster (n VI, Farbabb. 51–56) zeigt ein sehr kompliziertes und vielfältiges Programm. Die Bilderfolge wird mit drei alttestamentlichen Szenen eingeleitet: der Erschaffung Evas, dem schlafenden Jesse und dem trunkenen Noah (Farbabb. 51). Darauf folgen die Verkündigung an Anna und Joachim, die Begegnung der Eheleute an der Goldenen Pforte von Jerusalem, die Geburt Marias, der Tempelgang Marias und das Bild der heiligen Anna Selbdritt (Farbabb. 52–55). In den Zwickeln zwischen den Medaillons erscheinen acht heilige Jungfrauen, von denen alle ausser der heiligen Otilia Märtyrerinnen aus frühchristlicher Zeit sind. Weitere Heiligendarstellungen flankieren entweder die Bilder des Haupterzählungsstranges oder sind sogar in die einzelnen Kompositionen eingefügt. Die beiden Franziskanerheiligen, Antonius von Padua und Ludwig von Toulouse (Farbabb. 52), treten wie Zeugen in der Begegnung an der Goldenen Pforte auf. Die heilige Verena von Zurzach erscheint gar als Besucherin am Wochenbett Annas (Farbabb. 53), und der heilige Martin ist in der Szene des Tempelgangs untergebracht. Laurentius und Christophorus flankieren schliesslich das Bild mit der heiligen Anna Selbdritt (Farbabb. 55).

Was las der theologisch versierte Betrachter kurz nach der Entstehung der Glasmalereien aus dieser Bilderkombination heraus? Die Geschichte der Eltern Marias und der Kindheit der Gottesmutter ist nicht biblisch, sondern entstammt dem nicht kanonischen Pseudo-Matthäus und dem Kindheitsevangelium des Jakobus. In Königsfelden wird die Geschichte durch die alttestamentlichen Szenen ganz offensichtlich in einen übergeordneten heilsgeschichtlichen Zusammenhang gebracht. Jesse, der Vater Davids, weist auf die königliche Abstammung Marias aus dem Hause des alttestamentlichen Königs hin (im Evangelium jedoch wird Joseph als Nachkomme Davids bezeichnet). Die Erschaffung Evas wird ebenfalls in Bezug auf Maria interpretiert, gilt die Gottesmutter doch als neue Eva, die durch ihren Gehorsam die Sünde der Urmutter überwunden hat. Weniger eindeutig lässt sich auf den ersten Blick die Noahszene in diesen Zusammenhang einordnen. Nachdem der Patriarch mit seiner Familie die Arche verlassen hatte, pflanzte er die ersten Reben, erntete sie und kelterte den Wein. Als dieser zum Genuss bereit war, kostete Noah das Getränk in allzu grosser Menge, sodass er müde wurde. Nachdem er unter der Rebe eingeschlafen war, kam ein Wind auf, der sein Gewand auf-

Abb. 63: Ardagger, ehemalige Stiftskirche, Margaretenfenster, Propst Heinrich mit dem Kirchenmodell, nach 1224.

Abb. 64: Königsfelden, ehemaliges Kloster,
Chor (?), Königin Agnes nach Marquart Herrgott,
Monumenta, 3, 2, T. 18, 1773.

Abb. 65: Königsfelden, ehemaliges Kloster,
Langhaus, n X, 1a, Obergaden oder
Fenster der Westfassade, Ornamentscheibe
mit Muster D, 1314/16.

hob und ihn unschicklich entblösste. Sein Sohn Cham entdeckte ihn in dieser peinlichen Situation und holte spottend seine Brüder Sem und Japhet herbei. Diese sahen nicht hin und bedeckten den Vater, ohne einen Blick auf sein Blösse zu werfen (vgl. dazu das Wurzel-Jesse-Fenster im Berner Münster, Brigitte Kurmann-Schwarz, CVMA Schweiz IV).

Für die mittelalterlichen Theologen nahm das Verhalten Chams die Verspottung Christi bei der Dornenkrönung vorweg. Das Bild wurde daher von den Zeitgenossen als Hinweis auf die Passion aufgefasst, während Wein und Rebe den Bezug zur Eucharistie herstellten. Wie lassen sich aber Passion und Eucharistie mit Maria verbinden? Es wurde bereits ausgeführt, dass sowohl die Eucharistie, deren Substanzen aus Brot und Wein bestehen, als auch Maria mit der Kirche gleichgesetzt werden. Durch die Kombination der drei Bilder in der ersten Zeile des Annafensters bettete

der Entwerfer die Geschichte Joachims und Annas in einen ekklesiologischen Zusammenhang ein. Seit ca. 1300 wurde das apokryphe Marienleben nicht zuletzt im Kreise der Franziskaner mit der theologischen Diskussion verbunden, ob Maria ohne Erbsünde empfangen wurde. Nicht selten bediente man sich der Darstellung der Wurzel Jesse, um den Glauben an die Unbefleckte Empfängnis Mariens zu illustrieren (Mirella Levi d'Ancona). 1439 wurde dieser Glaube auf dem Basler Konzil ohne päpstliche Approbation zur Lehrmeinung der Kirche erhoben; erst 1854 erklärte es Papst Pius IX. offiziell als Dogma für die ganze katholische Kirche.

Da der Glaube an die Unbefleckte Empfängnis Mariens während des Mittelalters und noch lange danach sehr umstritten war, versuchte sich der Entwerfer der Bilder besonders gut abzusichern und bot eine Reihe glaubwürdiger

Zeugen auf. Nicht von ungefähr wird die Begegnung an der Goldenen Pforte, die als eigentlicher Zeitpunkt für den Moment der Unbefleckten Empfängnis galt, durch Antonius von Padua, den ersten Prediger der Franziskaner, und durch den keuschen, erst 1317 kanonisierten Ludwig von Toulouse eingerahmt. Verena von Zurzach, eine wichtige Lokalheilige des Aargaus, tritt als Besucherin an das Wochenbett Annas. Dies wird keinem Zeitgenossen rätselhaft erschienen sein, wurde sie doch von den Gläubigen vor allem um Kindersegen angegangen. Martin und Laurentius schliesslich sind Heilige, die im franziskanischen Kalender wichtige Plätze einnahmen. Christophorus wurde Anna Selbdritt traditionell zugeordnet, weil er wie Anna und Maria Christusträger war. Die Reihe der acht Jungfrauen schliesslich hebt zusätzlich das Thema der Jungfräulichkeit und der Unbeflecktheit hervor. Diese Überlegungen zeigen, dass es zwei Interpretationsebenen für die Bilderfolge gab, eine ekklesiologische (in Beziehung auf die Kirche) und eine mariologische.

Bezeichnenderweise stehen sich Klara- und Annafenster gegenüber. Klara wird dadurch wie in den Gewölbemalereien von Santa Chiara in Assisi Maria sowie den frühchristlichen Märtyrerinnen zugeordnet (Jeryldine Wood) und damit als eine relativ junge Heilige (1255 kanonisiert) in eine ehrwürdige Tradition gestellt. Bevor das Bild mit dem Tod Klaras zerstört wurde, war dieser Zusammenhang viel leichter erkennbar, denn als Klara starb, erschien an ihrem Lager Maria in Begleitung von vielen heiligen Jungfrauen (Abb. 61). Sie bedeckte den Leichnam Klaras mit einem kostbaren Tuch. Die Jungfrauen, die laut der Legende am Sterbelager Klaras erschienen, waren teilweise identisch mit denjenigen, die im Annafenster dargestellt sind.

Gegenüber dem heiligen Franziskus werden in den Glasmalereien des Nikolausfensters mehrere Wunder dieses Heiligen wiedergegeben (Farbabb. 45–48). Die bisherige Forschung sah vor allem einen Zusammenhang zwischen dem so genannten Stifter Rudolf (Raoul) von Lothringen und der Wahl dieses Heiligen, da Nikolaus als der Schutzpatron Lothringens galt. Es müsste jedoch einwandfrei geklärt werden, ob er diese Stellung schon im 14. Jahrhundert innehatte. Dass Nikolaus im Chor der Klosterkirche mit einem umfangreichen Bilderzyklus bedacht wurde, ist kein Zufall, denn er war von den Franziskanern hoch geschätzt (van Dijk/Walker) und wurde in Königsfelden ausserdem auch an einem der Altäre unter dem Lettner verehrt. Im Übrigen verwahrte der Klosterschatz eine Nikolausreliquie, nämlich einen seiner Fingerknochen. Unter den mittelalterlichen Heiligen war er einer der grossen Thaumaturgen, und seine Wunder garantierten ihm eine grosse Popularität, die bekanntlich bis heute anhält. Wenn er in Königsfelden dem heiligen Franziskus gegenübergestellt wurde, so heisst das, dass Letzterer als noch «junger» Heiliger in die Reihe der wundermächtigen Diener Gottes eingeordnet (Klaus Krüger) und innerhalb der himmlischen Hierarchie aufgewertet wird.

Die bisherige Besprechung der Heiligenbilder führte ganz unvermittelt von einem Darstellungstypus zu einem anderen über, nämlich von der szenischen Komposition verschiedener «Lebensbilder» zur Wiedergabe isolierter Heiligenfiguren. Im Annafenster erscheint eine ganze Reihe solcher Einzeldarstellungen. Ansonsten findet man im Chor von Königsfelden nur im Johannes-Katharina-Fenster (n III) das Bild einer einzelnen Heiligen. Dort steht zwischen Herzog Albrecht II. und seiner Gemahlin Johanna von Pfirt die heilige Elisabeth von Thüringen (Farbabb. 19), deren Vater, König Andreas II., aus dem ungarischen Königshaus der Arpaden stammte. Elisabeth war als Vertreterin eines absoluten Armutsideals bei den Franziskanern eine beliebte Heilige und ausserdem mit Königin Elisabeth verwandt, der Klostergründerin von Königsfelden. Als geradezu monumentale Einzelfiguren erscheinen in den Fenstern n und s IV die Apostel, die als Vorläufer des Klerus zu interpretieren sind. Sowohl Elisabeth als auch die Apostel wurden an den Altären unter dem Lettner verehrt.

In den Glasmalereien der Kirche auf dem Staufberg waren diejenigen Heiligen versammelt, denen die Kirchgenossen als Fürbitter bei Christus besonders vertrauten (Farbabb. 84–85). Es ist anzunehmen, dass es auch in den anderen hier besprochenen Kirchen Heiligenbilder in den Fenstern gab, doch ist davon nichts mehr erhalten. Dies ist vor allem in Zofingen gut möglich gewesen, da die Baldachinreihe über der Kreuzigung wohl ursprünglich nicht mit

Abb. 66: Karlsruhe, Badisches Landesmuseum, aus Lichtenthal, ehemaliges Zisterzienserinnenkloster, Markgraf Rudolf I. von Baden mit Kunigunde von Eberstein, bald nach 1300.

diesem Thema verbunden war (Farbabb. 75). Unter diesen Architekturen kann man sich eigentlich nur stehende Heilige vorstellen. Sicher nahm darunter der Patron Mauritius einen Ehrenplatz ein.

Wohl gleichzeitig wie die Glasmalereien auf dem Staufberg liess Abt Wülflinger die Monolithscheibe im Kloster Wettingen herstellen (Abb. 43). Sie zeigt eine Szene aus dem Leben des heiligen Bernhard von Clairvaux, von dem schon in anderem Zusammenhang die Rede war. Die hier gezeigte Darstellung wird mit dem lateinischen Begriff «amplexus» (Umarmung) bezeichnet und verweist auf den Gekreuzigten, der sich zu dem betenden Bernhard herabbeugte (Anderes/Hoegger). Das Thema ist nördlich der Alpen beheimatet und kommt seit dem 14. Jahrhundert vor. Ein frühes Beispiel bietet das Wonnentaler Graduale in der Badischen Landesbibliothek Karlsruhe, um 1330. Während dort nur der Kruzifixus und der heilige Bernhard dargestellt sind, erscheinen in Wettingen die beiden Protagonisten begleitet von einer Schar Mönche. Wie die figürlichen Glasmalereien des 13. Jahrhunderts soll auch diese Szene dem Konvent ein Vorbild für das gemeinsame Gebet sein.

«Stifterbilder» und Wappen

Zur Bedeutung der so genannten «Stifterbilder» muss an dieser Stelle nichts mehr hinzugefügt werden. Es sei hier nur kurz der Frage nachgegangen, auf welche Art und Weise historische Personen in Glasmalereien wiedergegeben wurden. Wir setzen den Begriff «Stifterbild» in Anführungszeichen, weil wir im Gegensatz zur bisherigen Forschung nicht der Meinung sind, dass Personen, die in der Position von Stiftern wiedergegeben wurden, stets diese Funktion eingenommen haben. Solche Figuren, die durch Inschriften namentlich identifiziert werden, findet man in den Glasmalereien seit dem 12. Jahrhundert. Die wohl älteste erhaltene Darstellung dieser Art dürfte diejenige des Abtes Suger im Kindheit-Christi-Fenster der Abteikirche von Saint-Denis aus der Zeit um 1144 sein (Abb. 62; Louis Grodecki). Der mächtige Abt hat sich vor der thronenden Madonna auf den Boden geworfen und fasst an ihren Fuss. Der Krummstab zeichnet ihn als Klostervorsteher aus und der Schriftzug «Sugerius abas» identifiziert ihn eindeutig. Suger war nun ganz bestimmt nicht der Stifter der Glasmalereien, sondern der Auftraggeber, denn die Baumassnahmen an der Kirche von Saint-Denis wurden aus den Einkünften des Klosters bezahlt, die sich nach einer administrativen Reform Sugers deutlich verbessert hatten (Binding/Speer). Ein Geistlicher oder ein Laie in unterwürfiger Proskynese (Ehrbezeugung eines Untergebenen im byzantinischen Hofzeremoniell) kommt in der westlichen Kunst nicht sehr häufig vor. In der Glasmalerei jedenfalls fehlt ein entsprechendes Vergleichsbeispiel.

Abb. 67: Kappel am Albis, ehemaliges Zisterzienserkloster, Langhaus, N VI, 1a, Walther IV. von Eschenbach, um 1310.

Sehr früh findet man Bilder von Kirchen- und Klostergründern, die den von ihnen initiierten Bau in Form eines kleinen Modells einem Heiligen, Maria oder Christus darbringen. Im deutschsprachigen Raum dürfte das entsprechende Bild des Propstes Heinrich im niederösterreichischen Ardagger zu den ältesten Bildern dieser Art in der Glasmalerei zählen (nach 1224; Eva Frodl-Kraft; Rüdiger Becksmann/Elisabeth Oberhaidacher-Herzig). Der Geistliche beugt seine Knie und hebt den zweitürmigen Bau nach oben, wo die Szenen aus dem Leben der heiligen Margarete dargestellt sind (Abb. 63). In Königsfelden gab es ähnliche Bilder der Königinnen Elisabeth und Agnes sowohl im Chor als auch in der Langhausverglasung. Zwar ist keine dieser Darstellungen mehr erhalten, doch sind uns diejenigen des Langhauses aus dem «Ehrenspiegel des Hauses Habsburg» von 1555 (Abb. 39, 40) und das Bild der Königin Agnes aus dem Chor in einem Stich aus dem 18. Jahrhundert überliefert (Abb. 64). Da sich beide mit dem Kirchenmodell darstellen liessen, wird deutlich, dass sich auch Agnes als Klostergründerin verstand.

Das Bild eines betenden Mannes oder einer betenden Frau, das vom Wappen begleitet oder durch Inschriften identifiziert wird, bleibt bis zum Ende des Mittelalters die charakteristische Darstellungsformel für Stifter, Auftraggeber oder Klostergründer. Frühe Darstellungen einer wichtigen Gruppe solcher Personen, die wahrscheinlich die Finanzierung der Glasmalereien übernommen haben, blieben im Chor der Kathedrale von Chartres erhalten (1210/20; Kurmann/Kurmann-Schwarz). In dieser Bildtradition stehen auch die Habsburgerbilder im Chor und im Langhaus von Königsfelden, wobei diejenigen des Chores in Beziehung zur Gründung des Franziskanerklosters, diejenigen des Langhauses im Zusammenhang mit dem bilderlosen Familiengrab gesehen werden müssen (Brigitte Kurmann-Schwarz). Derselben motivischen Tradition kann auch der Zisterzienser zugeordnet werden, der zu Füssen Marias im Wettinger Kreuzgang kniet (Abb. 35). Hier haben wir es jedoch mit einer anderen Bildfunktion zu tun, denn die Darstellung diente als Vorbild für die Mönche, die im nördlichen Kreuzgangsflügel ihre tägliche Lesung und ihre Meditation abhielten. Ähnliche Darstellungen von Mönchen und Non-

Abb. 68: Bern, Münster, Chor, Mühlenfenster,
n IV, 7d, Mannalese mit Wappen des Staates Bern
an der Architekturrahmung, um 1455.

nen findet man häufig auch in Chorbüchern, beispielsweise in denjenigen aus dem Kölner Klarissenkloster oder im Katharinenthaler Graduale (Sabine Benecke; Andreas Bräm). Dort lassen sich die betenden Nonnen nicht alle als Stifterinnen von Buchillustrationen identifizieren, vielmehr übernehmen auch sie die Rolle von Identifikationsfiguren für die Benutzerinnen.

Die ältesten Wappen in Glasmalereien enthält die bereits erwähnte Obergadenverglasung der Kathedrale von Chartres aus dem zweiten Jahrzehnt des 13. Jahrhunderts. Im Wettinger Kreuzgang verweisen lediglich heraldische Symbole, die schreitenden Löwen mit s-förmig geschlungenem Schweif, auf die mit der Verglasung verbundenen historischen Personen (Abb. 34). Wappenschmuck besass aber auch die ornamentale Verglasung der Kreuzgänge und des Langhauses von Königsfelden (Abb. 65). An verschiedenen Stellen fand man dort das Wappen des Reiches und das Ungarnwappen, das zu demjenigen des Klosters Königsfelden wurde (Farbabb. 70, 71). Beide verweisen wie die jüngeren «Stifterbilder» auf die Klostergründerinnen, die Königinnen Agnes und Elisabeth. Wappen muss es auch in der Chorverglasung und in den Glasmalereien der Seitenschifffenster gegeben haben, doch ist davon nichts mehr erhalten. Alle heraldischen Zeichen in den Glasmalereien des Chores wurden bis auf wenige Reste im Lothringenschild des Fensters s V (Farbabb. 45) von Richard A. Nüscheler zwischen 1896 und 1900 neu geschaffen. Wappen oder Stifterbilder mit Wappenschilden, manchmal auch mit Inschriften, wurden vom 14. Jahrhundert an in der Glasmalerei allgemein üblich. Schon 1300/10 liessen sich die Markgrafen von Baden in der Kirche des Klosters Lichtenthal (heute Karlsruhe, Badisches Landesmuseum, Abb. 66) und der zum Königsmörder gewordene Walter IV. von Eschenbach im Obergaden der Zisterzienserkirche von Kappel am Albis auf diese Weise darstellen (Abb. 67).

Im 15. Jahrhundert erscheinen die Stifter oder Auftraggeber von Glasmalereien ebenso wie die Kirchen- und Klostergründer weiterhin als kniende Beter, begleitet von ihren Wappen oder Inschriften. Häufig findet man jedoch nur Wappen oder ganze Wappengalerien, wie etwa im Dreikönigsfenster des Berner Münsters (n III, 1451/55; Brigitte Kurmann-Schwarz). Im Gegensatz zu diesem etwas später entstandenen Beispiel, das sich durch eine bunte Farbigkeit auszeichnet, wurde der einzige erhaltene Schild der Glasmalereien in der Kirche auf dem Staufberg als Grisaille auf weisses Glas gemalt (Farbabb. 84). Diese eher zurückhaltende Repräsentation des Stifters findet man jedoch auch andernorts, so wiederum in einem der Scheibenzyklen des Berner Münsterchors. Dort enthält das Mühlenfenster (n IV, um 1455) in seiner oberen Hälfte zwei kleine Berner Wappen, die ebenfalls als Grisaillen in die rahmende Architektur integriert sind (Abb. 68). Es ist durchaus möglich, dass diese Schilde auf die Stadt Bern als Stifterin der Glasmalereien verweisen. Auch das Rinach-Wappen in Auenstein gehört zum Typus der heraldischen Zeichen, die als Grisaillen wiedergegeben sind (Farbabb. 96). In welchen Zusammenhang es ursprünglich gehörte, lässt sich heute nicht mehr genau sagen. Aufgrund seiner Grösse könnte es am ehesten Teil einer Ornamental- oder Blankverglasung, allenfalls einer Masswerkfüllung gewesen sein. Es wurde aber mit Sicherheit erst viel später in eine Butzenverglasung integriert.

Die Aussagen der so genannten Stifterbilder und ihrer Wappen sind nicht immer ganz eindeutig. Als Motiv haben sie sich seit der Zeit um 1200 kaum mehr verändert. Um sie korrekt zu interpretieren, muss jeweils eine ganze Reihe von Argumenten berücksichtigt werden. Einzig der Kirchen- oder Klostergründer ist anhand des Modells eines Gotteshauses, sofern er es selbst darbietet, noch am ehesten eindeutig zu erkennen (Christine Sauer). Die beiden erhaltenen Wappen auf dem Staufberg und in Auenstein sowie der heraldische Löwe im Wettinger Kreuzgang lassen sich zwar wohl mit Stiftern in Beziehung bringen, doch kann man diese Fälle nicht verallgemeinern. In vielen Fällen verweisen nämlich Wappen ebenso wie betende Figuren auch auf Vorfahren, deren gedacht werden muss. Dafür bietet die Chorverglasung der berühmten Kirche in Brou bei Bourgen-Bresse (Ain) aus der Zeit um 1530 hervorragende Beispiele.

Si consideret parietes, est paradysi species; si luminis abundantiam ex
fenestris intuetur, inestimabilem vitri decorem et operis pretiosissimi
varietatem miratur.
Wenn [das menschliche Auge] die Wände [des Gotteshauses] betrachtet,
erblickt es das Paradies; wenn es die Fülle des Lichtes aus
den Fenstern wahrnimmt, bewundert es den unschätzbaren Schmuck
der Fensterscheiben und die Vielfalt des wertvollen Werkes.

(Theophilus Presbyter, Schedula diversarum artium, Prolog zum 3. Buch,
Anf. 12. Jahrhundert)

Glasmaler und Werkstätten

Glasmaler und Werkstätten

In diesem vierten und letzten Kapitel wird die künstlerische Ausführung der Glasmalereien in den Mittelpunkt gestellt. Wer waren die Künstler, woher kamen sie, wo arbeiteten sie, in welchen grösseren Zusammenhang gehören ihre Werke? In den Archiven finden wir darüber keine Informationen. Es müssen daher die Werke selbst befragt werden, und darüber hinaus werden uns allgemeine historische und kunsthistorische Kenntnisse weiterhelfen. Ohne vorher den gegenwärtigen Erhaltungszustand der Glasmalereien analysiert zu haben, ist es schlicht unmöglich, sich ein genaueres Bild über den künstlerischen Herstellungsprozess zu machen. Aufgrund der vom Herausgeber festgelegten Anlage des vorliegenden Werkes findet der Leser die diesbezüglichen Überlegungen im Einführungsband. Des Weiteren muss man sich immer darüber im Klaren sein, wie gering der Prozentsatz dessen ist, was von der ehemals vorhandenen künstlerischen Produktion übrig geblieben ist. Wenn wir uns hier auf Erwägungen über den historischen und kunsthistorischen Kontext zu beschränken haben, innerhalb dessen die Glasmalereien entstanden sind, können wir nicht genug betonen, wie sehr diese im Lauf ihrer Existenz den Zufälligkeiten der Geschichte ausgesetzt gewesen sind und wie wenig sie in ihrem heutigen Zustand den ursprünglichen Intentionen der Auftraggeber und Künstler entsprechen, deren Ziel es war, dem Kirchengebäude den Glanz des Paradieses zu geben (siehe das vorangestellte Quellenzitat).

Kloster und Stadt

Der bereits mehrfach zitierte Mönch Theophilus schilderte am Anfang des 12. Jahrhunderts minutiös, wie farbiges Glas hergestellt und wie es zu ornamentalen und figürlichen Glasmalereien verarbeitet wurde. Er teilt in seiner Schrift ausserdem mit, dass er Benediktinermönch und ausübender Goldschmied(?) war. Es ist daher nicht erstaunlich, dass sein Traktat, wie neueste Forschungen deutlich herausgestellt haben, theologisch motiviert ist (Bruno Reudenbach; John van Engen; Hiltrud Westermann-Angerhausen). Als Benediktiner verteidigt Theophilus gegenüber den auf Einfachheit erpichten Reformorden (Zisterzienser und Prämonstratenser) den schmuckvollen Reichtum des Gotteshauses. Für seine Argumentation benutzt er die «schedula», d. h. die Zettel mit den Rezepten von Malern, Glasmalern sowie Goldschmieden. Auf dieser Grundlage schrieb er einen zusammenhängenden Text, den er in drei Bücher einteilte und mit Prologen versah. Ob er mit dem namentlich bekannten Künstler Roger von Helmarshausen identifiziert werden kann, wie manche Forscher annehmen, lässt sich heute kaum mehr beweisen. Obwohl er als Verfasser der «Schedula diversarum artium» («Zettel zu den verschiedenen Künsten») oder von «De diversis artibus» («Über die verschiedenen Künste») bezüglich der Glasmalerei festhält, dass er diese Kunst nur vom Hörensagen kennt, entspricht seine Schilderung genau der technischen Ausführung von Werken dieser Kunstgattung aus der ersten Hälfte des 12. Jahrhunderts (Augsburg, Dom, Propheten im Obergaden des Langhauses, nach 1132; Saint-Denis, Klosterkirche, um 1144; Le Mans, Kathedrale, um 1140; Arnstein, Prämonstratenserkirche, heute in Münster, Westfälisches Landesmuseum, nach 1172; Denis Chevaley; Louis Grodecki; Daniel Hess). Die «Zettel» müssen daher in der Tat Anweisungen enthalten haben, welche die Künstler bei ihrer Arbeit konsultierten. Wie vor allem englische Quellen überliefern, hielten sich die Glasmaler bis ins 14. Jahrhundert in vielerlei Hinsicht an das von Theophilus beschriebene Vorgehen (Richard Marks). Insbesondere wurden die Glasmalereien nördlich der Alpen noch bis ins 14. Jahrhundert auf Holztafeln vorgezeichnet, was auch für Wettingen und Königsfelden angenommen werden kann. Erst um 1300 entdeckte man in Frankreich das Silbergelb als neue Malfarbe, das im deutschsprachigen Raum seit 1320/30 nachweisbar ist (Claudine Lautier). In unserem Umkreis findet man die neue Technik erstmals in der Chorverglasung von Königsfelden und wahrscheinlich noch etwas früher im Achsfenster der Esslinger Franziskanerkirche (Hans Wentzel; Rüdiger Becksmann). In Königsfelden tritt die Silbergelbbemalung wegen der starken Verwitterung der Glasmalereien kaum mehr in Erscheinung (Maurer/Gratwohl). Nur die um 1330 entstandene Christus-Johannes-Gruppe bewahrt noch eine sehr schöne Silbergelbmalerei (Farbabb. 63). Sie entfaltet selbst vom entfernten Standpunkt, aus dem sie der heutige Betrachter zu sehen gezwungen ist, ihre volle Wirkung. Im 15. Jahrhundert unterlag die Herstellung von Glasmalereien einem grundlegenden Wandel. Entwurf und Ausführung wurden jetzt immer häufiger voneinander getrennt. Man zog Maler oder Zeichner heran, welche die Scheiben entwarfen und in bestimmten Fällen selbst die Kartons zeichneten, und diese vorgefertigten Entwürfe wurden dann von den eigentlichen Glasmalern zur Herstellung des Fensterschmucks verwendet (Hartmut Scholz).

In einem Punkt dürfte jedoch Theophilus schon im frühen 12. Jahrhundert die Wirklichkeit nicht korrekt wiedergegeben haben. Wenn er suggeriert, ein Glasmaler habe von der Herstellung des Glases an bis zur Montage jeden Herstellungsschritt eigenhändig durchgeführt, so ist dies wohl eine Übertreibung. Schon im 12. Jahrhundert waren Herstellung und Verarbeitung des farbigen Flachglases voneinander getrennt. Für das eine und das andere waren verschiedenen Fachleute zuständig. Weil ein Mönch als Erster die Technik der Glasmalerei beschrieb, glaubte die ältere Forschung, dass die Kunst der Glasmalerei vorzugsweise in Klöstern ausgeübt wurde. Wenig später als Theophilus schreibt Abt Suger von Saint-Denis, dass er in seinem Kloster eine Glasmaler-Werkstatt in dem Moment zusammenstellte, als er sie beim Neubau der Kirche benötigte (Binding/Speer). Folglich war sie mit Sicherheit nicht fest etabliert. Suger berichtet nämlich in seiner Schrift «De administratione», er habe Künstler aus vielen Nationen in sein Kloster berufen und mit der Ausführung der Glasmalereien beauftragt. Die für ein solches Vorgehen notwendige Mobilität der Glasmaler deutet darauf hin, dass sie aus Laien und nicht aus Mönchen bestand, denn für Letztere galt die Ordensregel der «stabilitas loci» (die Verpflichtung, stets am selben Ort zu bleiben). Allerdings könnten Laienbrüder als Glasmaler in Frage kommen. Dies kann in Bezug auf Gerlachus nachgewiesen werden, der als Laienbruder im Prämonstratenserkloster Arnstein um 1170/80 dessen Glasmalereien schuf (heute Münster, Landesmuseum; Bruno Krings) und sich darin darstellte. Die Glasmaler in Saint-Denis müssen zumindest teilweise aus Nordfrankreich gekommen sein. Dieser Raum verfügte im 12. Jahrhundert über eine Städtelandschaft, deren wirtschaftliche Blüte derjenigen Oberitaliens kaum nachstand. So kann man mit Fug und Recht vermuten, dass die Glasmaler in erster Linie Laien waren, deren Kunstausübung von der ökonomischen Potenz der Kommunen profitierte.

Eine gewichtigere Rolle dürften die Klöster in Bezug auf die Glasherstellung gespielt haben, denn die Glashütten hatten einen sehr hohen Bedarf an Holz (Sebastian Strobl). Im Mittelalter waren es die Klöster, die zu den bedeutendsten Waldbesitzern gehörten, sodass man annehmen darf, die Herstellung des bunten Flachglases sei nicht zuletzt von den grossen Abteien betrieben worden. Diese produzierten wohl nicht nur für den eigenen Bedarf, sondern sie werden die farbigen Glasplatten auf den städtischen Märkten zum Verkauf angeboten haben.

In den Städten hatten die Glasmaler-Ateliers, wie Rüdiger Becksmann als Erster hervorhob, die beste Möglichkeit, länger als anderswo zu überleben. Seit dem 13. Jahrhundert nahm innerhalb der Stadtmauern die Niederlassung religiöser Institutionen stets zu, und an diesem Prozess beteiligten sich die Bettelorden besonders stark. Von allen religiösen Gemeinschaften ging eine grosse Nachfrage für Glasmalereien aus. Auftraggeber aus kleineren Orten oder solche, die in Städten ohne Glasmaler-Ateliers wohnten, bestellten die farbigen Scheiben zweifellos dort, wo die leistungsfähigen Werkstätten ihren Sitz hatten, und liessen sie nach der Herstellung zum vorgesehenen Standort transportieren. Schriftliche Quellen bezeugen diesen Vorgang für eine Reihe spätmittelalterlicher Glasmalereien. So lieferte 1441 der Ulmer Glasmaler Meister Hans das Passionsfenster für den neuen Berner Münsterchor und setzte dort mit seinen Gehilfen die Scheiben im Mittelfenster des Sanktuariums ein (Brigitte Kurmann-Schwarz). Auch die im letzten Viertel des 15. Jahrhunderts besonders aktive Strassburger Werkstatt des Peter Hemmel von Andlau belieferte Süddeutschland vom Oberrhein bis Salzburg mit prachtvollem Scheibenschmuck (Hartmut Scholz). Obwohl der Export von

Glasmalereien erst im späten Mittelalter überliefert ist, muss man damit auch für die früheren Jahrhunderte rechnen. Die Glasmalereien in Königsfelden, in Zofingen und auf dem Staufberg werden kaum an Ort und Stelle geschaffen worden sein. Viel wahrscheinlicher ist die Annahme, dass sie in einer der umliegenden grösseren Städte bestellt und hergestellt wurden.

Mittelalterliche Quellen zum Herstellungsprozess

Aus Mangel an Quellen weiss man über die Arbeitsweise der Glasmaler nur wenig. Schufen sie ihre Werke im Alleingang oder liessen sie sich von anderen helfen? Unser wichtigster Gewährsmann, der Mönch Theophilus, schildert bekanntlich die Arbeit so, als ob sie eine einzige Person in allen ihren Phasen ausgeführt habe. Aus Ulm oder Strassburg weiss man jedoch, dass sich dort im 15. Jahrhundert Werkstätten zusammengeschlossen haben, um grössere Aufträge gemeinsam auszuführen (Hartmut Scholz). Zumindest die Arbeit an einem umfangreicheren Ensemble ist demzufolge auf mehrere Hände verteilt worden. Die Steuerbücher von Bern überliefern, dass der Glasmaler Niklaus Glaser seit 1448 zwei Gesellen und einen Lehrling in seiner Werkstatt beschäftigte (Brigitte Kurmann-Schwarz). Wiederum in Bern berichtet das Sankt-Vinzenzen-Schuldbuch von einem Maler, der sich 1448 in seiner Werkstatt aufhielt. Da der Meister damals gerade den Auftrag entgegennahm, das Zehntausend-Ritter-Fenster auszuführen, wird der Maler am ehesten mit dem Entwerfen und Vorzeichnen beschäftigt gewesen sein. Das oben genannte Dokument nennt ihn Meister Bernhard; vielleicht ist er mit dem Basler Maler Bernhard Kremer zu identifizieren (Hans Rott).

Für ein englisches Beispiel aus derselben Zeit, der Verglasung der Beauchamp-Kapelle in Warwick (Richard Marks), ist der Vertrag zwischen dem Auftraggeber und dem Glasmaler namens John Prudde erhalten. Darin wird festgehalten, dass Letzterer die Kartons eines Malers erhält, nach denen er die Gläser zuschneiden, bemalen und verbleien müsse. Eine solche Arbeitsaufteilung setzte in England gegen die Mitte des 14. Jahrhunderts ein, denn wir wissen, dass damals der Maler John Athelard Entwürfe für Glasmalereien nach Windsor lieferte. Richard Marks verweist auf die Zusammenarbeit zwischen einem Thomas Glazier in Oxford und dem Kölner Maler Herebright. André Beauneveu, der führende Künstler am Hofe des Herzogs von Berry (er war vor allem als Bildhauer, aber auch als Buchmaler tätig), führte sehr wahrscheinlich die Entwürfe für die Glasmalereien der Sainte-Chapelle in Bourges aus (1391/97; Jean-Yves Ribault; Fabienne Joubert). Solche Belege über eine Arbeitsteilung dürfen jedoch nicht darüber hinwegtäuschen, dass um 1400 und auch noch lange danach viele Glasmaler sowohl die Entwürfe als auch die Kartons selbst herstellten. Ein urkundlich gesichertes Beispiel dafür bietet John Thornton von Coventry (Thomas French). Er verglaste im Auftrag des Domkapitels 1405/08 das grosse Ostfenster der Kathedrale von York. Im Vertrag wird eindeutig festgehalten, dass er die Kartons selbst zu zeichnen habe.

Die Verteilung von Entwurf und Ausführung der Glasmalereien auf mehrere Hände deutet neben vielem anderen darauf hin, dass sich im späten Mittelalter ein Wechsel in der Rangordnung der Künste vollzog (Robert Suckale). Während am Anfang des 12. Jahrhunderts für Theophilus die Glasmalerei noch eindeutig über der Wand- und Buchmalerei stand, weil sie im Gegensatz zu diesen transparent ist, rückte die Komposition anhand farbigen Glases mit dem Aufstieg der Tafelmalerei auf einen niedrigeren Rang. Die malerischen Gattungen standen aber während des ganzen Mittelalters im Paragone (der Rangordnung) der Künste durchwegs hinter dem dreidimensionalen, plastischen Kultbild und den «vasa sacra» («den liturgischen Geräten») zurück (Hiltrud Westermann-Angerhausen). Dies lief jedoch nicht auf ein Qualitätsurteil hinaus, denn man findet noch durch das ganze 15. Jahrhundert hindurch Glasmaler, deren Werke mit denjenigen jedes Malers rivalisieren konnten. Bis zur Mitte des 14. Jahrhunderts nahmen die farbigen Scheiben jedoch unbestritten den ersten Rang innerhalb der monumentalen Malerei ein.

Während man sich für die Spätzeit der gotischen Glasmalerei ein einigermassen klares Bild über deren Herstellungsprozess machen kann, wissen wir diesbezüglich vom

13. Jahrhundert und der anschliessenden Zeit wenig oder gar nichts. Sicher darf man davon ausgehen, dass die Glasmaler nicht allein arbeiteten. Jeder Meister hielt sich mindestens einen Lehrling und einen Gesellen. Claudine Lautier, der wir eine genaue Analyse der Glasmalereien in der Kathedrale von Chartres verdanken, hat beobachtet, dass meistens nur ein bis zwei Künstler an einem der Fenster malten. Selbst noch im 16. Jahrhundert arbeiteten die Maler und die Glasmaler von Paris innerhalb sehr kleiner Gruppen, was die eingehenden Quellenforschungen von Guy-Michel Leproux in diesem Bereich bestätigt haben. Neben dem Gesellen oder Lehrling muss ausserdem schon im 13. Jahrhundert mit einem Gehilfen gerechnet werden, der bei den mechanischen Arbeiten wie Zuschneiden und Verbleien mithalf. Die formale Einheitlichkeit und die vielen repetitiven Teile der erhaltenen frühgotischen Scheiben aus dem Kreuzgang von Wettingen sprechen dafür (Abb. 34, 35, 49, 50, 56, 57), dass sie von einer solch kleinen Gruppe von Glasmalern ausgeführt wurden. Einen homogenen Eindruck machen auch die Glasmalereien des Zofinger Passionsfensters. Die Beobachtung von Claudine Lautier, dass im Rahmen der ganz grossen Aufträge mit vielen zu verglasenden Öffnungen jeweils pro Fenster ein einziger Glasmaler zusammen mit seinen Gehilfen tätig war, wird durch das Ensemble in Königsfelden bestätigt. Auch die Scheiben der Kirche auf dem Staufberg sind wahrscheinlich auf zwei führende Hände aufgeteilt worden. In diesem Falle schufen zwei Künstler nebeneinander, wohl zusammen mit einem Gehilfen, je einen Teil der Fenster. Anders lässt sich der Stilwandel innerhalb der Fenstereinheiten nicht erklären.

Die Stilunterschiede in der Chorverglasung von Königsfelden werden aber nicht nur durch die Beteiligung mehrerer Glasmaler an der Ausführung verständlich. Dieses Werk entstand über einen Zeitraum von ungefähr 10–15 Jahren, sodass sich in ihm auch ein zeitlich bedingter Wandel in der künstlerischen Gestaltung ausdrückt. Die Scheiben innerhalb eines Fensters oder einer zusammengehörigen Gruppe von Fenstern wirken aber wieder völlig einheitlich. Das entspricht genau den Verhältnissen, die Claudine Lautier an der sehr viel umfangreicheren Verglasung im Erdgeschoss der Kathedrale von Chartres nachgewiesen hat.

Aus allem soeben Dargelegten folgt eindeutig, dass für die Glasmalerei die Massstäbe einer auf einzelne Künstlerpersönlichkeiten zugeschnittenen Kunstgeschichte nicht gelten. Letztere fusst bekanntlich auf einer Tradition, die der italienische Maler Giorgio Vasari in seinen 1550 und 1568 veröffentlichten Lebensgeschichten der berühmtesten Künstler Italiens begründet hat. Allein schon wegen ihres Herstellungsprozesses können die gläsernen Bilderfolgen nicht das Werk eines einzelnen Künstlers sein. Sie spiegeln folglich auch nicht die persönliche künstlerische Entwicklung eines Individuums wider. Vielmehr sind sie das Resultat einer gemeinschaftlichen Anstrengung von mehreren Kunsthandwerkern. Trotz Vasari gilt dies übrigens auch in hohem Masse für die Maler, nicht nur im Mittelalter, sondern auch noch im Barock. Man denke etwa an Rubens und seine vielköpfige Werkstatt! Gerade die Allergrössten der Kunst liessen sich stets von Gehilfen und Gesellen helfen. Sonst wären sie nicht in der Lage gewesen, die grosse Zahl von Aufträgen zu bewältigen, die an sie herangetragen wurden. Selbstverständlich mussten sich die Helfer ganz dem Stil des Meisters unterwerfen. Damit sind Zuschreibungen an verschiedene Künstler grundsätzlich in Frage gestellt. Im Bereich der Glasmalerei ist dieses von der Kunstgeschichte allzu gerne betriebene Glasperlenspiel ganz besonders problematisch.

Probleme der Authentizität und der Überlieferung

Lässt sich das neuzeitliche Konzept der künstlerischen Originalität schon aus Gründen der Technik nicht ohne weiteres auf die Glasmalerei übertragen, so ist die Frage nach ihrer materiellen Authentizität von entscheidender Bedeutung. Ohne die Trennung der originalen von den erneuerten Teilen lassen sich Werke der Glasmalerei nicht beurteilen (siehe dazu die Erhaltungsschemata zu den Kurzbeschreibungen). Die Einordnung mittelalterlicher Kunstwerke gerät automatisch in eine Schieflage, wenn sich die Argumentation auf Bestandteile der Komposition stützt, die im 19. oder 20. Jahrhundert erneuert wurden. Allein schon wegen ihrer Beschaffenheit sind Werke der Glasmalerei ausgesprochen reparaturanfällig. Glas bricht bekanntlich leicht, und da die Komposition aus einzelnen, vom Bleirutennetz zusammengehaltenen Glasstücken besteht, fällt es dem Restaurator leicht, beschädigte Einzelteile durch neue zu ersetzen. Häufig sind auch die Bleie erneuert worden, weil sie durch die Einwirkung von Wind und Wetter sowie durch schwankende Temperaturen brüchig wurden. Es war die systematische Bestandsaufnahme der mittelalterlichen Glasmalereien Europas, die seit dem Ende des Zweiten Weltkriegs dank der internationalen Organisation des Corpus Vitrearum erfolgte, welche die Frage nach der materiellen und künstlerischen Authentizität dieser Kunstgattung ins allgemeine Bewusstsein der Kunstgeschichte rückte. Die Restauratoren passten sich nicht selten stilistisch so geschickt dem originalen Bestand an, dass aus der Entfernung nicht zu erkennen ist, welche Gläser alt und welche erneuert sind. So reicht selbst ein noch so gutes ästhetisches Urteil keineswegs aus, um spätere Ergänzungen als solche zu erkennen. Erst die materielle Analyse des Glases und seiner Bemalung auf dem Tisch des Restaurators erlaubt diesbezüglich klare Aussagen. Mit anderen Worten ist es kaum möglich, Werke der Glasmalerei auf ihren Erhaltungszustand hin zu überprüfen, wenn sie nicht aus dem architektonischen Rahmen herausgenommen werden können.

Was die mittelalterlichen Glasmalereien im Kanton Aargau betrifft, so ist keines der heute noch vorhandenen Ensembles vollständig erhalten. Ausnahmslos geht die jetzige Anordnung der Glasmalereien auf Restaurierungen entweder des 19. oder des 20. Jahrhunderts zurück. Das gilt insbesondere auch für den berühmtesten Zyklus mittelalterlicher Glasmalerei in der Schweiz, denjenigen der Klosterkirche zu Königsfelden. Die dort anlässlich der letzten Restaurierung vorgenommene Untersuchung stellte zahlreiche Übermalungen des Schwarzlots fest, und zu Ende des 19. Jahrhunderts wurden sehr viele Scheiben neu geschaffen. So sehen wir heute mit Sicherheit die Glasmalereien nicht mehr so, wie sie der Betrachter im Mittelalter wahrnahm. Vielmehr ist in zahlreichen Fällen die Optik entscheidend, in der moderne Restauratoren die alten Gläser wieder hergerichtet haben. Gerade weil sie zumeist unter der Anleitung einer wissenschaftlichen Kommission arbeiteten, wurden die Restaurierungsmassnahmen stark von modernem Verständnis der Kunstgeschichte beeinflusst. Wie sehr sich dieses im Laufe der beiden letzten Jahrhunderte gewandelt hat, braucht nicht eigens betont zu werden. So läuft die kunsthistorische Einordnung mittelalterlicher Glasmalereien nicht selten Gefahr, nachträgliche Überformungen, die schon früher einmal von kunsthistorischen Vorstellungen geleitet wurden, für bare Münze zu nehmen. Vorsicht ist umso mehr geboten, als die Glasmalereien eine sehr unterschiedliche Erhaltung aufweisen. Manche sind seit Jahrzehnten mit einer Schutzverglasung versehen, welche die schädlichen Umwelteinflüsse abhält. Dementsprechend sind sie besser erhalten als Werke, die weiterhin der Witterung ausgesetzt sind. Seit dem Zweiten Weltkrieg hat sich der Ausstoss von Schadstoffen erheblich vermehrt, was die Bemalung und die Farbigkeit vieler ungeschützter Ensembles stark beeinträchtigt hat. So hat sich leider die Vergleichsbasis für die bereits früh geschützten Glasmalereien des Kantons Aargau zusehends verringert, was die genaue kunsthistorische Einordnung noch einmal einschränkt.

Ein weiteres Problem bietet die sehr hohe Quote an Verlusten, welche die äusserst fragile Kunstgattung Glasmalerei in besonderem Masse traf. Nicht nur die Zerstörung vieler Bauten, sondern auch der sich wandelnde Geschmack ihrer Nutzer forderten von den mittelalterlichen Glasmalereien einen sehr hohen Tribut. Die Lücken sind häufig zu gross, um das zufällig Erhaltene noch ordnen und in einen grösseren Zusammenhang zu stellen. So kann man aufgrund des in Südwestdeutschland überlieferten Materials die Kreuzgangsverglasung von Wettingen aus dem letzten Viertel des 13. Jahrhunderts noch einigermassen sinnvoll einordnen. Da aber in weitem Umkreis fast sämtliche Glasmalereien aus der ersten Hälfte des 14. Jahrhunderts verloren sind, ist die kunsthistorische Bestimmung des Zyklus von Königsfelden mehr oder weniger aussichtslos geworden. Auch die Scheiben in Zofingen, Suhr und auf dem Stauffberg stehen innerhalb der Region und in Bezug aufeinander weit gehend isoliert da, ganz zu schweigen von den geringfügigen Fragmenten aus Thalheim und Auenstein. Es wird daher unumgänglich sein, andere Kunstgattungen heranzuziehen, sofern man versucht, den bunten Werken der Glasmalerei zu einem einigermassen schlüssigen Kontext zu verhelfen.

Der Aargau und die oberrheinisch-süddeutsche «Kunstlandschaft»

Die Regionen der deutschsprachigen Schweiz waren im Mittelalter in kunsthistorischer Hinsicht Teile eines wesentlich grösseren Ganzen. Das Bewusstsein dafür ging infolge der modernen Grenzziehungen weit gehend verloren. So teilen sich heute Frankreich, Deutschland und die Schweiz in eine alte «Kunstlandschaft», was nicht selten dazu führt, dass einst Zusammengehöriges isoliert betrachtet wird. Grob umrissen schliesst die alte oberrheinische «Kunstlandschaft» den nordwestlichen Teil der deutschsprachigen Schweiz (einschliesslich des Kantons Freiburg), das deutsche Bundesland Baden-Württemberg und das jetzt zu Frankreich gehörende Elsass ein. Es wurde bereits darauf hingewiesen, dass die Glasmalereien wie viele Werke anderer Kunstgattungen vorzugsweise in den grösseren Städten entstanden sind (Rüdiger Becksmann). Diese Annahme steht nicht im Widerspruch zum Begriff der «Kunstlandschaft» (Reiner Haussherr), denn gerade innerhalb des soeben definierten geographischen Raums standen die Städte untereinander in einem lebhaften wirtschaftlichen, sozialen, politischen und kulturellen Austausch (Lieselotte E. Stamm). Ganz besonders gilt dies für die Periode, die sich vom frühen 13. bis ins mittlere 16. Jahrhundert erstreckte. Eine wichtige Rolle spielte auch die kirchliche Organisation: Der grösste Teil der Gebiete, die heute im Kanton Aargau liegen, gehörte bis in die napoleonische Zeit zum Bistum Konstanz, während die Ordensprovinzen, etwa diejenigen der Franziskaner und der Dominikaner, ihre administrativen Zentren nicht nur in Konstanz, sondern auch in Basel und Strassburg eingerichtet hatten. Daraus darf man schliessen, dass die Beziehungen zwischen den Städten innerhalb der «Kunstlandschaft» am Oberrhein auf dieser Ebene gleichfalls eine grosse Rolle spielten.

Langlebige Glasmaler-Werkstätten gab es am ehesten dort, wo grosse und zahlreiche Bauunternehmungen eine länger dauernde Beschäftigung garantierten (Brigitte Kurmann-Schwarz). Das war wiederum der Fall in den bedeutenden Städten. Man kann sich gut vorstellen, wie viele Kräfte allein schon der Bau des Strassburger Münsters und die Herstellung seiner Ausstattung während des 13. und 14. Jahrhunderts absorbierte, oder man denke an die zahlreichen Neu- oder Umbauten, welche die Kloster-, Stifts- und Pfarrkirchen Basels während der ersten Hälfte des 14. Jahrhunderts erfuhren. Bauunternehmen in solch grosser Zahl gaben der Glasmalerei entscheidende Impulse. Die mittelalterlichen Kunstdenkmäler des Kantons Aargau befanden sich im Strahlungsgebiet mehrerer Städte, in denen nachweislich Glasmalereien geschaffen wurden. Im Osten und Nordosten sind dies Zürich und Konstanz, im Norden und Nordwesten Strassburg und Basel. Im 14. Jahrhundert darf man noch Esslingen hinzuzählen, nach 1421 wirkten der Neubau und die Verglasung des Berner Münsters ebenfalls vorbildlich.

Spätestens zur Zeit der Gotik fallen die Klosterwerkstätten als Lieferanten von Glasmalereien sicher aus, sofern sie in früherer Zeit überhaupt je eine Rolle gespielt haben. Zweifellos sind die mittelalterlichen Glasmalereien des Kantons Aargau in den umliegenden grösseren Städten von Ateliers professioneller Glasmaler geschaffen worden. Diese haben die Scheiben nach Wettingen, Königsfelden, Zofingen und auf den Staufberg geliefert und dort an Ort und Stelle montiert.

Die Rolle von Strassburg, Basel und Konstanz für die mittelalterliche Glasmalerei in der Schweiz

In Strassburg, der grössten Stadt am Oberlauf des Rheines, wurden im letzten Viertel des 12. Jahrhunderts Chor und Querhaus der Kathedrale neu errichtet (Beyer/Wild-Block/Zschokke). Damit ging eine neue Verglasung einher, die sich auch auf das stehen gebliebene Langhaus aus ottonischer Zeit erstreckte. Spätestens ab der Zeit um 1250 musste Letzteres einem gotischen Neubau weichen. Dieser war nicht nur von ausserordentlich grosser Bedeutung für die Entwicklung der Architektur in den oberrheinischen Gebieten, sondern auch hinsichtlich der Geschichte der Glasmalerei im späteren 13. und während der ersten Hälfte des 14. Jahrhunderts vermittelte der neu geschaffene

Scheibenzyklus des gotischen Langhauses entscheidende Impulse. Die figürlichen Scheiben im Obergaden des Strassburger Münsterlanghauses stehen zusammen mit denjenigen im nördlichen Seitenschiff (letztere berühmt wegen ihres Kaiser- und Königszyklus; Peter Kurmann) überhaupt am Anfang der gotischen Glasmalerei im Süden des Heiligen Römischen Reiches. Die feierlichen Reihen von Heiligen und Herrschern, welche die gesamte Strassburger Langhausverglasung kennzeichnen, stellen stilgeschichtlich gesprochen den Übergang von der spätromanischen Kunst der deutschsprachigen Gebiete zu der aus Frankreich stammenden Gotik dar (Abb. 5). Auf dem im Strassburger Münster Erreichten bauen mehrere Glasmaler-Werkstätten auf, die im Elsass, in der heutigen Schweiz und in Süddeutschland zwischen 1280 und 1300 tätig waren. Direkt an die Langhausverglasung des Strassburger Münsters schliesst diejenige des Chors der Florentius-Kirche von Niederhaslach (Bas-Rhin) an (Abb. 69). Dessen Scheiben dürften kurz nach 1275 geschaffen worden sein, und zwar wahrscheinlich von einer Strassburger Werkstatt (Gatouillat/Hérold). Am deutlichsten wird der Zusammenhang zur Strassburger Langhausverglasung in den drei Apsisfenstern von Sankt Florentius sichtbar. Die übrigen Scheiben dieses Ensembles sind von geringerer Qualität. Aber alle zeichnen sich durch eine intensive Farbigkeit aus, die von Rot, Blau und Gelb beherrscht wird. Hinzu tritt ein gut erhaltenes und daher sehr leuchtendes Grün, während Purpur, das in geringerem Masse ebenfalls verwendet wurde, durch die nachträgliche Verbräunung in seiner Wirkung stark beeinträchtigt wird.

Zu dieser Werkgruppe gehören auch die Glasmalereien in der Friedhofskapelle in Ostwald (Bas-Rhin, Abb. 70), im linken Chorfenster der Kirche von Westhofen (Westhoffen, Bas-Rhin), in einem der Fenster an der Westfassade von Sankt Georg in Schlettstadt (Sélestat, Bas-Rhin, Abb. 71), im Chor der Dominikanerkirche von Colmar (Haut-Rhin, Abb. 72) und schliesslich in der Johanniterkirche von Münchenbuchsee bei Bern (Ellen Beer; zu den elsässischen Beispielen vgl. Gatouillat/Hérold). Die Glasmalereien in der Friedhofskapelle von Ostwald (diese ist nichts anderes als der Chor der ehemaligen Pfarrkirche) entstanden rund 15 Jahre später als die Werke im Chor der Florentius-Kirche zu Niederhaslach. Qualitativ stehen sie denjenigen des Strassburger Münsters nahe, doch weisen sie entwickeltere Formen auf, die auf die Hochgotik zugehen (Abb. 70). Die Scheiben, die heute auf drei Öffnungen verteilt sind (I: Maria und Christus unter einem Baldachin; n II: Stifter Walter von Achenheim; s II: heiliger Oswald), befanden sich ursprünglich alle im Achsfenster des Chores. Wie in Niederhaslach

Abb. 69: Niederhaslach (Bas-Rhin), ehemalige Stiftskirche Sankt Florentius, Chor, Fenster I, heiliger Arbogast und heiliger Florentius, um 1275/80.

Abb. 70: Ostwald (Bas-Rhin), Friedhofkapelle, Fenster n II, Walter von Achenheim, 1280/90.

auch die gebrochenen Farben im Gewand der Begleiterin, die über einem olivgrünen Kleid einen purpurnen Mantel trägt. Diese Scheibe wird nach übereinstimmendem Urteil in die 1280er-Jahre datiert.

Der Schritt zur französischen Hochgotik wurde in der Chorverglasung der Dominikanerkirche von Colmar vollzogen, deren Chor ab 1283 neu errichtet wurde (Gatouillat/Hérold). Um 1290 dürfte er seine prachtvolle Verglasung erhalten haben, die nur fragmentarisch überliefert ist. Entscheidend für den heutigen Eindruck ist die Restaurierung, die Franz Xaver Zettler mit seinem Atelier 1917–1928 unternommen hat. Die Apostelfiguren dieses Ensembles stehen gewissen Glasmalereien Frankreichs aus der zweiten Hälfte des 13. Jahrhunderts so nahe (Abb. 72), dass sie trotz ihrer tief greifenden Restaurierung als die ersten hochgotischen Glasmalereien am Oberrhein gelten dürfen. Besonders gut zu vergleichen sind die eleganten Prophetengestalten im Chor von Saint-Urbain in Troyes aus der Zeit um 1270/75 (Himmelslicht).

Im schwäbischen Esslingen stehen die ältesten Glasmalereien des Chors der Kirche Sankt Dionys den bisher er-

dominieren auch hier die Töne Gelb, Rot und Blau. Ungefähr gleichzeitig, d.h. um 1290, dürfte das Fenster mit dem heiligen Nikolaus in Westhofen entstanden sein (Rüdiger Becksmann; Christiane Block). Auch es zeigt Ähnlichkeiten mit den Glasmalereien in Niederhaslach – vergleichbar wäre etwa der heilige Florentius des Achsfensters – und mit dem Zyklus in Ostwald. Der farbliche Eindruck ist in Westhofen jedoch stärker von Blau, Rot und Weiss und weniger von Gelb bestimmt.

Eine ausgesprochen elegante Variante des frühen hochgotischen Stils zeigt eine Scheibe in Fenster 33 von Sankt Georg in Schlettstadt (Abb. 71). Die Komposition umfasst Maria und eine Begleiterin aus der Darbringung Christi im Tempel (Gatouillat/Hérold). Links muss man sich Simeon am Altar mit dem Christkind auf den Armen vorstellen, die beide verloren sind. Maria streckt die Arme nach ihrem Sohn aus, und ihre Begleiterin hält die Tauben, die als Opfer der Armen in den Tempel gebracht werden, um den Erstgeborenen vom Dienst im Heiligtum freizukaufen. Die beiden Frauen zeigen im Vergleich zu den bisher betrachteten Glasmalereien extrem gelängte Proportionen. Neu sind

Abb. 71: Schlettstadt (Sélestat, Bas-Rhin), Sankt Georg, Fenster 33, Maria und eine Begleiterin aus einer Darbringung im Tempel, um 1280/90.

wähnten Werken im Elsass sehr nahe. Gemäss den dendrochronologisch verifizierbaren Baudaten des Chores muss dieses schwäbische Ensemble spätestens im letzten Jahrzehnt des 13. Jahrhunderts entstanden sein. Wie in Niederhaslach dominieren in Esslingen Rot, Blau, Gelb und das nicht korrodierte, leuchtende Grün. Mit Niederhaslach, Westhofen und Esslingen geht auch das Fenster des Cuno von Buchsee in der Johanniterkirche von Münchenbuchsee zusammen (s II, Abb. 73). Seine Farbigkeit schliesst allerdings eher an Esslingen als an die genannten elsässischen Beispiele an. Ellen Beer datierte die Glasmalereien von Münchenbuchsee um 1290. Wie zu zeigen sein wird, gehört auch die Masswerkverglasung des nördlichen Flügels im Kreuzgang von Wettingen zu dieser Werkgruppe.

Aus der Zeit von 1290–1310 sind keine mittelalterlichen Glasmalereien im Kanton Aargau erhalten. Im weiteren Umkreis gibt es aus dieser Zeit jedoch eine Reihe wichtiger Werke. Um 1300 wurde die Verglasung der Johanniterkirche von Münchenbuchsee vollendet (Abb. 74). Sie steht dem ersten südlichen Fenster des Chors von Sankt Dionys in Esslingen besonders nahe (Rüdiger Becksmann). Sowohl im schwäbischen als auch im bernischen Zyklus werden die Körper der Figuren von Gewändern umgeben, die sie in ihrer Existenz als dreidimensionale Gebilde nur noch andeuten. Die Faltenwürfe sind durch abstehende, tiefe Schüsselfalten und elegant geführte Saumlinien gekennzeichnet. Die Farbigkeit knüpft an das Fenster mit der Darbringung im Tempel von Sankt Georg in Schlettstadt an (Abb. 71), wo die Kombination von Grün und Purpur gleichberechtigt neben Rot, Gelb und Blau steht. Die Glasmalereien der Zisterzienserkirche von Kappel stellen das nächste grosse Ensemble im südlichen Teil der beschriebenen «Kunstlandschaft» dar (Abb. 51, 67), zu der im Mittelalter auch die Gebiete des Kantons Aargau gehörten. Es handelt sich um einen Restbestand, der sich auf den nördlichen Obergaden des Langhauses beschränkt. Die Kappeler Glasmalereien, deren genaue Entstehungszeit ebenso wenig bekannt ist wie der Ort, an dem sie gearbeitet wurden, müssen aus einer Region stammen, deren künstlerische Produktion von den Städten Zürich und Konstanz beherrscht wurde (Cordula M. Kessler). Stilistische Gründe sprechen eindeutig für diese Annahme, und sie legen auch eine Entstehung um 1300 nahe. Im Kappeler Zyklus spielen die ornamentalen Scheiben eine wichtige Rolle. Nur wenige Jahre später wurde die ottonische Mauritiusrotunde am Kreuzgang des Konstanzer Münsters mit neuen Glasmalereien ausgestattet,

Abb. 72: Colmar, ehemalige Dominikanerkirche, Chor, Fenster 1, Apostel Philippus, um 1290.

Abb. 73: Münchenbuchsee, ehemalige Johanniterkirche Sankt Johann, Chor, Fenster s II, Cuno von Buchsee, Petrus, Maria Magdalena, heilige Königin, um 1290.

die aus den Jahren 1318/20 stammen (Abb. 75). Seit dem frühen 19. Jahrhundert befinden sie sich im Münster zu Freiburg im Breisgau. Aus dem Umkreis dieser Werkgruppen dürften die Glasmaler gekommen sein, die für die neu gegründete Abteikirche von Königsfelden arbeiteten und dort zuerst das Langhaus mit einer ornamentalen Verglasung versahen. Ihr Werk strahlte in die nähere Umgebung aus, denn es beeinflusste die um 1320/30 geschaffenen Glasmalereien des Chors in der Deutschordenskirche von Köniz bei Bern (Abb. 72).

Seit etwa 1320 sind auch wieder Strassburger Glasmalereien überliefert. Für das elsässsische Münster wurde das Salomonfenster mit seinen eleganten Figuren unter riesigen Baldachinen geschaffen (Beyer/Wild-Block/Zschokke), danach folgte die Verglasung des südlichen Seitenschiffes (1325/1340) und der Katharinenkapelle (um 1340). Um 1325 wurde auch der neue Chor der Dominikanerkirche in Strassburg verglast, und gleichzeitig erhielten das Fassadenjoch der Kathedrale sowie der Chor von Sankt Wilhelm neue Glasmalereien (in Sankt Wilhelm befinden sich diese heute in der Westfassade, Abb. 53). In diese Zeit gehört auch das figürliche Achsfenster der Franziskanerkirche in Esslingen (Hans Wentzel). Darin tritt erstmals ansatzweise die Wiedergabe der dritten Dimension, die Perspektive, in den Glasmalereien nördlich der Alpen auf, die in Italien von Cavallini, dem Isaaksmeister in Assisi und Giotto um 1280 entwickelt worden war.

1329/30 entstehen die ältesten figürlichen Glasmalereien im Chor der Abteikirche von Königsfelden (Farbabb. 1–18). Dieses Ensemble übernimmt die gleichzeitigen Neuerungen aus dem Elsass Schritt für Schritt bis zur Vollendung der Chorverglasung, die um 1340 anzusetzen ist. In Strassburg setzt sich die Blüte der Glasmalerei auch nach der Mitte des 14. Jahrhunderts fort. Um 1340/50 erhält der Chor der Pfarrkirche von Rosenweiler (Rosenwiller, Bas-Rhin, Abb. 76) eine Verglasung, die von einer Strassburger Werkstatt geschaffen wurde und die eindeutig in einer stilistischen Beziehung zu den jüngsten Glasmalereien im Chor von Königsfelden steht (Christiane Block). Auch das um 1360 entstandene, umfangreiche Ensemble im Langhaus der Florentius-Kirche von Niederhaslach übernimmt

Abb. 74: Münchenbuchsee, ehemalige Johanniterkirche Sankt Johann, Chor, Fenster I, Geisselung Christi, um 1300.

das Ende des Jahrhunderts mit der Chorverglasung des Ulmer Münsters ein (Hartmut Scholz). In Strassburg selbst sind aus dieser Zeit nur Fragmente von sehr expressiven Glasmalereien aus Alt-Sankt-Peter erhalten (heute Frauenhausmuseum/Musée de l'Œuvre Notre-Dame, Abb. 101); sie werden um 1398 datiert. Diese Glasmalereien hat man bisher immer mit der grossartigen Kreuzigungstafel im Unterlinden-Museum zu Colmar zusammengebracht (Abb. 102). Jüngst aber hat Robert Suckale dieses Gemälde überzeugend um 1410/20 datiert. Daraus folgt, dass auch das Zofinger Passionsfenster neu eingeordnet werden muss (Farbabb. 75), da Ellen Beer dieses in den Umkreis der Glasmalereien von Alt-Sankt-Peter in Strassburg und der Colmarer Kreuzigung gerückt hat. Die Autorin liess die Datierung des Fragmentes aus Suhr offen (Farbabb. 99), doch dürfte es aufgrund der allgemeinen Entwicklung sicher älter sein als das Zofinger Passionsfenster.

Die Glasmalereien der Kirche auf dem Staufberg (Farbabb. 81–95) hat Ellen Beer in den Strahlungskreis der so genannten Werkstatt des Frankfurter Paradiesgärtleins (Frankfurt, Städel) eingeordnet (Abb. 77). Bis heute ist umstritten, wo deren Malereien entstanden. Die Werkstatt, in der das namengebende Bild geschaffen wurde, darf man am ehesten in Strassburg vermuten. Offen bleibt dagegen, wo der ebenfalls in diesem Zusammenhang stehende Tennen-

Elemente der Glasmalereien von Königsfelden (Gatouillat/Hérold). Aus der im 19. Jahrhundert zerstörten Dominikanerkirche von Strassburg sind Fragmente von Scheiben erhalten, die um 1350 entstanden sind (Abb. 100). Diese Glasmalereien müssen die Künstler gekannt haben, die zwischen 1358 und 1364 die Seitenschifffenster der Abteikirche von Königsfelden verglasten (Farbabb. 66, 67).

Das Elsass, Süddeutschland und die Schweiz sind heute arm an Glasmalereien aus der zweiten Hälfte des 14. Jahrhunderts (Ellen Beer). Eine Strassburger Werkstatt schuf um 1370 die Scheiben im Achsfenster der Magdalenenkirche in Tiefenbronn (Baden-Württemberg; Rüdiger Becksmann), danach setzt die Überlieferung erst wieder gegen

Abb. 75: Freiburg, Münster, Fenster Lhs. s XXI, ehemals Konstanz, Mauritiusrotunde, Ulrich von Klingenberg, um 1318.

bacher Altar entstanden ist, dessen bemalte Flügel heute zwischen dem Freiburger Augustinermuseum und der Karlsruher Kunsthalle aufgeteilt sind (Abb. 55). Einig ist sich die Forschung, dass dieses Werk zwar dem Stil des Paradiesgärtlein-Meisters nahe steht, aber sicher nicht vom Hauptmeister dieser Gruppe selbst stammt. Für die einen ist der Maler des Tennenbacher Altars ein jüngerer Meister (so die These von Philippe Lorentz), für die anderen gehört er als Künstler derselben Generation an wie der Meister des Frankfurter Paradiesgärtleins (Daniel Hess). Hat er im südlichen Elsass, in Basel oder in Freiburg im Breisgau gearbeitet? Wir wissen es nicht, aber sicher hat er zusammen mit den Stichen des so genannten Meisters der Spielkarten den «Paradiesgärtlein»-Stil in den Regionen der deutschsprachigen Schweiz verbreitet. Parallel zur Kunst von Konrad Witz übten die Werke dieses anonymen Meisters bis über die Mitte des 15. Jahrhunderts hinaus die wohl grösste Wirkung auf die verschiedenen Gattungen der Malerei aus. Das kann man beispielsweise anhand der Chorverglasung des Berner Münsters nachweisen, die um 1450/55 geschaffen wurde (Brigitte Kurmann-Schwarz).

Die jüngeren Studien zu den Gemälden aus dem Umkreis des Meisters des Frankfurter Paradiesgärtleins fordern die Glasmalereiforschung auf, die bisher vorgeschlagene Chronologie in Bezug auf die einschlägige Werkgruppe neu zu überdenken. Es ist kaum möglich, die Glasmalereien der Kirche auf dem Staufberg weiterhin um 1420 zu datieren, wenn die Werke, die nach einhelliger Meinung der Kunsthistoriker deren künstlerische Voraussetzung bilden, frühestens ab 1420 entstanden sein können (Robert Suckale; Daniel Hess). Vor allem der bereits erwähnte Tennenbacher Altar dürfte wohl kaum vor 1430 vollendet gewesen sein (Abb. 55). Dementsprechend sind auch die stilistisch davon abhängigen Glasmalereien auf dem Staufberg mit Sicherheit erst danach entstanden. Die späte Entstehungszeit der Staufberger Glasmalereien erklärt dann auch die durch den Zeitstil bedingte Ähnlichkeit zur Wülflinger-Scheibe in Wettingen, die Peter Hoegger überzeugend um 1435 datierte (Abb. 43).

Wie dieser Überblick gezeigt hat, haben wir anhand des erhaltenen Bestandes von der Kunst, die in Strassburg

Abb. 76: Rosenweiler (Rosenwiller, Bas-Rhin), Pfarrkirche, Fenster 1, Taufe Christi, um 1350.

und Konstanz hergestellt wurde, das deutlichste Bild. Das dritte grosse Kunstzentrum der oberrheinischen Regionen, nämlich Basel, tritt dagegen bis zur Zeit des Konrad Witz völlig in den Hintergrund. Die riesigen Verluste, welche die religiöse Kunst in Basel anlässlich des Bildersturms von 1529 erlitten hat, verfälschen die Vorstellung von der Bedeutung der Stadt am Rheinknie als Kunstzentrum vollständig. So gibt es nur geringe Fragmente von Basler Glasmalereien des 13. und 14. Jahrhunderts. Weil in diesen Jahrhunderten in Basel sehr viel gebaut wurde, müssen dort mehrere Glasmaler-Ateliers über eine längere Zeit hinweg gearbeitet haben (Brigitte Kurmann-Schwarz). Aus dem 15. Jahrhundert gibt es in Basel nur wenige Bruchstücke von Glasmalereien. Auch diese tragen kaum zu unseren Kenntnissen über die Basler Werke dieser Kunstgattung bei. Wie wichtig aber die Glasmalerei in der Stadt am Rheinknie gerade im 15. Jahrhundert gewesen sein muss, zeigt sich daran, dass mit grosser Wahrscheinlichkeit mehrere Basler Künstler an der Verglasung des Berner Münsterchores gearbeitet haben (Brigitte Kurmann-Schwarz). Auch die Scheiben der Stadtkirche von Biel (1457) entstanden aus stilistischen und historischen Gründen am ehesten in Basel.

Abb. 77: Frankfurt, Städel, anonymer oberrheinischer Meister, Paradiesgärtlein, um 1420.

Diese Werke werden aber im Zusammenhang mit den aargauischen Glasmalereien nicht mehr berücksichtigt, denn deren Überlieferung bricht leider bereits um 1440 ab. Die Frage nach der Bedeutung Basels als Kunstzentrum für die Gebiete, die 1803 zum Kanton Aargau zusammengefasst wurden, wird uns jedoch in den folgenden Ausführungen noch wiederholt beschäftigen.

Die künstlerische Einordnung der erhaltenen Glasmalereien im Kanton Aargau

Wie schon mehrfach betont wurde, lassen sich Lokalisierung und Datierung der aargauischen Glasmalereien des Mittelalters durch keine schriftlichen Quellen stützen. Dennoch ist es unumgänglich, den historischen und künstlerischen Kontext zu kennen, in dem die Werke entstanden sind. Um dieses Dilemma aufzulösen, bedient sich der Kunsthistoriker der klassischen Methode seiner Disziplin, der Stilgeschichte. Man kann sie auch vergleichende Analyse nennen, denn ihre Hauptaufgabe besteht darin, Vergleiche mit anderen Werken anzustellen. Da seit der Mitte des 14. Jahrhunderts Malerei und Glasmalerei immer enger miteinander übereinstimmen, kann man in der Epoche der Spätgotik Überlieferungslücken der Glasmalerei mit Hilfe von Wand- oder Tafelmalereien überbrücken.

Wettingen und die frühgotische Glasmalerei im südlichen Elsass und in der Schweiz

Die Masswerkverglasung im Wettinger Kreuzgang gehört zu einer Gruppe von Glasmalereien im Elsass und in der Schweiz, die im letzten Viertel des 13. Jahrhunderts von verschiedenen Werkstätten geschaffen wurde. Ihre Vorliebe für die Kombination von Blau, Rot, Gelb und Weiss bestimmt auch die Farbigkeit der Wettinger Scheiben. Diese stehen stilistisch den um 1290 entstandenen Glasmalereien der Johanniterkirche von Münchenbuchsee am nächsten, obwohl letztere durch die Beigabe von Grün und Purpur einen grösseren Farbreichtum aufweisen (Abb. 73). Sowohl die Komposition des Gewandes als auch die Kopftypen der Figuren in den Wettinger Scheiben stimmen mit denjenigen in Münchenbuchsee überein. Die Marienbüste nimmt die Gestaltung des Hauptes von Maria Magdalena in Fenster s II der Münchenbuchseer Kirche vorweg (Abb. 56). Die Vera Icon des Wettinger Kreuzgangs könnte den beiden Münchenbuchseer Täuferfiguren in den Baldachinen über der unteren Figurenreihe von Chorfenster s II als Vorbild gedient haben (Abb. 57). Die Motive der ornamentalen Scheiben im Kreuzgang von Wettingen weisen Elemente auf, die man auch in der Ornamentverglasung des Chors von Niederhaslach findet. So vor allem die länglichen, gefiederten Blätter (N III, N IX, N X, N XI, N XII), die an Beifuss erinnern (Abb. 50). Altertümlicher wirkt dagegen ein herzförmiges Ornament mit einbeschriebener Lilie, das in Nord II, 1AB und 1 CD vorkommt (Abb. 49). Dieses Motiv ist in der Glasmalerei des 12. und 13. Jahrhunderts geläufig. Vergleichbare Formen sind beispielsweise in den Ornamenten der nördlichen Seitenschiff-Verglasung des Strassburger Münsters (1250/75) zu sehen (Beyer/Wild-Block/Zschokke). Die von Ellen Beer und Peter Hoegger aufgrund der Architekturformen festgelegte Datierung der Glasmalereien im Kreuzgang von Wettingen um 1285 bestätigen kunsthistorische Vergleiche mit Glasmalereien im Elsass und in der Schweiz voll und ganz. Wo sich die Werkstatt befand, welche die Wettinger Scheiben hergestellt hat, lässt sich nicht mehr mit Sicherheit sagen. Peter Hoegger verwies auf architektonische Beziehungen zwischen Wettingen und Basel. Es darf daher vermutet werden, dass die Zisterzienser von

Wettingen mit der Herstellung der Kreuzgangsverglasung ein Atelier aus Basel beauftragten.

Die Ornamentverglasungen der Bettelorden

1311/12 wurde der Bau der Kirche von Königsfelden begonnen. Die ältesten Teile sind die Umfassungsmauern des Langhauses unterhalb der Seitenschifffenster und die Eingangszone der Westfassade mit den drei Portalen. Die Langhauswände dienten gleichzeitig als Abschlusswände der an die Kirche grenzenden Kreuzgangsflügel des Männer- und Frauenklosters. Schon Emil Maurer hat zu Recht vermutet, dass die Kreuzgänge des Doppelklosters ebenso wie der rund 40 Jahre ältere Wettinger Nordflügel verglast waren. Drei Scheibenfragmente, die sich stilistisch vom grössten Teil der erhaltenen Ornamentscheiben in Königsfelden unterscheiden, sind wohl zu Beginn des zweiten Jahrzehnts des 14. Jahrhunderts entstanden. Sie kamen zu einem unbestimmten Zeitpunkt als Lückenbüsser in die Chorverglasung und wurden 1900 in die Fenster n XI, 1b und in n X–II, 1a und 2a eingesetzt (sie entsprechen den Mustern, die von Emil Maurer mit A–C bezeichnet wurden; Farbabb. 71, Abb. 47, 48). Ihre Komposition wird von Vierpässen beherrscht, die auf weisses Glas gemalt und mit naturalistischem Blattwerk gefüllt oder durch Ranken verbunden sind. Die Glasmaler arbeiteten die Blätter nicht aus einem schwarzen Überzug heraus, sondern hinterlegten sie mit Kreuzschraffuren. Letztere sind für die Bemalung von Grisaillen des 13. Jahrhunderts in Frankreich und dessen Einflussbereich typisch (Helen Zakin; Meredith P. Lillich). Die farbigen Ornamentscheiben des deutschsprachigen Raumes mit ihren architektonischen Masswerkformen gehen jedoch schon am Ende des 13. Jahrhunderts dazu über, das Blattwerk durch einen schwarzen Überzug zu hinterlegen (Erfurt, Predigerkirche, um 1280, Drachenberg/Maercker/Schmidt; Oppenheim, Sankt Katharinen, Ende 13. Jahrhundert; Himmelslicht). Der Brauch, den Hintergrund des naturalistischen Blattwerks zu schraffieren, verschwindet jedoch nicht sofort. Man findet vergleichbare Scheiben noch bis ins zweite Jahrzehnt des 14. Jahrhunderts. Diese hatten sich möglicherweise unter französischem Einfluss vor allem im Rheinland verbreitet (Altenberg, Zisterzienserkirche, 2. Hälfte 13. Jahrhundert; Oppenheim, St. Katharinen, Ende 13. Jahrhundert, Himmelslicht; Strassburg, heute im Protestantischen Seminar, Ende 13. Jahrhundert, Gatouillat/Hérold). Das Beispiel von Sankt Katharinen in Oppenheim zeigt, wie sehr sich der Oberrhein an einer Nahtstelle zwischen deutscher Tradition und französischen Neuerungen befand.

Die kunstgeschichtliche Einordnung der genannten frühen Scheiben in Königsfelden, von denen eine das Ungarnkreuz trägt (Farbabb. 71) und daher das frühe Engagement von Königin Agnes für das junge Kloster belegt, lässt sich kaum mehr präzisieren. Diese Glasmalereien enthalten

Abb. 78: Königsfelden, ehemaliges Kloster, Kirche, Chor, Fenster s IV, Zustand der Zeilen 8–11 vor 1896, neben dem Baldachin aus dem Langhausfenster, ehemals über dem Bild von König Andreas III. (10b), einzige originale Fragmente von Muster A.

Abb. 79: Königsfelden, ehemaliges Kloster,
Kirche, Langhaus, Fenster n IX, 2a,
Fragmentfeld aus Bruchstücken
der Ornamentscheiben mit schraffiertem Grund.

Abb. 80: Königsfelden, ehemaliges
Kloster, Kirche, Langhaus, w I, 4a,
Ornamentscheibe (Muster L),
um 1314/16.

nur noch sehr wenige originale Teile, denn die Bordüren stellen eine reine Erfindung des Restaurators Richard A. Nüscheler dar. Die Komposition der inneren Scheibenfläche rekonstruierte er jedoch aufgrund der vorhandenen originalen Elemente (Abb. 78). Genau übereinstimmende Ornamentmuster aus der Zeit um 1300 konnten an keiner anderen Stelle nachgewiesen werden, doch belegen annähernd vergleichbare Felder in Strassburg und Oppenheim, dass wohl Glasmaler vom Oberrhein diese ältesten Scheiben ausführten. Die drei Felder enthalten sehr viel weisses Glas und sind damit den französischen Grisaillen enger verbunden als die nur wenige Jahre jüngeren Ornamentscheiben des Langhauses, deren ursprünglicher Standort sich im Obergaden und in den drei Fenstern der Westfassade befand (Farbabb. 72–74, Abb. 65).

Das Blattwerk dieser jüngeren Gruppe hebt sich von einem schwarzen Überzug ab, mit dem der Grund der weissen Gläser bemalt ist. Neben den farblosen Blättern beschränkt sich die Palette auf die Farben Rot, Gelb und Blau. Seltener findet man auch ein zurückhaltendes Olivgrün. Von den Scheiben des Obergadens und den drei Fenstern in der Westfassade haben sich 54 Felder erhalten, die im Laufe der Zeit ebenfalls in die Chorverglasung eingeflickt wurden (Abb. 46, 78), um dort zerstörte Teile zu ersetzen. Ursprünglich waren der Obergaden des Langhauses und die Westfenster mit 105 Rechteckscheiben verschlossen, dazu kamen noch die verlorenen Kopfscheiben und die Masswerkverglasung. Aus den Fragmenten der zerstörten Kreuzgangsfenster und der verlorenen Ornamentscheiben des Langhauses, die zerlegt und im Laufe der Jahrhunderte zum Ergänzen der Chorverglasung verwendet wurden, konnte Richard A. Nüscheler 1900 drei Fragmentscheiben zusammensetzen (heute in sw II und n IX, 2a/b, Abb. 79). Sie sind heute planlos neben erhaltenen Ornamentfeldern und modernen Scheiben in diversen Seitenschiff- und Westfassadenfenstern eingesetzt.

Die künstlerische Einordnung der Ornamentverglasung aus dem Langhaus und die Frage nach der Herkunft der Werkstatt, der wir sie verdanken, sind schwer zu lösen, da es keine genau übereinstimmende Scheiben an anderen Standorten gibt. Es scheint, als habe diese Werkstatt alte Motive sehr frei zu neuen Rapporten zusammengesetzt. So weist das Muster N in Königsfelden (Farbabb. 73) dieselben Ornamentformen wie das Klingenbergfenster aus der Mauritiusrotunde in Konstanz auf, dessen erhaltene Teile heute in Fenster s XXI des Freiburger Münsters eingesetzt sind (Abb. 75). Da man vergleichbare Ornamente auch in der Obergadenverglasung des Langhauses von Kappel am Albis findet (Abb. 51, 80), lassen sich die Glasmaler am ehesten mit den Städten Zürich und Konstanz in Verbindung bringen. Man weiss jedoch, dass sich solche Ornamente durch Musterbücher leicht verbreiten, sodass ihre Übereinstimmung an mehreren Orten keinen sicheren Hinweis auf die Herkunft der Werkstatt vermittelt. Es muss letztlich offen bleiben, woher die Glasmaler kamen, die das Langhaus der Klosterkirche Königsfelden verglasten.

Die bisherige Forschung datierte diese Glasmalereien in die Jahre um 1330. Die dendrochronologische Analyse der Hölzer am Bau ergab jedoch, dass schon 1314 das Dach dem Hochschiff aufgesetzt wurde. Ausserdem überliefern die Quellen, dass der Leichnam von Königin Elisabeth 1316 in Königsfelden beigesetzt und spätestens 1318 die Nonnenempore im Westteil des Langhauses errichtet wurde (Aarau, Staatsarchiv, UK 59b). So ist es undenkbar, dass der Bau bis 1330 unverglast blieb. Kurz nachdem man 1314 das Dach errichtet hatte, müssen die Scheiben in die Fenster eingesetzt worden sein. Spätestens als die Königin beigesetzt wurde und die Nonnen ihren Psallierchor erhalten hatten, d. h. 1316/18, war die Verglasung vollendet. Dieses Datum stimmt sehr genau mit demjenigen überein, das Rüdiger Becksmann für das Klingenbergfenster aus der Mauritiusrotunde in Konstanz vorschlägt, nämlich «um 1318» (Abb. 75). Es ist wohl kein Zufall, dass ausgerechnet das Klingenbergfenster ein Muster enthält, dessen Motive auch in Ornament N von Königsfelden wiederkehren (Farbabb. 73). Für eine frühe Entstehungszeit der Langhausverglasung sprechen auch die Farben, deren dominierende Töne Rot, Gelb und Blau an die Glasmalereien des späten 13. Jahrhundert anknüpfen.

Der Christuszyklus in Königsfelden und der Stil um 1300

Die bisher betrachteten figürlichen Glasmalereien gehörten alle dem letzten Viertel des 13. Jahrhunderts an. Ihre Schöpfer verfügten zwar bereits über hochgotische Vorlagen französischer Prägung, aber sie rangen noch um die

Abb. 81: Strassburg, Musée de l'Œuvre Notre-Dame, Fenster aus der ehemaligen Pfarrkirche von Mutzig, um 1310.

Abb. 82: Königsfelden, ehemaliges Kloster, Kirche, Chor, Jugend-Christi-Fenster (n II, 7c), Simeon mit dem Christkind aus der Darbringung im Tempel.

Abb. 83: Königsfelden, ehemaliges Kloster, Kirche, Chor, Jugend-Christi-Fenster (n II, 7c), Simeon mit dem Christkind aus der Darbringung im Tempel, Detail.

ausgereifte Form, welche die Vorbilder längst besassen. Im Nordwesten des Reiches, in Köln, hatte sich dieser aus Frankreich stammende künstlerische Ausdruck in der Glasmalerei schon früh, nämlich um 1280, durchgesetzt (Kölner Dom, Chorobergaden; Köln, Dominikanerkirche, Chor, beide um oder kurz nach 1280; Brinkmann/Lauer). Am Oberrhein und in Süddeutschland wuchs erst ganz am Ende des 13. Jahrhunderts eine Generation von Künstlern heran, die wie die Kölner den eleganten hochgotischen Stil Frankreichs vollumfänglich beherrschten. Die Bilder zweier oberrheinischer Cimelien der Buchkunst, nämlich der Manessischen Liederhandschrift (1300/10) und der Sankt Galler Weltchronik (um 1300), spiegeln im schweizerischen Bereich der oberrheinischen «Kunstlandschaft» diese neue Entwicklung sehr gut wider (Ellen Beer). Das Mutziger Fenster (heute Strassburg, Frauenhausmuseum/Musée de l'Œuvre Notre-Dame) darf als die Inkunabel des neuen, an Frankreich orientierten hochgotischen Stils in der oberrheinischen Glasmalerei betrachtet werden (Abb. 81; Hans Wentzel). Die mächtigen Fialenriesen, welche die Tabernakelarchitekturen krönen, erinnern noch an die gemalten Architekturrahmen der Glasmalereien aus dem ausgehenden 13. Jahrhundert (Abb. 73). Die gemauert wiedergegebenen Stützen der Gehäuse und die Wimperge über den genasten Spitzbogen weisen jedoch bereits auf die Formen der gemalten Architekturen in der Glasmalerei des zweiten und dritten Jahrzehnts des 14. Jahrhunderts hin (Abb. 66). Auch die regelmässigen Rautengründe und der Wechsel dieser teppichartigen Flächen von Rot zu Blau werden in den folgenden Jahrzehnten zum unabdingbaren Bestandteil der figürlichen Glasmalerei unserer Gegenden. Wichtig jedoch ist vor allem der Figurenstil, der nun die Formen der hoch-

Abb. 84: Königsfelden, ehemaliges
Kloster, Kirche, Chor, Jugend-Christi-Fenster
(n II, 9c), Taufe Christi, Engel.

Abb. 85: Königsfelden, ehemaliges Kloster,
Kirche, Chor, Jugend-Christi-Fenster (n II, 9c),
Taufe Christi, Engel, Detail.

gotischen Kunst Frankreichs vollkommen absorbiert hat. Alles Eckige und Steife ist aus den Gestalten gewichen. Der Faltenwurf ihrer Gewänder folgt dem eleganten Körperschwung und der zierlichen Gestik. Häufig wird er von tiefen dreieckigen Schüsselfalten bestimmt.

Die Glasmaler der Werkstatt, die in den Jahren 1329/30 die drei christologischen Fenster des Chorschlusses von Königsfelden geschaffen hatten, standen längst nicht mehr am Anfang dieser neuen künstlerischen Entwicklung (Farbabb. 1–18). Unter ihren Händen erblühte jedoch der französische Stil aus der Zeit um 1300 zu einer neuen und eigenen monumentalen Ausdrucksform. Das Kindliche des Mutziger Fensters ist einem feierlichen Ernst gewichen (Abb. 81). Die architektonische Komposition und die warme, von Rot, Blau und Gelb bestimmte Farbigkeit der drei Chorschlussfenster tragen das Ihre zur feierlichen Stimmung dieser Werke bei. Die Bildmedaillons des Mittelfensters sind in eine weisse Wand aus Masswerk eingefügt (Farbabb. 1–6), während in den beiden seitlichen Apsisfenstern jede Bildzeile drei Arkaden umfasst, die mit Wimpergen und Fialen gekrönt sind (Farbabb. 7–18). Das warme Gelb dieser Architekturen verbindet sich mit dem Weiss des Masswerks im Mittelfenster zu einem hellen Akzent, der einen starken Kontrast zum tiefen Blau und zum leuchtenden Rot der Hintergründe bildet. Eine lebhaft bunte Palette hebt die Figuren aus diesen gesättigten und lichten Tönen heraus. Zu Rot, Gelb und Weiss gesellt sich Grün, Purpur und Violett, seltener auch Hellblau. Neben den Architekturformen erweisen sich die Figuren als die wichtigsten Träger des hochgotischen Stils französischer Prägung.

Anhand dreier Figurentypen, demjenigen eines alten Mannes, eines Jünglings und einer Frau, soll die Auffassung der menschlichen Gestalt in der Glasmalerei von Königsfelden näher betrachtet werden. Der Priester Simeon in der Darbringung im Tempel (n II, 7c, Abb. 82) vertritt den für die drei Chorschlussfenster charakteristischen Typus des alten Mannes mit langem Bart. Die schlanke, durch das Gewicht des Kindes leicht gebeugte Gestalt umfliessen weite, grossfaltige Gewänder. Die Haltung des Priesters und die schwingende Draperie von Alba und Tunika deuten eine leichte Rechtsdrehung der Figur an. Arme und Hände verhüllt der Priester aus Ehrfurcht vor Christus mit dem Gebetsschal, der vom Haupt in weichen Falten herabfällt und dessen Enden zwei Zipfel mit vielfach sich schlängelnden Säumen bilden. Der alte Mann blickt aus grossen, mandelförmigen Augen auf das Kind. Zwischen ihnen ist die Nase an der Wurzel leicht geknickt. In weichen Wellen umspielt das Barthaar den geraden Mund Simeons und bildet zwei Hauptsträhnen (Abb. 83), die symmetrisch onduliert sind. Die locker in einer leichten Schwingung niederfallenden Gewänder und das gepflegt gewellte Haar sind für die französische Kunst seit der Mitte des 13. Jahrhunderts charakteristisch, aber diese Darstellung einer modisch betonten Eleganz erreicht in den Engeln aus dem Dominikanerinnen-Priorat Saint-Louis in Poissy (westlich von Paris, um 1300/10; Alain Erlande-Brandenburg; L'art au temps des rois maudits) oder in den Figuren der Kollegiatskirche von Ecouis in der Normandie (um 1311/13; Dorothy Gillerman) ihren absoluten Höhepunkt.

Auch der jünglingshafte Engel, der in der Taufe Christi zu Königsfelden das Gewand des Täuflings trägt (n II, 9c, Abb. 84), erinnert unmittelbar an nordfranzösische Skulpturen aus der Zeit der Hochgotik. Er stellt seine prachtvollen Flügel in eleganten Kurven senkrecht über sein Haupt, so wie dies die beiden hölzernen Engel im Museum von Arras aus dem letzten Drittel des 13. Jahrhunderts auch tun (L'art au temps des rois maudits). Wie bei diesen umkreist die kinnlange Lockenpracht das Gesicht des Königsfelder Engels (Abb. 85). In einer flach ansteigenden Kurve wölben sich die Brauen über den schmalen Augen, die von tropfenförmigen Pupillen bestimmt sind. Die kurze gerade Nase geht ohne Unterbrechung in die Braue über dem rechten Auge über. Der breite Mund wird durch einen an beiden Enden verdickten geraden Strich wiedergegeben, die Oberlippe deutet lediglich ein dünner Konturstrich an. Mit mehreren groben Strichen gibt der Glasmaler ausserdem das Grübchen unter den Lippen wieder. Spuren von Halbtonschattierung finden sich links und rechts von der Nase und um den Mund. Wie das Haupt des Simeon wirkt auch dasjenige des jugendlichen Engels aufs Äusserste stilisiert und strahlt zugleich eine grosse Vornehmheit aus. Die Proportionen der Gestalt sind von geradezu klassischer Ausgewogenheit, und den Körper umspielt das Gewand in lockerem Schwung.

Und nun zur Wiedergabe des weiblichen Ideals. Das Haupt aller Frauengestalten ist in den Apsisfenstern von Königsfelden mit einem Schleier bedeckt, manchmal tragen sie wie Klosterfrauen Wimpel und Weihel, so die Begleiterinnen Marias in der Darbringung im Tempel (n II, 7a Farbabb. 10) oder Maria Magdalena in der Beweinung Christi (I, 7b, Farbabb. 4) und in der Szene der Begegnung Christi am Ostermorgen (s II, 3c, Farbabb. 14). Wie die männlichen Figuren

Abb. 86: Strassburg, Münster, Laurentiuskapelle, Fenster A, 3b, ehemals Dominikanerkirche, Chor, Passionsfenster, Frauen am Grabe, um 1325.

Abb. 87: Strassburg, Sankt Thomas,
Medaillonfenster (5), thronende Maria,
um 1310.

Abb. 88: Königsfelden, ehemaliges Kloster,
Kirche, Chor, Kindheit-Christi-Fenster
(n II, 5c), Maria aus der Anbetung, um 1330.

erscheinen auch die Frauen alterslos, jugendlich. Exemplarisch zeigt dies Maria in der Szene der Darbringung (n II, 7b, Farbabb. 10, Abb. 89). Die Gottesmutter macht einen Schritt in Richtung Simeons, der das Kind hält. Diese Bewegung unterstreicht Maria durch die Neigung des Kopfs, die lebhaften Gesten und die Drapierung von Gewand und Mantel. Die Hauptlinien des Faltenwurfes schwingen parallel zum vorgestellten rechten Bein und bilden auf der Höhe der Hüften eine grosse dreieckige Schüsselfalte, die durch das über den rechten Arm gezogene Mantelende hervorgerufen wird. Der linke Teil des Mantels fällt senkrecht zu Boden, sodass sich das rote Futter nach aussen kehrt. Dadurch wird deutlich, dass der Körper Marias von zwei Stoffschichten umhüllt wird, nämlich von einem grünen Gewand und einem purpurnen Mantel. Die ausgewogenen Proportionen, der Fluss des Gewandes und die Bewegung der Figur vereinen sich zu höchster Eleganz und Harmonie. Diese Eigenschaften kristallisieren sich im schildförmigen Gesicht Marias: Unter der hohen Stirn und der breiten Augenpartie sitzen eine zarte Nase und ein kleiner Mund. Auch dieses weibliche Figurenideal geht auf Vorbilder in der französischen Kunst des späten 13. Jahrhunderts zurück.

Auf einer aktuelleren Stufe französischen Kunstschaffens fusst in den Apsisfenstern von Königsfelden die Darstellung räumlicher Elemente. Das zeigen die Krippe und der Thronbaldachin Josephs in der Geburt Christi (n II, 3b/c, Farbabb. 8), der Podest unter dem Thron Marias in der Anbetung der Könige (n II, 5a–c, Farbabb. 9), der Altarblock in der Darbringung im Tempel (n II, 7c, Farbabb. 10), der Sarkophag in der Grablegung (I, 9b, Farbabb. 5) und das Grab Christi der Auferstehungsszene (s II, 1a–c, Farbabb. 13). In der Pariser Buchmalerei tritt um 1325 auf einen Schlag die

Abb. 89: Königsfelden, ehemaliges Kloster,
Kirche, Chor, Kindheit-Christi-Fenster (n II, 7b),
Darbringung Christi im Tempel, Maria.

Abb. 90: Heiligkreuztal, ehemaliges
Zisterzienserinnenkloster, Chor,
Ostfenster, Maria (1/2b), nach 1320.

Perspektive zum ersten Mal seit der Antike in der Kunst nördlich der Alpen auf. Das trifft in erster Linie für die Miniaturen zu, die Jean Pucelle im Stundenbuch der Jeanne d'Evreux geschaffen hat (New York, Cloisters, 1325/28; Michaela Krieger). Bereits vor 1330 war die perspektivische Darstellung räumlicher Elemente auch in Strassburg bekannt, wie das Passionsfenster der ehemaligen Dominikanerkirche (heute Srassburg, Münster, Laurentiuskapelle, Fenster A und B, Abb. 86) und die Glasmalereien von Sankt Wilhelm belegen (Abb. 53). Ebenfalls um 1325 führten die Glasmaler des Mittelfensters im Chor der Franziskanerkirche zu Esslingen perspektivische Elemente in ihre Kompositionen ein (Rüdiger Becksmann). Zusammen mit den Strassburger Ateliers und einer in Esslingen tätigen Werkstatt folgen also die Glasmaler der Fenster in Königsfelden dieser neuen Errungenschaft, die zweifellos über die französische Hauptstadt vermittelt wurde. In Sachen Figurenstil sind hingegen die Werke in Strassburg, Esslingen und Königsfelden voneinander sehr verschieden. Diese Vielfalt verdeutlicht den Aufschwung, den die Glasmalerei in den südwestlichen Gebieten des Reiches zwischen 1320 und 1330 nahm.

Für die figürlichen Darstellungen der Königsfelder Chorschlussfenster lassen sich weder am Oberrhein noch in ganz Süddeutschland direkte Voraussetzungen oder Parallelen aufzeigen. Einzig das Medaillonfenster im nördlichen Querhausarm von Sankt Thomas in Strassburg (um 1310/20) weist in manchem vergleichbare Züge auf (Abb. 87), wie die Gegenüberstellung der thronenden Maria aus Strassburg und derjenigen aus der Anbetung der Könige in Königsfelden zu belegen vermag (Abb. 88). Der Vergleich verharrt jedoch im Allgemeinen, und überdies sind die Strassburger Glasmalereien sehr schlecht erhalten. Die Details der Figuren, die Gestaltung ihrer Gesichter und des Faltenwurfes werden in Sankt Thomas durch die fortgeschrittene Korrosion und den Verlust der Malerei stark verunklärt. Die Aufnahmen, die von den Strassburger Glasmalereien während des 2. Weltkriegs gemacht wurden, lassen jedoch vermuten, dass ihre Malerei ursprünglich toniger und dichter war als diejenige in Königsfelden. Allerdings muss einschränkend betont werden, dass auch die Anbetungsmaria in der Aargauer Klosterkirche fast die gesamte Halbtonmalerei verloren hat. Ihre Binnenzeichnung reduziert sich sehr weit gehend auf wenige Konturen und den Verlauf des Bleinetzes.

Die ältere Forschung verwies vor allem auf stilistische Beziehungen zwischen Königsfelden und den Glasmalereien im grossen Ostfenster der Klosterkirche von Heiligkreuztal (Himmelslicht). Vergleiche mit dessen Glasmalereien, die nach 1320 möglicherweise in einer Konstanzer Werkstatt entstanden, lassen sich wiederum nur anhand alter Aufnahmen anstellen, denn auch die Heiligkreuztaler Scheiben sind inzwischen so stark verbräunt, dass ihre Transparenz auf ein Minimum reduziert ist. Auf den alten Aufnahmen unterscheidet sich aber die Art der Bemalung von der Binnenzeichnung der Figuren in Königsfelden, soweit diese erhalten ist. Zwar weisen gerade die weiblichen Figuren beider Glasmalereizyklen gewisse Übereinstimmungen auf, doch das Trennende überwiegt. Dies soll die Gegenüberstellung der Maria aus der Darbringung im Tempel zu Königsfelden (n II, 7b, Abb. 89) mit der durch Äbtissin Elisabeth von Stoffeln begleiteten Heiligkreuztaler Madonna (1/2b, Abb. 90) zeigen. Auf den ersten Blick fallen die völlig verschiedenen Proportionen der Figuren auf. Das Haupt der Heiligkreuztaler Madonna wirkt im Vergleich zur Länge ihres Körpers sehr klein. Die starke Horizontale, die sich aus dem schurzartig gerafften Mantel ergibt, bildet einen Kontrast zum vertikalen Fliessen der Stoffe in Königsfelden. Obwohl beide Figuren auf ein und denselben Typus zurückgehen, was schon die Ähnlichkeit der Gesichter nahelegt, könnten sie nicht verschiedener gestaltet sein.

Abb. 91: Königsfelden, ehemaliges Kloster, Kirche, Chor, Kindheit-Christi-Fenster (n II, 5a), Anbetung der Könige, jüngster König, Rekonstruktion der Halbtonmalerei von Fritz Dold.

Neben der ätherischen Figur aus Heiligkreuztal wirken die Gestalten der Scheiben im Chorschluss von Königsfelden skulptural verfestigt. Die kontrastreiche Oberfläche der plastisch wiedergegebenen Gesichter von Königsfelden kann durch die Rekonstruktion der Bemalung belegt werden, die Fritz Dold vom Haupt des jüngsten Königs in Fenster n II, 5a anfertigte (Abb. 91).

Die Vergleiche zwischen den Glasmalereien in Königsfelden und solchen des Elsass und Süddeutschlands zeigen, dass der Entwerfer des christologischen Zyklus der aargauischen Klosterkirche einen ausgeprägt eigenen Stil entwickelte, der sich der Zuordnung zu anderen erhaltenen Werken weit gehend entzieht. Trotz ihres ruinösen Zustandes – viele Einzelheiten ihrer künstlerischen Gestaltung sind unwiederbringlich verloren – stellen die Scheiben in Königsfelden eine herausragende Qualität unter Beweis. Wo könnten ihre Schöpfer tätig gewesen sein? Es wurde gezeigt, dass sich ihr künstlerischer Ausdruck sowohl von der Strassburger als auch von der Konstanzer Glasmalerei in der Zeit zwischen 1310 und 1330 unterscheidet. Rüdiger Becksmann vermutete wahrscheinlich zu Recht, dass die Chorfenster von Königsfelden in Basel entstanden sind. Wie jedoch bereits betont wurde, blieben dort keine Glasmalereien aus der ersten Hälfte des 14. Jahrhunderts erhalten.

Aber solche haben gewiss in grosser Zahl existiert, denn genau zu dieser Zeit, als man die Bautätigkeit in Basel besonders intensivierte, entstand eine lebhafte Nachfrage nach Glasmalereien. Nicht zuletzt die Franziskaner und die Klarissen liessen damals in Basel ihre Kirchen neu errichten. Möglicherweise waren es die internen Ordensbeziehungen, die bei der Vermittlung des grossen Auftrags für Königsfelden an ein Basler (?) Glasmaler-Atelier die Hauptrolle spielten.

Die Heiligenzyklen in Königsfelden und der Beginn der Spätgotik

Für die ältere Forschung galt die Chorverglasung von Königsfelden als ein stilistisch einheitliches Ensemble. Inzwischen haben Christiane Block und Gerhard Schmidt das Gegenteil nachgewiesen. In der Tat fallen beim näheren Betrachten nicht nur Brüche in der Komposition auf, sondern auch ein Wandel in der figürlichen Darstellung liegt auf der Hand. Wenden wir uns zunächst der Komposition zu. Das Johannes-Katharina-Fenster (n III, Farbabb. 19–24) übernahm die Aufteilung des Fensterspiegels vom Passionszyklus, indem über einem Dreiviertelmedaillon vier vollständige Bildfelder angeordnet sind. Diese sind jedoch nicht mehr als Teil einer zusammenhängenden Masswerkwand aufzufassen, vielmehr scheinen sie vor einem Rankenspalier mit Eichenblättern zu schweben (Jolanda Drexler). Vom Kompositionsmuster des Passionsfensters weicht die Öffnung III auf der Südseite noch deutlicher ab (Farbabb. 25–30). Im Gegensatz zum Achsfenster des Chores und zu den Glasmalereien in n III gliedert sich in s III der Spiegel in fünf volle Bildfelder, eine Einteilung, die von allen jüngeren Medaillonfenstern übernommen wurde (n/s V und VI; Farbabb. 39–62). In formaler Hinsicht bilden die Scheiben in n und s IV im Vergleich zu allen anderen eine Zäsur (Farbabb. 31–38). Ihre Figuren nehmen die Höhe von zwei Feldern ein und werden auf der Nordseite von ebenso hohen Baldachinen, auf der Südseite von architektonischen Bekrönungen überragt, die jeweils drei Scheiben umfassen.

Im Vergleich zu den Architekturrahmen der seitlichen Chorschlussfenster treten in den beiden Apostelzyklen Neuerungen auf. Die rein orthogonalen Architekturen von n und s II werden in n und s IV durch dreidimensionale Bauten ersetzt (Farbabb. 32, 34, 37). Die Mittel zur Darstellung der Räumlichkeit dieser Baldachine unterscheiden sich jedoch von den Gestaltungsmitteln der perspektivischen Elemente, die man in den Chorschlussfenstern beobachten kann. Die Glasmaler bedienen sich, worauf Rüdiger Becksmann als Erster hingewiesen hat, in den Apostelzyklen der orthogonalen Projektion, d. h. sie richten sich nicht nach einem oder mehreren Fluchtpunkten, welche die Verkürzung der seitlichen Teile der Körper oder Gegenstände bewerkstelligen, sondern Letztere werden nur in einer halben Ansicht dargestellt, weshalb sie der Betrachter als verkürzt wahrnimmt. Dieses Vorgehen lässt sich an den Baldachinbekrönungen der mittleren Fensterbahn in n IV beobachten (Farbabb. 32). Die nach rückwärts fluchtenden Teile der hexagonalen Turmbekrönungen (4/5b und 9/10b) sind nicht schräg wiedergegeben, sondern man sieht nur eine einzige Bahn des zweilanzettigen Fensters und lediglich den halben Kreis seines Masswerks. Obwohl diese Elemente eigentlich parallel zur Bildebene dargestellt sind, erwecken sie die Illusion des Fluchtens in die Tiefe. Die Glasmaler knüpfen damit an ein Vorgehen an, dessen sich die Architekten im Zeitalter der Gotik bei der zeichnerischen Wiedergabe von Aufrissen bedienten (Ernst Bacher; Rüdiger Becksmann; Peter Kurmann).

Die Darstellung perspektivischer Elemente war für fast alle Urheber der Glasmalereien in den Längsteilen des Chores von Königsfelden ein wichtiges Anliegen, das sie gegenüber den Apsisfenstern weiterentwickelten. Der Entwerfer des Johannes-Katharina-Fensters (Farbabb. 19–23) greift den räumlich wiedergegebenen, vor- und zurückspringenden Fries der Standflächen wieder auf, der bereits am Podium des Thronsitzes von Maria in der Anbetung der Könige (n II, 5c) beobachtet wurde. Ausserdem schmückt er die beiden Szenen aus dem Leben Johannes' des Täufers mit komplizierten dreidimensionalen Bauten. Es gelingt ihm jedoch nicht, eine einheitliche perspektivische Konstruktion durchzuhalten, wie etwa der Gefängnisturm in der Szene der Enthauptung des Johannes (n III, 5/6 b Farbabb. 21) zeigt. Übergangslos wechselt hier der Maler von der Auf- zur Untersicht. Orthogonale Projektion und perspektivische

Abb. 92: Königsfelden, ehemaliges Kloster, Kirche, Chor, Johannes-Katharina-Fenster (n III, 2a), Verkündigung an Zacharias, Engel Gabriel.

Abb. 93: Königsfelden, ehemaliges Kloster, Kirche, Chor, Kindheit-Christi-Fenster (n II, 9a), Taufe Christi, Johannes der Täufer.

Konstruktion werden von der Architekturrahmung des südlichen Apostelfensters (s IV) kombiniert (Farbabb. 37), was Rüdiger Becksmann als eines der Charakteristika der gotischen Schaurisse herausgestellt hat. Unter Schaurissen versteht man repräsentative Zeichnungen von Architekturprojekten, die zum Zwecke hergestellt wurden, den Auftraggebern eine Vorstellung vom geplanten Bauwerk zu vermitteln. Ein schönes Beispiel dafür bietet die farbige Kopie eines der Strassburger Risse, die heute im Germanischen Nationalmuseum zu Nürnberg aufbewahrt wird. Diese Kopie geht auf ein Original aus der Zeit um 1310 zurück. Während in Königsfelden die Baldachine des südlichen Apostelfensters nach den Regeln der orthogonalen Projektion geschaffen wurden, ruhen die Standflächen der Figuren auf perspektivisch wiedergegebenen Konsolen (Farbabb. 35,

36). Das zeigt das in dieser Zeit übliche Schwanken zwischen verschiedenen Darstellungsweisen zur Genüge.

Der Wandel in der figürlichen Darstellung gegenüber den Chorschlussfenstern lässt sich im Johannes-Katharina- und im Paulus-Maria-Fenster (n/s III) besonders gut aufzeigen. Eine Gegenüberstellung des Engels aus der Verkündigung an Zacharias (n III, 2a, Abb. 92) und Johannes' des Täufers aus der Taufe Christi (n II, 9a, Abb. 93) soll diese Beobachtung belegen. Beide Figuren wurden nach demselben Schema geschaffen: Sie schreiten nach rechts aus und tragen über einem langen Gewand einen faltigen Mantel. Beide Kleidungsstücke fächern sich durch das Ausschreiten von der Spitze einer Schüsselfalte, die sich auf der Höhe der Hüften befindet, zu den Füssen hin auf. Beide Figuren raffen den Mantel über dem linken Arm, sodass er von dort in

Abb. 94: Westhofen (Westhoffen, Bas-Rhin), Sankt Martin, Chor, Fenster s II, heiliger Johannes Evangelist mit einer betenden Figur.

Abb. 95: Königsfelden, ehemaliges Kloster, Kirche, Chor, Johannes-Katharina-Fenster (n III, 5c), Enthauptung des Johannes, Salome.

einer Faltenkaskade senkrecht herabfällt. Dieses Motiv kann sich, da der Verkündigungsengel durch den Medaillonrahmen stark beengt ist, im Johannes-Katharina-Fenster nicht so stark entwickeln wie in der Taufe Christi. Über diesen durch die abweichende Form der Bildfelder verursachten Unterschied hinaus lässt sich aber auch eine grundlegende formale Verschiedenheit zwischen den Figuren feststellen. Der Glasmaler des Johannes-Katharina-Fensters gewichtet die Proportionen im Vergleich zu den Darstellungen in den Apsisfenstern völlig anders. Während die Figuren der letzteren unter den locker fallenden Gewändern einen festen, harmonisch gebauten Körper vermuten lassen, wird dergleichen im Johannes-Katharina-Fenster nicht einmal suggeriert. Hier wirken die Figuren mager und substanzlos, ihre Schultern sind schmal, aber sie tragen auf dem viel zu schwachen, fast nicht vorhandenen Körper übergrosse Köpfe, während die Beine viel zu kurz sind. Für alle vier Chorfenster dieser Gruppe (n und s III, n und s IV, Farbabb. 19–38) gilt generell, dass die Unterkörper im Verhältnis zur ganzen Figur zu klein ausfielen. Die Unterschiede betreffen selbst Einzelheiten der Wiedergabe anatomischer Details. Man vergleiche etwa den Kopf des Gabriel in n III, 3a (Abb. 92) mit demjenigen des Engels in der Taufe Christi n II, 9c (Abb. 85). Ersterer wirkt in die Länge gezogen und ist auf einen übertrieben hohen Hals gesetzt, letzteren kennzeichnen harmonische, bei aller Stilisierung natürlich wirkende Proportionen. Auch die Farbpalette ändert sich. Das innerhalb der jüngeren Gruppe (n und s III, n und s IV) am besten erhaltene Johannes-Katharina-Fenster charakterisiert sich gegenüber den Apsisfenstern durch eine auffällig kühle Farbigkeit, die von Blau, Grün und Gelb dominiert wird.

Vergleichbares findet man vor allem in der oberrheinischen Buchmalerei von 1330 bis 1340, aber auch im südlichen Fenster der Martinskirche von Westhofen (Westhoffen, Bas-Rhin, Abb. 94). Der dort dargestellte heilige Johannes Evangelist zeigt dieselben grossfaltigen Gewänder wie beispielsweise Salome in der Enthauptung des Johannes zu Königsfelden (n III, 5c, Abb. 95). Wie bei den Figuren der jüngeren Königsfelder Gruppe ist der Kopf des Westhofener Evangelisten im Verhältnis zum Körper übertrieben gross. In der bisherigen Literatur wurde der Westhofener Johannes aufgrund der Identifizierung des zu seinen Füssen knienden Stifters in die Zeit um 1310 datiert. Ein Detail des Kostüms, das der fromme Beter trägt, widerspricht jedoch dieser frühen Entstehungszeit. Er trägt ein langärmliges Gewand und einen Rock, dessen Ärmel nur bis zum Ellbogen reichen und sich tütenförmig weiten. An seinem breiten Schulterkragen ist eine Kapuze befestigt, die auf seinen Rücken fällt. Da die Kapuze mit dem breiten Schulterkragen in unseren Breitengraden nicht vor der Zeit um 1330 getragen wurde, sind die betreffenden Glasmalereien in Westhofen frühestens ab diesem Zeitraum entstanden. Die Märtyrer- und die Apostelfenster in Königsfelden, die mit den Werken in Westhofen zusammengehen, gehören in die gleiche Zeit. Das lässt sich wiederum anhand kostümlicher Details erhärten. Her-

Abb. 96: Strassburg, Münster, Katharinenkapelle, Fenster B 1/2a, Apostel Jakobus, um 1340.

Abb. 97: Königsfelden, ehemaliges Kloster, Kirche, Chor, Apostelfenster (n IV, 7/8c), Apostel Simon.

zog Heinrich im nördlichen Apostelfenster trägt ebenfalls eine Kapuze, die auf seinen Rücken fällt (Farbabb. 31). Ausserdem zeigt sein Gewand ein modisches Detail, das einer noch späteren Zeit angehört als das Kostüm des frommen Beters in Westhofen. Die Ärmel des Rockes Herzog Heinrichs reichen nicht mehr bis zu den Ellbogen, sind dafür aber mit einem herabhängenden Pelzstreifen besetzt. Dieses Detail ist wie die anderen der Pariser Hofmode abgesehen, tritt dort aber frühestens kurz vor 1340 auf. So deutet alles darauf hin, dass die Langchorverglasung in Königsfelden erst kurz vor 1340 in Angriff genommen wurde. Auch aus historischen Gründen ist diese Datierung am wahrscheinlichsten. In der Tat waren die finanziellen Mittel für die Fortsetzung der Arbeiten an der figürlichen Verglasung des Chors wohl erst ab dem Zeitraum gesichert, in dem die Dotierung des Frauenklosters ihren Abschluss fand (1335; Astrid Baldinger) und die bisher sechs Pfründen von Franziskanermönchen auf zwölf erhöht wurden (1338; Brigitte Kurmann-Schwarz).

Die vier Heiligenzyklen in den Fenstern der beiden westlichen Chorjoche dürften unmittelbar nach dem Märtyrer- und Apostelfenster entstanden sein. Gerhard Schmidt hat die beiden Apostelfenster in Königsfelden mit der Verglasung der Katharinenkapelle im Strassburger Münster aus der Zeit um 1340 verglichen und den Schluss gezogen, dass beide Ensembles gleichzeitig entstanden sind. Leider erschwert der miserable Erhaltungszustand aller Scheiben der Katharinenkapelle, die seit 1945 weit gehend ihre Schwarzlotbemalung verloren haben, einen Stilvergleich ausserordentlich. Eine Untersuchung anhand der Aufnahmen, die während des 2. Weltkriegs von der Verglasung der Katharinenkapelle gemacht wurden, bestätigte jedoch die von Gerhard Schmidt postulierte enge Verwandtschaft zwischen den Königsfelder Apostelfenstern und den Glasmalereien in der Katharinenkapelle nicht (Abb. 96). Stilistische Beziehungen zu den beiden Märtyrerfenstern n und s III weisen eher darauf hin, dass die Apostel von Königsfelden älter als diejenigen der Katharinenkapelle sind (Abb. 97).

Zunächst sei die Formensprache der Glasmalereien in den vier Fenstern der beiden westlichen Chortraveen betrachtet. Leider muss davon das Annafenster (n VI) ausgeschlossen werden (Farbabb. 51–55), da es von Richard A. Nüscheler fast komplett übermalt wurde. Er beschränkte sich nicht darauf, die Konturen nachzuziehen, sondern erneuerte auch die Halbtonbemalung vollständig. Die Konturlinien weichen jedoch seit der Restaurierung mehrheitlich von ihrem ursprünglichen Verlauf ab, sodass manche Stellen der Malerei den Eindruck von unscharfen Photos erwecken. Nicht zuletzt die Figuren haben sehr weit gehend ihr ursprüngliches Aussehen eingebüsst; es ist kein Zufall, dass sie von Formen des Jugendstils geprägt scheinen. Man

Abb. 98: Königsfelden, ehemaliges Kloster, Kirche, Chor, Klarafenster (s VI, 2b), Bischof Guido von Assisi reicht Klara die geweihte Palme.

Abb. 99: Strassburg, Münster, Katharinenkapelle, Fenster E, 8a, Engel.

wird sich daher beim Vergleich auf diejenigen Teile beschränken müssen, die als Originale gelten können.

Auch im Franziskus- (n V, Farbabb. 39–44) und im Klarafenster (s VI, Farbabb. 57–62) verstärkte Richard A. Nüscheler teilweise die Konturlinien in grober Weise. Doch hat er hier den ursprünglichen künstlerischen Ausdruck weniger verfälscht, indem er auf die Erneuerung der Halbtonmalerei verzichtete. Der mittelalterliche Entwerfer der Klarenlegende fand wieder zu einer festen Körperstruktur der Figuren zurück, die in den Märtyrer- und Apostelfenstern (n/s III und IV) fast ganz getilgt war. Klara, der Bischof Guido von Assisi die Palme reicht (2b, Abb. 98), soll hier als repräsentative Figur für die Glasmalereien der westlichen Chorfenster dienen. Sie trägt ein modisches, eng anliegendes Kleid und einen ärmellosen, pelzgefütterten und am Hals sehr weit ausgeschnittenen Überwurf, den sie an der Seite gerafft hat. Aufgrund ihrer Haltung, die durch ein starkes «déhanchement» gekennzeichnet wird (mit dem französischen Ausdruck ist der typisch gotische Schwung der Figuren gemeint), zieht sich der Stoff des Obergewandes eng um den festen, schlanken Körper. Die Proportionen sind im Vergleich zur Salome aus der Enthauptung des Johannes sehr viel ausgeglichener (Abb. 95). Das Gesicht ist schmaler, und das blonde Haar fällt leicht gekräuselt auf die Schultern. Die für die Hochgotik typische, gekurvte Ohrlocke, wie sie etwa die heilige Katharina (n III, 7b) kennzeichnet, ist bei Klara deutlich zurückgenommen. Das alles weist auf die Malerei der zweiten Hälfte des 14. Jahrhunderts voraus, was auch für die Farbigkeit und die Kostüme gilt. Für Letztere sei auf die Wiedergabe der Verwandten Klaras in derjenigen Szene verwiesen, in der die künftige Heilige am Einritt ins Kloster gehindert werden soll (6a–c, Farbabb. 59). Den Glasmalern des Klarafensters stand eine umfangreichere Palette von Farbtönen zur Verfügung als ihren Vorgängern. Ein helles Grün, ein Lachsrosa, ein Purpurrosa, ein leuchtendes Hellgelb und ein helles Blau bereichern die Farbigkeit des Klarafensters gegenüber allen anderen Glasmalereien.

Neuerungen im modischen Detail weisen die männlichen Figuren des Klarafensters auf. Die zuletzt erwähnte Szene (6a–c) zeigt zwei modisch gekleidete Herren, die in der Literatur missverständlich als «Gecken» bezeichnet werden. Ihre modische Erscheinung vermittelte dem mittelalterlichen Betrachter aber nicht den Eindruck des Frivolen, sondern sie führte ihm den hohen sozialen Rang von Klaras Familie vor Augen. Wie die meisten Frauen, die zur Ehre der Altäre gelangten, war Klara adeliger Abstammung. Das Kostüm der beiden Herren vertritt die für Adelige übliche Bekleidung in der zweiten Hälfte des 14. Jahrhunderts. Die breiten Schulterkragen sind mit Zaddeln gesäumt, und auch der Streifen, der vom ellbogenlangen Ärmel des Rockes herabhängt, ist ausgezaddelt. Diese modischen Details sind eindeutig jünger als die Bekleidung von Herzog Heinrich und verweisen auf die 2. Hälfte des 14. Jahrhunderts.

Christiane Block erwähnte zu Recht als Erste die Verbindungen, die einerseits zwischen dem Klara- und Annafenster und andererseits den Glasmalereien der Strassburger Katharinenkapelle (um 1340) sowie der Pfarrkirche von Rosenweiler (Rosenwiller, Bas-Rhin, 1340/50) bestehen. Da aber das Annafenster nur noch in sehr beschränktem Masse als Original betrachtet werden kann, muss die Gegenüberstellung auf die Klarenlegende beschränkt werden. Ein Blick auf die alten Fotos der Glasmalereien in der Katharinenkapelle lässt tatsächlich grosse Ähnlichkeiten zwischen dem Klarafenster und den Glasmalereien der Seitenkapelle am Strassburger Münster erkennen. Dies zeigt vor allem der Vergleich der Engel in den Bekrönungen der architektonischen Gehäuse der Katharinenkapelle (Abb. 99) mit diversen Figuren in Königsfelden, beispielsweise der schon einmal beschriebenen heiligen Klara der Palmübergabe (2b, Abb. 98). Der Schnitt der Gesichter und die Gestaltung der Gewänder sind sich sehr nahe. Das deutet darauf hin, dass die vier westlichen Fenster des Chores nicht lange nach 1340 entstanden sind und von einem Künstler entworfen wurden, der enge Beziehungen zu den Strassburger Glasmaler-Werkstätten pflegte. Er und seine Mitarbeiter entwickelten in ihren Werken für Königsfelden Figuren, deren feste Plastizität nur noch wenig von der für die zweite Hälfte des 14. Jahrhunderts typischen Blockhaftigkeit der figürlichen Darstellung entfernt ist. Man kann hier vom Beginn der Kunst des Spätmittelalters sprechen. Es ist nicht ausgeschlossen, dass auch dieses für Königsfelden tätige Glasmaler-Atelier seinen Sitz in Basel hatte. Zwischen der Stadt am Rheinknie und Strassburg bestanden immer sehr enge Verbindungen, was die stilistische Nähe der soeben betrachteten Scheiben in Königsfelden zu denjenigen der Katharinenkapelle erklären würde.

Der dynastische Zyklus in Königsfelden und die Strassburger Glasmalerei im dritten Viertel des 14. Jahrhunderts

Von dem einst 56 Rechteckscheiben zählenden dynastischen Zyklus, dem wohl persönlichsten künstlerischen Auftrag, den Königin Agnes für Königsfelden erteilte, sind heute noch gerade 6 Felder mit originalem Bestand erhalten (Farbabb. 66–69). Sie wurden von Richard A. Nüscheler derart verrestauriert, dass man sie kunsthistorisch nur mit äusserster Zurückhaltung beurteilen kann. Die Komposition umfasst jeweils eine kniende Figur mit ihren Wappen (Abb. 45). Den Namen der Person tragen Schriftbänder. Über Figur und Wappen waren ursprünglich überall Baldachine angebracht, die sich nicht mehr wie die Architekturrahmen der Chorfenster konsequent an die Formen zeitgenössischer Bauten hielten, sondern reale Elemente gotischer Baukunst mit solchen mischten, die sich als Produkte der Phantasie erweisen. Repräsentativ dafür ist das Feld 2b in Fenster s XII (Farbabb. 60). Wie auf einer gotischen Grabplatte rahmte eine Inschrift Figur, Baldachin und Wappen. In der Glasmalerei findet man vergleichbare Rahmen im Achsfenster der Jakobskirche in Rothenburg ob der Tauber (um 1340/50) und im Thron-Salomonis-Fenster des Augsburger Domes (um 1330/40; Rüdiger Becksmann). Wie in den Seitenschifffenstern von Königsfelden sind in diesen Beispielen die Buchstaben auf einen farbigen Grund gesetzt und von einer weissen Leiste gerahmt.

Anhaltspunkte für eine stilistische Einordnung der erhaltenen Felder, die zum dynastischen Zyklus aus den Seitenschifffenstern des Langhauses in Königsfelden gehörten, sind nur noch in geringem Masse auszumachen. Die origi-

Abb. 100: Strassburg, Münster, so genannter Kreuzgang hinter dem Chor, Fenster B, aus der zerstörten Dominikanerkirche, Maria, aus einer Anbetung der Könige, um 1350.

Abb. 101: Strassburg, Musée de l'Œuvre Notre-Dame,
ehemals Alt-Sankt-Peter, Kreuzigung, nach 1398.

nalen Teile des Architekturrahmens auf dem Feld mit dem Bild Herzog Albrechts II. sind nahezu identisch mit einem Fragment aus der ehemaligen Dominikanerkirche in Strassburg, das heute in Fenster B des so genannten Kreuzgangs hinter dem Chor des Strassburger Münsters eingelassen ist (Abb. 100). Es gehörte ursprünglich zu einer Anbetung der Könige und dürfte um 1350 entstanden sein (Gatouillat/Hérold). Sehr ähnliche Architekturrahmen findet man ausserdem im Florentiusfenster (18) der ehemaligen Stiftskirche von Niederhaslach, das gleichzeitig wie der dynastische Zyklus von Königsfelden um 1360 entstand (Gatouillat/Hérold). Inwieweit auch dessen Figuren mit denjenigen des Niederhaslacher Zyklus übereinstimmten, lässt sich aufgrund ihres traurigen Zustands nicht mehr beurteilen (Farbabb. 66, 67). Die Retuschen von Richard A. Nüscheler verunstalten sie in geradezu karikierender Weise, und auch die viel zu breiten modernen Bleie tragen zum ungünstigen Eindruck bei. So gibt es nur noch wenige stilistische Anhaltspunkte. Sie verweisen wiederum auf Strassburg. Es ist nicht ausgeschlossen, dass der dynastische Zyklus in Strassburg gearbeitet wurde, aber diese Hypothese sei wegen der schlechten Erhaltung der Figuren mit grosser Vorsicht aufgestellt.

Suhr

Nur die Heiligen Drei Könige einer Anbetung sind vollkommen original erhalten (Farbabb. 99). Sie standen einst vor einem blauem Grund, der mit schwarzen Ranken bemalt war. Ihnen gegenüber thronte Maria mit dem Jesuskind, dem die Könige ihre Geschenke anboten. Das leuchtende Rot der Mäntel des ältesten und des jüngsten Königs dominiert zusammen mit dem warmen Gelb die sonst eher kühle Palette, die sich aus Blau, unterschiedlichen Grüntönen und Weiss zusammensetzt. Die Gesichtszüge der Figuren wurden mit schnellen Pinselstrichen skizzenhaft auf das weisse Glas gemalt. Der Glasmaler bediente sich verschiedener Töne, die von opakem Schwarz bis zu schattenhaft durchsichtigen Linien reichen. Linienbündel, die mit Konturfarbe schnell hingemalt wurden, ersetzen in diesen Glasmalereien das flächige Modellieren mit Halbtönen. Dies gibt ihnen im Vergleich zu allen bisher betrachteten Beispielen einen betont zeichnerischen Charakter. Da jedoch die Gewänder als dreidimensional aufgefasste Hüllen gestaltet sind, wirken die Figuren trotzdem nicht linear. Wie sehr ihnen ein fester Körperkern eigen ist, lässt sich am jüngsten König besonders deutlich sehen. Diese Betonung einer rudimentären, aber dennoch festen Körperlichkeit kann man auch in den jüngsten Glasmalereien des Chors von Königsfelden beobachten, doch bilden dort die Faltenwürfe noch einzelne grossflächige, dreidimensionale Formen (Klarafenster, s VI Farbabb. 57–62).

Ellen Beer hielt das Glasmalereifragment aus der Kirche von Suhr für ein stilistisch verspätetes Werk, das ihrer Ansicht nach am Anfang des 15. Jahrhunderts entstanden ist. Dem hat Lieselotte E. Stamm zu Recht widersprochen. Sie sieht in der Scheibe ein Werk aus dem letzten Drittel des 14. Jahrhunderts, und unserer Meinung nach ist es wohl zu Beginn dieses Zeitraums, also um 1375, entstanden. Sicher war der Glasmaler, der an den Glasmalereien für die Kirche von Suhr arbeitete, kein herausragender Künstler, doch wusste er die zeichnerischen Mittel so einzusetzen, dass eine lebendige und gut komponierte Figurengruppe entstand. Aus Mangel an überlieferten Vergleichsbeispielen lassen sich das Fragment und sein Schöpfer nicht näher lokalisieren, doch gibt es mehrere Anhaltspunkte, die ihn mit der oberrheinischen Buchmalerei der gleichen Zeit verbinden.

Das Zofinger Passionsfenster

Dieses Werk zeigt stilistische Elemente, die als Charakteristika der Glasmalerei des 15. Jahrhunderts gelten. Die noch vorhandene Baldachinreihe deutet darauf hin (Farbabb. 75), dass zumindest ein Teil der Szenen in architektonische Gehäuse eingefügt war, was für die spätgotische Glasmalerei typisch ist. Möglicherweise wechselten Kompositionen in dreidimensionalen Architekturrahmen mit rahmenlosen Bildern, so wie dies in zwei Scheibenzyklen der Berner Münsterchorverglasung von 1441 (Passionsfenster) und 1448/50 (Zehntausend-Ritter-Fenster) der Fall ist (Brigitte Kurmann-Schwarz). Die architektonischen und figürlichen Kompositionen sind konsequent mit ausradierten Rankengründen hinterlegt. Beide Gestaltungsmittel kann man ansatzweise schon im dynastischen Zyklus der Seitenschifffenster von Königsfelden sehen, wo sich die Architekturen nicht mehr konsequent aus realen Bauformen zusammensetzten, sondern auch aus polygonalen oder runden Gehäusen, deren Gestaltung der Phantasie des Malers entsprungen ist. Auch die ausradierten Ranken sind dort schon vorhanden (Farbabb. 69). Die Farbigkeit der erhaltenen Scheiben aus dem Zofinger Passionsfenster lebt vom Kontrast zwischen der warmen Rot-Gelb-Kombination und dem eher kühlen Trio von Blau, Weiss und hellem Grün. Daneben fällt aber auch das seit dem 14. Jahrhundert sehr beliebte, spannungsvolle Zusammentreffen von Rot und Purpur auf, das besonders bildwichtige Stellen wie Maria und Johannes unter dem Kreuz (Farbabb. 77) oder Longinus und seinen Begleiter (Farbabb. 76) hervorhebt.

Abb. 102: Colmar, Musée Unterlinden, anonymer oberrheinischer Maler, Kreuzigung, um 1410/20.

Abb. 103: Niederhaslach, Sankt Florentius, Langhaus, Passionsfenster (24), römischer Hauptmann der Kreuzigung, um 1360.

Kräftige, leicht untersetzte Proportionen kennzeichnen die Figuren, die durch lebhafte Gesten und ausdrucksstarke Mienen am dramatischen Geschehen teilnehmen. Die Mäntel von Maria und Johannes unter dem Kreuz (2b, Farbabb. 77) umgreifen die Figuren als kräftig durchgestaltete, plastisch wirkende Hüllen. Ein wässriger Halbton gibt die seichteren Vertiefungen der Oberflächenmodellierung von Gesichtern, Händen und Gewandstoffen wieder. Tiefere Faltentäler und Dellen der Draperien sind durch Kreuzschraffuren schattiert, die zusätzlich durch eine reiche aussenseitige Bemalung intensiviert werden. Im Gegensatz zum Glasmaler von Suhr (Farbabb. 99) verstanden es die Schöpfer des Zofinger Passionsfensters trotz einer gewissen Vorliebe für das Graphische, die Halbton-, die Konturmalerei und die Negativtechnik des Auswischens von Lichtern im Hinblick auf die Wiedergabe einer lebendigen Oberflächenstruktur zu kombinieren.

Die weichen Formen der Gewänder von Maria, Johannes (2b, Farbabb. 77) und dem auferstehenden Christus (1c, Farbabb. 76) gehören noch der Tradition der Internationalen Gotik um 1400 an. Die Gewandhüllen sind jedoch so angelegt, dass ein fester Figurenkern fassbar wird, der unter den reichen Gewändern des so genannten Weichen Stils normalerweise verloren geht. Das Straffe der modischen Gewänder von Longinus, seinem Begleiter (2a, Farbabb. 76) sowie vom Gesprächspartner des römischen Hauptmanns (2c, Farbabb. 78) weist auf die Entwicklung der Malerei im zweiten Viertel des 15. Jahrhunderts voraus. Auch die detailliert bemalte Wiese mit ihren unterschiedlichen Blumen, Blättern, Kräutern und Grasbüscheln, die aus einem schwarzen Überzug ausgeschabt sind, wird ab ca. 1420 ein beliebtes Motiv innerhalb von Szenen, die im Freien stattfinden.

Das Zofinger Fenster wurde bisher mit einer Gruppe von oberrheinischen Glas-, Buch- und Tafelmalereien der Zeit um 1400 und des frühen 15. Jahrhunderts in Verbindung gebracht. Fragmente eines monumentalen Passionszyklus aus Alt-Sankt-Peter in Strassburg (Abb. 101), die mit den Zofinger Resten bereits verglichen wurden, verwahrt heute das Frauenhausmuseum (Musée de l'Œuvre Notre-Dame) in der elsässischen Kapitale. Der Engel, der in den Zofinger Glasmalereien die Seele des guten Schächers in Empfang nimmt (3a, Farbabb. 75), und die beiden Engel auf dem Sarkophag des auferstehenden Christus (1c) zeigen zwar eine gewisse Ähnlichkeit mit denjenigen, die in der Strassburger Kreuzigung das Blut Christi in Kelchen auffangen. Der Gekreuzigte des Strassburger Werkes wirkt aber monumentaler als der sehr viel detaillierter gemalte Christus in Zofingen. Ein direkter stilistischer Zusammenhang lässt sich zwischen den beiden Glasmalereizyklen wohl kaum herstellen.

Sicher dürfte aber der Entwerfer des Zofinger Passionsfensters das monumentale Kreuzigungsbild gekannt haben, das heute im Colmarer Unterlinden-Museum aufbewahrt wird (Abb. 102). Es stammt wohl aus einer Strassburger Werkstatt. Der Zofinger Longinus zeigt eine grosse Ähnlichkeit zu seinem Pendant auf der Colmarer Tafel (Farbabb. 76). Das erhobene, bärtige Haupt mit der Stirnglatze, das diese Figur in beiden Werken charakterisiert, geht mit grosser Wahrscheinlichkeit auf ein und dieselbe Vorlage zurück. Der Entwerfer des Zofinger Fensters gestaltet jedoch die Gestik und die Haltung des Longinus wohl aufgrund eigener Kenntnis der Legende unabhängig weiter. Dieser weist anders als im Colmarer Bild auf seine Augen, um anzudeuten, dass er blind ist und erst durch das Blut Christi wieder sehend wird. Die Gruppe der Frauen in der Colmarer Kreuzigung ist umfangreicher als in Zofingen, wo sie sich wie schon in Königsfelden auf zwei Figuren reduziert, nämlich auf Maria und die sie stützende Begleiterin (Farbabb. 77). In der frontalen Stellung der Muttergottes und dem Motiv des Stützens klingt zwar die Komposition des Colmarer Bildes nach, doch der klagende Johannes zeigt wiederum keinerlei Ähnlichkeit mit dem Tafelbild. Er wirkt im Vergleich zu seinem Colmarer Pendant eher plump und untersetzt. Auch die Darstellung des römischen Hauptmanns, die ebenso monumental wie diejenige im Passionsfenster (24) der Florentius-Kirche zu Niederhaslach gestaltet ist (Abb. 103), unterscheidet sich so deutlich wie der heilige Johannes vom Centurio auf dem Colmarer Kreuzigungsbild. Diese Abweichungen von der Kreuzigungstafel deuten darauf hin, dass der Entwerfer des Zofinger Fensters eher dem Glasmalermilieu als demjenigen der Tafelmaler angehörte. Das Motiv der Löwin mit ihren Jungen, das unter dem Kreuz angebracht wurde, spricht dagegen wieder dafür, dass der Entwerfer des Zofinger Fensters das Colmarer Bild zumindest kannte.

Zweifel an der bisher vorgeschlagenen Datierung des Zofinger Passionsfensters in die Zeit um 1400 sind durchaus angebracht. Wir haben im Zusammenhang mit der Baugeschichte und der Stifterfrage darauf schon hingewiesen. Hinzu kommt, dass sich der Stand der Forschung bezüglich der Werke, die mit den Zofinger Glasmalereien verglichen wurden, in letzter Zeit entscheidend verändert hat. Jüngst hat Robert Suckale die Colmarer Kreuzigung in die Jahre 1410/20 datiert. Obwohl die Beziehungen zwischen diesem Bild (Abb. 102) und den Zofinger Glasmalereien nicht in allen Belangen sehr eng sind, spricht vieles für den Vorschlag, das Passionsfenster ebenfalls für ein Werk der Zeit nach 1420 zu halten.

Abb. 104: Schlettstadt (Sélestat, Bas-Rhin), Humanistenbibliothek, ms. 69, Kreuzigung, um 1430.

Die Glasmalereien auf dem Staufberg

Die Gesamtwirkung der Glasmalereien im Chor der Kirche auf dem Staufberg ist heute durch den Verlust, den die drei südlichen Chorfenster erlitten haben, wesentlich gestört. Die wenigen erhaltenen Scheiben aus diesen Fenstern wurden als Lückenbüsser in die drei mittleren Öffnungen des Sanktuariums verbracht. Es sind dies die Felder mit Petrus und Paulus (I, 1a/b, Farbabb. 85, 86), der heiligen Maria Magdalena (s II, 1a, Farbabb. 83) und dem heiligen Beatus (n II, 1a, Farbabb. 81). Das Apostelfenster, zu dem Petrus und Paulus gehörten, enthielt wohl sechs Figuren in je einer Nische auf einem durchgehenden roten Rankengrund. Die Architekturen dieses Fensters, dessen Glasmalereien weit gehend verloren sind, wurden von den blauen Gewölben und den gelben Kielbogen beherrscht. Abwechselnd von Blau und Rot müssen dagegen wie im Mittelfenster die Scheiben des Heiligenzyklus aus einem der drei südlichen Chorfenster hinterlegt gewesen sein. Die Glasmalereien auf dem Staufberg sind die ältesten aller bisher betrachteten Scheibenzyklen, die konsequent von dreidimensional gestalteten Architekturen gegliedert sind. Die Figuren halten sich abwechselnd in kastenförmigen und je nachdem flach gedeckten oder gewölbten Räumen auf. Die Vorderfront dieser Architekturen ist meist weiss oder in einem anderen hellen Ton gehalten, das Innere dagegen wie die Figuren farbig gestaltet. An diese Tradition werden später auch die Chorfenster des Berner Münsters anknüpfen (Brigitte Kurmann-Schwarz).

Wie in den Glasmalereien von Zofingen zeigen die Figuren noch Züge des späten Weichen Stils der Zeit um 1400. Die schwungvolle Faltenschlaufe zu Füssen Marias in der Anbetung der Könige (I, 2a, Farbabb. 87), der Faltenwurf des blauen Mantels von Petrus (I, 1a, Farbabb. 85) und der Reichtum der Gewänder der Heiligen Drei Könige sind charakteristische Elemente dieser Formensprache (Farbabb. 82). Daneben beobachtet man jedoch Details eines entwickelteren künstlerischen Ausdrucks. Die spitzen, vom Körper abstehenden Schüsselfalten, welche die Mäntel der Assistenzfiguren in der Kreuzigung (I, 3b, Farbabb. 88) kennzeichnen, illustrieren diese modernere Tendenz ebenso wie die abrupt umbrechenden senkrechten Falten der Alben der Heiligen Stephanus, Vincentius und Laurentius (I, 3a, 3c, Farbabb. 82). Auch die beiden Frauen der Heimsuchung (n II, 2a/b, Farbabb. 89, 90) sind schon ganz von diesen eckigen Formen geprägt, mit denen die eigentliche Spätgotik eingeläutet wird.

Die länglichen Gesichter der Figuren zeigen betonte Wangenknochen, kleine kugelige Augen, stumpfe oder leicht aufgeworfene Nasen und winzige, meist nur durch einen schnellen Strich angegebene Münder. Meist bezeichnet ein einziger Strich das Grübchen unterhalb der Lippen, manchmal ein Punkt die Oberlippenfalte. Die bartlosen Jünglinge und die Frauen wirken mit ihren weit aufgerissenen Augen kindlich (Farbabb. 88). Von den bärtigen alten Männern geht manchmal ein etwas naiv wirkender Ernst aus (Farbabb. 93, 94), doch betonen besonders die weich gekräuselten Bärte das Schöne und Liebliche, das fast ausnahmslos allen Figuren anhaftet. Einzig der zwerghafte Diener in der Anbetung der Könige (I, 3c, Farbabb. 84), der dem jüngsten König das Geschenk reicht, fällt wegen seines karikierend hässlichen Gesichts auf. Obwohl es mit überhängender Nase und grossem, breitlippigem Mund in ähnlicher Weise wie das Antlitz der übrigen Figuren stilisiert ist, wirkt es wie ein Vorbote der neuen, stärker der Wirklichkeit zugewandten Sicht, welche die Verglasung des Berner Münsterchors prägen wird (Brigitte Kurmann-Schwarz). Die figürliche Glasmalerei des 15. Jahrhunderts wird jedoch immer stärker als die Tafelmalerei dem Idealen verhaftet bleiben, was wohl in erster Linie mit der transparenten Materie des Bildträgers zusammenhängt. Im Verständnis der Menschen des Mittelalters rückte das lichtdurchlässige Glas in die Nähe alles Immateriellen (Michaela Krieger). Es scheint infolgedessen fast noch mehr als die opake Malerei auf Putz oder Holztafeln dazu geeignet, transzendentale Botschaften zu übermitteln.

Die satten Farben der Glasmalereien auf dem Staufberg, die neben dem Weiss vorherrschen, schaffen eine feierliche Stimmung (Farbabb. 81–83). Ihr nehmen allerdings die kindlich naiven Figuren alles Abschreckende. Die Tendenz zum Farbenfrohen und Lieblichen beherrschte von 1420 bis 1440 die Malerei am Oberrhein generell. Ein bedeutender Maler schuf um 1420 das so genannte Paradiesgärtlein, das heute im Frankfurter Städel aufbewahrt wird (Abb. 77). Dieses kleine Bild, das nur gerade die Grösse eines normalen Schreibbogens aufweist, zeigt in leuchtenden Farben und lieblichen Formen Maria und die heiligen Jungfrauen, die in einem paradiesischen Garten sitzen. Die Werkstatt dieses Künstlers befand sich wahrscheinlich in Strassburg, doch verbreitete sich seine künstlerische Ausdrucksform am ganzen Oberlauf des Rheines (Philippe Lorentz). Das bezeugt, wie sehr diese Stilrichtung damals in unseren Gegenden beliebt war.

Bereits Ellen Beer hat die Verglasung der Kirche auf dem Staufberg mit den Malereien aus dem Umkreis des Paradiesgärtlein-Meisters verbunden. Für diesen Zusammenhang sprechen vor allem die oben genannten Charakteristika der Figuren. Direkte Beziehungen zwischen unseren Glasmalereien und den Werken des Meisters, der das namengebende Bild geschaffen hat, vermögen wir zwar nicht zu sehen, doch stehen die Staufberger Glasmalereien formal dem Tennenbacher Altar am nächsten (Abb. 55). Obwohl der Meister des Paradiesgärtleins wahrscheinlich seine Werkstatt in Strassburg hatte, eine Stadt, die über viele Fernverbindungen verfügte und somit den Export von Gemälden gewährleistete, können nicht alle Werke, die mit ihm in Verbindung stehen, von einem einzigen Maler geschaffen worden sein (Brigitte Kurmann-Schwarz). Auch entstanden sie kaum alle in Strassburg. So hat Daniel Hess jüngst die Möglichkeit erwogen, dass der Tennenbacher Altar um 1440 in Freiburg im Breisgau entstanden ist. Wenn man bedenkt, dass der mögliche Träger des Wappens im Mittelfenster des Chores auf dem Staufberg ein Mitglied aus einem Basler Geschlecht war (Farbabb. 84), so wäre dies ein weiterer Hinweis auf eine oberrheinische Werkstatt. Heutzutage ist es nicht mehr möglich, die Staufberger Glasmalereien um 1420 zu datieren, wie dies Ellen Beer noch vorschlug. Trifft die jüngst vertretene Datierung des Tennenbacher Altares um 1440 zu, so gilt sie mit grosser Wahrscheinlichkeit auch für die Glasmalereien auf dem Staufberg.

Im Zusammenhang mit seinen Überlegungen zu Stil und Datierung der Malereien des Tennenbacher Altares wies Daniel Hess auf ein grundlegendes Problem der oberrheinischen Kunst in der ersten Hälfte des 15. Jahrhunderts hin. In ihr verbinden sich innovative und traditionelle Elemente derart eng, dass es schwer fällt, die Werke dieses Mischstiles zeitlich eindeutig zu bestimmen. Dieses Problem lässt sich auch an den Staufberger Glasmalereien aufzeigen. Sieht man sich nur die Kreuzigung und die beiden heiligen Diakone des mittleren Chorfensters an (Farbabb. 82, 88), ist man ohne weiteres versucht, die Glasmalereien in die Zeit um 1450 einzuordnen. Die eckigen, spröden Faltenwürfe der Heiligen und der Assistenzfiguren der Kreuzigung wirken moderner als die Formen des Tennenbacher Altares. Andererseits sprechen gegen eine Datierung nach 1440 die weichen Gewandformen von Petrus und Paulus (Farbabb. 85, 86) oder der Maria aus der Anbetung der Könige (Farbabb. 87) sowie die reichen, von der Mode des ers-

ten Jahrhundertviertels geprägten Kostüme der Heiligen Drei Könige. Das Kreuzigungsbild in der Handschrift 69 der Humanistenbibliothek von Schlettstadt (Sélestat, Bas-Rhin) zeigt eine ähnliche Grenzstellung zwischen den weichen Gewandformen der Maler in der Nachfolge des Frankfurter Pardiesgärtleins und dem härteren Stil, der die Kunst um die Mitte des 15. Jahrhunderts dominieren wird (Abb. 104). Die Schlettstadter Handschrift wird allgemein um 1430 datiert. Dass die Glasmalereien auf dem Staufberg im Strahlungskreis der Werkstatt des Frankfurter Paradiesgärtleins (Abb. 77) und derjenigen des Tennenbacher Altars entstanden sind, sei weiterhin unbestritten, doch legen die jüngst vorgeschlagenen Neudatierungen verwandter Werke für die Staufberger Glasmalereien eine Entstehung erst gegen 1440 nahe. Demselben Umkreis gehört auch die Scheibe des Abtes Rudolf Wülflinger an (Abb. 43), obwohl ihre Figuren noch ausschliesslich von den weichen Faltenformen der älteren Manier geprägt sind. Eine Datierung der Glasmalereien in der Kirche auf dem Staufberg nach 1435, der mutmasslichen Entstehungszeit der Wülflinger-Scheibe, bestätigt sich daher erneut.

14. oder 15. Jahrhundert?
Die Fragmente in Auenstein und Thalheim

Es ist sehr schwierig, Fragmente wie diejenigen in Auenstein und Thalheim kunsthistorisch einzuordnen, da sie traditionelle und repetitive Bildelemente enthalten. Der Auensteiner Wappenschild (Farbabb. 96) zeigt ein heraldisches Motiv, das sich während Jahrhunderten kaum veränderte. Man kann daher nur allgemein mit Königsfelden vergleichen und auf die Stiftertätigkeit der Rinacher im 14. Jahrhundert hinweisen. Die stark abstrahierte Wiedergabe des Löwen spricht eher für die erste Hälfte des 14. Jahrhunderts als für eine spätere Periode. Zwar hat sich die Heraldik im Laufe der Spätgotik der stilistischen Entwicklung nach und nach angepasst, aber keineswegs entsprechend dem Tempo der allgemeinen Kunstentwicklung.

Die abstrakten Lichter in den Gesichtern von Sonne und Mond auf der Scheibe in der Thalheimer Kirche (Farbabb. 97, 98) sprechen ebenfalls für eine Entstehung im 14. Jahrhundert. Im 15. Jahrhundert würde sich die Schattierung eher der sphärischen Form der Gesichter anpassen, was im 14. Jahrhundert, wie wiederum Vergleiche mit Königsfelden nahelegen, nicht der Fall war. Die ursprünglich runde Form der Dreipässe bestätigt ihrerseits die frühere Datierung.

Die Zuschreibung an eine bestimmte Werkstatt ist aufgrund der fragmentarischen Überlieferung der Werke nicht mehr möglich. Es lässt sich einzig sagen, dass auch diese Fragmente in den weiteren Umkreis der oberrheinischen Glasmalerei aus der ersten Hälfte des 14. Jahrhunderts gehören.

Zusammenfassung

Die vorliegende Studie über die künstlerischen Zusammenhänge zwischen den erhaltenen mittelalterlichen Glasmalereien des Kantons Aargau und solchen der oberrheinischen Kunstlandschaft konnte sich auf die soliden Vorarbeiten von Ellen Beer, Emil Maurer und Hans Dürst stützen. Die erneute Beschäftigung mit dem Material hat vor allem die von Ellen Beer festgehaltenen Beziehungen der mittelalterlichen Glasmalereien im Kanton Aargau zu den künstlerischen Zentren am Oberrhein bestätigt. Dabei erwiesen sich die Verbindungen nach Basel und Strassburg als besonders eng. Weniger eng waren diejenigen zu Konstanz, obwohl sie eigentlich durch die Einteilung der Diözese vorgegeben gewesen wären. Was sich gegenüber den Arbeiten der oben erwähnten Forscher veränderte, ist vor allem die Datierung der Kunstwerke. Diese stammen im Durchschnitt aus späterer Zeit, als bisher angenommen. Einzig die erste Langhausverglasung der ehemaligen Abteikirche von Königsfelden ist aufgrund der neuen Erkenntnisse früher als bis anhin zu datieren. Dafür ist nicht zuletzt die neue Disziplin der Dendrochronologie verantwortlich. Da in der Regel in einem Zuge das Dach aufgesetzt und der Kirchenraum verglast wurden, gelten für die Glasmalerei die dendrochronologisch abgesicherten Daten für die Fällung der Bäume, die im Dachstuhl verbaut wurden. Ob dies auch für den Chor der Kirche auf dem Staufberg gilt, ist allerdings fraglich. Die schriftliche Überlieferung deutet darauf hin, dass hier der Chor sofort nach dem Brand von 1419 wieder aufgebaut wurde, doch bestätigt kein Dokument, dass man wirklich zur Tat schritt. Hier würden wohl nur erneute archivalische Forschungen zu weiteren Erkenntnissen führen.

Was die übrigen mittelalterlichen Glasmalereien des Kantons Aargau betrifft, so hielten nur die alten Datierungen des christologischen Zyklus und der Seitenschifffenster der Klosterkirche von Königsfelden den jüngeren Forschungen stand. Alles Übrige in Königsfelden dürfte im Schnitt 10–20 Jahre später entstanden sein, als man bis jetzt angenommen hat. Das gilt für die sieben Fenster des Chores von Königsfelden ausserhalb der Apsis (um 1340 statt um 1325/30), für das Passionsfenster im Chor der ehemaligen Stiftskirche von Zofingen (um 1420 statt 1400) und auch für die Glasmalereien in der Kirche auf dem Staufberg (um 1440 statt 1420).

**Farbabbildungen
Königsfelden Chor**

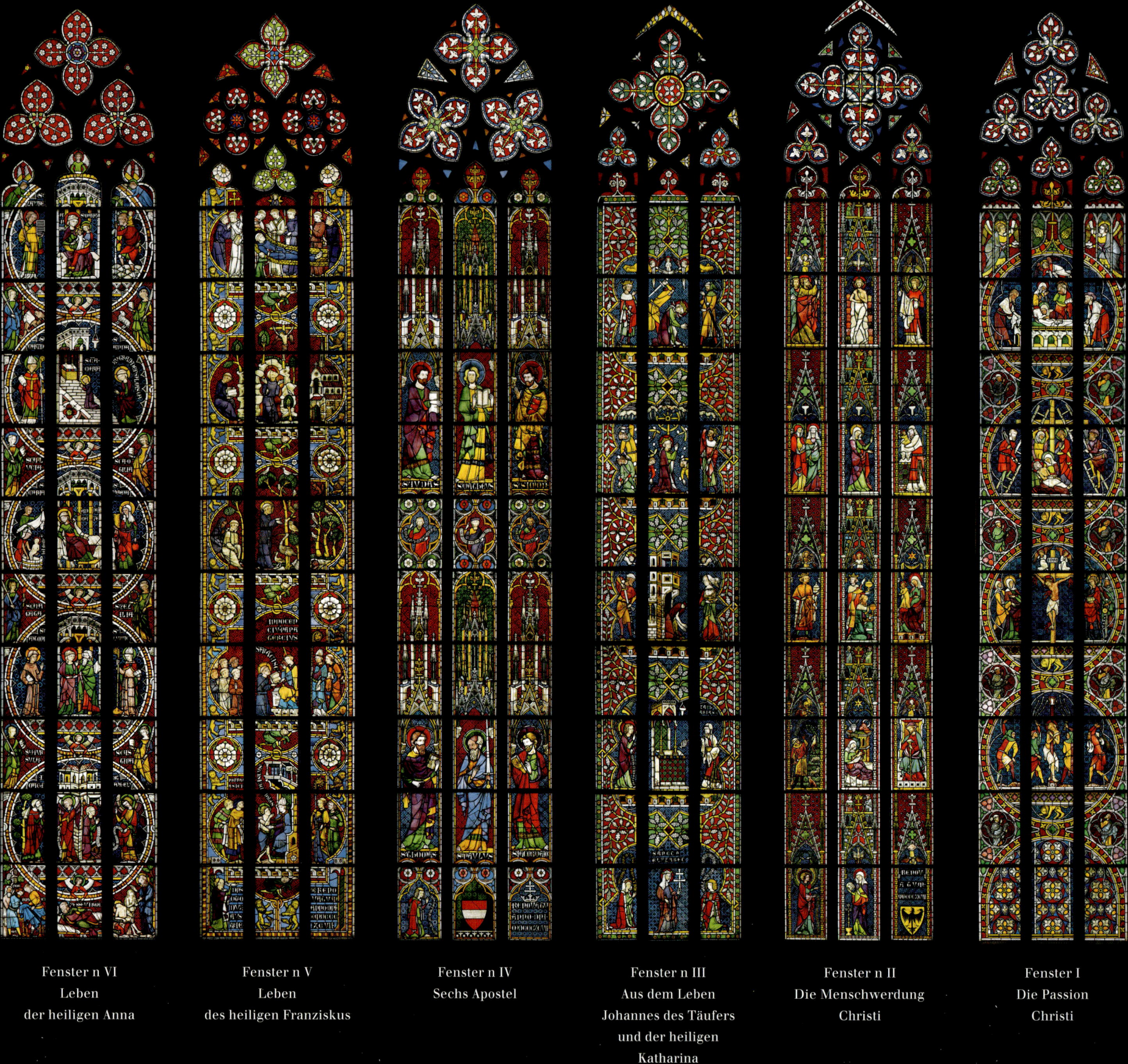

Fenster n VI	Fenster n V	Fenster n IV	Fenster n III	Fenster n II	Fenster I
Leben der heiligen Anna	Leben des heiligen Franziskus	Sechs Apostel	Aus dem Leben Johannes des Täufers und der heiligen Katharina	Die Menschwerdung Christi	Die Passion Christi

Fenster s II	Fenster s III	Fenster s IV	Fenster s V	Fenster s VI
Die Erscheinungen Christi nach seinem Tode	Aus dem Leben des Apostels Paulus Tod und Verherrlichung Mariä	Sechs Apostel	Leben des heiligen Nikolaus	Leben der heiligen Klara

Farbabb. 1
Passionsfenster (I, 1–3a–c),
Geisselung Christi (3a-c),
um 1330 und 1996/98; Muster M
aus dem Langhaus (1314/16)
und zwei Propheten (1871)

Farbabb. 2
Passionsfenster (I, 2–4a–c),
Geisselung Christi

Farbabb. 3
Passionsfenster (I, 4–6a–c),
Kreuzigung Christi
(5b 1996/98 rekonstruiert)

Farbabb. 4
Passionsfenster (I, 6–8a–c),
Beweinung Christi

Farbabb. 5
Passionsfenster (I, 8–10a–c),
Grablegung Christi

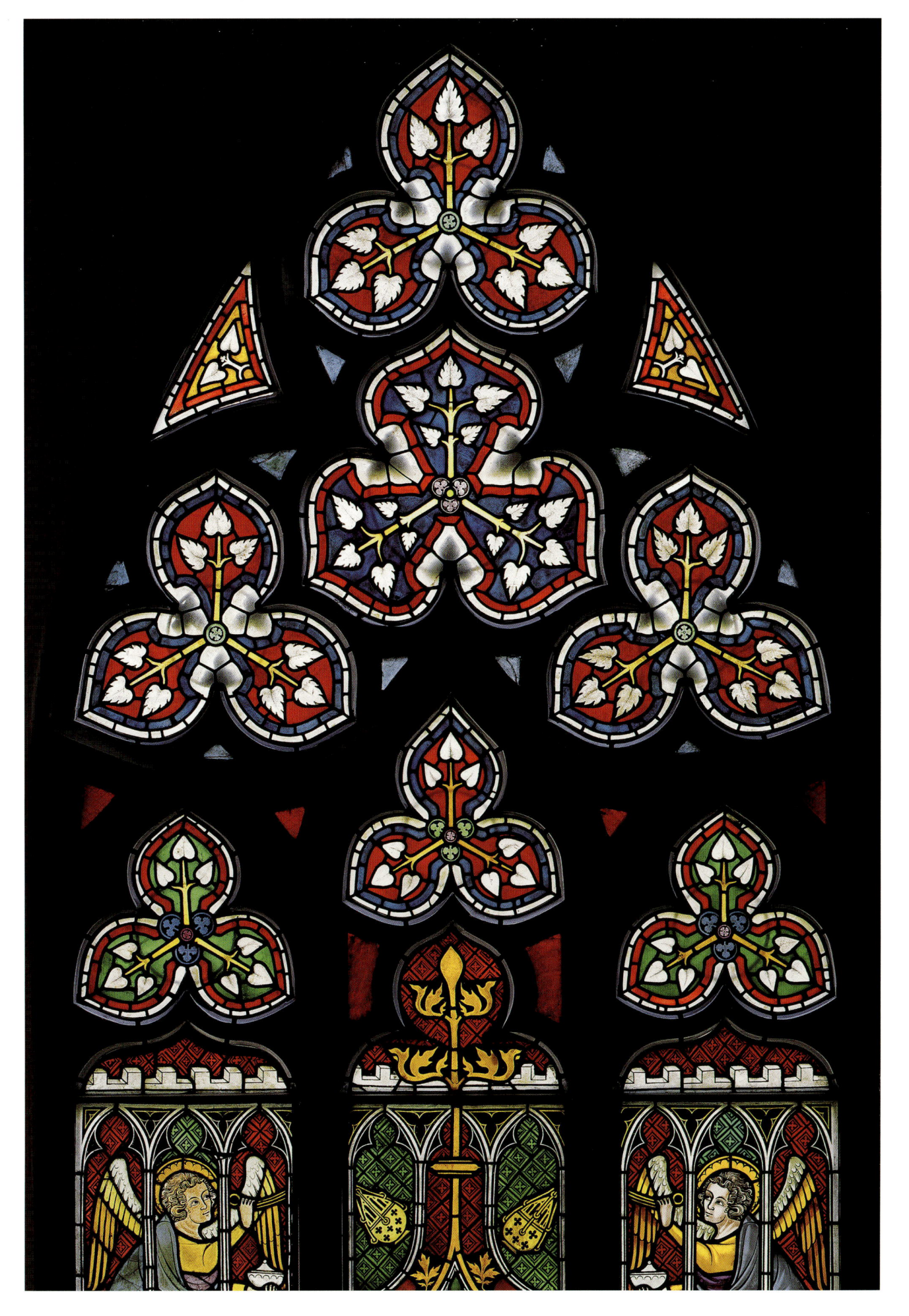

Farbabb. 6
Passionsfenster (I),
Masswerk

Farbabb. 7
Jugend-Christi-Fenster (n II, 1/2a–c),
Verkündigung Christi an Maria
mit König David und dem Propheten
Isaias, 1330; Restaurierungsinschrift
von 1898 und Reichsschild (ebenfalls
1898)

132

Farbabb. 8
Jugend-Christi-Fenster (n II, 3/4a–c),
Verkündigung an die Hirten (3/4a)
und Geburt Christi (3/4b/c)
mit den Propheten Habakuk
und Zacharias

Farbabb. 9
Jugend-Christi-Fenster (n II, 5/6a–c),
Anbetung der Könige
mit dem Patriarchen Tobias
und dem Propheten Malachias

Farbabb. 10
Jugend-Christi-Fenster (n II, 7/8a–c),
Darbringung Christi im Tempel
mit dem Psalmisten und
dem Propheten Zacharias

Farbabb. 11
Jugend-Christi-Fenster (n II, 9/10a–c),
Taufe Christi mit den Propheten
Isaias und Jeremias

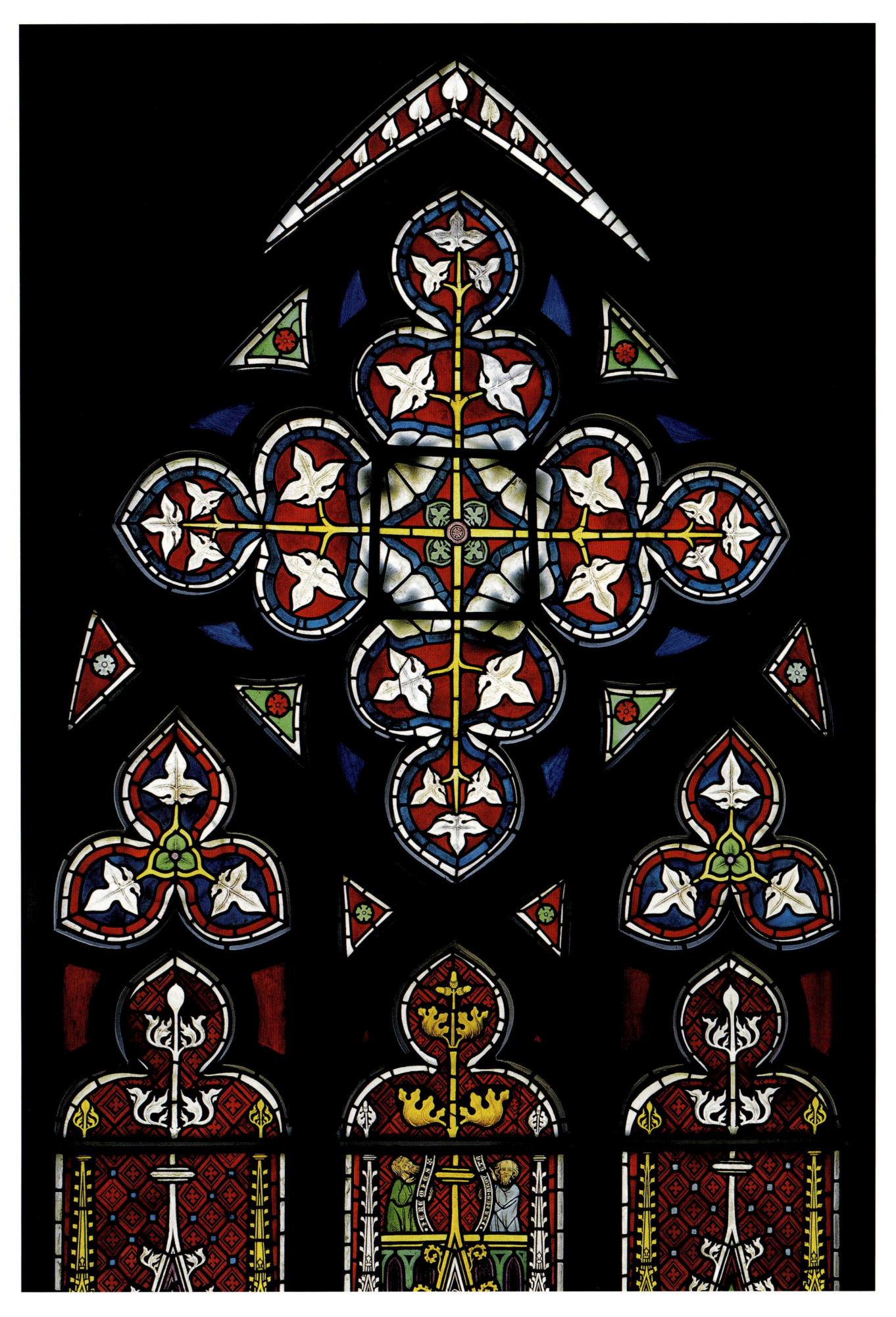

Farbabb. 12
Jugend-Christi-Fenster (n II),
Masswerk

Farbabb. 13
Auferstehungsfenster (s II, 1/2a–c),
Auferstehung Christi, um 1330
(1a, 2a und 2b 1899 erneuert)

Farbabb. 14
Auferstehungsfenster (s II, 3/4a–c),
Osterbild: Gang der Frauen zum
Grab (3/4a); Begegnung von
Christus und Maria Magdalena
«Noli me tangere» (3/4b/c)

Farbabb. 15
Auferstehungsfenster (s II, 5/6a–c),
Ungläubiger Thomas

Farbabb. 16
Auferstehungsfenster (s II, 7/8a–c),
Himmelfahrt Christi

Farbabb. 17
Auferstehungsfenster (s II, 9/10a–c),
Pfingsten

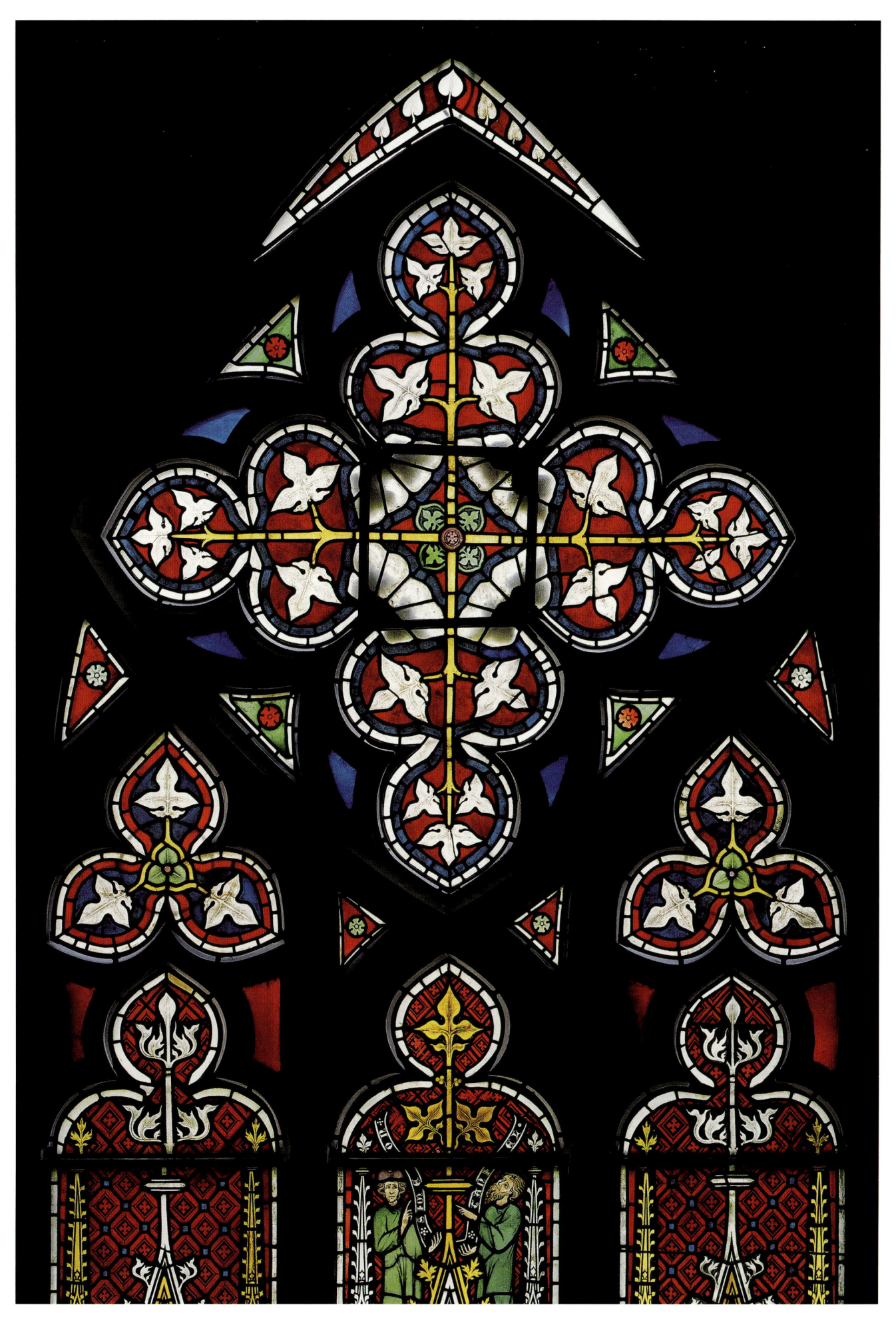

Farbabb. 18
Auferstehungsfenster (s II),
Masswerk

Farbabb. 19
Johannes-Katharina-Fenster (n III, 1–3a–c),
Herzogin Johanna von Pfirt (1a);
heilige Elisabeth (1b);
Herzog Albrecht II. (Kopf neu, 1c);
Verkündigung der Geburt
des Johannes an Zacharias (3a-c),
gegen 1340

Farbabb. 20
Johannes-Katharina-Fenster (n III, 2–4a–c),
Verkündigung der Geburt von Johannes
dem Täufer an Zacharias

Farbabb. 21
Johannes-Katharina-Fenster (n III, 4–6a–c),
Enthauptung von Johannes dem Täufer

Farbabb. 22
Johannes-Katharina-Fenster (n III, 6–8a–c),
Radmarter der heiligen Katharina

Farbabb. 23
Johannes-Katharina-Fenster (n III, 8–10a–c),
Enthauptung der heiligen Katharina

148

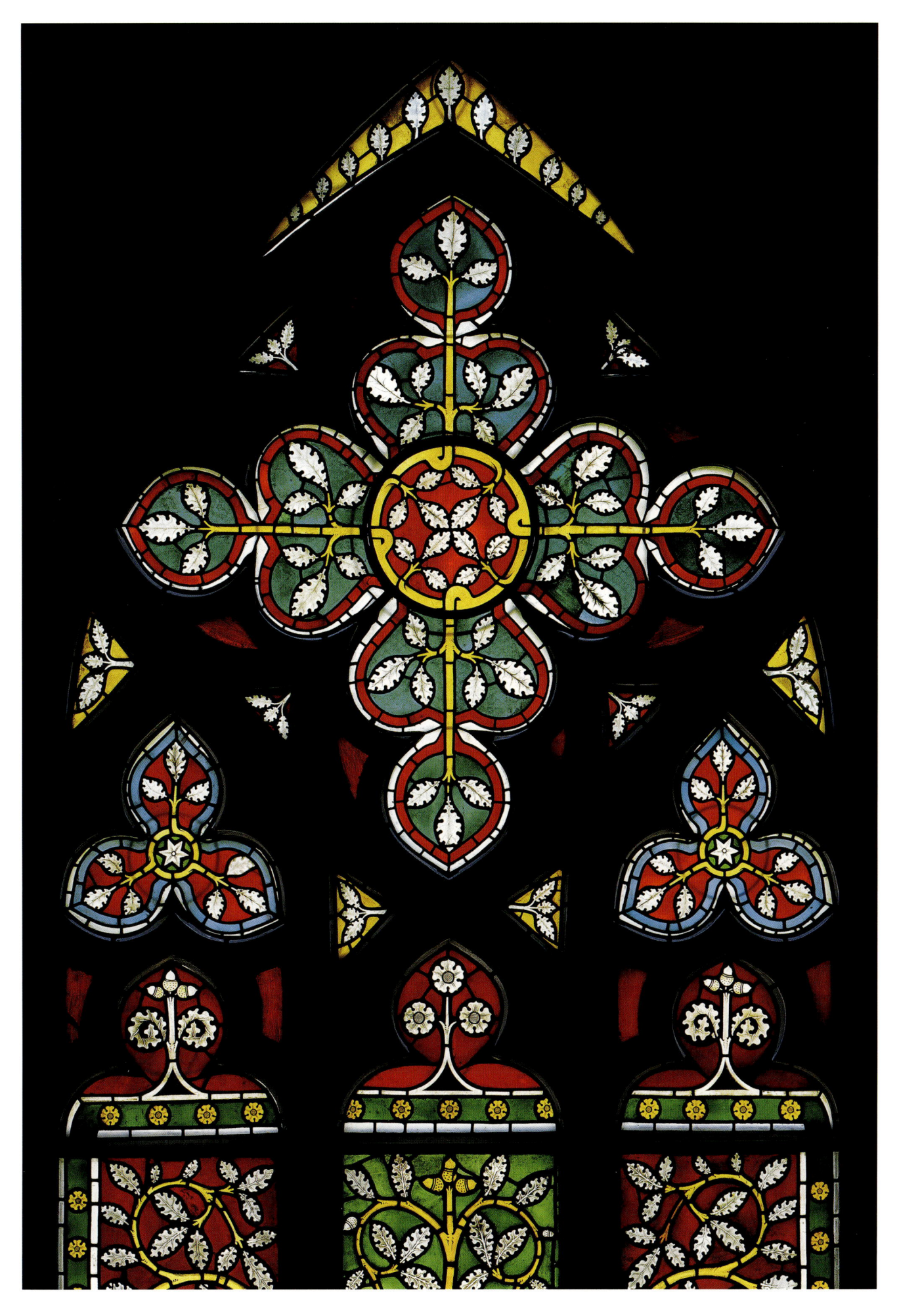

Farbabb. 24
Johannes-Katharina-Fenster (n III),
Masswerk

Farbabb. 25
Paulus-Maria-Fenster (s III, 1–3a–c),
Martyrium des heiligen Stephanus
(2/3c: Saulus, der die Kleider hütet,
gegen 1340, alle übrigen Felder
1900)

Farbabb. 26
Paulus-Maria-Fenster (s III,3–5a–c),
Bekehrung des Saulus zum Paulus
(4/5b und 4c gegen 1340, die
übrigen Felder 1900)

Farbabb. 27
Paulus-Maria-Fenster (s III, 5–7a–c),
Martyrium des heiligen Paulus
(6c: Zeuge mit dem Schwert, gegen
1340, alle übrigen Felder um 1900)

Farbabb. 28
Paulus-Maria-Fenster (s III, 7–9a–c),
Tod Marias (8/9b und 8c gegen 1340,
alle übrigen Felder 1900)

Farbabb. 29
Paulus-Maria-Fenster (s III, 9–11a–c),
Himmelfahrt oder Krönung Marias
(11b/c gegen 1340, alle übrigen Felder 1900)

Farbabb. 30
Paulus-Maria-Fenster (s III),
Masswerk

Farbabb. 31
Apostelfenster (n IV, 1–3a–c), Herzog Heinrich (1a) gegen 1340; Bindenschild der Herzöge von Österreich (1b); Restaurierungsinschrift 1897 (1c); Apostel Thomas (2/3a); Apostel Paulus (2/3b); Apostel Jakobus maior (2/3c), gegen 1340

Farbabb. 32
Apostelfenster (n IV, 4–6a–c),
Baldachine der unteren
Figurenreihe (4/5a–c);
Prophet Habakuk (6a);
Prophet Zacharias (6b);
Prophet Isaias (6c)

Farbabb. 33
Apostelfenster (n IV, 7–9a–c);
Apostel Judas Thaddäus
(7/8a); Evangelist Matthäus
(7/8b); Apostel Simon (7/8c)

Farbabb. 34
Apostelfenster
(n IV), Masswerk

159

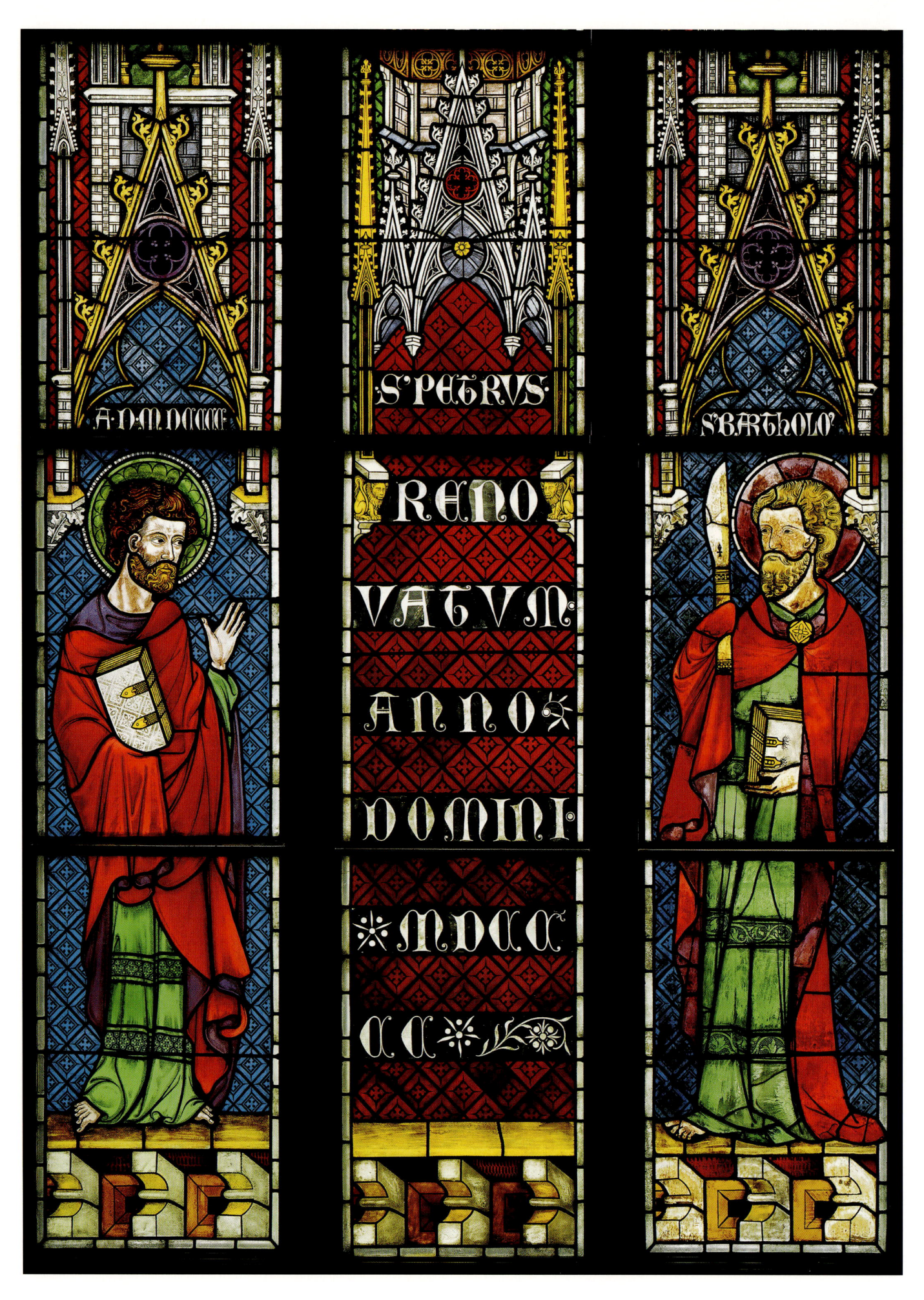

Farbabb. 35
Apostelfenster (s IV, 1–3a–c),
Apostel Bartholomäus (1/2c)
gegen 1340, alle übrigen
Felder 1900

Farbabb. 36
Apostelfenster (s IV, 6–8a–c),
Apostel Philippus (7a einige
originale Teile gegen 1340);
Apostel Andreas (7/8c gegen
1340), alle übrigen Teile 1900

Farbabb. 37
Apostelfenster (s IV, 8–11a–c),
Baldachine (10/11a, 11b, 8-11c
gegen 1340, alle übrigen
Felder 1900)

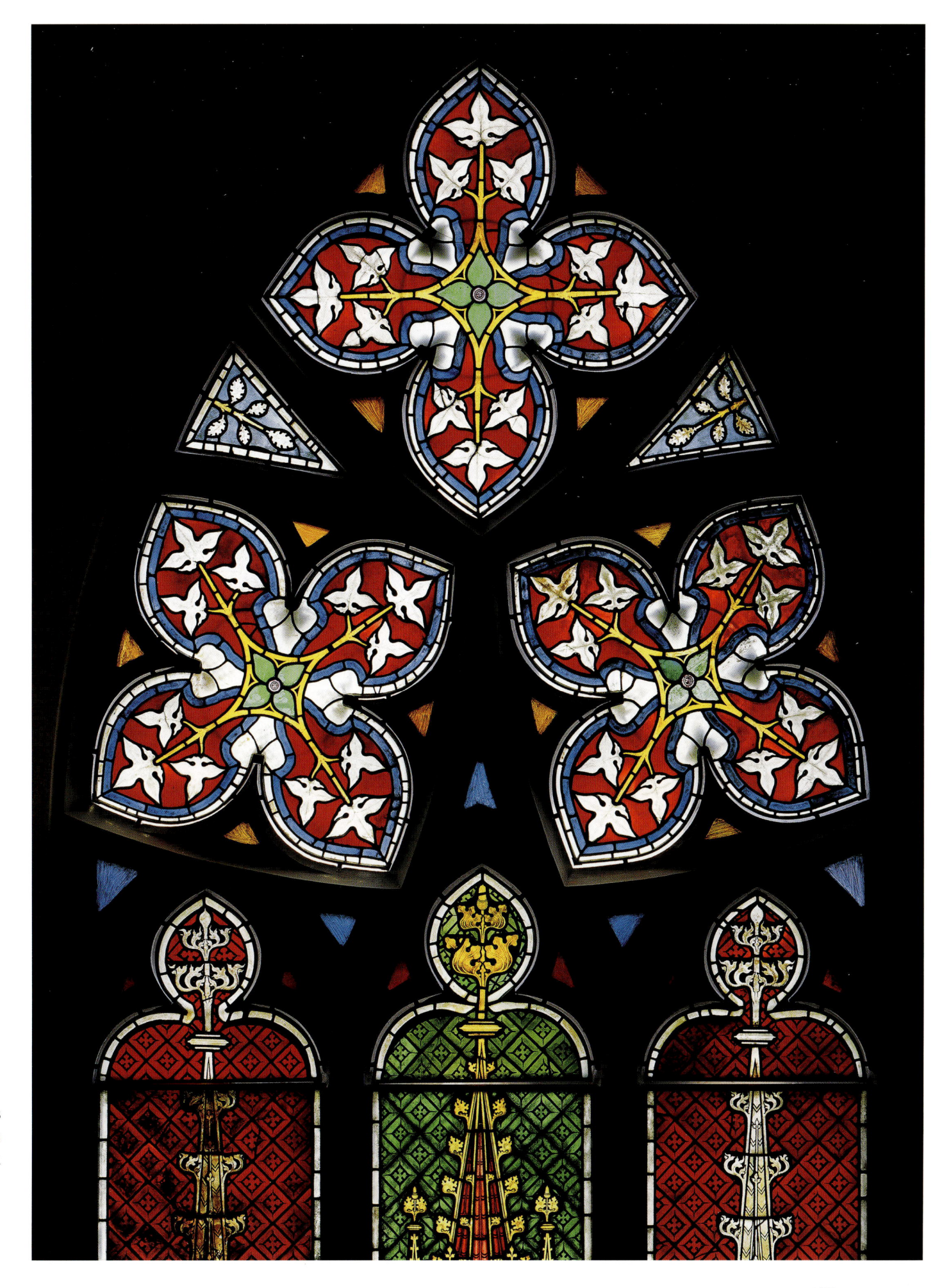

Farbabb. 38
Apostelfenster (s IV)
Masswerk

Farbabb. 39
Franziskusfenster (n V, 1–3a–c),
Franziskus sagt sich von
seinem Vater los, um 1340;
Herzog Otto (1a) um 1340;
Löwen und Restaurierungs-
inschrift (1b/c) 1897

Farbabb. 40
Franziskusfenster (n V, 3–5a–c)
Innozenz III. bestätigt
die Regel des heiligen
Franziskus

Farbabb. 41
Franziskusfenster (n V, 5–7a–c),
Vogelpredigt des heiligen
Franziskus

Farbabb. 42
Franziskusfenster (n V, 7–9a–c),
Stigmatisation des heiligen
Franziskus

Farbabb. 43
Franziskusfenster (n V, 9–11a–c),
Tod und Apotheose
des heiligen Franziskus

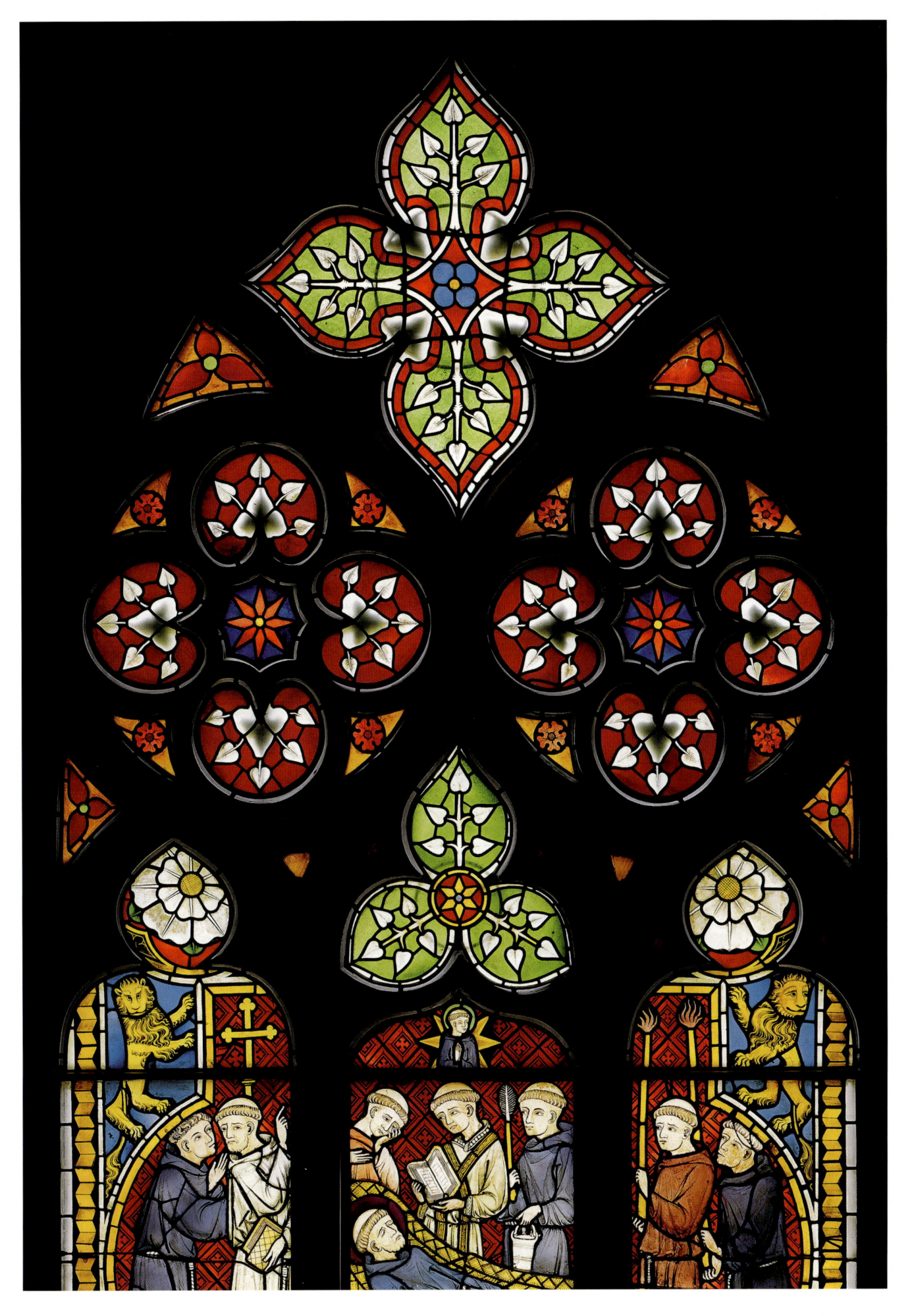

Farbabb. 44
Franziskusfenster (n V),
Masswerk

169

Farbabb. 45
Nikolausfenster (s V, 1–3a–c),
Nikolaus erweckt die drei
im Salzbottich eingepökelten
Schüler; Herzog Raoul de
Lorraine (1b und 2/3c um 1340,
alle übrigen Felder 1900)

Farbabb. 46
Nikolausfenster (s V, 3–5a–c),
Nikolaus schenkt drei armen
Mädchen eine Mitgift
(3/4c um 1340, alle übrigen
Felder 1900)

Farbabb. 47
Nikolausfenster (s V, 5–7a–c),
Wunder des Zauberöls
Mydiaton (6c um 1340,
alle übrigen Felder 1900)

Farbabb. 48
Nikolausfenster (s V, 7–9a–c),
Stratelatenwunder
(8c um 1340, alle übrigen
Felder 1900)

Farbabb. 49
Nikolausfenster (s V, 9–11a–c),
verlorene Szene der
Nikolauslegende (11a und
11c um 1340, alle
übrigen Felder 1900)

Farbabb. 50
Nikolausfenster (s V),
Masswerk

Farbabb. 51
Annafenster (n VI, 1–3a–c), Trunkenheit Noahs (1a weit gehend 1896/97); schlafender Jesse (1b, weit gehend 1896/97); Erschaffung der Eva (1c, weit gehend 1896/97, Eva Anf. 16. Jh.); Verkündigung an Joachim und Anna (1a-c, um 1340, jedoch weit gehend erneuert und übermalt); heilige Ursula (3a, Glas um 1340, jedoch vollständig übermalt); heilige Christina (3c, weit gehend übermalt, neuer Kopf)

Farbabb. 52
Annafenster (n VI, 3–5a–c), Begegnung von Joachim und Anna an der Goldenen Pforte (4b, weit gehend übermalt); heiliger Antonius von Padua (4a, Gesicht auf altem Glas, jedoch neu gemalt); heiliger Ludwig von Toulouse (4c); heilige Agatha (5a, vollständig übermalt); heilige Caecilia (5c, vollständig übermalt)

Farbabb. 53
Annafenster (n VI, 5–7a–c), Geburt Marias (6a/b, weit gehend übermalt); heilige Verena von Zurzach (6c, weit gehend übermalt); heilige Lucia (7a, vollständig übermalt, originaler Kopf); heilige Ottilia (7c, vollständig übermalt)

Farbabb. 54
Annafenster (n VI, 7–9a–c),
Tempelgang Marias (8b/c,
weit gehend übermalt);
heiliger Martin von Tours
(8a, Gewand übermalt,
originales Gesicht);
heilige Margarete
(9a, übermalt); heilige
Agnes (9c, übermalt)

Farbabb. 55
Annafenster (n VI, 9–11a–c), heilige Anna Selbdritt (10b, übermalt); heiliger Laurentius (10a, übermalt); heiliger Christophorus (10c, Teile mit originaler Malerei)

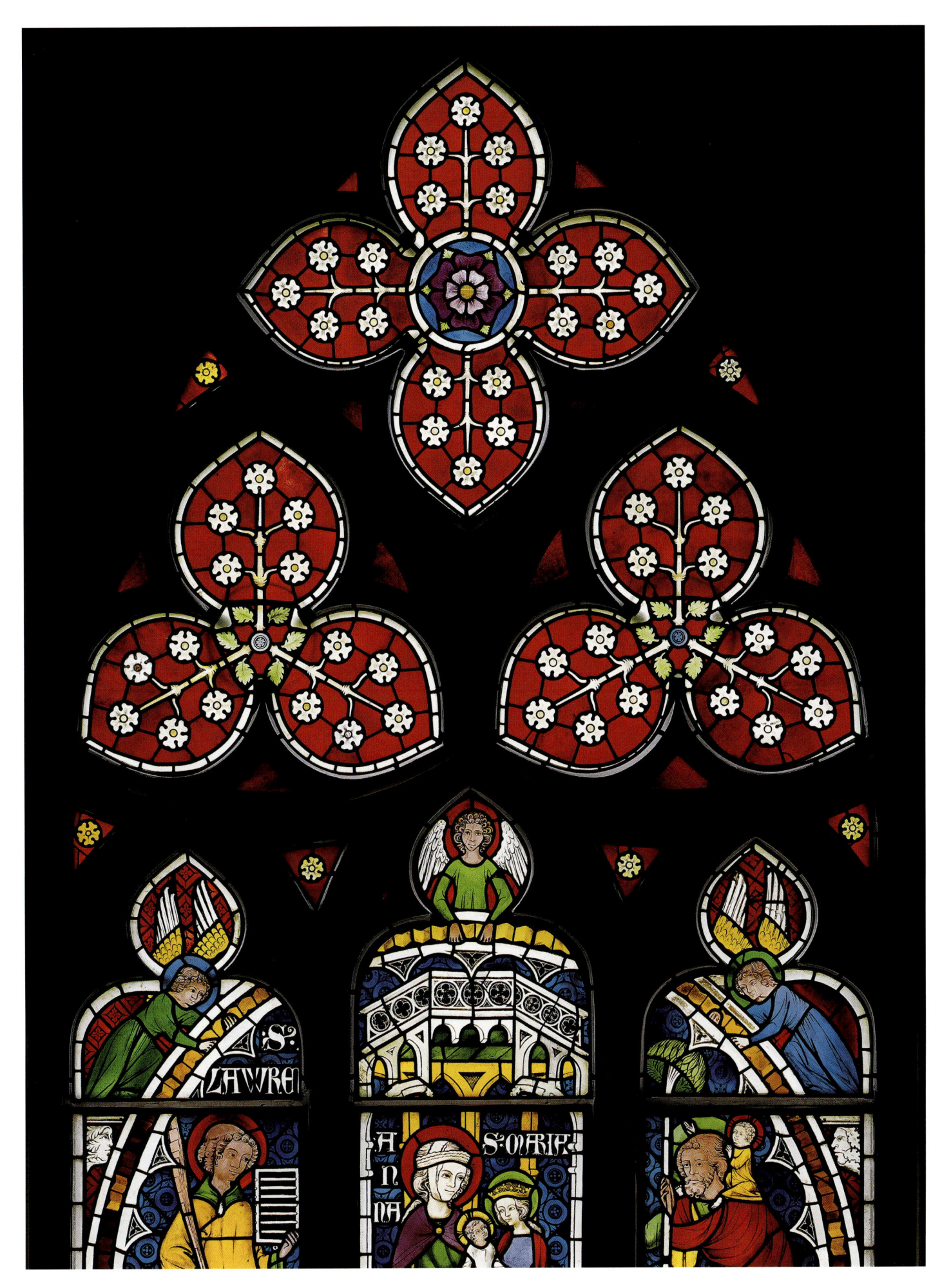

Farbabb. 56
Annafenster (n VI),
Masswerk

Farbabb. 57
Klarafenster (s VI, 1–3a–c), Bischof Guido von Assisi reicht der heiligen Klara die geweihte Palme (2a-c); Katharina von Savoyen, Herzogin von Österreich (1a); musizierende Engel (1b); Herzog Leopold von Österreich (1c, ausser dem Haupt weit gehend neu)

Farbabb. 58
Klarafenster (s VI, 3–5a–c),
der heilige Franziskus
nimmt Klara in
den Orden auf

183

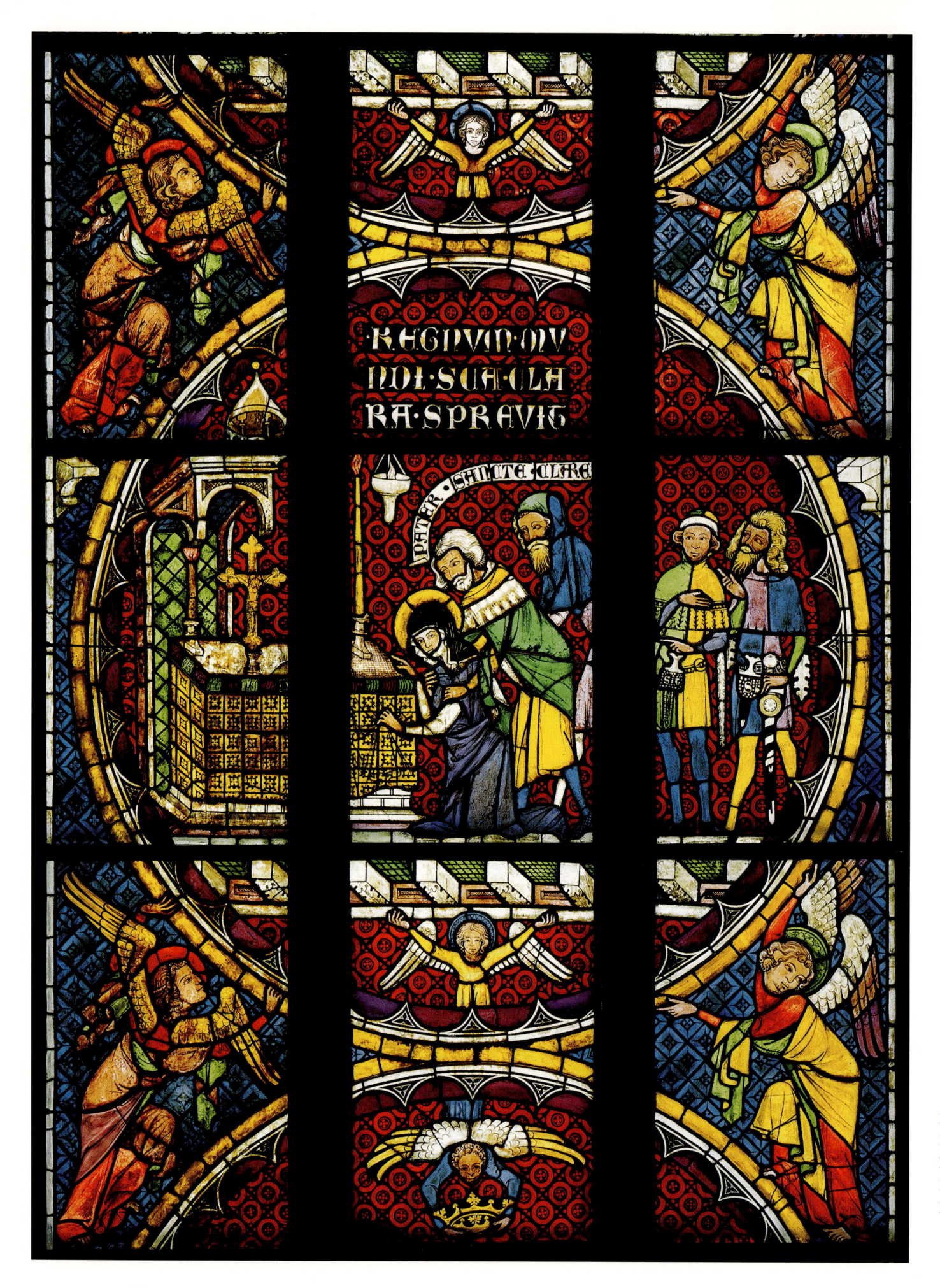

Farbabb. 59
Klarafenster (s VI, 5–7a–c),
Die Verwandten versuchen
Klara aus dem Kloster zu
holen

Farbabb. 60
Klarafenster (s VI, 7–9a–c),
Klara rettet mit ihrem Gebet
Assisi vor den sarazenischen
Truppen Friedrichs II.

Farbabb. 61
Klarafenster (s VI, 9–11a–c),
1900 ergänztes Medaillon
(9b/c, 11a und 11c um 1340)

Farbabb. 62
Klarafenster (s VI),
Masswerk

187

Königsfelden Langhaus

Farbabb. 63
s XII, 1a,
Christus-Johannes-Gruppe,
1330/40

Farbabb. 64
s XII, 1b,
Ölbergchristus,
1330/40

Farbabb. 65
w I, 1b,
heilige Klara,
1330/40

Farbabb. 66
s XIII, 1a,
König Rudolf von Böhmen
(† 1306), um 1360

Farbabb. 67
s XIII, 1b,
Herzog Albrecht II.
von Österreich († 1358),
um 1360

Farbabb. 68
s XIII, 2a, Architekturrahmen aus dem Fenster mit Bild und Wappen von König Andreas III. von Ungarn, um 1360

Farbabb. 69
s XII, 2b, Architekturrahmen
aus dem Fenster mit Bild und
Wappen von Herzog Leopold I.
von Österreich, um 1360

Farbabb. 70
n XI, 1a, Ornamentscheibe
mit Reichsschild aus dem
Obergaden oder den Fenstern
der Westfassade (Muster F),
um 1314/16

Farbabb. 71
n XI, 1b, Ornamentscheibe
mit Ungarnschild (Wappen des
Klosters Königsfelden),
wahrscheinlich aus einem
der Kreuzgänge (Muster C),
gegen 1312/13

Farbabb. 72
w I, 1a, Ornamentscheibe
aus dem Obergaden oder den
Fenstern der Westfassade
(Muster J), um 1314/16

Farbabb. 73
w I, 7a, Ornamentscheibe
aus dem Obergaden oder
den Fenstern der Westfassade
(Muster N), um 1314/16

Farbabb. 74
w I, 9b, Ornamentscheibe
aus dem Obergaden oder
den Fenstern der Westfassade
(Muster P), um 1314/16

Zofingen

Farbabb. 75
Zofingen, ehemalige
Stiftskirche, Chor (I),
Passionsfenster, um 1420

Farbabb. 76
I, 2a, Longinus führt den Lanzenstoss aus und weist auf seine blinden Augen

Farbabb. 77
I, 2b, Maria und Johannes unter dem Kreuz

Farbabb. 78
I, 2c, Christus wird vom römischen Hauptmann als Sohn Gottes bezeichnet

Farbabb. 79 und 80
I, 1a/b, Grablegung
Christi (Haupt und Oberkörper Christi 1876 und 1979)

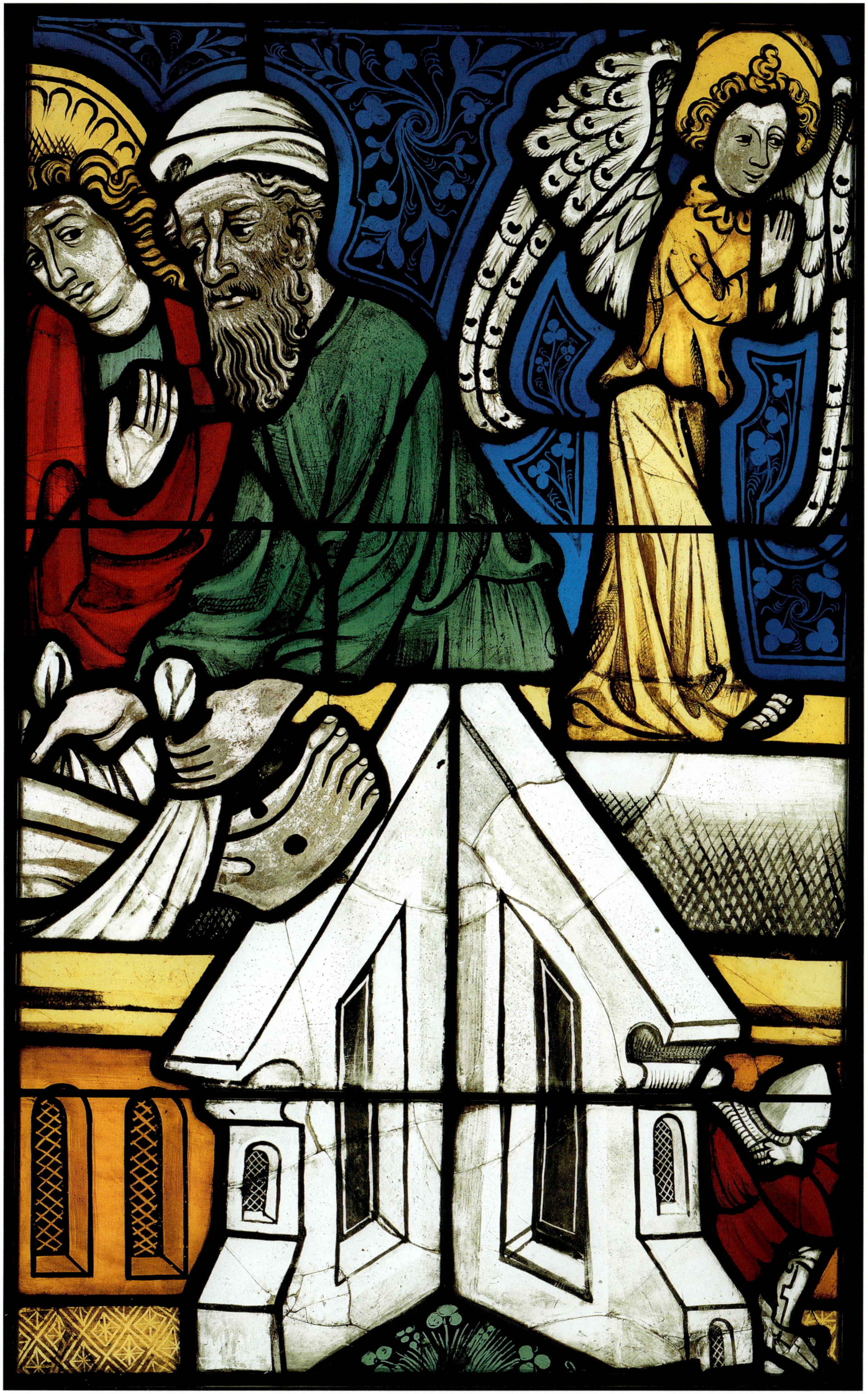

Staufberg

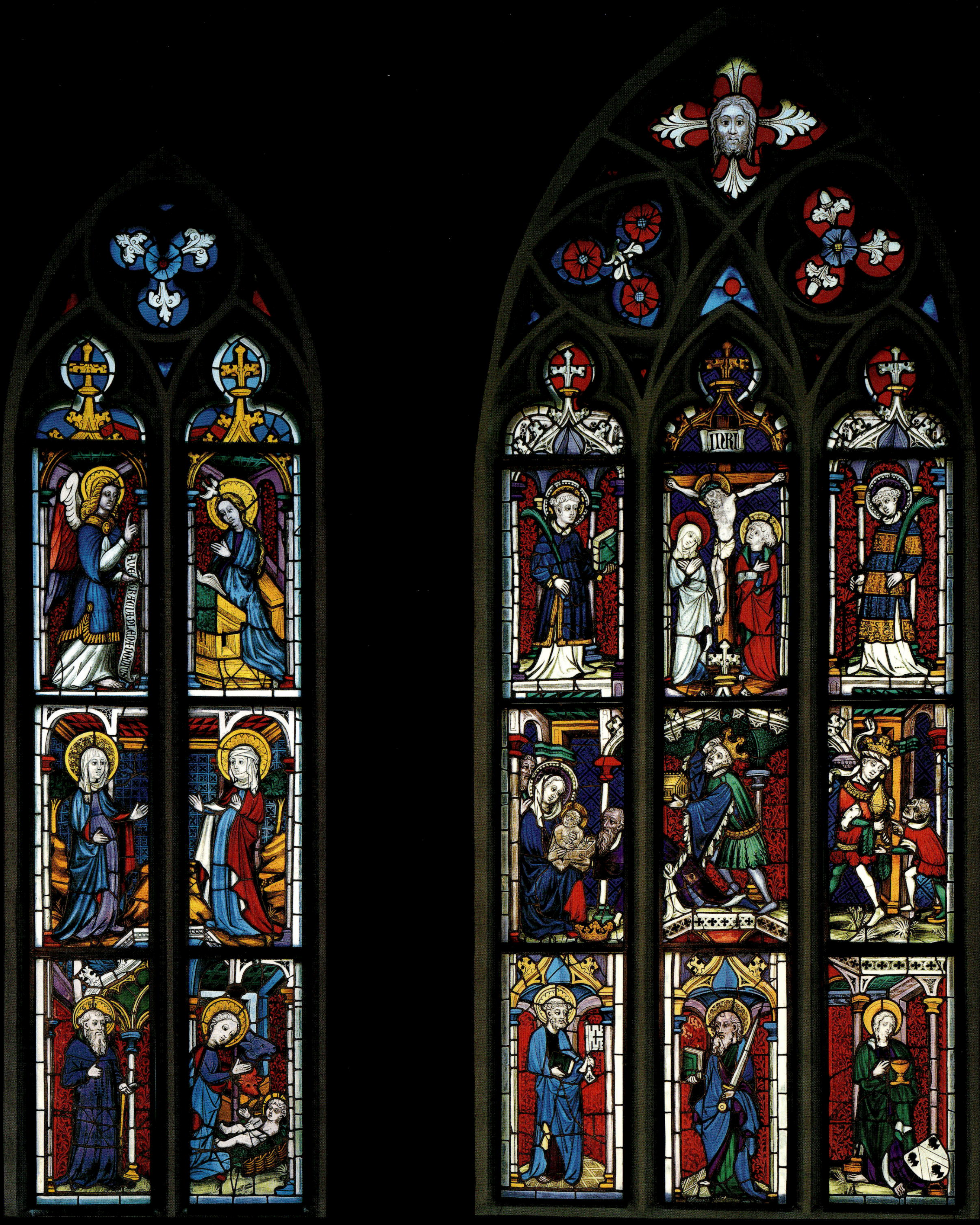
INRI

Farbabb. 81
Staufberg, Sankt Nikolaus, Chor (n II),
Kindheit Christi und heiliger Beatus,
um 1430/40

Farbabb. 82
Staufberg, Sankt Nikolaus, Chor (I),
Anbetung der Könige, Kreuzigung
und Heilige

Farbabb. 83
Staufberg, Sankt Nikolaus, Chor (s II),
Kindheit Christi und heilige Maria
Magdalena

Farbabb. 84
I, 1c, Johannes Evangelist

Farbabb. 85
I, 1a, Apostel Petrus

Farbabb. 86
I, 1b, Apostel Paulus

Farbabb. 87
I, 2a, Maria mit Kind aus
der Anbetung der Könige

Farbabb. 88
I, 3b, Kreuzigung

Farbabb. 89 und 90
n II, 2a/b, Heimsuchung

Farbabb. 91 und 92
n II, 3a/b, Verkündigung Christi an Maria (Engel 1893, wahrscheinlich von Johann Heinrich Müller, Bern)

Farbabb. 93
s II, 2a, Darbringung im Tempel

Farbabb. 94 und 95
s II, 3a/b, Beschneidung Christi

Auenstein, Thalheim, Suhr

Farbabb. 96
Auenstein, Pfarrkirche,
Wappenschild Rinach,
1. Hälfte 14. Jahrhundert

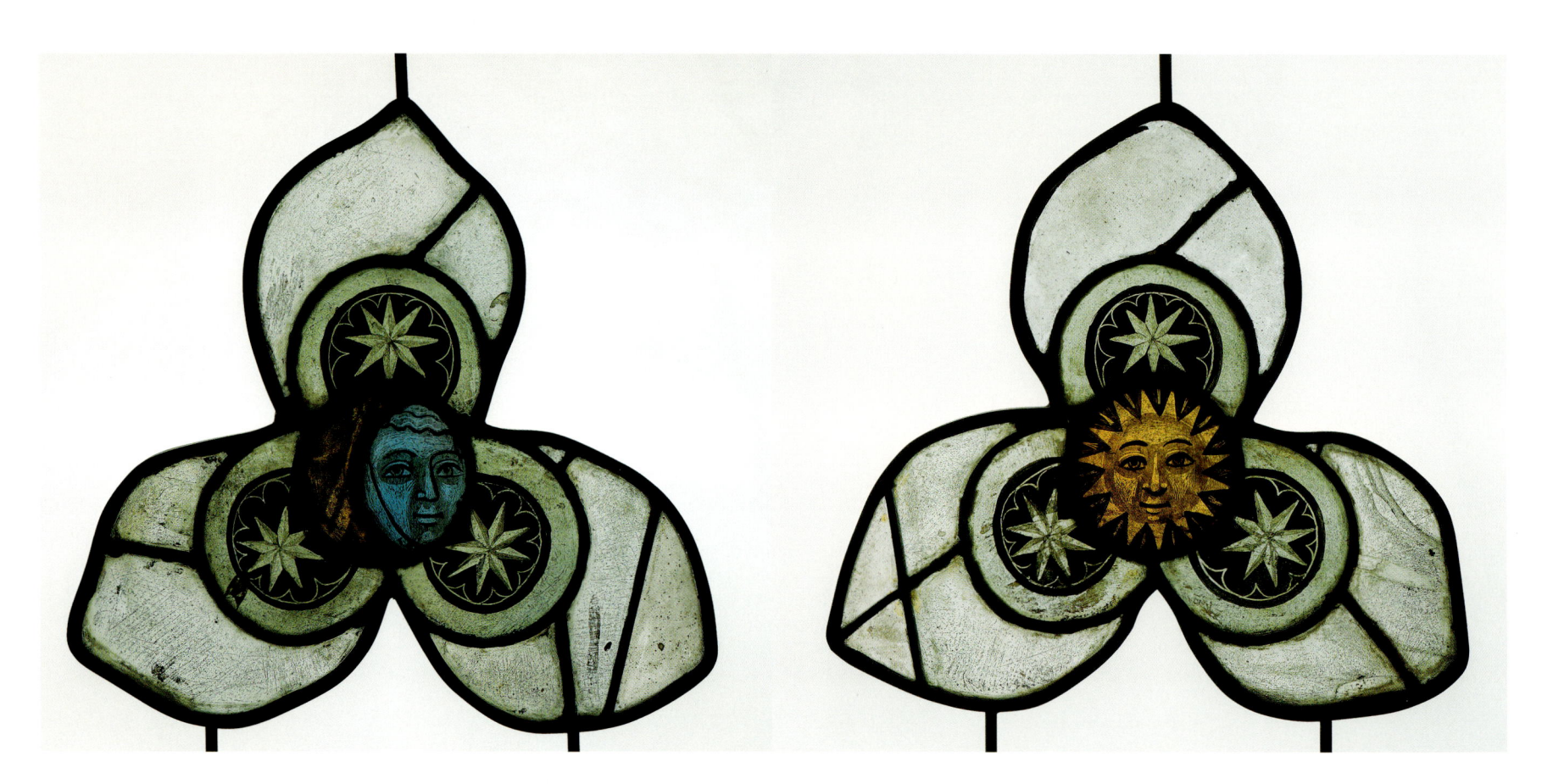

Farbabb. 97 und 98
Thalheim, Mond und Sonne
aus einem Kreuzigungsbild,
Mitte 14. Jahrhundert

224

Farbabb. 99
Suhr, Pfarrkirche,
Heilige Drei Könige,
um 1375

Kurzbeschreibungen

Königsfelden, ehemalige Klosterkirche
Sancta Maria und Alle Heiligen
Chorfenster und Langhausfenster

Zofingen, ehemalige Kollegiatskirche Sankt Mauritius

Staufberg, Pfarrkirche Sankt Nikolaus

Auenstein, Thalheim, Suhr, Pfarrkirchen

Übersicht über die Restaurierungen der mittelalterlichen Glasmalereien im Kanton Aargau

Wettingen
Vgl. Band 2

Königsfelden
Erst nach der Auflösung des Doppelklosters in der Reformation berichten die Quellen über Veränderungen und Reparaturen an den Glasmalereien:

1555
Wien, Österreichische Nationalbibliothek, cod. 8614*: Johann Jakob Fugger (Clemens Jäger), «Ehrenspiegel des Hauses Österreich»: Die Glasmalereien seien von den Eidgenossen erst kürzlich beschädigt worden.

1596
Lieferung von sechs Wappenscheiben ins Mittelfenster des Chors, die 1900 von Richard A. Nüscheler entfernt und ins Museum (heute Schloss, Lenzburg) verbracht wurden.

1613 und 1641
Beschädigung der Glasmalereien durch ein Unwetter.

1777
Glasermeister Lang ergänzt die Chorfenster mit altem gemaltem Glas von den Fenstern der Kirche und bessert die Rose im Westgiebel ebenfalls mit bemalten Glasfragmenten aus.

1795
Die Glasmalereien im Chor werden von Glasermeister Lang neu verbleit.

1803
Der junge Kanton Aargau lässt die Glasmalereien erstmals ausbessern.

1816
Betrunkene beschädigen die Glasmalereien im Chor.

1825
Schutz der Glasmalereien durch Gitter.

1828
Reinigung und Ausbesserung der Glasmalereien durch Glasermeister Meier in Lenzburg.

1851
Der Zürcher Glasmaler Johann Jakob Röttinger bringt in Fenster n II eine Inschrift an. Man weiss jedoch nicht sicher, ob er Restaurierungen vorgenommen hat. Möglicherweise war er auch mit der Herstellung von Zeichnungen beschäftigt, welche die Glasmalereien wiedergeben, wie Johann Rudolf Rahn berichtet.

1871/72
Johann Heinrich Müller von Bern bessert mit seinen Mitarbeitern die Glasmalereien im Chor der Klosterkirche aus, indem er teilweise Ergänzungen vornimmt und Teile neu verbleit.

1896–1900
Restaurierung der Glasmalereien durch Richard A. Nüscheler.

1900
Montage der erhaltenen Scheiben aus dem Langhausobergaden, den drei Fenstern der Westfassade und den Seitenschifffenstern in den drei Öffnungen der Westfront und den westlichen Fenstern der Seitenschiffe.

1940
Ausbau der Glasmalereien und Auslagerung während des Zweiten Weltkrieges.

1947
Wiedereinbau mit einer ersten Schutzverglasung.

1982–1986
Erste Etappe der jüngsten Restaurierung, ausgeführt durch Fritz Dold, Urs Wohlgemuth, Eduard Renggli, Fritz Scholz, Franco Giacomel, Konrad Vetter. Erneuerung der Schutzverglasung (Leitung: Manfred Tschupp, Abteilung Hochbau; Peter Felder, Kantonaler Denkmalpfleger; wissenschaftlicher Experte: Gottfried Frenzel†).

1987/88
Voruntersuchung und Notsicherung des Klara- und Niklausfensters durch Fritz Dold und Urs Wohlgemuth unter der wissenschaftlichen Leitung von Gottfried Frenzel.

1988–2002
Restaurierung der Chorverglasung durch Fritz Dold und Urs Wohlgemuth (Entscheidungsgremium: Fritz Althaus, Kantonsbaumeister, Vertreter der Abteilung Hochbau, Prof. Dr. Alfred A. Schmid, Fribourg, Vertreter der Eidgenössischen Kommission für Denkmalpflege, Jürg Andrea Bossardt, Denkmalpfleger, Vertreter der Kantonalen Denkmalpflege; Projektleitung: Alexander Schlatter, Kantonaler Denkmalpfleger, ab Mai 1996 Jürg Andrea Bossardt, Kantonaler Denkmalpfleger, Manfred Tschupp, Abteilung Hochbau [bis 1996], ab 1997 Rolf Brüderlin, Projektleiter Abteilung Hochbau; Experte: Gottfried Frenzel [bis 1991], ab 1990 Dr. Stefan Trümpler, Romont; Konsulenten: Dr. Peter Felder, Küttigen [bis 1996], PD Dr. Brigitte Kurmann-Schwarz, Pieterlen [ab 1997], Dr. Bruno Mühlethaler, Schinznach Dorf).

1988/89
Annafenster, n VI

1989/90
Franziskusfenster, n V

1990/91
südliches Apostelfenster, s IV

1991/92
Paulus-Maria-Fenster, s III

1992/93
Johannes-Katharina-Fenster, n III

1993
nördliches Apostelfenster, n IV

1993–95
Jugend-Christi-Fenster, n II

1995/96
Auferstehungsfenster, s II

1996–98
Passionsfenster, I

1999–2001
Klarafenster, s VI

2001/02
Nikolausfenster, s V

Dokumentation: redigiert und zusammengestellt von Christine Buchmüller-Frey aufgrund der Restaurierungsberichte von Fritz Dold und Urs Wohlgemuth; Konzept: Franz Jaeck, Adjunkt Kulturgüterschutz.

Zofingen

Erst im 19. Jahrhundert berichten die Quellen über Restaurierungen der Glasmalereien in der ehemaligen Stiftskirche, doch gab es mit Sicherheit schon früher Veränderungen:

1514/20
Übertragung aus dem gotischen in den spätgotischen Bau.

bis 1876
Im oberen Teil des Mittelfensters eingesetzt (Johann Rudolf Rahn, Geschichte der bildenden Künste in der Schweiz). Grablegung und Auferstehung waren über der Kreuzigung angebracht und wurden von den Baldachinen gekrönt. Diese befanden sich damals sicher an ihrem ursprünglichen Standort, da sie aufgrund ihrer Masse nur in die oberste Reihe des spätgotischen Mittelfensters passen (8a–c). An ihrem heutigen Standort in Zeile 4 sind sie 12 cm zu kurz (Ellen J. Beer, 1965). Die Masse der Scheiben sind jedoch nicht ursprünglich, da die Glasmalereien um 1514/20 in das spätgotische Fenster des Chores übertragen wurden. Erst damals müssen sie verkürzt worden sein.

1879
Ergänzende Restaurierung und Neuverbleiung durch den Berner Glasmaler Johann Heinrich Müller. Er stellte die heutige Anordnung der Glasmalereien her, beliess sie jedoch im oberen Teil des Fensters.

1979
Restaurierung der Glasmalereien durch den Berner Glasmaler Konrad Vetter. Vereinzelt wechselte er Gläser aus, die Johann Heinrich Müller als Ergänzungen eingesetzt hatte, und erneuerte das Bleinetz einiger Felder (1a/b). Er klebte vielfach zerbrochene Gläser und retuschierte den Verlauf der Sprünge. In dieser Zeit wurden alle Felder in Aluminiumrahmen gefasst und mit einer Aussenschutzverglasung eingesetzt. Damals wurde die Anordnung im unteren Teil der mittleren Choröffnung hergestellt.

2000
Im Mai 2000 wurden die Glasmalereien ausgebaut und für die vorliegende Publikation photographiert und untersucht. Die Bestandsaufnahme in Band 3 des Corpus Vitrearum Medii Aevi Schweiz, die vor der letzten Restaurierung erstellt wurde, konnte dabei geringfügig korrigiert werden (Ellen J. Beer, 1965). Es liessen sich im Gegensatz zur Bestandsaufnahme im Corpus Vitrearum keine Übermalungen der Schwarzlotmalerei feststellen.

Staufberg

Die Quellen berichten erst vom 19. Jahrhundert an über Restaurierungen:

1820
Auf eine in diesem Jahre durchgeführte Restaurierung geht wahrscheinlich die heutige Montage der Scheiben in den drei mittleren Chorfenstern zurück.

1893
Anlässlich der Gesamtrestaurierung des Chorinneren wird man auch zur Überholung und Ergänzung der Glasmalereien geschritten sein. Quellenforschungen gibt es dazu keine.

Aufgrund des stilistischen Befundes könnten diese Arbeiten ebenfalls von Johann Heinrich Müller ausgeführt worden sein. Neben zum Teil ausgiebigen Ergänzungen in den erhaltenen Scheiben schuf dieser Glasmaler den Verkündigungsengel in n II neu.

1946
Nach der Demontage während des Zweiten Weltkriegs Rückführung der Glasmalereien an ihren Standort.
Zu einem späteren Zeitpunkt wurden die Glasmalereien mit Messingrahmen versehen und mit einer Schutzverglasung wieder eingesetzt. Diese Arbeiten wurden von dem Berner Glasmaler Konrad Vetter ausgeführt.

1997
Untersuchung der Glasmalereien für diese Publikation, die geringfügige Abweichungen zur Bestandesaufnahme in Band 3 des Corpus Vitrearum Schweiz ergeben hat.

Auenstein

Restaurierung und heutige Montage 1998.

Thalheim

Die beiden Felder mit Sonne und Mond zeigen Spuren von Restaurierungen des 19. und des 20. Jahrhunderts.

1999
Ausbau für die Untersuchung in Hinsicht auf die Bearbeitung des vorliegenden Bandes. An beiden Feldern brachte Fritz Dold Ergänzungen an.

Suhr

1844 Zerstörung der spätmittelalterlichen Glasmalereien durch einen Brand. Die Heiligen drei Könige sind das einzige erhaltene Bruchstück eines Jugend-Christi-Zyklus. Die Scheibe wurde bis 1930 im Gemeindehaus von Suhr aufbewahrt, danach wieder in der Kirche.

Königsfelden, Grundriss
ehemalige Klosterkirche Sancta Maria
und Alle Heiligen mit der
Fensternummerierung im Chor und
Langhaus.

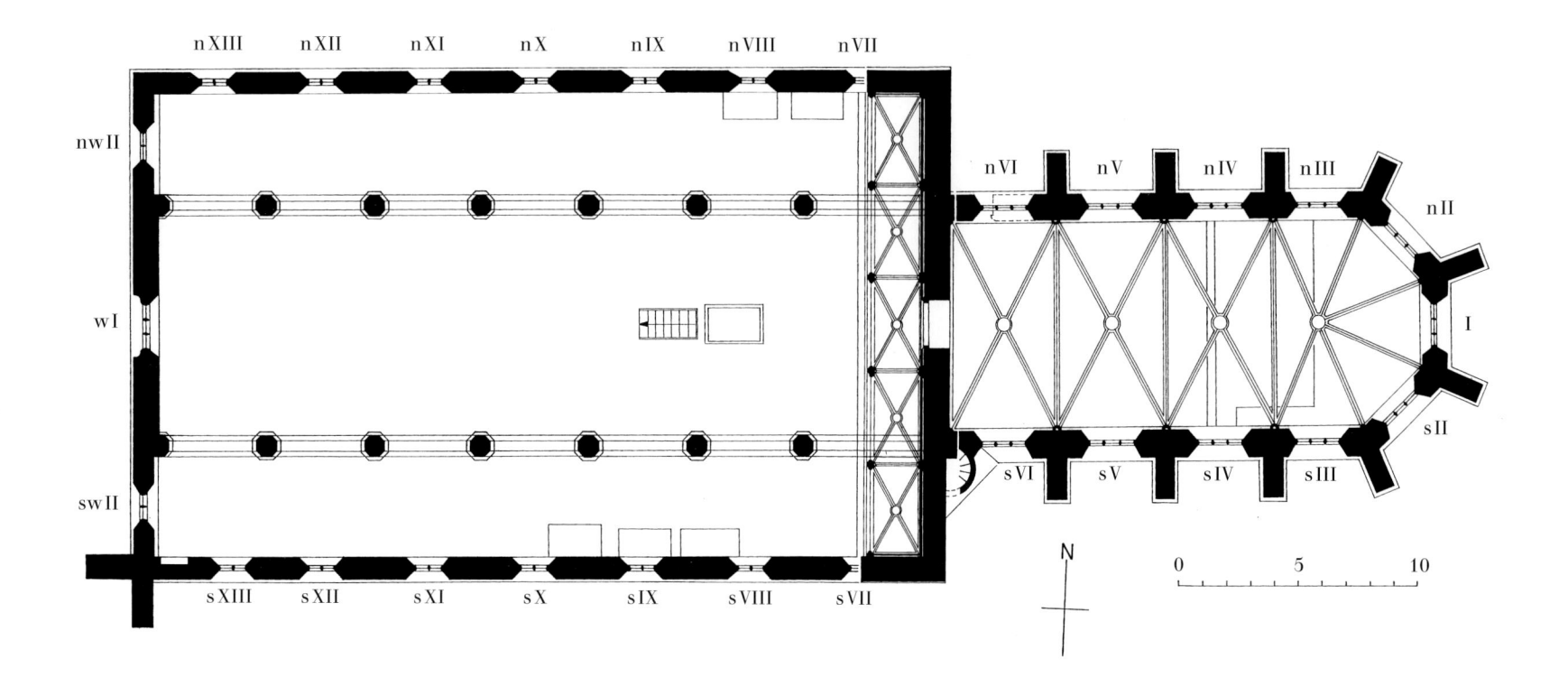

Königsfelden, ehemalige Klosterkirche, Ansicht Fensterschema mit Nummerierung

Königsfelden, Chorfenster Bestandesaufnahme

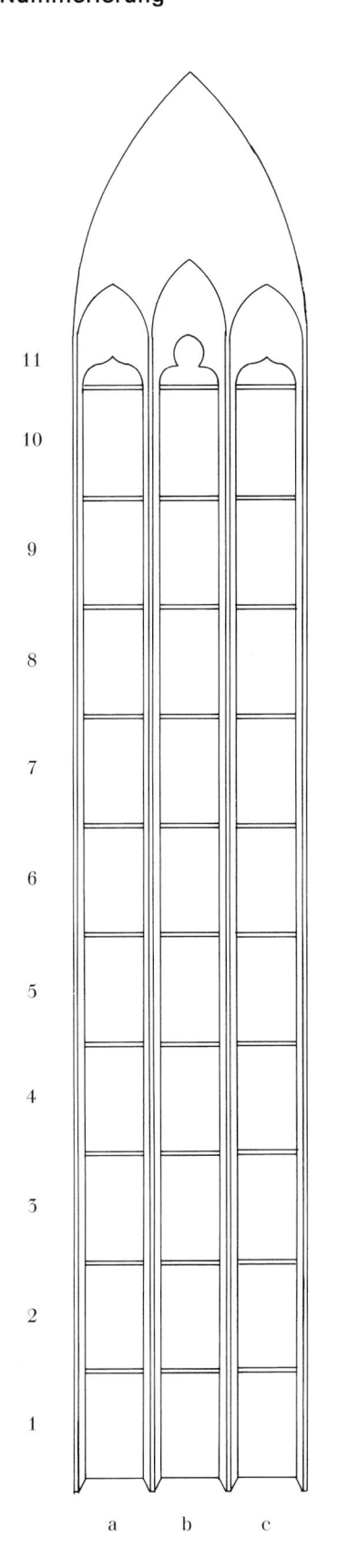

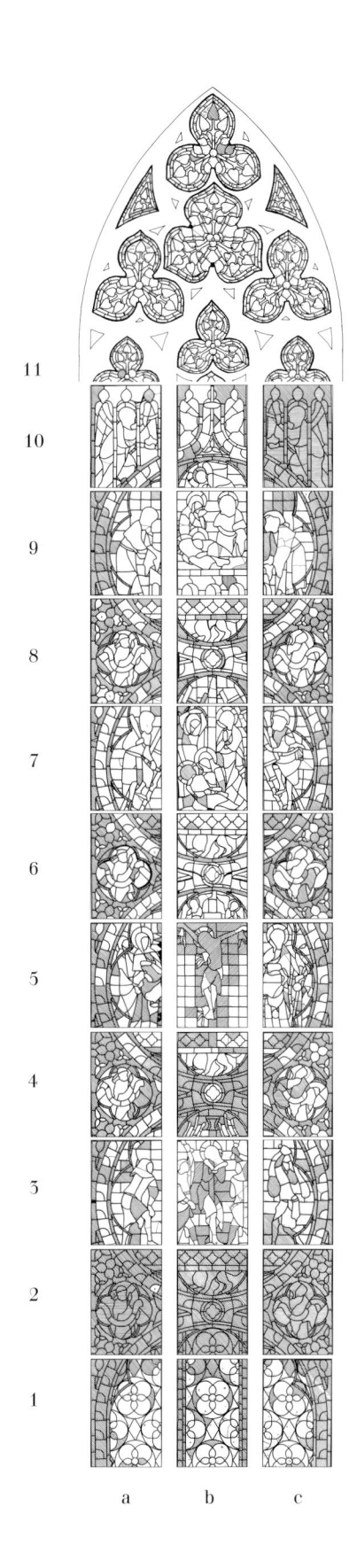

Weisse Bereiche: Originalsubstanz
Schraffierte Bereiche: Ergänzungen

**Königsfelden
Chorfenster I
Leben Christi (Passion)
Oberrheinische Werkstatt**

Inhalt. Eine Bilderfolge mit ursprünglich fünf Szenen aus der Passion Christi, von denen noch vier erhalten sind, steht im Zentrum der Chorverglasung. Die Szenen in den beherrschenden Medaillons werden von halbfigurigen Propheten begleitet, die paarweise die Zwickel zwischen den Hauptbildern einnehmen. Das unterste Halbmedaillon ist seit Ende des 19. Jahrhunderts mit ornamentalen Glasmalereien gefüllt, die ursprünglich aus den Obergadenfenstern oder den Westfenstern des Langhauses stammen und von Richard A. Nüscheler für die neue Verwendung ergänzt wurden.

Die Erzählung wird von unten nach oben gelesen und beginnt heute mit der Geisselung in Zeile 3 der Verglasung. Der Körper Christi windet sich qualvoll um die Säule, und sein Haupt senkt sich auf seine rechte Schulter. Zwei Schergen mit dreiteiligen Geisseln flankieren den Gequälten und schlagen auf ihn ein. In den beiden äusseren Scheiben holen zwei weitere Folterknechte mit ihren Ruten drohend aus und dringen auf Christus ein. Die der Geisselung zugeordneten Propheten gingen im Laufe der Jahrhunderte verloren. Die heutigen wurden 1872 von Johann Heinrich Müller angefertigt. Ihre Texte sind daher eine Erfindung der Auftraggeber des Restaurators und können nicht mehr als Teil des ursprünglichen Programms betrachtet werden.

Das Kreuz mit dem toten Christus steht im Zentrum der folgenden Szene. Aus den Wunden Christi fliesst reichlich Blut, das wie glühende Flammen aus dem blauen Grund hervorleuchtet. Links steht Maria, die vor Schmerz niederzusinken droht und daher von ihrer Begleiterin gestützt werden muss. Gegenüber der Muttergottes beobachtet der Evangelist Johannes das Geschehen. Ihm steht der römische Hauptmann zur Seite, der Christus als den wahren Sohn Gottes erkannte. Der

Grablegung Christi

Beweinung Christi

Kreuzigung Christi

Geisselung Christi

Prophet Isaias (4a) links unterhalb des Kreuzigungsbildes hält einen Text, der von Schlägen berichtet, sodass man annehmen darf, dieser hätte eher die Geisselung als die Kreuzigung kommentieren sollen. Dasselbe Problem stellt sich mit der Figur rechts (4c), deren Schriftband einen Schlafenden erwähnt, dessen Herz wachsam sei. Dieser Text wird von den mittelalterlichen Theologen normalerweise mit der Grablegung verbunden.

Auf die Kreuzigung folgt die Beweinung Christi, die in den Evangelien nicht eigens beschrieben wird, aber in ausserliturgischen Gebräuchen des Mittelalters eine wichtige Rolle spielte (Meditation über die Wunden Christi, Passionsgebete zur Vesperstunde). Maria sitzt demütig auf dem Boden und hält ihren toten Sohn in den Armen, so wie sie ihn einst als Kind im Schoss hielt. Im Hintergrund beklagen Maria Magdalena und Johannes den Toten mit beredten Gesten. Die lateinischen Verse auf den Schriftbändern der beiden Propheten, die der Klage um den toten Christus zugeordnet sind, verweisen weniger auf diese als vielmehr auf den Tod Christi am Kreuz. Der Quell, den der Prophet Ezechiel (6a) entsprechend dem Text auf seinem Schriftband unter der Schwelle des Tempels hervorbrechen sah, deutet auf das Wasser hin, das aus der Seitenwunde Christi zusammen mit dem Blut hervorsprudelte. Dieses wurde von den Theologen mit dem Taufwasser gleichgesetzt. Der Vers aus dem Buch des Propheten Amos (6c), der rechts unterhalb der Beweinung angebracht ist, spielt auf die Verfinsterung der Sonne zur Todesstunde Christi an.

Mit der Grablegung schliesst die Leidensgeschichte Christi in den Glasmalereien von Königsfelden ab. Das Grab wird von den klagenden Freunden umstanden, und Maria umarmt den toten Sohn ein letztes Mal. Der Patriarch Tobias (8a) links unterhalb der Grablegung spielt mit dem Vers auf seinem Schriftband auf sein Elend an, was wohl am ehesten zur Beweinung passen würde, während das Schriftband von Jesus Sirach (8c) wiederum auf Schläge hinweist und daher wohl als Kommentar zur Geisselung gedacht war.

Die räuchernden Engel über der Grablegung stellen die Verbindung zwischen Leidensgeschichte Christi und Liturgie her. Deren Höhepunkt ist der Messkanon, in dem nach katholischer Lehre das historische Geschehen der Passion täglich durch die Transsubstantiation nachvollzogen wird.

Erhaltung. Von 30 Rechteckfeldern enthalten heute noch 25 originales Glas aus der Entstehungszeit. Von der Restaurierung des Berner Glasmalers Johann Heinrich Müller stammen die beiden untersten Propheten und der Engel in 10c. Das Aussehen des Fensters bestimmt heute die sehr weit gehende Restaurierung von Richard A. Nüscheler (1898), der alle Architekturformen erneuerte und regularisierte. Die vorerst letzte Restaurierung brachte gegenüber dem späten 19. Jahrhundert ebenfalls einschneidende Veränderungen. Geisselung und Kreuzigung wurden nach alten Aufnahmen und Zeichnungen 1996/98 rekonstruiert. Fritz Dold schuf dazu die Kartons und die modernen Ergänzungen.

Künstlerische Ausführung. Die Glasmalereien des Passionsfensters sind als gemaltes Masswerkgitter gestaltet, in das die Szenen der Leidensgeschichte und die Propheten eingefügt sind. Der warme Dreiklang Blau-Rot-Gelb beherrscht die farbliche Stimmung des Fensters. Daneben setzen die kühleren Töne Weiss, Grün und Purpur lichte und spannungsvolle Akzente. Zurückhaltend führte der Entwerfer der Glasmalereien Räumlichkeit in seine Kompositionen ein, was in der Grablegung, wo der Sarkophag in umgekehrter Perspektive wiedergegeben ist, am deutlichsten sichtbar ist. Die ursprünglich zarte, nuancierte Schattierung im Zusammenspiel mit den Konturen zeigt einzig noch das Gewand, das Gesicht und die Kopfbedeckung des Mannes mit den drei Nägeln in der Beweinung Christi (7c). Die stark stilisierten Figuren zeugen von höchster, formaler Eleganz.

Datierung. Das Passionsfenster entstand kurz vor der Weihe des Chores im Jahre 1330.

**Königsfelden
Chorfenster n II
Leben Christi (Verkündigung
bis Taufe)
Oberrheinische Werkstatt**

Inhalt. Die Glasmalereien des Fensters in der nördlichen Schräge der Chorapsis von Königsfelden erzählen die Geschichte der Kindheit und Jugend Christi bis zu seiner Taufe im Jordan. In der ersten Zeile verkündigt links der Engel Gabriel Maria die Geburt Christi. Darauf folgte wohl einst die Begegnung zwischen Maria und Elisabeth. Diese Szene ging im Laufe der Jahrhunderte verloren und an ihrer Stelle sieht man heute das Wappen des Heiligen Römischen Reiches Deutscher Nation. «Siehe ich verkündige euch grosse Freude» (Lk 2, 10) steht in lateinischer Sprache auf dem Schriftband des Engels, der sich in der zweiten Figurenzeile links zu dem einzigen Hirten herabneigt. In den beiden rechts anschliessenden Architekturkompartimenten ist die Geburt Christi dargestellt. Maria ruht sitzend auf ihrem Lager und hält das Neugeborene in ihren Armen. Ochs und Esel, die im Hintergrund aus einer altarartigen Krippe fressen, deuten auf den Stall von Bethlehem hin, in dem sich die Szene abspielt. Rechts thront Joseph auf einem Stuhl mit baldachinartiger Rücklehne. Ein leuchtend gelber, sechszackiger Stern steht über Mutter und Kind, denen wohl der verehrende Gestus des halbfigurigen Engels über Joseph gilt. In der folgenden Szene thront rechts Maria mit dem Kind auf ihren Knien. Sie hält eine Blume in ihrer Linken, die auf ihre königliche Abstammung aus dem Hause Davids verweist, und stützt mit ihrer Rechten das stehende Kind, das sich den Heiligen Drei Königen zuwendet. Diese nähern sich der thronenden Gottesmutter und dem Jesuskind von links her. Der älteste ist bereits niedergekniet und hat seine Krone abgelegt. Er balanciert sie auf seinem linken Knie und hält dem Kind einen mit Goldmünzen gefüllten Kelch entgegen. Hinter ihm steht der mittlere König, zeigt auf den Stern über dem Haupt

Taufe Christi

Darbringung Christi
im Tempel

Anbetung der Könige

Verkündigung an die
Hirten und Geburt
Christi

Verkündigung Christi
an Maria

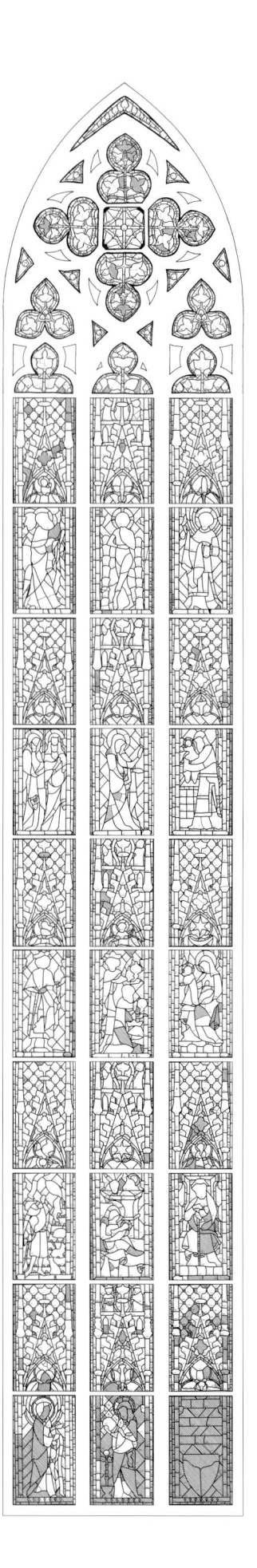

234

Marias und streckt Mutter und Kind einen goldenen Deckelpokal entgegen. Die Gruppe wird nach links hin durch den jüngsten König abgeschlossen, der eine Pyxis hält und ebenfalls auf den Stern zeigt. Über den Häuptern der Könige erscheinen halbfigurige Engel, welche die Magier der thronenden Gottesmutter präsentieren, deren Bedeutung durch einen Ehrenvorhang über dem Haupt zusätzlich hervorgehoben wird. Nach der Anbetung der Könige gingen Maria und Joseph nach Jerusalem, um Christus im Tempel darzubringen. Zugleich musste die Wöchnerin die traditionellen jüdischen Reinigungsriten vollziehen. Rechts hält der heilige Simeon, der als israelitischer Hohepriester gekleidet ist, das Kind über den Altar. Erschrocken wendet es sich von dem bärtigen Manne ab und Maria zu, die ihre Arme nach dem Sohn ausstreckt. Links von Maria stehen zwei Frauen, welche Tauben als Opfergabe der Armen in den Händen halten. Eine von ihnen trägt auch eine brennende Kerze. Dieses Motiv hat wiederum nichts mit dem biblischen Text zu tun, sondern mit der Liturgie des Festes Purificatio Mariae oder Lichtmess (2. Februar), an dem im Mittelalter Kerzen geweiht und eine Lichterprozession abgehalten wurden. Die Bilderfolge schliesst mit der Taufe Christi im Jordan. Jesus, über dessen Haupt die Taube des Heiligen Geistes schwebt, steht in der Mitte bis zur Brust im Wasser, rechts hält ein Engel sein Gewand, und links tritt Johannes segnend auf ihn zu. Neben dem Täufer steht ein Jünger mit einem Buch im Arm und weist damit wohl auf die anschliessende Apostelberufung voraus.

Neben den Giebeln der Architekturrahmen in der mittleren Fensterbahn stehen jeweils zwei Propheten, die Schriftbänder mit ihren Namen tragen. Ihre biblischen Bücher enthalten wichtige Aussagen zu derjenigen Szene des Lebens Christi, die in der zugehörigen dreiteiligen Architektur dargestellt ist.

Erhaltung. 1851 ritzte der in Zürich ansässige Glasmaler Johann Jakob Röttinger seinen Namen in die Rückseite desjenigen Glases ein, auf dem der Deckelpokal mit dem Weihrauch des mittleren Königs in Feld 5b gemalt wurde. Spätere Restaurierungen veränderten nur wenig am ursprünglichen Bestand der Glasmalereien, und sie bewahren auch sehr weit gehend ihre originale Konturbemalung. Trotzdem kann man die Glasmalereien heute nicht mehr so wie der Betrachter des 14. Jahrhunderts sehen. Die Verwitterung der Gläser und eine dicke Kruste von versintertem Schmutz und Kittresten überziehen die Oberfläche der Scheiben und dämpfen ihre Leuchtkraft empfindlich.

Künstlerische Ausführung. An die Stelle der kreisförmigen Öffnungen in der Masswerkwand des Mittelfensters treten in den seitlichen Apsisfenstern spitzbogige Arkaden, die durch masswerkgeschmückte Wimperge und paarweise angeordnete, schlanke Fialen gekrönt werden. Diese Rahmen gliedern die Szenen in zwei bis drei Einheiten. Die Zusammengehörigkeit der einzelnen Bildelemente muss daher vor allem durch die Gestik der Figuren geschaffen werden, die vor blauem Hintergrund erscheinen. Die in kühlen, hellen Farben (Weiss, Gelb, Grün, Hellblau, helles Purpur) gehaltenen Architekturrahmen dagegen sind von einem roten Rautengrund hinterlegt, dem kleine hellblaue Vierecke einen glitzernden Effekt verleihen. Auch in den Kompositionen des Jugend-Christi-Fensters versuchen die Glasmaler, dreidimensionale Effekte zu erzielen: so mit der Konstruktion der altarähnlichen Krippe und dem aufwändigen Sitz Josephs im Weihnachtsbild, dem Podest des Throns von Maria in der Anbetung der Könige und dem Altarblock in der Darbringungsszene. Der Glasmaler schuf dieselben schlanken und eleganten Figuren wie sie auch im Passionsfenster beobachtet wurden. Mit diesem bildet das Jugend-Christi-Fenster sowohl aufgrund der Farbigkeit als auch der formalen Gestaltung eine Einheit.

Datierung. Die Glasmalereien im nördlichen Chorschlussfenster entstanden kurz vor der Weihe im Jahre 1330.

**Königsfelden
Chorfenster s II
Leben Christi (Auferstehung
bis Pfingsten)
Oberrheinische Werkstatt**

Inhalt. Von unten nach oben werden die Ereignisse erzählt, die auf den Tod Christi folgten. Den Anfang macht die Szene der Auferstehung. Das Bild zeigt, wie Christus aus dem Sarkophag steigt, der die ganze Breite der Zeile ausfüllt. Er hat den Sargdeckel abgeworfen, sodass dieser diagonal vor dem Grabkasten zu liegen kam. Davor lagern sich die schlafenden Grabwächter, derjenige in der Mitte auf seinen Schild gestützt, der andere rechts ist am Sarkophag hingesunken. Eingehüllt in einen roten Mantel entsteigt der Gekreuzigte dem Grab. Triumphierend hält er die rote Siegesfahne in seiner Linken und vollführt einen Segensgestus mit seiner Rechten. Seine Wunden sind durch Kränze von züngelnden Flammen hervorgehoben. Der übernatürliche Vorgang wird durch die Anwesenheit der beiden Engel unterstrichen, von denen nur noch der rechte teilweise original ist. In der nächsten Figurenzeile sieht man, wie die heiligen Frauen am Ostermorgen mit ihren Salbbüchsen zum Grab des Gekreuzigten kommen. Dieser ist von Maria Magdalena bereits im Gärtner erkannt worden, der sich unweit vom Grabe aufhielt. Rechts hat sich die Heilige vor Christus niedergekniet und ihre Salbbüchse vor sich auf die Erde gestellt. Christus bittet sie, ihn nicht zu berühren, da er noch nicht zu seinem Vater aufgefahren sei. Von diesem Gespräch Christi mit Magdalena, das im Johannes-Evangelium überliefert wird, erhielt die Szene ihren Namen «Noli me tangere» («Berühre mich nicht», Jo 20, 17). In der folgenden Szene erscheint Christus den Jüngern in einem geschlossenen Raum. Thomas jedoch will nicht glauben, dass tatsächlich Christus gegenwärtig ist, der doch nur kurz zuvor den Tod am Kreuz erlitten hatte. Da packt der Auferstandene den Arm des ungläubigen Jüngers und führt dessen Hand an seine Seitenwunde. Erst jetzt, da er die

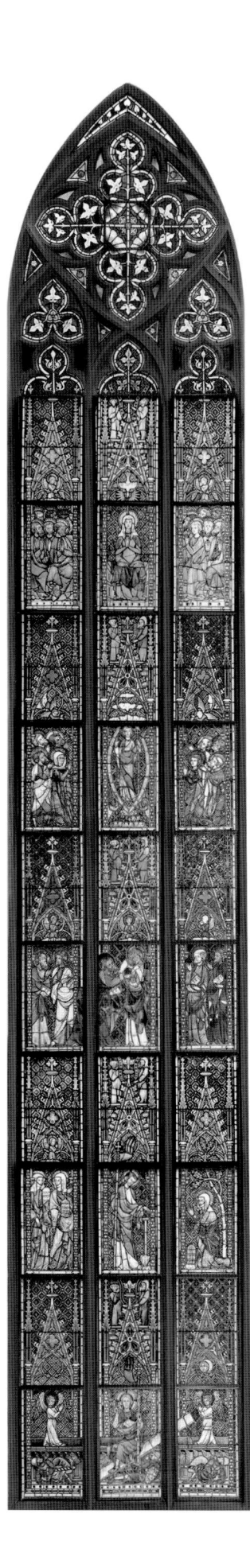

Pfingsten

Himmelfahrt
Christi

Ungläubiger
Thomas

Gang der Frauen
zum Grab

Auferstehung
Christi

Verletzung Christi fühlt, glaubt auch Thomas, dass er den Gekreuzigten lebend vor sich sieht. Das nächste Bild zeigt die Apostel und Maria, vom Wunder der Himmelfahrt ergriffen auf die Knie gesunken. Sie erheben ihre Häupter und blicken Christus nach, der im mittleren Bildfeld von Engeln zum Himmel getragen wird. Die Erzählung des Lebens Christi in den Chorschlussfenstern von Königsfelden schliesst mit dem Pfingstgeschehen. Die Apostel thronen zu beiden Seiten von Maria, über deren Haupt die Taube des Heiligen Geistes schwebt. Es fällt auf, dass Maria sowohl im Himmelfahrts- als auch im Pfingstbild einen prominenten Platz einnimmt, obgleich die Evangelien ihre Anwesenheit bei diesen Ereignissen nicht erwähnen. Sie erscheint hier als die Personifikation der Kirche, die das Leben Christi und seine Lehren bezeugt und zu Pfingsten gegründet wurde.

Wie in den beiden anderen Fenstern des Chorschlusses stellen die Propheten auf dem Söller der Architekturrahmen in der mittleren Fensterbahn wiederum die Beziehung zwischen Altem und Neuem Testament her.

Erhaltung. Wie alle anderen Scheibenzyklen im Chor erfuhr auch das Auferstehungsfenster im Laufe der Zeit gewisse Veränderungen, die weitgehend dem nebenstehenden Schema entnommen werden können. Die schlimmsten Verluste erlitt es erst nach dem Ende des Ancien Régime, als fünf Rechteckfelder, wie Photos der Zeit vor 1896 zeigen, durch ornamentale Scheiben aus dem Langhaus ersetzt werden mussten. Von diesen «Ausbesserungen» waren vor allem die Zeilen 1, 2 und 10 betroffen. Da der Zürcher Johann Martin Usteri 1797 noch die vollständige Auferstehungsszene sah und beschrieb, erfuhren die Glasmalereien von s II wohl erst nach dem Besuch des Gelehrten in Königsfelden grössere Verluste. Am wahrscheinlichsten geschah dies in der Zeit, in der die Truppen Napoleons die Kirche als Kaserne benutzten (vor 1803).

Künstlerische Ausführung. Die Glasmalereien im rechten Fenster der Chorapsis variieren die Gliederung des Kindheit-Christi-Fensters. Die Farbigkeit des Blendmasswerks in den Wimpergen der gemalten Architekturen weicht jedoch vom nördlichen Pendant ab, und in der mittleren Bahn fehlt ausserdem die Masswerkbalustrade, hinter der in n II die Prophetengestalten aufragen. Diese wirken daher im Fenster der südlichen Chorschräge sehr viel dominanter als im Pendant auf der Nordseite. Auch die eingerollten Eichblätter auf den Schrägen der Giebel in n II werden in der mittleren Bahn des Auferstehungsfensters durch hahnenfussartiges Blattwerk ersetzt. Alle Szenen umfassen ausserdem drei figürliche Felder. Die aufgezählten Abweichungen zwischen den äusseren Fenstern des Chorpolygons fallen jedoch kaum auf, da in beiden der blaue Hintergrund der figürlichen Felder und die roten Rauten mit den kleinen hellblauen Quadraten hinter den Architekturen beibehalten wurden. Da der vorherrschende Farbklang in beiden Fenstern identisch ist, verwischen sich die formalen Differenzen auf raffinierte Weise. Die Figuren sind ebenfalls den Typen nachgebildet, die auch den Glasmalern des Kindheit-Christi-Fensters und des Passionsfensters zur Verfügung standen, doch wirken die Gestalten der Szenen im südlichen Chorschlussfensters zierlicher und feiner (Christus als Gärtner ist dafür charakteristisch, 3b). Im Allgemeinen vermeiden die Glasmaler der Chorschlussfenster bei der Wiedergabe der Gewänder von Figuren dunkles Blau, da der Kontrast zwischen ihnen und dem blauem Grund gewahrt bleiben muss. Dunkles Blau als Farbe des Gewandes erscheint nur dann, wenn Figuren vor rotem Grund wiedergegeben sind.

Datierung. Die Glasmalereien von Fenster s II entstanden wie diejenigen in I und n II während der ersten Verglasungsetappe des Chores kurz vor der Weihe im Jahre 1330.

Königsfelden
Chorfenster n III
Szenen aus dem Leben von Johannes dem Täufer und der heiligen Katharina
Oberrheinische Werkstatt

Inhalt. Die Bilder der Glasmalereien in Chorfenster n III gehören drei verschiedenen Themenkreisen an: Das erste zeigt Herzog Albrecht II. und Johanna von Pfirt, die zu beiden Seiten der heiligen Elisabeth von Thüringen knien. Die Herzogin ist der Heiligen zugewendet, während der Herzog, berücksichtigt man seinen frontal wiedergegebenen Oberkörper, ursprünglich auf den Betrachter oder das gegenüberliegende Fenster blickte. In den beiden nächsten Vollbildern erzählen zwei Szenen vom Leben und Tod Johannes' des Täufers. Im ersten Bild verkündet der Erzengel Gabriel dem Hohepriester Zacharias die baldige Geburt eines Sohnes, in der zweiten schlägt der Henker das Haupt des Vorläufers Christi ab, das Salome, die Tochter der Herodias, auf einer Schüssel davonträgt, um es ihrer Mutter zu überreichen. Die beiden anderen Bilder sind dem Leben und dem Martyrium der heiligen Katharina von Alexandria gewidmet. Zunächst greift der Himmel ein und lässt die besonders grausame Radmarter misslingen, die der Heiligen zugedacht war. Da sie jedoch an ihrem Glauben festhielt, muss sie am Ende doch mit dem Leben bezahlen: Auf Befehl des Königs wird sie durch das Schwert enthauptet. Sobald Katharina ihr Leben ausgehaucht hatte, trugen zwei Engel ihre Seele in einem Tuch zum Himmel, wo sie als Erwählte sofort der Gottesschau teilhaftig wurde.

Erhaltung. Das Fenster bewahrt sehr weit gehend seinen originalen Bestand an farbigen Gläsern, doch litt seine Schwarzlotmalerei im Laufe der Zeit sehr unter Feuchtigkeit und Kondenswasserbildung. Dies führte zur Zerstörung der Halbtöne und zu einer Reduktion der Konturen. Anlässlich der Restaurierung

Enthauptung der heiligen Katharina

Radmarter der heiligen Katharina

Enthauptung von Johannes dem Täufer

Verkündigung der Geburt von Johannes dem Täufer an Zacharias

Verkündigung der Geburt des Johannes an Zacharias

von 1898 übermalten Richard A. Nüscheler und seine Mitarbeiter die meisten weissen Eichenblätter der Ranken zwischen den Bildfeldern. Dabei begnügten sie sich nicht damit, diese kalt zu retuschieren, sondern unterzogen sie durchweg einem Neubrand. Ähnlich gingen sie in Bezug auf den blauen Rautengrund vor. Die Eingriffe des Restaurators machten sehr oft auch nicht Halt vor den Figuren, wie das Gesicht des Henkers in der Johannesmarter belegt, das sehr weit gehend nachgezogen wurde. Wie reich einst die Bemalung war, beweisen zwei Figuren, Kaiser Maxentius in 7c und der Zeuge in 9c, an denen die Halbtonmalereien der Innenseite in untadeligem Zustand erhalten sind. Schattierungen der Aussenseite, welche die Modellierung der Oberflächen verstärkten, wurden nur auf dem Gewand von Katharina in 9b beobachtet. Bei der Untersuchung anlässlich der letzten Restaurierung stellte man auch viele Spuren von Silbergelbmalerei fest, die jedoch durch die Verwitterung und die Säurereinigung von 1898/99 nur noch schwach sichtbar sind.

Künstlerische Ausführung. Das Johannes-Katharina-Fenster übernimmt grundsätzlich den Aufbau des Passionszyklus' in Chorfenster I. Wie dort verteilen sich die Szenen auf ein halbes und vier vollständige Bildfelder, die jedoch im Gegensatz zum Passionsfenster die Form von Vierpässen besitzen. Auch sind diese nicht Teil einer einheitlichen Masswerkwand, sondern in ein vegetabiles Dekorationssystem eingebunden, das aus gelben Rankenstämmen mit Eichblattzweigen gebildet ist. Die Ranken liegen auf einem roten beziehungsweise grünen, unbemalten Grund, während ein blauer Teppich mit einem Rautenmuster die szenischen Kompositionen hinterlegt. Das Dekorationssystem gibt Anlass zu einem raffinierten Spiel mit verschiedenen räumlichen Ebenen. Während die Ranken in der mittleren Lanzette des Fensters zugleich die Rahmen der Bilder sind, steigen diejenigen der seitlichen Bahnen hinter den szenischen Darstellungen auf.

Der Wechsel von Rot und Grün im Hintergrund bewirkt, dass in diesem Fenster anders als in den Glasmalereien des Chorschlusses die Intensität des Rots stark gedämpft wird. Der farbliche Gesamteindruck wird daher von Grün und Blau beherrscht, der den Glasmalereien insgesamt einen kühlen Klang verleiht. Diese Stimmung wird durch die Verbindung mit den lichten Tönen Weiss und Gelb noch verstärkt.

Das Herzogspaar im Halbmedaillon am Fusse des Fensters erscheint in einer völlig raumlosen Komposition. Dies ändert sich jedoch schon mit der ersten Szene des Johanneslebens, in der ein mächtiger Altarblock und der sich darüber wölbende Baldachin dem Bild Tiefe verleihen. Seine Dreidimensionalität indessen bleibt zwiespältig, tritt aber doch deutlicher hervor als in den Chorschlussfenstern.

Nicht nur die stärker betonte Räumlichkeit, sondern auch die Gestaltung der Figuren zeigt, dass das Johannes-Katharina-Fenster nicht mehr von denselben Künstlern wie die Scheibenzyklen des Chorschlusses geschaffen wurde. Es scheint, als seien im Johannes-Katharina-Fenster die Proportionen der Gestalten aus dem Lot geraten und als habe sich der Körper als fester Kern aufgelöst. Die fast schulterlose, zarte Gestalt von Salome verschwindet ganz hinter der breitlappigen Drapierung des Gewandes und scheint zu zerbrechlich zu sein, um den verhältnismässig grossen, schwer lastenden Kopf zu tragen.

Datierung. Die Glasmalereien von Fenster n III entstanden gegen 1340, nachdem die Klostergründer den Besitz des Frauenkonvents konsolidiert und zwischen 1330 und 1337 die Niederlassung der Franziskaner zu einem richtigen Kloster ausgebaut hatten.

**Königsfelden
Chorfenster s III
Szenen aus dem Leben
des heiligen Paulus und Marias
Oberrheinische Werkstatt**

Inhalt. Im Paulus-Maria-Fenster sind nur noch wenige originale Figurenscheiben erhalten. Da die für die Klosterkirche Königsfelden tätigen Glasmaler sich für ihre Darstellungen sehr weit gehend an ältere Vorlagen hielten, lässt sich der Inhalt der Glasmalereien im Fenster s III trotzdem grösstenteils rekonstruieren. Die Bilder müssen wiederum von unten nach oben gelesen werden. Im ersten Vierpass steht rechts ein vornehm gekleideter Jüngling, der eine Art Zepter in seiner Rechten hält und ein Schwert an seinem Gürtel trägt. Zu seinen Füssen liegen mehrere Kleidungsstücke, die darauf hindeuten, dass es sich nur um den Jüngling Saulus handeln kann, von dem die Apostelgeschichte im Zusammenhang mit der Steinigung des Stephanus berichtet (Apg 7, 58). In der Tat sah Johann Martin Usteri noch 1797 links von dem Jüngling, wie zwei Männer den Heiligen steinigten. Von der nächsten szenischen Darstellung sind noch drei Felder erhalten, die originales Glas bewahren. Nachdem Stephanus unter dem Hagel der Steine zu Tode gekommen war, wurde eine grosse Verfolgung gegen die Christen von Jerusalem entfesselt, an der Saulus massgeblich beteiligt war. Es genügt ihm jedoch nicht, die christlichen Bewohner der heiligen Stadt zu verfolgen, er wollte auch, dass man ihm diejenigen aus Damaskus ausliefere. So machte er sich auf den Weg dorthin. Plötzlich aber hielt ihn ein gleissendes Licht auf und liess ihn zu Boden stürzen (Apg 9, 3–6). Der Text der Apostelgeschichte sagt nicht, wie Paulus von Jerusalem nach Damaskus gereist ist. Im 14. Jahrhundert jedoch wusste man, dass dies eine längere Reise war, also stellte man Saulus und seine Begleiter in den bildlichen Darstellungen zu Pferd dar. Das gleissende Licht, das der Glasmaler als spitze, züngelnde Strahlen wiedergab, lässt daher das Pferd stolpern, so-

Himmelfahrt oder
Krönung Marias

Tod Marias

Martyrium
des heiligen Paulus

Bekehrung des Saulus
zum Paulus

Martyrium
des heiligen Stephanus

dass Saulus wie das personifizierte Laster des Stolzes kopfüber zu Boden stürzt. Über ihm schwebt eine Wolke, die ein spitzbogiges Fenster trägt, dessen Läden aufgestossen sind. Darin erscheint Christus und spricht Saulus an. Entsprechend steht auf dem schwarzen Schriftband in weissen Lettern der lateinische Vokativ «Saule», der Anfang der Frage, die Christus an Saulus richtete («Saul, Saul, warum verfolgst du mich?» [Apg 9, 4]). Das helle Licht, das von Christus ausging, schlug Saulus mit Blindheit, die erst nach drei Tagen von ihm wich. Er bereute seine Taten und nahm den christlichen Glauben und einen neuen Namen, Paulus, an. Von der folgenden Szene ist wiederum nur die Figur in der rechten Fensterbahn erhalten. Diese blickt nach links, deutet mit ihrer Linken auf etwas und stützt sich mit der rechten auf das Schwert. Dieser Mann erinnert an den Schwertträger in der Szene der Enthauptung der heiligen Katharina, der mit der Linken auf die Hinrichtungsszene zeigt. Man nimmt daher zu Recht an, dass der Jüngling einen Zeugen der Enthauptung Pauli in Rom darstellt.

Nach diesen drei Bildern mit Episoden aus dem Leben des heiligen Paulus folgt der Tod Marias. Christus versprach ihr, dass sich zur Stunde ihres Todes die Apostel an ihrem Lager einfinden und er selbst ihre Seele in Empfang nehmen werde. Über der Versammlung schweben zwei Engelchen, die das Psalterium und die Fidel spielen. Im letzten Bild, das in die Kopfscheiben der Fensterbahnen hineinragt, sind nur noch der mittlere und der rechte betende Engel erhalten. Sie werden einst über einer Szene angebracht worden sein, in der die Gottesmutter glorifiziert wurde. Dafür kommt entweder die Himmelfahrt Marias oder, was noch wahrscheinlicher ist, ihre Krönung in Frage.

Erhaltung. Das Paulus-Maria-Fenster besitzt nur noch neun seiner dreissig Rechteckfelder und zwei der drei Kopfscheiben. Der Bestand der Masswerkfüllungen ist dagegen weit gehend mittelalterlich. Bis zur Restaurierung von 1899 waren die Lücken vor allem mit ornamentalen Scheiben aus dem Obergaden und den Westfenstern des Langhauses gefüllt. Wann genau die Mehrzahl der Scheiben in s III zerstört wurde, kann durch keine schriftliche Quelle belegt werden.

Richard A. Nüscheler war in der Lage, aufgrund der wenigen originalen Glasmalereien wenigstens die Gliederung des Fensters glaubhaft wiederherzustellen. Auf eine Ergänzung mit figürlichen Motiven verzichtete er, da zu wenig Anhaltspunkte dafür vorhanden waren.

Künstlerische Ausführung. Während das Johannes-Katharina-Fenster auf der Nordseite (n III) die Gliederung seiner Glasmalereien der mittleren Choröffnung anpasste, führte sein Gegenpart auf der Südseite eine neue Einteilung der Fensterfläche ein, die für die vier weiteren Heiligenzyklen des Chores gültig blieb (n und s V sowie n und s VI). Wie in n III bestimmt ein vegetabiles Dekorationssystem den Aufbau des Paulus-Maria-Fensters. Allerdings verzichtete sein Entwerfer auf das raffinierte Spiel mit den verschiedenen räumlichen Ebenen, weil durch den grösseren Anteil der Bildfelder an der Fensterfläche dazu kein Platz vorhanden war. Die Zweige in den Zwickeln und das Rahmensystem wurden daher zu einer Einheit zusammengezogen.

Der Umgang des Glasmalers mit der Räumlichkeit kann aufgrund der fragmentarischen Überlieferung des Scheibenzyklus nicht mehr überprüft werden. Immerhin belegen die in der Untersicht wiedergegebenen Bühnen der szenischen Darstellungen und auch das Himmelsfenster, dass der Entwerfer der Scheiben mit räumlichen Motiven umgehen konnte. Die Figuren zeigen dieselben formalen Charakteristika wie diejenigen im Johannes-Katharina-Fenster. Wenn die Glasmalereien beider Öffnungen nicht auf die gleichen Hände zurückgehen, müssen sie von Künstlern geschaffen worden sein, die Zugang zu den Vorlagen des Johannes-Katharina-Fensters hatten.

Datierung. Die Glasmalereien entstanden wie diejenigen in n III gegen 1340.

**Königsfelden
Chorfenster n IV
Apostelfenster
Oberrheinische Werkstatt**

Inhalt. Der Scheibenzyklus von Fenster n IV reiht in zwei Zeilen übereinander sechs grosse Apostelfiguren auf, von denen sich in der unteren Zone zwei um den Apostelfürsten Paulus, in der oberen weitere zwei Jünger um den Evangelisten und Apostel Matthäus scharen. Die erste Zeile ist dem Mitbegründer des Klosters von Königsfelden, Herzog Heinrich von Österreich († 1327), gewidmet. Wahrscheinlich befand sich ihm gegenüber in Scheibe 1c das heute verlorene Bild seiner Gemahlin, Elisabeth von Virneburg. An ihrer Stelle sieht man heute ein Feld mit einer Inschrift, die an die Restaurierung von 1897 erinnert. Der ursprüngliche Inhalt der mittleren Scheibe, in der seit dem Ende des 19. Jahrhunderts der Bindenschild Österreichs wiedergegeben ist, lässt sich nicht mehr bestimmen. Der heilige Paulus im Zentrum der ersten Apostelgruppe präsentiert das blanke Schwert, durch das er zu Tode gekommen ist. Er wendet sein Haupt zu dem links von ihm stehenden Apostel Thomas, der lediglich ein Buch hält, aber mit seiner Rechten einen Zeigegestus vollführt. Es ist der Finger, der die Wunde Christi berührte, wie man in der fünften Zeile von Fenster s II sehen kann. Rechts von Paulus gesellt sich Jakobus der Ältere zu dieser Gruppe. Er hält ebenfalls nur ein Buch und muss daher durch die Inschrift identifiziert werden. Matthäus, der das aufgeschlagene Evangelienbuch vorweist und mit der Rechten darauf zeigt, bildet die Mitte der oberen Apostelgruppe. Er wird links von Judas Thaddäus, rechts von Simon flankiert. Über den Häuptern der sechs Figuren erheben sich jeweils hohe Baldachine, die von genasten Spitzbögen eingefasst werden. Dieses Rahmensystem bildet eine Zwischenzone, welche die beiden Apostelreihen mit ihren Baldachinen voneinander trennt. Darin erscheinen in gerahmten Vierpässen drei halbfigurige Propheten. Der Entwerfer nimmt da-

Die Apostel Judas Thaddäus, Matthäus und Simon

Die Propheten Habakuk, Zacharias und Isaias

Apostel Thomas, Paulus und Jakobus major
Herzog Heinrich

mit ein Thema erneut auf, das in den drei Chorschlussfenstern eine wichtige Rolle spielte, nämlich die Einheit beider Testamente. Von links nach rechts erscheinen die Propheten Habakuk, Zacharias und Isaias, die jeweils am lateinischen Spruch auf ihren Schriftbändern zu identifizieren sind. Die Texte verweisen auf die Geburt Christi und seine Abstammung aus dem Hause Davids. Sie spielen damit auf die Worte «Liber generationis Jesu Christi...» («Das Buch der Abstammung Jesu Christi...») am Anfang des Matthäus-Evangeliums an. Wie man bei der letzten Restaurierung feststellen konnte, war auf der Rückseite des Glases mit den offenen Buchseiten die Inschrift «INITIUM SANCTI EVANGELII» («der Anfang des heiligen Evangeliums») skizziert. Warum diese nicht vollständig ausgezogen wurde, lässt sich nicht mehr erklären.

Erhaltung. Wie in fast allen übrigen Fenstern des Chores sind die drei untersten Zeilen am stärksten von Restaurierungen betroffen. Die Bemalung der farbigen Gläser ist durch Verwitterung wiederum fast ausschliesslich auf das Liniennetz der Konturen reduziert. Nur die Köpfe des Matthäus (8b) und des Propheten Zacharias (6b) bewahren ihre ursprüngliche Schwarzlotmalerei beinahe vollständig. Selbst aus der Distanz lässt sich das Zusammenspiel der Linie mit der flächig aufgetragenen Modellierung erkennen. Daraus sieht man, dass die Glasmalereien ursprünglich sehr viel weniger linear gestaltet waren, als dies der ruinöse Zustand ihrer Bemalung heute glauben lässt. Neben den erwähnten, sehr gut erhaltenen Köpfen sind die übrigen zum Teil durch brutale restauratorische Eingriffe entstellt. Richard A. Nüscheler schuf 1897 nicht nur die Gesichter von Thomas und Simon neu, sondern übermalte dasjenige des Jakobus vollständig, obwohl dessen originales Glas noch erhalten ist.

Künstlerische Ausführung. Die beiden Apostelfenster n IV und s IV zeigen eine Gliederung, die von allen Scheibenzyklen im Chorschluss abweicht. Die beiden Werke schaffen damit eine visuelle Zäsur innerhalb des Chorraumes. Sie geben die Grenze zwischen dem Sanktuarium mit dem Hochaltar und dem Langchor an, in dem das Gestühl der Franziskaner stand. Das Apostelfenster auf der Nordseite ist in zwei Zonen gegliedert, die ihrerseits dreigeteilt sind. Über einem niedrigen Sockel mit dem Bild des Klostergründers stehen je drei monumentale Apostelfiguren, über denen ebenso hohe dreidimensionale Baldachine aufragen. Ein zierliches System von Bogen-Pass-Rahmen fasst die beiden Zonen zu einer einheitlichen Komposition zusammen und dient zugleich den Löwenkonsolen der Baldachine als Träger.

Es war das Ziel des Entwerfers, eine monotone Reihung der Figuren zu vermeiden. So schloss er sie zu Gruppen zusammen und erfand eine für die Königsfelder Glasmalerei ausserordentliche Variation der Hintergrundsmuster. Die Wichtigkeit von Paulus und Matthäus wird nicht nur durch ihre frontale Stellung herausgehoben, sondern auch durch einen Wechsel der Grundfarbe von Blau zu Rot. Der Wechsel von Rot zu Grün hinter den Baldachinen erinnert an das Johannes-Katharina-Fenster, in dem diese beiden Töne die Bildfelder ebenfalls im Wechsel a-b-a hinterlegen.

Die Gestaltung der monumentalen Apostelfiguren geht zum Teil auf Vorlagen zurück, die bereits aus den christologischen Fenstern des Chorschlusses und aus den beiden Märtyrerzyklen bekannt sind. So wird Judas Thaddäus nach dem Schema des Verkündigungsengels im Johannes-Katharina-Fenster geschaffen (n III, 3a). Die übrigen Apostel jedoch folgen Entwürfen, die sich vom Motivkanon der Kunst um 1300 endgültig gelöst haben und eindeutig modernere Modelle aufgreifen. Diese zeigen einerseits fliessende und schwingende Formen, andererseits eine Versteifung der Haltung, welche die Figuren einnehmen. Die Neuerungen machen deutlich, dass das nördliche Apostelfenster von einem Glasmaler geschaffen wurde, der Zugang zu älteren Vorbildern hatte, aber auch schon weit gehend Innovatives verarbeitete.

Datierung. Die Verglasung von n IV entstand gegen 1340 gleichzeitig wie diejenige von n III.

**Königsfelden
Chorfenster s IV
Apostel
Oberrheinische Werkstatt**

Inhalt. Das südliche Fenster mit grossen Figuren zeigte ursprünglich sechs weitere Mitglieder des Apostelkollegiums. Heute weist es in der rechten Bahn noch zwei originale Figuren auf, unten Bartholomäus, der am Schindermesser zu erkennen ist, und oben Andreas mit dem Kreuz als Symbol seines Martyriums. Andreas gegenüber steht Philippus, der jedoch nur noch geringe Reste mittelalterlichen Glases bewahrt. Jakobus der Jüngere in der unteren Zone von Bahn a ist dagegen insgesamt das Werk des Restaurators Richard A. Nüscheler. Auf den Apostel und Evangelisten Johannes und auf den heiligen Petrus verweisen nur noch die Inschriften in der mittleren Fensterbahn. Geht man davon aus, dass der ursprüngliche Entwerfer des zweiten Apostelfensters ebenso wie der Restaurator der Zeit um 1900 ein starkes Bedürfnis nach Symmetrie verspürte, dürfte die Rekonstruktion des Programms richtig getroffen sein. Matthäus, die mittlere Figur im nördlichen Apostelfenster, wäre nach dieser Vorstellung in der oberen Reihe von s IV Johannes gegenübergestanden. Sein Evangelium fängt mit den Worten «In initium erat verbum» («Am Anfang war das Wort») an. Damit hätten sich nicht nur die beiden Evangelisten unter den Aposteln einander angeschaut, sondern es hätten sich auch die Worte auf den Seiten ihrer aufgeschlagenen Bücher entsprochen. Es erscheint daher logisch, dass in der unteren Zone von s IV Petrus den Gegenpart zum Apostelfürsten Paulus bildete. An Stelle des blanken Schwertes von Paulus wird der Stellvertreter Christi auf Erden die Himmelsschlüssel vorgezeigt haben. Zu seiner Rechten hätte man nach dieser Hypothese Jakobus den Jüngeren gesehen, der ausserdem über den Raum hinweg mit Jakobus dem Älteren verbunden gewesen wäre. Die Identifizierung der drei verlorenen Figuren und des weit gehend zerstörten Philippus

Die Apostel Philippus und Andreas

Die Apostel Jakobus der Jüngere und Bartholomäus

muss leider hypothetisch bleiben, da Paulus normalerweise nicht zum Apostelkollegium gehörte. Es stehen daher mehr als vier Namen zur Auswahl, um die Lücken zu füllen (neben den bereits erwähnten auch Matthias).

Erhaltung. Es ist nicht bekannt, wann das südliche Apostelfenster zwanzig seiner Rechteckscheiben einbüsste. Die Angaben der Quellen sind so vage, dass grosse Schäden weder genau eingeschätzt noch lokalisiert werden können. Sicher vor 1896 konzentrierte man die erhaltenen figürlichen Scheiben des südlichen Apostelfensters in dessen Mittelbahn und füllte die erste Zeile sowie fast die ganze Bahn a und c mit ornamentalen Glasmalereien aus dem Langhaus. 1900 ordnete Richard A. Nüscheler die Glasmalereien neu, indem er alle nicht zugehörigen Scheiben ausschied und für die entstandenen Lücken neue Felder schuf. Die Rekonstruktion der architektonischen Rahmung ist sehr ungenau, da zu viel verloren war, als dass der Restaurator die ursprüngliche Komposition hätte genau wiederherstellen können. So fehlt in Bahn b mit Ausnahme der original erhaltenen Kopfscheibe jeder Hinweis auf die Gestaltung der Architektur. Diese dürfte aber, wie Form und Farbe der überlieferten Kreuzblume andeuten, von den Baldachinen in Bahn a und c verschieden gewesen sein. Daran hielt sich auch Richard A. Nüscheler, doch ist die Form der Baldachine in Bahn b seine Erfindung und hat wohl nichts mit dem ursprünglichen Aussehen des Fensters zu tun. Ein weiteres Problem bildet der Abschluss der unteren Zone in Zeile 5. Richard A. Nüscheler fasste dort die hohen Baldachine durch filigrane Architekturrahmen ein, doch deuten die originalen Kopfscheiben der Lanzetten darauf hin, dass es hier diese Rahmung im Gegensatz zum nördlichen Apostelfenster nicht gab. Die Konsolen der dominierenden Baldachine waren daher nicht an einer übergreifenden Rahmenarchitektur, sondern lediglich an den hellen Randstreifen befestigt gewesen.

Künstlerische Ausführung. Das Apostelfenster s IV übernimmt nicht einfach die Gliederung seines Pendants auf der Nordseite, sondern bringt eine für seine Zeit modernere Gestaltung. Wie n IV war es ursprünglich in zwei Zonen aufgeteilt, in denen je drei Figuren unter Baldachinen untergebracht waren. Der Entwerfer verzichtete jedoch zugunsten höherer Architekturen auf die ausgewogenen Grössenverhältnisse von n IV, in dem Figur und Architektur gleich viel Platz zugewiesen wurde. Die Baldachine ragen nun über die Höhe von drei Feldern auf und dominieren so wie in der gleichzeitigen Strassburger Glasmalerei die Figuren.

Die beiden erhaltenen Apostel wurden wahrscheinlich von demselben Glasmaler geschaffen, der auch die Scheiben von n und s III ausführte. So zeigt etwa Bartholomäus ein ähnlich breitlappiges und schleppendes Gewand wie Salome im Johannes-Katharina-Fenster (n III, 5c, Farbabb. 21) oder der trauernde Apostel rechts vom Sterbelager Marias (s III, 8c, Farbabb. 28). Die rechte Hand, die dieser im Trauergestus zur rechten Wange führt, ist ausserdem in ähnlicher Weise durch das Manteltuch verhüllt wie die Rechte des Bartholomäus, mit der dieser sein Marterwerkzeug vorzeigt.

Die Farbigkeit des Fensters ist durch die sehr weit gehende Erneuerung der Glasmalereien stark verändert. Nicht nur wirkt der rote Teppichgrund in den leeren Baldachinen der mittleren Fensterbahn allzu dominierend, sondern der Restaurator zeigte auch gegenüber der gotischen Farbgebung wenig Einfühlungsvermögen. Nie gaben die Glasmaler des 14. Jahrhunderts zwei zusammengehörigen Figuren ein Gewand und einen Mantel von derselben Farbe. Vielmehr zogen sie es vor, die verschiedenen Töne zu überkreuzen. Trägt die eine Figur einen roten Mantel und ein grünes Gewand, muss ihr Gegenüber in einen grünen Mantel und ein rotes Gewand gekleidet sein. Dieses Charakteristikum gotischer Glasmalerei hat Richard A. Nüscheler ganz offensichtlich nicht verstanden.

Datierung. Die Glasmalereien des südlichen Apostelfensters entstanden wahrscheinlich zusammen mit denjenigen in s III um 1340 und wohl nur kurze Zeit nach den Scheiben von n III.

**Königsfelden
Chorfenster n V
Leben des heiligen Franziskus
Oberrheinische Werkstatt**

Inhalt. Im Franziskusfenster sitzt wie in der benachbarten Öffnung mit den grossfigurigen Aposteln das Bild eines der Söhne von König Albrecht I. Hier ist es Herzog Otto I. Er wurde 1301 geboren und starb 1339. Er liess sich nicht wie seine Brüder Heinrich und Leopold in Königsfelden, sondern in der Kirche des von ihm 1327 gegründeten Klosters Neuberg in der Steiermark bestatten. In Königsfelden waren ihm gegenüber wahrscheinlich die Bilder seiner beiden Gemahlinnen, Elisabeth von Niederbayern († 1330) und Anna von Böhmen († 1338), vorhanden. Heute ergänzen zwei moderne Felder die Verglasung der ersten Zeile mit Erinnerungsinschriften an die Restaurierung von 1897.

Über der Zeile mit dem Bild des Klostergründers folgen von unten nach oben fünf Szenen aus dem Leben des heiligen Franziskus. Das erste Bild zeigt den Heiligen, der vor dem Bischof von Assisi und mehreren Zeugen auf sein väterliches Erbe verzichtet. Seiner Kleider ledig, hüllt ihn Bischof Guido mit seinem Chormantel ein. Der Vater versucht, den Sohn an dem Schritt zu hindern, doch wird er von einem Freund zurückgehalten. Ein Kleriker, der den Hirtenstab des Bischofs hält, und ein weltlich gekleideter Mann verfolgen die Szene rechts vom Thron. Inschriften identifizieren die wichtigsten Figuren: in der Mitte den heiligen Franziskus («Sanctus Franciscus»), links den Vater des künftigen Heiligen («pater Francisci»).

Mit der jungen Gemeinschaft, die Franziskus in Assisi gegründet hatte, ging er vor Pfingsten 1209 nach Rom, um sich von Papst Innozenz III. die erste Regel bestätigen zu lassen. Der thronende Papst mit seiner altertümlichen konischen Tiara reicht dem knienden Franziskus ein offenes Buch. Inschriften identifizieren den Papst («Innocencius papa tertius») und Franziskus («Sanctus Franciscus»)

Tod und Apotheose des heiligen Franziskus

Stigmatisation des heiligen Franziskus

Vogelpredigt des heiligen Franziskus

Innozenz III. bestätigt die Regel des heiligen Franziskus

Franziskus sagt sich von seinem Vater los

als die Hauptakteure der Szene. Ein Bischof und ein weiterer Kleriker bilden rechts den Hofstaat des Papstes, während sechs Brüder, alle mit dem Ordenshabit bekleidet, Franziskus begleiten. Das offene Buch, das der künftige Heilige empfängt, deutet darauf hin, dass sich seine Regel am Inhalt des Evangeliums inspiriert.

Die folgende Szene zeigt die berühmte Vogelpredigt, die als ein grosses, zu Lebzeiten des Heiligen gewirktes Wunder galt. Der heilige Bonaventura betont ausserdem, dass die Episode wie keine andere die Macht der Predigt von Franziskus ausdrückt. Auf dem Weg durch das Tal von Spoleto sah der Heilige eines Tages eine Schar von Vögeln auf dem Felde. Gefolgt von seinen Brüdern ging er zu ihnen hin und begann ihnen das Wort Gottes auszulegen. Sie flogen nicht weg, sondern hörten wie die beiden Brüder, die mit ihm unterwegs waren, gebannt auf die Worte des Heiligen.

Im Herbst 1224 zog er sich zum Gebet und Fasten zu Ehren des heiligen Michael auf den Berg La Verna in Umbrien zurück. Dort erschien ihm am Fest der Kreuzerhöhung (14. September) ein Seraph in schnellem Flug, von dem die Quellen berichten, er habe die Form eines Gekreuzigten gehabt. Als Franziskus den Engel betrachtete, bildeten sich an seinem Körper, seinen Händen und Füssen die Wunden Christi, sodass er selbst zu einem anderen/zweiten Christus (lateinisch: «alter Christus») wurde. Die Szene, die sich auf dem umbrischen Felsenberg abspielte, versetzten die Glasmaler in eine ihnen gewohnte Umgebung, wie die Kapelle in Form einer oberrheinischen Bettelordenskirche verdeutlicht.

Der Franziskuszyklus endet mit dem Tod des Heiligen in Portiuncula. Die Brüder um sein Sterbelager halten die liturgischen Geräte in Händen, die für die Zeremonien am Sterbebett dienten. Franziskus ist bereits verschieden, denn die beiden «fratres» ganz links sehen seine Seele in einer Glorie zum Himmel schweben. Eine kindhaft kleine Figur untersucht die Seitenwunde des Heiligen. Im Allgemeinen sieht man in dieser Gestalt den Ritter Hieronymus, der erst an die Stigmata glaubte, nachdem er sie berührt hatte. Die Kleinheit der Figur könnte aber eher dafür sprechen, dass hier der Sohn der Giacoma dei Settesoli dargestellt ist, der freimütig das Wunder der Stigmata bekannte.

Erhaltung. Die Glasmalereien bewahren vor allem in ihrem oberen Teil weit gehend den originalen Bestand. Allerdings ist ein guter Teil der Schwarzlotmalerei von Richard A. Nüscheler nachgezogen worden. Die Halbtonmalerei ist wie in den übrigen Scheibenzyklen des Chores weit gehend abgewittert, sodass auch hier die Konturen dominieren.

Künstlerische Ausführung. Der Entwerfer der Bildfolge mit den Szenen aus dem Leben des heiligen Franziskus nimmt grundsätzlich die Gliederung des Paulus-Maria-Fensters auf (s III). Er reiht fünf durch Ringe ineinandergehängte Vierpässe übereinander auf und platzierte den Klostergründer im leeren Zwickel der ersten Zeile. Zwischen die Bildfelder schieben sich Rosen und Löwen, beides Symbole des Leidens beziehungsweise der Auferstehung Christi. Eine Bühne, die perspektivisch wiedergegebene Konsolen tragen, dient den Figuren jeweils als Standfläche. Diese wird von je einem bärtigen Mann gestützt, der sich mühsam unter der Konsolenreihe krümmt. Diese Figuren symbolisieren die leidende, sündige Menschheit, deren Erlösung sich Franziskus zum Ziel setzte. Die Szenen spielen vor roten Gründen, während die Bildfelder von unbemaltem, hellblauem Glas hinterlegt sind. Dieses verbindet sich mit den gelben und weissen Rahmen und den gelben Löwen zu einer lichten Farbtrilogie, die sich hinter die Episoden aus dem Leben des Heiligen als leuchtende Folie schiebt. Zitronengelb, Violett, Purpur, Olivgrün, Grasgrün und Hellblau sind die Farben der figürlichen Komposition und des szenischen Beiwerks. Damit heben sich die Akteure der Handlung deutlich vom roten Rautengrund innerhalb der Bilderrahmen ab.

Datierung. Das Franziskusfenster gehört zur letzten Gruppe von Glasmalereien, die für den Chor bestimmt waren. Es dürfte wie das Nikolaus- (s V), das Klara- (s VI) und das Annafenster (n VI) um oder kurz nach 1340 entstanden sein.

Königsfelden
Chorfenster s V
Die Wunder des heiligen Nikolaus
Oberrheinische Werkstatt

Inhalt. Der Bischof Nikolaus von Myra gehörte zu den beliebtesten Heiligen des mittelalterlichen Europa. Er war der Schutzpatron der Reisenden, der Seeleute und der Schüler, und er wurde auch von vielen Ordenskongregationen besonders hoch verehrt, so insbesondere von den Franziskanern. Ausserdem war sein Grab in der Nikolausbasilika zu Bari eines der beliebtesten Pilgerziele der damaligen Welt. Das leider nur noch fragmentarisch erhaltene Nikolausfenster von Königsfelden umfasste einst fünf Darstellungen von Wundern des Heiligen, von denen vier noch identifiziert werden können. In der untersten Zeile der Glasmalereien erscheint wiederum eine historische Persönlichkeit. Diesmal ist es nicht eines der Kinder von König Albrecht I., sondern ein Enkel, Rudolf (Raoul) von Lothringen. Er befindet sich auffälligerweise nicht in einem der seitlichen Felder, sondern in der Mitte. Dies deutet darauf hin, dass er wahrscheinlich von seiner Mutter Elisabeth von Lothringen und vielleicht auch von seinem Vater, Herzog Ferry IV., flankiert wurde. Von der ersten Darstellung eines Nikolauswunders blieb nur das Bild des Heiligen im rechten Feld erhalten. Wie am linken Rand der Scheibe noch zu erkennen ist, streckte er seinen rechten Arm nach etwas aus. Wahrscheinlich vollführte er den Segensgestus, der bewirkte, dass die drei von einem verbrecherischen Wirt getöteten und in einem Fass eingepökelten Schüler ins Leben zurückkehrten. Man muss sich daher links von dem Heiligen die drei nackten Jünglinge vorstellen, die sich aus dem Salzzuber erheben.

    Das folgende Bildfeld zeigte eine der beliebtesten Episoden aus der Nikolauslegende. Ein verarmter Adeliger sah sich gezwungen, seine drei Töchter der Prostitution preiszugeben, weil er kein Geld besass, um sie für die Heirat mit einer Mitgift auszustatten. Als

Verlorene Szene der Nikolauslegende

Stratelatenwunder

Wunder des Zauberöls Mydiaton

Nikolaus schenkt drei armen Mädchen eine Mitgift

Nikolaus erweckt die drei im Salzbottich eingepökelten Schüler

248

Nikolaus dies hörte, verwandelte er durch sein Gebet Pferdeäpfel in Goldklumpen und warf diese des Nachts durch das Fenster der Behausung, in welcher sich der arme Mann und die drei Mädchen aufhielten. Wahrscheinlich müssen wir uns den Heiligen links vorstellen, wie er das Gold durch das Fenster wirft. In der Mitte werden zwei der Mädchen dargestellt gewesen sein, die durch die polternden Goldklumpen aus dem Schlaf schreckten. Wie die Scheibe 4c der rechten Fensterbahn zeigt, hat eines der Mädchen bereits nach dem Geschenk gegriffen, und es weckt den schlafenden Vater, um ihn von dem Wunder zu unterrichten. Das Mädchen trägt entsprechend der Mode der Zeit um 1340 ein eng anliegendes, orangegelbes Gewand mit breitem Ausschnitt. Auch die aufgebundenen, vor die Ohren gezogenen Zöpfe entsprechen der damaligen Hofmode.

Vom dritten Wunderbild (6c) ist nur noch eine Stadtansicht erhalten, doch verrät ein Gegenstand in der unteren Zone der Scheibe den Inhalt der einst dargestellten Szene. An einem Felsen nämlich zerschellt flammend eine bauchige Spitzamphore. Das deutet auf folgende Legende hin: Die Göttin Diana beschloss, sich an Nikolaus zu rächen, weil dieser einen ihr geweihten Baum fällen liess. Sie bereitete ein Öl, das die Eigenschaft hatte, Stein und Wasser in Brand zu setzen. Dieses füllte sie in ein Gefäss und gab es einem Nikolauspilger, den sie bat, den Altar der Kirche, wo sich das Grab des Heiligen befand, mit dem Öl zu bestreichen. Als der Pilger mit anderen das Schiff bestiegen hatte, um sich zur Kirche des Heiligen zu begeben, erschien dieser dem frommen Mann und forderte ihn auf, das Gefäss wegzuwerfen, da er es keineswegs von einer frommen Frau, sondern von einer Teufelin erhalten hätte. Als die Amphore an dem Felsen zerschellte, ging der Stein, wie die Scheibe zeigt, in Flammen auf. Links von der Stadt auf der Klippe muss man sich das Schiff mit dem frommen Mann und anderen Pilgern vorstellen und wahrscheinlich den Heiligen, der die Warnung vor dem gefährlichen Öl ausspricht.

Vom vierten Bild ist noch ein thronender Herrscher mit Krone und Szepter erhalten, der wie ein Richter das rechte Bein auf das linke legt. Diese Figur illustriert folgende Episode der Nikolauslegende: Drei Feldherren des Kaisers Konstantin wurden grundlos angeklagt und zum Tode verurteilt. Darauf erschien der heilige Nikolaus dem Kaiser im Traum, um ihm von der Schuldlosigkeit der drei Verurteilten zu berichten. Am anderen Tag liess der Kaiser die Gefangenen vorführen, um sie über den heiligen Nikolaus zu befragen. Diese dürften in Königsfelden links vom erhaltenen thronenden Herrscher dargestellt gewesen sein, denn Letzterer zeigt mit lebhaften Gesten in diese Richtung.

Erhaltung. Das nebenstehende Schema macht deutlich, dass nur noch sechs Rechteckfelder und die Masswerkverglasung des Nikolausfensters ursprüngliches Glas enthalten. Dieses ist wie in den übrigen originalen Scheiben der Südseite stark nachgedunkelt. Rudolf von Lothringen (1b), der heilige Nikolaus in der ersten Szene (2c) und der Stadtprospekt der dritten Szene (6c) wurden ausserdem von Richard A. Nüscheler 1899 fast vollständig erneuert. Der Restaurator ergänzte jedoch nicht nur Gläser, sondern zog auch da und dort die Konturen kalt nach. Eine Erfindung des Restaurators sind ausserdem die Löwen, welche die Standfläche der Figuren tragen.

Künstlerische Ausführung. Die Gliederung des Fensterspiegels orientiert sich eng an demjenigen des Franziskusfensters, doch sind die Bildfelder in ein eigenes dekoratives System eingefügt. Auf warmem, tiefrotem Grund entfalten sich weisse, akanthusartige Blätter, die aus dem Mund einer Maske mit den Zügen eines bärtigen Mannes spriessen. Von diesem Dekorationssystem blieb nur gerade ein einziges Feld erhalten, das sich vor 1896 direkt über dem Bild des heiligen Nikolaus in 2c befand (damals in der mittleren Fensterbahn eingelassen und um eine Zeile nach oben verschoben). Anlässlich der letzten Restaurierung soll das Feld wieder an seinen Platz über dem heiligen Nikolaus zurückversetzt werden (3c). Anhand der drei zusammenhängenden Felder darf auf eine vorwiegend warme Farbigkeit der gesamten Fensterkomposition geschlossen werden, die sich von der kühleren Farbigkeit des Franziskusfensters deutlich unterschied. Die wenigen noch vorhandenen Figuren verweisen auf die Glasmalereien von n III, denn das hochrechteckige Gesicht und der kantige Unterkiefer des Mädchens mit dem Goldklumpen (4c, Farbabb. 46) zeigen auffallende Übereinstimmungen mit der Salome aus der Szene des Johannesmartyriums (Farbabb. 21). Der Schöpfer der Bilder mit den Wundern des heiligen Nikolaus dürfte daher Zugriff auf Vorlagen gehabt haben, die auch dem Meister der Scheiben mit den Szenen aus dem Leben von Johannes dem Täufer und Katharina dienten.

Datierung. Das Nikolausfenster gehört wie der Franziskuszyklus im gegenüberliegenden Fenster der Nordseite (n V) zur letzten Gruppe von Glasmalereien, die für den Chor geschaffen wurden. Sie sind um 1340 oder kurz danach entstanden.

**Königsfelden
Chorfenster n VI
Szenen aus dem Leben
der heiligen Anna und Marias
Oberrheinische Werkstatt**

Inhalt. Die Erzählung des Annafensters beginnt mit drei alttestamentlichen Szenen: In der Mitte sieht man den schlafenden Jesse auf seinem Lager, aus dessen Körper nach der Prophezeihung von Isaias (Is 11, 1) ein Reis wächst, das eine Blüte tragen wird. In der mittelalterlichen Auslegung der Bibel identifizierten die Theologen das Reis als Maria und die Blüte als Christus. Das Bild rechts von Jesse erzählt die Erschaffung Evas aus der Rippe Adams, und links bedecken Sem und Japhet die Blösse ihres Vaters Noah, der, trunken vom Wein, halbnackt unter dem Rebstock eingeschlafen war.

Die folgenden Szenen erzählen das Leben von Anna und Joachim, den Eltern Marias. Ein Engel gebietet dem Elternpaar, sich zum Goldenen Tor von Jerusalem zu begeben, und kündigt ihm die baldige Geburt einer Tochter an. Im nächsten Medaillon begegnen sich Anna und Joachim am angekündigten Ort. Anna wird von Anfang an als Heilige mit Nimbus dargestellt. Zwei franziskanische Heilige, links der heilige Antonius von Padua und rechts der heilige Ludwig von Toulouse, der erst 1317 heilig gesprochen wurde, bezeugen den Vorgang.

Die folgende Szene erzählt die Geburt Marias. Während sich die Wöchnerin erschöpft auf die Kissen ihres Bettes lehnt, betrachtet sie aufmerksam, wie das Neugeborene gebadet wird. Im Gegensatz zu den Ammen ist die Frau, die rechts die Szene betritt, durch einen Nimbus als Heilige ausgezeichnet. Die Inschrift über ihrem Haupt und der riesige Kamm, den sie in ihrer Rechten hält, identifizieren sie als die heilige Verena von Zurzach. Als Maria das dritte Lebensjahr erreichte, brachten ihre Eltern sie zum Tempel nach Jerusalem, wo sie den Dienst als Tempeljungfrau antreten sollte. Anna stellte das Kind auf die

Heilige Anna Selbdritt (10b);
heiliger Laurentius (10a)
und heiliger Christophorus
(10c)

Tempelgang Marias (8b/c);
heiliger Martin von Tours
(8a); heilige Margarete (9a)
und heilige Agnes (9c)

Geburt Marias (6a/b);
heilige Verena von Zurzach
(6c); heilige Lucia (7a);
heilige Ottilia (7c)

Begegnung von Joachim
und Anna an der Goldenen
Pforte. Heiliger Antonius
von Padua (4a); heiliger
Ludwig von Toulouse (4c)
und die Heiligen Agatha
(5a) und Cäcilia (5c)

Trunkenheit Noahs (1a),
schlafender Jesse (1b) und
Erschaffung Evas (1c)
Verkündigung an Joachim
und Anna (2a–c)
Die Heiligen Ursula (3a)
und Christina (3c)

erste der 15 Stufen, die zum Tempel hinaufführten. Ohne Hilfe stieg das Mädchen darauf bis zum Altar des Brandopfers hinauf. Die Inschrift über der ehrfürchtig betenden Anna verweist auf die 15 Stufen des Tempels und den Brauch, bei ihrem Besteigen die Psalmen 120–134 zu singen. Auch dieser Szene ist ein Heiliger zugeordnet, diesmal der heilige Martin.

Die Bilderfolge endet mit einer Darstellung der heiligen Anna Selbdritt (Anna thront und hält Maria und das Christuskind auf dem Schoss), die links vom heiligen Laurentius, rechts vom heiligen Christophorus flankiert wird. Jungfrauen und Märtyrerinnen halten sich in den Zwickeln zwischen den szenischen Medaillons auf. Von unten nach oben erscheinen jeweils von links nach rechts die heilige Ursula, die heilige Christina, die heilige Agatha, die heilige Cäcilia, die heilige Lucia, die heilige Otilia, die heilige Margarete und die heilige Agnes. Ausser Otilia, der ersten Äbtissin des Odilienbergs im Elsass, gehören alle Heiligen zu der Gruppe der frühchristlichen Märtyrerinnen, die umkamen, weil sie ihre Jungfräulichkeit bewahren wollten. Im vorliegenden Bildkontext verweisen sie auf die jungfräuliche Geburt Marias.

Erhaltung. Die Scheiben des Annafensters bewahren als einzige die sichtbare Spur einer Restaurierung aus der Zeit vor dem 19. Jahrhundert. Eva, die aus der Seite Adams herauswächst, geht auf eine Erneuerung der Scheibe in der Zeit gegen 1500 zurück. Damals blühte die Glasmalkunst noch, und einer ihrer Vertreter war durchaus in der Lage, das beschädigte Bild der Jahre um 1340 sinnvoll, wenn auch im Stil seiner eigenen Zeit zu ergänzen.

Von allen Glasmalereien des Chores musste sich das Annafenster die schlimmste Restaurierung durch Richard A. Nüscheler gefallen lassen (1896/97). Wie das Erhaltungsschema zeigt, bewahren die Scheiben relativ viel originale Glassubstanz, doch wurde ihre Schwarzlotmalerei durch vollständige Übermalung im höchsten Masse verdorben. So kann man etwa das Gesicht des heiligen Antonius (4a, Farbabb. 52) nicht mehr als ein Werk des 14. Jahrhunderts betrachten, obwohl es auf ein altes Glas gemalt ist. Der Restaurator ätzte die Reste der alten Malerei ab und schuf im Stil der originalen Glasmalereien ein völlig neues Gesicht. Im Übrigen erstarrt das elegante und differenzierte Linienspiel der Binnenzeichnung in der dicken pastosen Übermalung, die oft genug nicht einmal den Linienverlauf der mittelalterlichen Schwarzlotzeichnung respektiert. Dadurch verloren die Glasmalereien bis auf Farbigkeit und Komposition ihre Authentizität, sodass sie künstlerisch weit gehend als ein Werk aus der Wende vom 19. zum 20. Jahrhundert zu gelten haben.

Künstlerische Ausführung. Die verdorbene Malerei des Annafensters setzt einer Würdigung sehr enge Grenzen. Die Gliederung des Fensterspiegels schliesst sich der Komposition der übrigen Scheibenzyklen in den beiden westlichen Chorjochen an, die jeweils mit fünf vollen Bildfeldern versehen sind. Die grossen Zwickelfiguren des Annafensters stellen eine enge Beziehung zu seinem Pendant auf der Südseite her, dem Klarafenster mit seinen Trageengeln zwischen den Medaillons.

Der Entwerfer versucht als Erster einen wirklichen Raum zu suggerieren, in den er die Protagonisten seiner Szenen integriert. Die Anna der doppelten Verkündigungsszene (2b) steht wirklich in einer baldachinartigen Hausarchitektur, auch Joachim und Anna an der Goldenen Pforte erscheinen unter einem sich polygonal vorwölbenden Dach. Die Räumlichkeit bleibt jedoch zwiespältig, da die Bühne für die Figuren nicht in Untersicht wiedergegeben, sondern nur als flaches Masswerkband gebildet ist. Nur im Bild mit der heiligen Anna Selbdritt gelang es dem Glasmaler die räumliche Komposition auch noch im unteren Bildteil glaubhaft wiederzugeben.

Datierung. Das Annafenster gehört der jüngsten Gruppe der Glasmalereien im Chor an, die um oder kurz nach 1340 entstand, seine Bemalung dagegen muss zum grössten Teil als Werk betrachtet werden, das ein Restaurator 1896/97 neu geschaffen hat.

**Königsfelden
Chorfenster s VI
Szenen aus dem Leben
der heiligen Klara
Oberrheinische Werkstatt**

Inhalt. Herzog Leopold und seine Gemahlin, Katharina von Savoyen, knien in den äusseren Scheiben der ersten Fensterzeile. Schwebende, elegant geschwungene Schriftbänder enthalten die Namen und Titel des Ehepaars, und der Herzog greift mit seinen Händen an den Rahmen des ersten Bildes aus dem Heiligenleben. Zwei musizierende Engel unterhalten die beiden Beter mit himmlischen Klängen.

Die Erzählung der Legende beginnt im ersten Medaillon, in dem die heilige Klara vornehm gekleidet an der Palmsonntagsmesse in der Kathedrale zu Assisi teilnimmt und aus den Händen von Bischof Guido einen geweihten Palmzweig empfängt. Klara wird in dieser Szene, obwohl sie vor ihrer Bekehrung stattfindet, schon durch einen Nimbus und eine Krone als Heilige ausgezeichnet.

Im nächsten Bild folgt die Einkleidung Klaras als Ordensfrau, die noch in der Nacht nach Palmsonntag vollzogen wurde. Franziskus selbst, dem sie Gehorsam versprach, schneidet ihre blonden Zöpfe ab. Links beobachten zwei Franziskaner den Vorgang, während rechts drei Schwestern auftreten, obwohl Klara zu diesem Zeitpunkt noch keiner Gemeinschaft angehörte. In anachronistischer Weise ist Franziskus bereits mit der Seitenwunde versehen, die er in Wirklichkeit erst mehrere Jahre später empfing. Sie ist hier als eine Art Attribut des Heiligen zu verstehen. Franziskus verbrachte Klara zunächst ins Benediktinerinnenkloster von San Paolo, wo sie, weil sie ihre Mitgift an die Armen verschenkt hatte, die niedrigsten Arbeiten verrichten musste.

Da Klara dazu ausersehen war, durch eine vorteilhafte Heirat die Macht und den Reichtum ihrer Familie zu mehren, versuchten die Verwandten, ihren Entschluss, die Welt zu verlassen, rückgängig zu machen. Das dritte

1900 ergänztes Medaillon

Klara rettet Assisi mit ihrem Gebet vor den sarazenischen Truppen Friedrichs II.

Die Verwandten versuchen Klara aus dem Kloster zu holen

Der heilige Franziskus nimmt Klara in den Orden auf

Bischof Guido von Assisi reicht der heiligen Klara die geweihte Palme

Bild zeigt den Vater Klaras – «Pater sancte Clarae» («der Vater der heiligen Klara») wird er auf einem Schriftband bezeichnet –, wie er versucht, die Tochter mit Brachialgewalt vom Altar der Kirche wegzuzerren. Diese aber hält sich daran fest und widersteht jeder Versuchung, dem Drängen der Verwandten nachzugeben. Rechts stehen zwei vornehm gekleidete Herren, von denen der Jüngere wahrscheinlich den für Klara ausersehenen Verlobten darstellt. Die Inschrift über der Szene jedoch macht klar, dass die künftige Heilige sich nicht auf ein weltliches Leben einlassen will: «Regnum mundi sancta Clara sprevit» («die heilige Klara verachtete die Herrschaft der Welt»).

Klara verliess das Kloster von San Paolo schon bald und liess sich mit den ersten Gefährtinnen beim Kirchlein Sant'Angelo nahe von Assisi nieder, bis sie mit ihnen schliesslich ihre endgültige Bleibe in San Damiano unterhalb der Stadtmauern fand. Dort führte die Gemeinschaft ein hartes, asketisches Leben in absoluter Armut. Von schwerer Arthritis geplagt, verbrachte Klara einen grossen Teil ihres Lebens liegend. 1240 und 1241 bedrohten die sarazenischen Truppen Kaiser Friedrich II. die Stadt Assisi und das Klösterlein von San Damiano. In grossem Schrecken baten die Nonnen Klara, sie zu beschützen. Da gebot die Äbtissin den Schwestern, sie vor die Pforte des Klosters zu tragen und ihr die geweihte Hostie aus der Kirche zu bringen. Vor dem im Allerheiligsten präsenten Christus bat sie verzweifelt um Schutz für ihre Gemeinschaft und die Stadt. Der Gottessohn erhörte ihre Bitte und schon stürzten die Eindringlinge von der Stadtmauer und liessen davon ab, das Kloster zu bedrängen. Diese Szene ist nur noch teilweise erhalten, denn das linke Feld, in dem eine Nonne die Monstranz hielt, war schon im 19. Jahrhundert verloren.

Auch die letzte Szene des Zyklus fehlt heute. Sie ist durch die Darstellung eines Weinstocks ersetzt. An seiner Stelle jedoch wird man einst Klara, umgeben von Maria und einer Schar heiliger Jungfrauen, auf ihrem Totenbett gesehen haben.

Erhaltung. Die Glasmalereien des Klarafensters sind heute durch die Rekonstruktionen Richard A. Nüschelers, aber vor allem auch durch die fortgeschrittene Verbräunung der Gläser geprägt. Der Restaurator hat 1899 die Bemalung «verstärkt», um einen von ihm selbst gebrauchten Ausdruck zu wählen. Er tat dies stellenweise in sehr grober, obwohl in sehr viel weniger konsequenter Weise als im Annafenster. Das Klarafenster darf jedoch trotz einzelner unschöner Veränderungen der Malerei und der Ergänzung durch mehrere moderne Scheiben künstlerisch als ein Werk der Zeit nach 1340 angesehen werden.

Künstlerische Ausführung. Der Entwerfer der Glasmalereien mit der Klarenlegende griff die gleiche Gliederung des Fensterspiegels auf wie im Annafenster. Fünf Medaillons enthalten die Bilder der Heiligenlegende, während in den Zwickeln Engelsfiguren auf Konsolen die Tondi tragen. Diese acht Tragefiguren wurden nach nur zwei Kartons geschaffen, wobei jedoch das Aussehen des obersten Engels auf der rechten Seite durch seinen frontal gerichteten Blick variiert wurde. Ebenso wie die Zwickelfiguren im Annafenster durchbrechen die Engel die Bildebene, deren vordere Grenze durch die Rahmen der Medaillons markiert wird, und scheinen dem realen Raum des Betrachters anzugehören.

Trotz der starken Verbräunung der Gläser kann man noch erraten, welche Raffinesse einst der Farbkomposition dieser Glasmalereien eigen war. Das Blau des Grundes muss ähnlich licht wie die unbemalte blaue Fläche hinter den Bildfeldern des Franziskusfensters gewesen sein. Die Figuren heben sich vom tiefroten Grund durch gebrochene Töne wie Rosa, leuchtendes Hellgrün, Violett, Lachsrosa, leuchtendes Hellgelb, Hellgrün, Blau und Orangerot ab.

Sie sind schlank und zierlich und zeigen ausgewogene Proportionen. Ihre festen, aber beweglichen Körper werden durch eng anliegende Gewänder betont. Die Einordnung der Szenen in einen Raum ist dem Entwerfer dieser Scheiben kein so grosses Anliegen wie demjenigen des Annafensters. Er arbeitet auf eine übersichtliche Wiedergabe der Episoden hin.

Datierung. Das Klarafenster gehört zur jüngsten Fenstergruppe der Chorverglasung, die wohl kurz nach 1340 entstand.

Königsfelden
Langhaus
Ornamente D–P
Süddeutsch-schweizerische Werkstatt

Muster D; n X, 2a 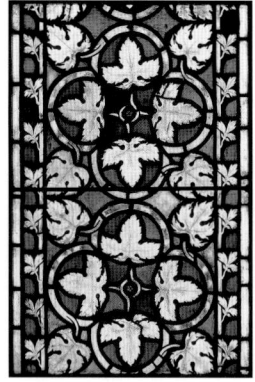 Muster E; n XIII, 2b  Muster F; n XI, 1a  Muster G; n XII, 1a

Bedeutung. Die Ordensbauten der Franziskaner sollten wie die Brüder selbst arm und einfach sein. In Bezug auf die Kirchen schrieb das Kapitel von Narbonne (1260) vor, dass sie keine Gewölbe haben sollten, ausser über dem Hauptaltar. Bezüglich der Ausstattung, insbesondere der Glasmalereien, schreiben die Statuten vor, dass es ausser in der Achse des Altars keine Bildfenster geben sollte. Auch durften dort nur der Gekreuzigte, Maria und Johannes sowie die Ordensheiligen Franziskus und Antonius dargestellt werden. Ein Blick auf die Verglasung der Klosterkirche von Königsfelden zeigt, dass die Franziskaner oder doch wohl eher die Klostergründer sich nicht rigoros an solche Vorschriften hielten. Die Glasmalereien aus dem Langhaus belegen jedoch, dass sie am Anfang gewillt waren, die Vorschriften der Statuten von Narbonne zu befolgen, indem sie den ältesten Bauteil der Kirche mit ornamentalen Scheiben versahen. Heute sind von diesen Glasmalereien noch Felder mit zwölf verschiedenen Ornamenten erhalten. Wie Emil Maurer bezeichnen wir sie als Muster D – P. Diese bestehen aus einem geometrischen Gerüst, in das auf weisses Glas gemaltes, naturalistisches Blattwerk integriert ist. Es lassen sich die Blätter von Hahnenfuss, Efeu, Wein, Beifuss und Buschwindröschen erkennen. Innerhalb der Ausstattung der Kirche weisen Pflanzen auf das Paradies hin, das grundsätzlich jedes Gotteshaus symbolisiert.

Auf den Teppichmustern erscheinen jedoch auch ganz irdische Motive, nämlich die Wappen des Reiches und der Könige von Ungarn. Sie verweisen auf die beiden Klostergründerinnen, die Deutsche Königin Elisabeth und ihre Tochter Agnes, die mit dem König von Ungarn verheiratet war. Der Schild der Ungarnkönigin wurde zum Wappen des Klosters.

Erhaltung. Da die geistige und historische Bedeutung der Ornamentverglasung mit der Zeit nicht mehr verstanden wurde, liess man die nicht figürlichen Glasmalereien von Königsfelden mehr und mehr verkommen. Achtlos riss man sie auseinander und benutzte sie über Jahrhunderte als billige Materialquelle für Ergänzungen an der Chorverglasung. Während diese 1897–1900 zumindest ihrer Komposition nach wieder hergestellt wurde, begnügte man sich 1900 damit, die Scheiben in sehr willkürlicher Weise über die Fenster der Westfassade und die westlichen Öffnungen der Seitenschiffe zu verteilen. Heute stehen sie gleichberechtigt neben mittelmässigen modernen Kopien, die den Wert der Originale in unerträglicher Weise herabmindern.

Die repetitiven Motive der Ornamentscheiben boten sich dem Restaurator zur Erneuerung geradezu an. Eine ganze Reihe von Feldern ist daher von Richard A. Nüscheler in sehr grosszügiger Weise neu geschaffen worden. Die Scheiben bestehen zu einem grossen Teil aus weissen Gläsern, die besonders in den Fenstern der Westfassade extrem der Feuchtigkeit ausgesetzt waren und dadurch stark verbräunt sind. Wohl auch aus Geringschät-

Muster H; nw II, 1a 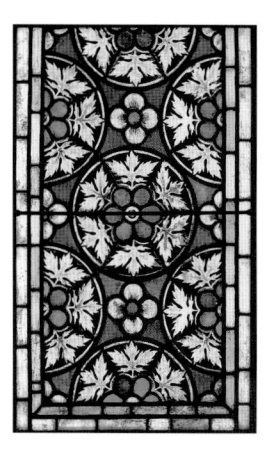 Muster I; w I, 1a  Muster K; w I, 5b  Muster L; w I, 4a

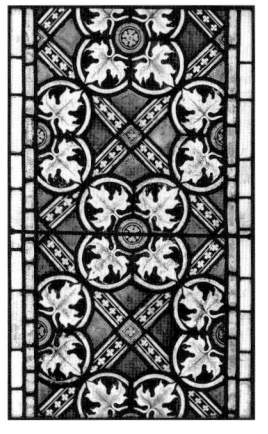

Muster M, sw II, 1a   Muster N, w I, 9c   Muster O, sw II, 1b   Muster P, sw II, 2b

zung setzte man sie 1983/86 einer chemischen Reinigung aus, die zwar die verbräunten Gläser wieder aufhellte, aber ihre Aussenseiten total verätzte. Immerhin versah man sie in der Folge mit einer Schutzverglasung, die ein erneutes Nachdunkeln durch Korrosion des Mangananteils bisher verhindert oder doch zumindest verlangsamt hat.

Künstlerische Ausführung. Es blieben verschiedene Typen von Ornamenten erhalten, doch ist allen eine geometrische Grundstruktur und deren Kombination mit naturalistischem Blattwerk eigen. Ähnlich wie in der später entstandenen Chorverglasung gibt es Scheiben, die von Bordüren eingefasst sind, und solche, die nur von einfachen farbigen Leisten begrenzt werden. Jedes Blatt wurde sorgfältig bemalt: Mit einem Halbton modellierte der Maler die Oberfläche und mit kräftigen bis zarten Konturstrichen gab er das Netz der Blattrippen wieder. Die Farben Rot, Gelb und Blau beleben die strenge Ordnung der weissen Blätter. Die Farbkomposition zeigt ebenfalls unterschiedliche Typen: Die Muster D (n X, 1a/b und 2a/b), E (n XIII, 1/2b), F (n XI, 1/2a und 2b), G (n XII, 1a/b und 2a/b), H (nw II, 2a/b), J (w I, 1–3a und 1–3c) und M (sw II, 1a) zeigen einen Kontrast grosser Farbflächen, vor allem Rot und Blau, mit Weiss. Die sparsamen gelben Kreise oder Bänder erhöhen die Leuchtkraft der weissen Blätter. Andere Scheiben wiederum, vor allem diejenigen mit den Mustern K und P, weisen einen besonders hohen Anteil an weissen Flächen auf, die kleinen roten und blauen Einheiten gegenüberstehen.

Datierung. Normalerweise werden im Mittelalter die Fenster verglast, sobald ein Gebäude eingedeckt ist. Damit ist es gegen Wind und Regen verschlossen und kann bewohnt oder zur Feier der Liturgie benutzt werden. Aus diesem Grunde ist es sehr wahrscheinlich, dass die Ornamentverglasung des Langhauses 1314 geschaffen und allerspätestens eingesetzt war, als 1316 der Leichnam von Königin Elisabeth in der Gruft des Mittelschiffes beigesetzt wurde. Die Einrichtung der Nonnenempore 1318 setzt die Verglasung der Kirche voraus.

Königsfelden
Langhausfenster s XII, 2a/b und s XIII
Dynastischer Zyklus
Oberrheinische Werkstatt

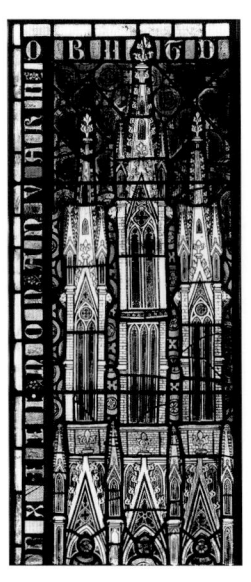

Königsfelden Langhaus, s XII, 2a und 2b

Inhalt. Die Bilder König Rudolfs von Böhmen und Herzog Albrechts II. von Österreich sowie vier Baldachine, die ebenfalls zu Fürstenbildern gehörten, befinden sich heute in den beiden südlichen Seitenschifffenstern XII und XIII. Bevor die Glasmalereien des Langhauses zerstört oder versetzt wurden, enthielten die Fenster der Seitenschiffe je eine kniende und betende Figur mit ihren Wappen. In zweien sah man die beiden Klostergründerinnen, die Königinnen Elisabeth und Agnes, mit dem Kirchenmodell (Abb. 39, 40). Alle diese knienden Figuren nahmen je eine Lanzette der zweibahnigen Fenster ein, während ihren heraldischen Schilden der jeweils andere Teil vorbehalten war. Über Betern und Wappen wölbte sich je ein dreidimensionaler Baldachin, der von Türmen und Fialen gekrönt wurde. Figuren, Wappen und ihre architektonische Rahmung umfasste ein roter oder grüner Rahmen, in dem eine Inschrift auf gelbem Glas den Namen, den Stand und, falls die betroffene Person nicht mehr lebte, deren Todesdatum mitteilte.

Ein Parteigänger der Habsburger, der Augsburger Johann Jakob Fugger, liess vor 1555 die Figuren, Wappen und Inschriften des dynastischen Zyklus von Königsfelden kopieren. Auf diese Weise ist überliefert, wer in den Fenstern dargestellt war und ob die Dargestellten zum Zeitpunkt noch lebten, als die Glasmalereien geschaffen wurden.

Der Zyklus begann einst mit dem Bild und den Wappen von König Rudolf I., der die habsburgischen Ansprüche auf die deutsche Königs- und Kaiserkrone begründete und die Familie in den königlichen Stand erhob. Einst sah man auch die Klostergründerinnen mit ihren Ehegatten sowie König Rudolf von Böhmen, den ältesten Bruder von Königin Agnes, in den Seitenschifffenstern aufgereiht. Von diesen Figuren ist nur noch das Bild Rudolfs und der Baldachin erhalten, der sich einst über seinem Wappen befand (s XIII, 1/2a). Vier weitere Brüder von Königin Agnes, die bereits aus den Glasmalereien des Chors bekannt sind, die Herzöge Leopold, Heinrich, Otto und Albrecht, erschienen ebenfalls in der Geschlechterreihe der Seitenschifffenster. Von den vier Herzögen existiert nur noch das Bild Albrechts (s XIII, 1b). Aus dem Fenster mit dem Bild Heinrichs und Leopolds ist noch je ein Baldachin erhalten. Der eine befindet sich über der Christus-Johannes-Gruppe, der andere über dem Ölbergchristus (s XII, 2a/b).

Erhaltung. Von ursprünglich 56 Rechteckscheiben des Zyklus sind heute noch sechs erhalten. Diese befanden sich bis zum Ende des 19. Jahrhunderts als Lückenbüsser in verschiedenen Fenstern des Chores. Erst 1900 kamen sie an ihren heutigen Platz. Um sie dort einzusetzen, mussten die Felder beträchtlich vergrössert werden. Daraus kann man schliessen, dass sie wahrscheinlich in den Fenstern des nördlichen Seitenschiffes eingesetzt waren, die kleiner bemessen sind als diejenigen auf der Südseite. Die heutige Aufstellung der Scheiben erlaubt nicht mehr, sich von ihrer ursprünglichen Komposition eine genaue Vorstellung zu machen. Diese zeigte jeweils nur eine und nicht zwei Figuren pro Fenster.

Die originalen Teile, sowohl der Baldachine als auch der Figuren, wurden von Richard A. Nüscheler verhältnismässig gering mit Ergänzungen versehen. Hingegen brachte er in den Gesichtern der Beter entstellende Übermalungen an, welche die künstlerische Beurteilung der Glasmalereien stark einschränken.

Künstlerische Ausführung. Der dynastische Zyklus von Königsfelden steht ikonographisch in der Tradition von Zyklen mit Stiftern oder Klostergründern (Naumburg, Westchor, um 1250, Tulln, Dominikanerinnenkirche, um 1290, Lichtenthal, Zisterzienserinnenkloster, um 1310), doch ist seine Gestaltung originell und kann mit keinem bestimmten Vorbild in Zusammenhang gebracht werden. In Königsfelden verweisen die Architekturformen der

s XIII, Scheiben 1/2a/b

Baldachine und die Inschriftenbänder, die sich als Rahmen um die figürlichen Darstellungen legen, auf die Strassburger Malerei des dritten Viertels des 14. Jahrhunderts. Die rechteckigen Einfassungen mit den Inschriften lassen als Vorbild auch an Grabplatten oder Epitaphien denken.

Datierung. Der dynastische Scheibenzyklus wurde von Königin Agnes um 1360 in Auftrag gegeben, denn ihr Bruder, Herzog Albrecht, wird bereits als verstorben bezeichnet (1358), während die Inschrift im Bild von Königin Agnes kein Todesdatum angibt. Sie verschied erst 1364.

Königsfelden
Glasmalereien aus den Klostergebäuden (heute Langhausfenster)
Ornamente A–C und drei weissgrundige Figurenscheiben
Unbekannte Werkstätten

Inhalt. Wahrscheinlich wies nicht nur die Kirche von Königsfelden eine zumindest teilweise farbige Verglasung auf, sondern auch gewisse Teile des Klosters erhielten eine solche. Die Reste der Kreuzgangsverglasung aus der Zeit um 1280 im Zisterzienserkloster Wettingen belegen, dass dies in unserer Region im Mittelalter durchaus üblich war. Daher dürften auch die Kreuzgänge der beiden Klöster von Königsfelden verglast gewesen sein. Sie erhielten um 1312/13 ihre Dächer, was heisst, dass sie kurz danach mit ornamentalen Scheiben versehen wurden. In den Seitenschifffenstern n XI,1b und n XIII, 1/2a des Langhauses befinden sich heute noch drei Felder (Muster A–C nach der Bezeichnung von Emil Maurer), deren künstlerische Ausführung von den übrigen Ornamentscheiben abweicht. Sie stammen daher wohl nicht aus der Kirche, sondern aus den Klosterbauten. Alle drei zeigen Vierpassmuster und naturalistisches sowie stilisiertes Blattwerk auf schraffierten Gründen. In einem der Felder sitzt der Schild des Königreichs Ungarn (in Rot ein silbernes Doppelkreuz), das vom Doppelkloster als Wappen übernommen wurde.

Möglicherweise ebenfalls aus einem anderen Zusammenhang kommen die weissgrundigen Felder, die seit 1900 im Fenster s XII und im Westfenster I eingelassen sind: eine Christus-Johannes-Gruppe und ein Ölbergchristus (s XII, 1a/b) sowie eine heilige Klara (w I, 1b). Inhaltlich verweisen die in den Feldern dargestellten Themen auf die Nonnen und ihre Frömmigkeit. Sie dürften daher wohl eher aus dem Frauen- als aus dem Männerkloster stammen.

Die Christus-Johannes-Gruppe geht auf die Schilderung des Abendmahls zurück, in dessen Verlauf Johannes an der Brust des Herrn ruhte (Abb. 58). Als isolierte Gruppe bekam das Bild erst um 1300 eine festgelegte künstlerische Form und war vor allem in Form von Holzplastiken in Süddeutschland verbreitet.

In der Welt des Klosters übte auch der betende Christus am Ölberg eine Vorbildfunktion für die lebenslänglich in der Klausur Eingeschlossenen aus. Ihm sollen die Frauen in ihrem religiösen Streben nacheifern.

Ein ebenso nahe liegendes geistliches Modell ist den Nonnen die Ordensgründerin, die in der Glasmalerei mit der Lilie der Reinheit und einem Buch auftritt. Die Lilie ist im 14. Jahrhundert neben der Monstranz das am meisten verbreitete Attribut der heiligen Klara, während das Buch sie als Verfasserin einer Regel auszeichnet.

Erhaltung. Da die Klostergebäude nach der Aufhebung der beiden Konvente anderen als geistlichen Zwecken zugeführt wurden, dürf-

Ornament A    Ornament B    Ornament C

Christus-Johannes-Gruppe.
Um 1330.

Christus am Ölberg.
Um 1330.

Die heilige Klara.
Um 1330.

ten Glasmalereien aus diesen Bauten bald eine billige Materialquelle gewesen sein, mit der an der Verglasung der Kirche Reparaturen und Ergänzungen vorgenommen wurden. Nur dank dieser Zweitverwendung blieben wenige Stücke überhaupt erhalten. Anlässlich der Restaurierung der Chorverglasung von 1896–1900 hat man die drei älteren Ornamentscheiben und die weissgrundigen Figurenscheiben als Lückenbüsser ausgeschieden und sie nach einer sehr rigorosen Restaurierung und einer weit gehenden Rekonstruktion in den Langhausfenstern eingesetzt. Richard A. Nüscheler erneuerte nicht nur einen grossen Teil der alten Gläser, sondern übermalte die Gesichter des Ölbergchristus und der heiligen Klara sehr grob. Die Retusche in der Klarascheibe wurde inzwischen wieder entfernt. Unberührt erhalten ist lediglich das Haupt des schlafenden Johannes. Das so genannte Muster A und die vegetabilen Bordüren der Scheiben mit Ornament A und B sind weit gehend das Werk von Richard A. Nüscheler.

Künstlerische Ausführung. Die Ornamentscheiben mit den Mustern A–C zeigen eine Besonderheit, die sie von der Langhausverglasung unterscheidet. Das naturalistische Blattwerk, das ausschliesslich auf weisses Glas gemalt ist, wird von einem schraffierten Grund hinterlegt. Diese Art der Bemalung von Ornamentscheiben ist seit dem 13. Jahrhundert gebräuchlich und wird in unseren Gegenden erst im ersten Viertel des 14. Jahrhunderts von opaken Schwarzlotgründen abgelöst. Die Christus-Johannes-Gruppe und der Ölbergchristus waren ursprünglich beide von einer genasten Säulenarkade eingefasst, die von einem mit Krabben bewachsenen Wimperg bekrönt wurde. Die Arkade, die noch heute den Ölbergchristus rahmt, ist mit Silbergelb und Schwarzlot auf weisses Glas gemalt, ebenso die Schrägen des Giebels und seine Dekoration. Die Umrisse der Architektur fassen, wie in der Scheibe mit Christus am Ölberg noch festzustellen ist, ein rotes Giebelfeld ein. Kühle, zurückhaltende Farben dominieren die Figuren, einzig der rote Mantel Jesu in der Christus-Johannes-Gruppe und das rote Kreuz in seinem Nimbus setzen einen leuchtenderen Akzent. Der Figurenstil zeigt die charakteristischen Züge der süddeutschen und elsässischen Glasmalerei von 1330 bis 1340, doch ist kein zweiter Scheibenzyklus erhalten, mit dem die weissgrundigen Scheiben aus Königsfelden vollständig übereinstimmen würden. Sowohl durch den künstlerischen Ausdruck als auch durch den umfangreichen Gebrauch des Silbergelbs unterscheiden sich diese Glasmalereien von denjenigen des Chores, obwohl beide Gruppen ungefähr gleichzeitig entstanden sind.

Datierung. Die drei Ornamentscheiben dürften während oder kurz nach der Bauzeit des Kreuzgangs geschaffen worden sein, der 1312/13 vollendet war. Die Silbergelbmalerei verweist die weissgrundigen Figurenscheiben in die Zeit um 1330/40.

Zofingen
Chorfenster I
Passion Christi
Oberrheinische Werkstatt

Inhalt. Die farbigen und figürlichen Glasmalereien des Spätmittelalters sitzen heute in den untersten vier Zeilen des im übrigen blank verglasten, dreibahnigen mittleren Chorfensters. Sie stellen drei Szenen der Leidensgeschichte Christi dar, von denen die monumentale Kreuzigung zwei Zeilen umfasst und von einer Baldachinreihe gekrönt wird. Das Kreuz Christi erhebt sich im Zentrum zwischen denjenigen der Schächer, die gleichzeitig mit Jesus verurteilt wurden. Zur Rechten Christi verlässt die Seele des guten Schächers dessen Leib durch den Mund und wird von einem Engel in Empfang genommen. Damit erfüllt sich die Bitte des Schächers um Erbarmen und das Versprechen Christi, dass der Leidensgenosse zur Rechten noch an demselben Tag mit ihm ins Paradies einziehen wird. Das besagen auch die in mittelhochdeutscher Sprache verfassten Inschriften auf den Bändern, von denen sich eines um den Schächer schlingt, während das andere zur Rechten Christi angebracht ist. Zur Linken des Gekreuzigten holt ein geflügelter Dämon die Seele des bösen Schächers ab, der zu Lebzeiten Christus verspottet hatte. Wenn er tatsächlich Gottes Sohn sei, so solle er sich selbst und den beiden Mitverurteilten helfen, kündet die Inschrift, die auf dem Band dieser Scheibe steht. Zu Füssen des guten Schächers sticht der blinde Longinus mit seiner Lanze in die rechte Brustseite Christi. Er wird von einem jungen Mann mit Judenhut begleitet, der auf den Gekreuzigten hinweist. Neben ihm stehen die trauernde Maria und eine Begleiterin, welche die Gottesmutter stützt. Rechts blickt Johannes zum Kreuz empor, unter dem eine Löwin mit ihren Jungen dargestellt ist. Nach der mittelalterlichen Naturlehre kamen die Löwenjungen tot auf die Welt, und erst das Gebrüll ihrer Mutter rief sie ins Leben. Aus diesem Grunde galt der Löwe als Symbol für die Auferstehung Christi. Der römische Centurio, der Christus als Gottes Sohn bezeichnete, nimmt fast die ganze rechte Scheibe von Zeile 2 ein. Die Inschrift des Bands zur Linken Christi bezieht sich auf die betreffende Bibelstelle. Darunter ist felderübergreifend links die Grablegung und rechts die Auferstehung Christi dargestellt. Joseph und Nikodemus legen den Leichnam des Heilands in den Sarkophag, hinter dem sich zwei trauernde Frauen und der heilige Johannes versammelt haben. Rechts steigt Christus in leuchtendrotem Mantel aus dem Grab, auf dessen Rand zwei Engel stehen und den Auferstandenen verehren. Als winzige Figuren sind vor dem Sarkophag die Grabeswächter wiedergegeben, von denen einer aufgeregt auf das wunderbare Geschehen hinweist.

Erhaltung. Mit wenigen Ausnahmen (1a, 2c) sind die Fenster gut und weit gehend im originalen Glasbestand erhalten. Die einzelnen Gläser weisen nur wenige Spuren von Korrosion auf, meist feinen Lochfrass. Wie der Glasbestand ist auch die Malerei in den meisten Feldern gut erhalten. Von besonderer Bedeutung ist die reiche aussenseitige Bemalung, die der Schattierung auf der Innenseite mehr Tiefe verleiht. Schon Johann Heinrich Müller (1876), aber hundert Jahre später auch Konrad Vetter veränderten durch eine missverständliche Ergänzung die Darstellung des Leichnams Christi (1a). Dessen gefaltete Hände widersprechen dem mittelalterlichen Brauch, wonach dem Toten die Arme auf der Brust gekreuzt wurden. Der Restaurator brachte ausserdem die Wunde Christi auf der falschen Seite der Brust an, nämlich links, nicht rechts, wie das Kreuzigungsbild nahelegt.

Künstlerische Ausführung. Der blaue Grund beherrscht den farblichen Eindruck der Glasmalereien, vor dem sich in den beiden ersten Zeilen die buntfarbigen Figuren als lebhaft leuchtende Akzente abheben. Die gelben Kreuze und die Leiber der drei Hingerichteten bilden weisse Lichtgestalten vor dem blauen Rankengrund. Ein warmer Rot-Gelb-Farbklang beherrscht die oben abschliessende Baldachinreihe und bildet damit einen Kontrast zur kühleren Farbigkeit der Kreuzigung. Im Bereich der Figuren wechseln warme Farbkombinationen wie Gelb-Rot mit kühlen Tönen wie Hellgrün-Purpur oder Purpur-Blau ab.

Ein gleichmässiger, leichter Halbtonüberzug, aus dem die Lichter ausgewischt sind, modelliert Gesichter und Hände der Figuren. Die Schattierung wird durch die Konturmalerei dominiert, mit der die Gesichtszüge und die Linien des Faltenwurfes wiedergegeben werden. Auf der Innenseite wird das Relief der Draperien nicht durch den Halbton modelliert, sondern durch Parallel- und Kreuzschraffuren, die auf der Aussenseite durch flächige Schattierungen hinterlegt sind. Der Bemalung ist dadurch ein ausgeprägt graphischer Charakter eigen. Die Gewänder der Figuren sind noch weit gehend von den Formen des ausklingenden Weichen Stils der Zeit um 1400 geprägt, doch weist ihr herberer Charakter bereits auf eine spätere Phase der künstlerischen Entwicklung in der ersten Hälfte des 15. Jahrhunderts hin.

Datierung. Die Vorbilder des Zofinger Passionsfensters in der Malerei und Glasmalerei des Elsass' und Süddeutschlands werden von der jüngeren Forschung allgemein ins erste Viertel des 15. Jahrhunderts datiert. Es ist daher wenig wahrscheinlich, dass die Glasmalereien der ehemaligen Stiftskirche vor 1420 entstanden sind, wie früher vorgeschlagen wurde. Ein Datum kurz nach 1420 drängt sich auf.

Staufberg
Chorfenster I
Kreuzigung, Epiphanie und Heilige
Oberrheinische Werkstatt

Vincentius(?),
Christus am Kreuz
mit Maria und Johannes,
Laurentius

Anbetung des Jesuskindes
durch die Heiligen
Drei Könige

Apostel Petrus und Paulus,
Johannes Evangelist

Inhalt. Das mittlere Chorfenster der Kirche auf dem Staufberg zeigt heute fünf Heilige und zwei biblische Szenen. In der untersten Zeile sind von links nach rechts Petrus, Paulus und Johannes Evangelist dargestellt. Die beiden Apostelfürsten, die man an ihren Attributen, dem Schwert (Paulus) und dem Himmelsschlüssel (Petrus), erkennt, stammen aus einem Apostelfenster, das sich in einer der südseitigen Choröffnungen befunden haben muss. Johannes trägt den Giftkelch in der Hand, der ihm nichts anhaben konnte. Der Hohepriester des Artemistempels von Ephesos soll nach der Erzählung der «Legenda aurea» ihm die Wahl gelassen haben, entweder der Artemis zu opfern oder aber den Giftkelch auszutrinken. Johannes ergriff den Kelch und schlug das Kreuz über dem Gefäss, woraufhin das Gift in der Gestalt einer Schlange aus der Flüssigkeit entwich und diese geniessbar machte. Zu den Füssen des Apostels ist ein Wappen mit dem zentralen Motiv des Sparrens und drei Mohrenköpfen angebracht. Dieser Schild dürfte auf einen oder mehrere Stifter hinweisen, der oder die finanziell für die Glasmalereien aufkamen. Die zweite Zeile ist ganz der Anbetung des Jesuskindes durch die Heiligen Drei

Könige vorbehalten. Die prachtvoll gewandeten Herrscher aus dem Morgenland bringen dem Kind kostbare Geschenke und verehren es als den wahren König. Die Kreuzigung bildet das Zentrum der obersten Bildreihe. Das Bild beschränkt sich auf die Darstellung des Gekreuzigten, seiner Mutter und seines Jüngers Johannes, den Christus sterbend bat, sich um Maria zu kümmern. Der Kreuzestod Christi wird von zwei Märtyrern aus frühchristlicher Zeit flankiert, den Heiligen Vincentius (?) und Laurentius. Während Laurentius durch den Feurrost eindeutig identifiziert ist, hält der Heilige im linken Feld nur ein Buch und eine Märtyrerpalme. Der Diakon könnte daher auch den heiligen Stephanus darstellen, was als Gegenüber von Laurentius nahe liegend wäre, denn diese beiden Blutzeugen Christi sind in San Lorenzo fuori le Mura zu Rom Seite an Seite begraben und wurden daher im Mittelalter häufig zusammen dargestellt.

Erhaltung. Der ursprüngliche Bestand des mittleren Chorfensters ist sehr weit gehend original erhalten, während die Felder mit den beiden Apostelfürsten umfangreiche Ergänzungen erfuhren. In den Gesichtern mehrerer Figuren wurden ausserdem die Konturen der Schwarzlotmalerei nachgezogen. Die ausserordentlich gute Erhaltung der beiden oberen Zeilen muss hervorgehoben werden, denn das Schema in Band 3 des Corpus Vitrearum der Schweiz gibt eine sehr viel pessimistischere Bestandesaufnahme wieder. Das mittlere Fenster bewahrt im Gegensatz zur Chorverglasung in Königsfelden auch seinen ursprünglichen Farbklang, da selbst empfindliche Gläser wie Purpur und Inkarnat nur vereinzelt verbräunt sind. Diese Art der Verwitterung dunkelt lediglich die leicht rosa getönten Gläser ein, auf denen das Jesuskind und der Kopf des Dieners in Feld 2c gemalt wurden.

Künstlerische Ausführung. Die Farbigkeit der Glasmalereien im mittleren Chorfenster der Kirche auf dem Staufberg wird durch leuchtendes Rot und tiefes Blau beherrscht. Maisgelb und dunkles Blaugrün fügen sich harmonisch in diesen vollen Klang ein. Dazu bilden Weiss, helles Purpur und die leicht rosa getönte Farbe des Inkarnates einen starken Kontrast, durch den die Farbkomposition ausserordentlich frisch und lebendig wirkt. Die Glasmalereien werden durch eine in ihrer Zeit neuartige Kompositionsweise geprägt, die in der zweiten Hälfte des 14. Jahrhunderts entwickelt wurde. Die Szenen und Einzelfiguren sind in eine dreidimensionale, allseitig offene Architektur eingefügt. Selbst die Kreuzigung spielt sich auf diese Weise nicht mehr im Freien, sondern in einem architektonischen Gehäuse ab. Die luftigen Bauten öffnen sich auf einen wechselnd blauen und roten ausradierten Rankenteppich.

Die Gestaltung der Figuren, vor allem die kompositionellen Schemata der Gewänder, erinnern noch in manchem an den ausklingenden Weichen Stil der Zeit um 1400. Der Faltenwurf zeigt jedoch schon eckigere Formen, die bereits auf den künstlerischen Ausdruck der Jahrhundertmitte vorausweisen. Die Gesichter werden durch fein vertriebene Halbtöne modelliert. Für die Gewänder werden ein dichterer und ein wässrigerer Halbton verwendet, um den Faltenwurf zu modellieren. Dieser wird durch Schaben und Auswischen bearbeitet sowie mit einem borstigen Pinsel aufgelockert. Durch den sehr weit gehenden Verzicht auf Konturlinien erscheinen die Formen besonders weich und geschmeidig. Den Figurentypen ist etwas Zierlich-Kindliches eigen, das seit etwa 1420/30 die Malerei für Klöster, aber auch die Kunst für Laien prägt. Es ist, als ob die heiligen Gestalten durch diese anrührende Form den einfachen Leuten näher gebracht würden, um ihnen zu erleichtern, sich mit der hehren Welt der Bibel und des Heiligen zu identifizieren. Die reichen Gewänder der Heiligen Drei Könige und die prächtig verzierten Tuniken der beiden heiligen Diakonen Stephanus/Vincentius und Laurentius dürften indessen die Figuren der ländlichen Bevölkerung wieder entfremdet haben, denn sie waren ein Zeichen des Adels und des wohlhabenden Klerus.

Datierung. Die Werke des künstlerischen Milieus, aus dem die Glasmalereien der Kirche auf dem Staufberg hervorgegangen sind, entstanden nach der jüngeren Forschung deutlich später, als dies noch vor kurzem angenommen wurde. Die Scheiben können daher nicht schon 1420, wie man früher meinte, sondern bis zu zwanzig Jahre später entstanden sein, nämlich um 1440.

Staufberg
Chorfenster n II
Szenen der Kindheit Christi, heiliger Beatus
Oberrheinische Werkstatt

Inhalt. Anders als das Mittelfenster muss der Kindheit-Christi-Zyklus von oben nach unten gelesen werden. In Zeile drei des zweibahnigen Fensters tritt der Erzengel Gabriel (modern, wahrscheinlich 1893) zu Maria und kündigt ihr die Geburt Christi an. Maria kniet vor einem Betpult, das mit einem grünen Damast bedeckt ist. Darauf liegt ein offenes Buch, in dem die heilige Jungfrau las, als der Engel zu ihr trat. Die Taube über dem Haupt Marias setzt die Ankündigung Gabriels ins Bild um, nach welcher der Heilige Geist über Maria kommen werde. Während ihrer Schwangerschaft besuchte Maria ihre Verwandte Elisabeth, die Frau des Hohepriesters Zacharias. Auch sie war auf wunderbare Weise schwanger geworden und wird Johannes den Täufer zur Welt bringen. Elisabeth (im rechten Bildfeld) streckt der Verwandten die Arme entgegen, denn sie erkennt das noch grössere Wunder, das an ihr vollbracht wurde. Das letzte Bild des nördlichen Chorfensters zeigt die Geburt Christi. Maria kniet vor dem Kind, das sie soeben zur Welt gebracht hatte. Es liegt noch nackt auf dem Rasen, wendet sich aber mit lebhaften Gesten der Mutter zu. Hinter ihm strecken Ochs und Esel die Köpfe über die Krippe. Der linke Teil der ursprünglich zwei Felder umfassenden Komposition wird heute durch den heiligen Beatus eingenommen, der aus einem der drei südlichen Chorfenster stammt. An seiner Stelle war wahrscheinlich Joseph dargestellt.

Erhaltung. Ausser Feld 3a, das insgesamt eine Neuschöpfung des 19. Jahrhunderts ist, blieben die Glasmalereien des nördlichen Chorfensters sehr weit gehend original erhalten. Dies sei einmal mehr unterstrichen, da das Erhaltungsschema in Band 3 des Corpus Vitrearum der Schweiz sehr viel mehr ergänzten Glasbestand angibt.

Künstlerische Ausführung. Wie im Mittelfenster erscheinen die Figuren in allseits offenen, perspektivisch wiedergegebenen Innenräumen. Die Glasmaler sahen sich mehrfach gezwungen, landschaftliche Szenerie in die dreidimensionalen Architekturen einzufügen, so vor allem im Bild der Heimsuchung (des Besuchs von Maria bei Elisabeth). Die Farbigkeit entspricht derjenigen im mittleren Chorfenster. Die Palette ist lediglich durch das Violett der Kutte von Beatus und das helle Lila des Gewandes von Maria bereichert. Die differenziert schattierende Malerei arbeitet vor allem den Mantel Marias in der Szene der Verkündigung und der Heimsuchung als kräftig plastische Hülle heraus. Die Landschaft wird mit abstrakten Felsformationen und kleinen Bäumchen wiedergegeben.

Verkündigung Christi an Maria

Begegnung von Maria und Elisabeth

Geburt Christi, heiliger Beatus

Staufberg
Chorfenster s II
Szenen der Kindheit Christi, Maria Magdalena
Oberrheinische Werkstatt

Inhalt. Das südliche Chorfenster setzt wieder oben mit dem Bild der Beschneidung Christi ein. Die Erzählsequenz setzt sich mit der Darbringung Christi fort und endet mit der Auffindung des zwölfjährigen Jesus im Tempel. Die ursprüngliche linke Hälfte dieses letzten Bildes ist verloren. An ihrer Stelle sitzt heute Maria Magdalena, die wie der heilige Beatus aus einem Scheibenzyklus der südlichen Chorfenster stammt. Acht Tage nach der Geburt pflegten die Juden in biblischen Zeiten die männlichen Kinder zu beschneiden. Zugleich erhielten sie bei dieser Gelegenheit ihren Namen. Damit erfüllte sich die Voraussage des Engels, der Maria mitteilte, ihr Sohn werde Jesus heissen. Die Beschneidung Jesu wies zugleich schon auf sein Leiden voraus, was aus dem riesigen Messer des Priesters und der Salbbüchse ersehbar ist, die Joseph links im Bild an die Brust gedrückt hält. Während die Beschneidung auf das blutige Opfer Christi vorausweist, wird in der Darbringung im Tempel das unblutige vorausgenommen. Maria reicht das widerstrebende Kind dem Priester, der es über dem Altarblock empfängt. In der letzten Szene findet Maria den vermissten zwölfjährigen Sohn im Tempel wieder, wo er mit den Schriftgelehrten diskutierte. Maria Magdalena ist an ihrem Attribut, der übergrossen Salbbüchse, leicht zu erkennen. Diese brachte sie am Ostermorgen zum Grab Christi, um seinen Leichnam zu salben.

Erhaltung. Drei der sechs Scheiben (1a/b und 2a) sind sehr viel umfänglicher ergänzt als die meisten übrigen Felder der Staufberger Chorverglasung. Die jüngste Bestandsaufnahme ergab vor allem in Feld 3a deutliche Abweichungen gegenüber dem Erhaltungsschema in Band 3 des schweizerischen Corpus Vitrearum.

Beschneidung Christi

Darbringung im Tempel

Jesus unter den Schriftgelehrten, Maria Magdalena

Künstlerische Ausführung. Während die architektonische Komposition und die Gestaltung der Figuren in den Glasmalereien des südlichen Chorfensters denjenigen in den übrigen Öffnungen entspricht, wirkt seine Farbigkeit insgesamt kühler. Dieser Eindruck entsteht durch die Kombination von Weiss mit viel hellem Purpur und dunklem Blaugrün.

Datierung. Siehe Staufberg, Chorfenster I.

Auenstein
Wappenschild mit einem steigenden Löwen
Südliches Chorfenster

Thalheim
Sonne und Mond einer Kreuzigung
Schiff, Kanzelfenster
Oberrheinische Werkstatt

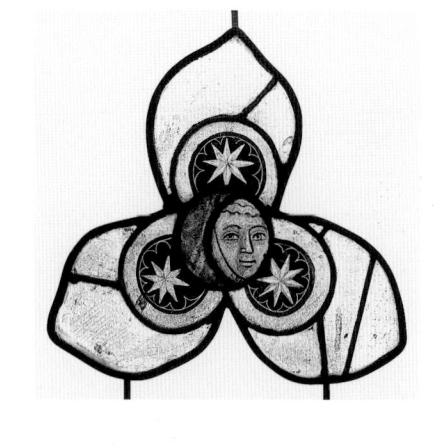

Inhalt. Der Schild mit dem steigenden Löwen dürfte das Wappen des Geschlechts der Rinach wiedergeben, die in der Kirche von Auenstein ihre Grablege besassen. Da der Löwe das häufigste Wappentier überhaupt ist und das Glas nicht mehrere Farben, sondern das heraldische Zeichen als Grisaille wiedergibt, lässt sich der Schild nicht genau bestimmen. Die Identifikation als Wappen der Familie Rinach ist jedoch nahe liegend.

Erhaltung. Das Glas ist auf der Aussenseite verwittert und die Bemalung der Innenseite stark abgerieben.

Künstlerische Ausführung. Der heraldische Löwe von Auenstein erinnert an die Träger der Szenen im Passionsfenster (Chorfenster I) und an die steigenden Löwen im Franziskusfenster (Chorfenster n V) von Königsfelden. Charakteristisch für diese Art von Löwen ist die pelzige Verdickung des Schweifes und seine buschige Quaste.

Datierung. Der Vergleich mit den Löwen von Königsfelden, aber auch die starken Verwitterungserscheinungen am Glas sprechen am ehesten für eine Datierung des Fragmentes in das zweite Viertel des 14. Jahrhunderts.

Inhalt. Die Kreuzigung war nicht nur ein menschliches Drama für Jesus und seine Anhänger, sondern weitete sich nach dem übereinstimmenden Zeugnis der Evangelisten zum kosmischen Ereignis aus. Zur sechsten Stunde (am Mittag) verfinsterte sich der Himmel, d. h., im poetischen, übertragenen Sinn verhüllten Sonne und Mond ihre Häupter. Auf karolingischen Elfenbeinen ziehen die Personifikationen der beiden grossen Himmelskörper Tücher über ihre Gesichter. Man muss sich vorstellen, dass in den Fensterbahnen unterhalb der beiden Dreipässe mit dem Mond links und der Sonne rechts das Kreuz Christi aufragte und darunter die bekannten Personen, Maria, Johannes, vielleicht auch Longinus und der römische Hauptmann erschienen. Davon ist in Thalheim nichts mehr vorhanden.

Erhaltung. Die ursprünglichen, rundbogigen Dreipässe sind vollständig erhalten. Sie wurden zu einem unbekannten Zeitpunkt umgestaltet und in ein spätgotisches Masswerk eingepasst.

Künstlerische Ausführung. Die Gesichtszüge von Sonne und Mond wurden mit Konturfarbe über einem Halbton aufgetragen. Mit einem spitzen Gegenstand schabte der Glasmaler die abstrakten Lichter aus dem Halbtonüberzug. Die Sterne und die bogenförmigen Rahmen der Passformen wurden auf dieselbe Weise wiedergegeben. Mit einem wässrigen Halbton wurden die Sterne zusätzlich schattiert. Ein dunkelgelbes Glas bildet den Sonnenkreis und die Mondsichel, Letztere ist ausserdem mit einem blauen Gesicht verbunden.

Datierung. Die enge Übereinstimmung mit Sonne und Mond in der Pfarrkirche von Rosenweiler (Rosenwiller) im Elsass erlaubt eine Datierung der beiden Fragmente um die Mitte oder am Anfang der zweiten Hälfte des 14. Jahrhunderts.

Suhr
Fragment einer Anbetung der
Heiligen Drei Könige
Langhaus, Südwestfenster
Oberrheinische Werkstatt

Inhalt. Das Fragment gibt die Gruppe der Heiligen Drei Könige wieder, die dem Jesuskind die Geschenke bringen und es verehren. Wie in Königsfelden zeigt der mittlere König auf den Stern und dreht sich nach dem jüngsten seiner Gefährten um. Die Gruppe in Suhr ist jedoch gegenüber dem älteren Anbetungsbild spiegelverkehrt dargestellt.

Erhaltung. Die original erhaltene Gruppe wurde nach dem Brand von 1844 in eine Butzenverglasung eingesetzt.

Künstlerische Ausführung. Die Figuren befanden sich einst vor einem blauen Rankengrund. Im Gegensatz zu den Hintergründen der Glasmalereien in der Kirche auf dem Staufberg und in Zofingen sind die Ranken nicht aus einem Überzug ausradiert, sondern auf das Grundglas gemalt. Leuchtendes Rot und verschiedene Grüntöne bestimmen neben Weiss, Blau und einem dunklen Gelb die Farbigkeit des Fragmentes. Die weissen Gesichter und die farbigen Gewänder sind von einer schnellen, skizzierenden Malweise umrissen. Das Graphische dominiert insgesamt die künstlerische Gestaltung. Der Faltenwurf ist jedoch so angelegt, dass der feste Figurenkern sichtbar wird.

Datierung. Die künstlerische Ausführung legt eine Datierung um 1375 nahe.

Anhang

Bibliographie, Register, Abbildungsnachweis

Bibliographie

Die Bibliographie stellt keinen Anspruch auf Vollständigkeit, denn sie ist die Liste der tatsächlich verarbeiteten Literatur. Sie soll in erster Linie belegen, welche Quellen und Studien die Autorin benutzte, um ihren Text zu verfassen. Ausserdem will sie demjenigen Leser eine Hilfe an die Hand geben, der gewisse Themen vertiefen möchte.

Regine ABEGG, Funktionen des Kreuzgangs im Mittelalter – Liturgie und Alltag, in: Kunst und Architektur in der Schweiz 48, 1997/2, S. 6–24.

Bernhard ANDERES/Peter HOEGGER, Die Glasgemälde im Kloster Wettingen, Baden 1989.

Arnold ANGENENDT, Theologie und Liturgie der mittelalterlichen Toten-Memoria, in: Memoria. Der geschichtliche Zeugniswert des liturgischen Gedenkens im Mittelalter, hrsg. von Karl SCHMID und Joachim WOLLASCH, Münstersche Mittelalterschriften 48, München 1984, S. 79–214.

Ders., Missa specialis. Zugleich ein Beitrag zur Entstehung der Privatmessen, in: Frühmittelalterliche Studien 17, 1983, S. 153–221.

L'ART AU TEMPS DES ROIS MAUDITS. Philippe le Bel et ses fils 1285–1328, Ausst. Paris, Galeries nationales du Grand Palais, Paris 1998.

David L. D'AVRAY, Death and the Prince. Memorial Preaching before 1350, Oxford 1994.

Ernst BACHER, Der Bildraum in der Glasmalerei des 14. Jahrhunderts, in: Wiener Jahrbuch für Kunstgeschichte 25, 1972, S. 87–95.

Astrid BALDINGER, Agnes von Ungarn und das Kloster Königsfelden: Klostergründung und habsburgische Herrschaft in den Vorlanden im 14. Jahrhundert, ungedr. Lizentiatsarbeit Universität Zürich 1999.

Marco BARTOLI, Chiara d'Assisi, Roma 1989.

Marcel BECK/Peter FELDER/Emil MAURER/Dietrich W. H. SCHWARZ, Königsfelden. Geschichte, Bauten, Glasgemälde, Kunstschätze, Olten/Freiburg i. Br. 1970.

Rüdiger BECKSMANN, Die architektonische Rahmung des hochgotischen Bildfensters, Untersuchungen zur oberrheinischen Glasmalerei von 1250–1350, Berlin 1967.

Ders., Das Schwarzacher Köpfchen. Ein ottonischer Glasmalereifund, in: Kunstchronik 23, 1970, S. 3–9.

Ders., Vitrea dedicata. Das Stifterbild in der deutschen Glasmalerei des Mittelalters, Berlin 1975.

Ders., Die mittelalterlichen Glasmalereien in Baden und der Pfalz (ohne Freiburg i. Br.), Corpus Vitrearum Medii Aevi, Deutschland II, 1, Berlin 1979.

Ders., Die Bettelorden an Rhein, Main und Neckar und der höfische Stil der Pariser Kunst um 1300, in: Deutsche Glasmalerei des Mittelalters. Bildprogramme, Auftraggeber, Werkstätten, hrsg. von Rüdiger Becksmann, Berlin 1992, S. 53–75.

Ders., Deutsche Glasmalerei des Mittelalters I, Voraussetzungen – Entwicklungen – Zusammenhänge, Berlin 1995.

Ders., Von der Ordnung der Welt. Mittelalterliche Glasmalereien aus Esslinger Kirchen. Eine Ausstellung der Evangelischen Gesamtkirchengemeinde Esslingen, des Landesdenkmalamtes Baden-Württemberg und der Stadt Esslingen am Neckar, Esslingen 1997.

Ders., Kathedral- und Ordensverglasung in hochgotischer Zeit. Gegensätze – Gemeinsamkeiten – Wechselwirkungen, in: Österreichische Zeitschrift für Kunst und Denkmalpflege 54, 2000, S. 275–286.

Ders./Ulf Dietrich KORN, Die mittelalterlichen Glasmalereien in Lüneburg und den Heideklöstern, Corpus Vitrearum Medii Aevi, Deutschland 7, Niedersachsen, Teil 2. Berlin 1992.

Ellen Judith BEER, Die Glasmalereien der Schweiz vom 12. bis zum Beginn des 14. Jahrhunderts, Corpus Vitrearum Medii Aevi, Schweiz 1, Basel 1956.

Dies., Die Glasmalereien der Schweiz aus dem 14. und 15. Jahrhundert (ohne Königsfelden und Berner Münsterchor), Corpus Vitrearum Medii Aevi, Schweiz 3, Basel 1965.

Dies., Die Buchkunst des Graduale von Katharinenthal, in: Das Graduale von Sankt Katharinenthal, Kommentar zur Faksimile-Ausgabe (hrsg. von Lucas Wüthrich), Luzern 1983, S. 103–224.

Dies., Die Buchkunst der Handschrift 302 der Vadiana, in: Rudolf von Ems, Weltchronik. Der Stricker, Karl der Große. Kommentar zu Ms. 302 Vad., hrsg. von der Kantonsbibliothek (Vadiana) Sankt Gallen und der Editionskommission, Luzern 1987, S. 61–125.

Dies./Hans DÜRST, Glasmalerei des Aargaus, Lenzburg 1964.

Lottlisa BEHLING, Die Pflanzenwelt der mittelalterlichen Kathedralen, Köln/Graz 1964.

Hans BELTING, Bild und Kult. Eine Geschichte des Bildes vor dem Zeitalter der Kunst, München 1990.

Sabine BENECKE, Randgestaltung und Religiosität. Die Handschriften aus dem Kölner Kloster Sankt Klara, Ammersbek 1995.

Richard BENZ, Die Legenda aurea des Jacobus de Voragine aus dem Lateinischen übersetzt von Richard Benz, Heidelberg o. J.

Victor BEYER/Christiane WILD-BLOCK/Fridtjof ZSCHOKKE, Les vitraux de la cathédrale Notre-Dame de Strasbourg, Corpus Vitrearum France 9–1, Département du Bas-Rhin 1, Paris 1986.

BIBLIA SACRA iuxta Vulgatam Clementinam, nova editio, Biblioteca de autores cristianos, Matriti 1965.

August BICKEL, Zofingen von der Urzeit bis ins Mittelalter, mit Beiträgen von Peter Frey, Martin Hartmann und Christian Hesse, Aarau/Frankfurt am Main/Salzburg 1992.

Marino BIGARONI/Hans-Rudolf MEIER/Elvio LUNGHI, La basilica di Santa Chiara in Assisi, Perugia 1994.

Günther BINDING/Andreas SPEER (Hrsg.), Abt Suger von Saint-Denis, Ausgewählte Schriften: Ordinatio, De consecratione, De administration, Darmstadt 2000.

Christiane BLOCK, Les vitraux de Westhoffen, in: Bulletin de la Société d'histoire et d'archéologie de Saverne et environs 4, 1967, S. 1–5.

Dies., Les vitraux du chœur de Rosenwiller – un tournant dans l'art du XIVe siècle en Alsace, in: Cahiers alsaciens d'archéologie d'art et d'histoire 16, 1972, S. 119–150.

Bruno BOERNER, Par caritas, par meritum. Studien zur Theologie des gotischen Weltgerichtsportals in Frankreich – am Beispiel des mittleren Westeingangs von Notre-Dame in Paris, Freiburg/Schweiz 1998.

Georg BONER, Die Gründung des Klosters Königsfelden, in: Zeitschrift für schweizerische Kirchengeschichte 47, 1953, S. 1–24, 81–112, 181–209.

Ders., Königin Agnes von Ungarn, in: Brugger Neujahrsblätter 74, 1964, S. 3–31.

Ders. Die politische Wirksamkeit der Königin Agnes, in: Brugger Neujahrsblätter 75, 1965, S. 3–17.

Ders., Das Klarissenkloster Königsfelden, in: Der Franziskusorden, Die Franziskaner, Die

Klarissen und die regulierten Franziskanerterziarinnen in der Schweiz, Die Minimen in der Schweiz, Red. Brigitte Degler-Spengler, Helvetia Sacra V, 1, Bern 1978, S. 561–576; Das Barfüßerkloster Königsfelden, daselbst, S. 206–211.

Andreas Bräm, Imitatio Sanctorum. Überlegungen zur Stifterdarstellung im Graduale von Sankt Katharinenthal, in: Zeitschrift für schweizerische Archäologie und Kunstgeschichte 49, 1992, S. 103–113.

Ulrike Brinkmann/Rolf Lauer, Die mittelalterlichen Glasfenster des Kölner Domchores, in: Himmelslicht. Europäische Glasmalerei im Jahrhundert des Kölner Dombaus (1248–1349), hrsg. von Hiltrud Westermann-Angerhausen, in Zusammenarbeit mit Carola Hagnau/Claudia Schumacher/Gudrun Sporbeck, Köln 1998, S. 23–33.

Peter Browe, Die Verehrung der Eucharistie im Mittelalter, München 1933.

Caroline Walker Bynum, Holy Fast and Holy Feast, The Religious Significance of Food to Medieval Women, Berkeley/Los Angeles/London 1987.

Dies., The Resurrection of the Body in Western Christianity, 200–1336, New York 1995.

Enrico Castelnuovo, Vetrate medievali. Officine, tecniche, maestri, Torino 1994.

Madeline H. Caviness, Anchoress, Abbess, and Queen: Donors and Patrons or Intercessors and Matrons, in: The Cultural Patronage of Medieval Women, hrsg. von June Hall McCash, Athens, Georgia 1996, S. 105–154.

Denis A. Chevalley, Der Dom zu Augsburg, Die Kunstdenkmäler in Bayern, NF 1, München 1995, S. 171–175.

Christopher Daniell, Death and Burial in Medieval England 1066–1550, London/New York 1997.

Patrick Demouy/Brigitte Kurmann-Schwarz, Les vitraux du chevet de la cathédrale de Reims. Une donation de l'archevêque Henri de Braine, in: Pierre Desportes, Le diocèse de Reims, Fasti ecclesiae Gallicanae 1200–1500, Bd. 3, dir. par Hélène Millet, Turnhout 1998, S. 45–52.

Stephen J.P. van Dijk/J. Hazelden Walker, The Origins of the Modern Roman Liturgy. The Liturgy of the Papal Court and the Franciscan Order in the 13th Century, London 1960.

Erhard Drachenberg/Karl Joachim Maercker/Christa Schmidt, Die mittelalterliche Glasmalerei in den Ordenskirchen und im Angermuseum zu Erfurt, Corpus Vitrearum Medii Aevi, Deutsche Demokratische Republik 1.1, Berlin 1976.

Jolanda Drexler, Die Chorfenster der Minoritenkirche, Studien und Quellen zur Kunstgeschichte Regensburgs 2, Regensburg 1988.

Annemarie Dubler, Maße und Gewichte im Staat Luzern und in der alten Eidgenossenschaft, Luzern 1975.

Hans Dürst, Rittertum und Hochadel im Aargau (Dokumente zur aargauischen Kulturgeschichte 2), Lenzburg 1960.

Ders., Vitraux anciens en Suisse. Alte Glasmalerei der Schweiz, Fribourg 1971.

Donald L. Ehresmann, Medieval Theology of the Mass and the Iconography of the Oberwesel Altarpiece, in: Zeitschrift für Kunstgeschichte 60, 1997, S. 200–226.

Ders., The Iconographic Program of the Doberan Altarpiece, in: Studies in Cistercian Art and Architecture 3, 1987, S. 178–196.

John van Engen, Theophilus Presbyter and Rupert von Deutz: The Manual Arts and Benedictine Theology in the Early Twelfth Century, in: Viator. Medieval and Renaissance Studies 11, 1980, S. 147–163.

Carolly Erickson, The Fourteenth Century Franciscans and Their Critics, in: Franciscan Studies 35, 1975, S. 107–135.

Alain Erlande-Brandenburg, La priorale Saint-Louis de Poissy, in: Bulletin monumental 129, 1971, S. 85–112.

Helmut Feld, Franziskus von Assisi und seine Bewegung, Darmstadt 1994.

Amalie Föbel, Die Königin im mittelalterlichen Reich. Herrschaftsausübung, Herrschaftsrechte, Handlungsspielräume, Stuttgart 2000.

Fonti francescane, Scritti e biografie di san Francesco d'Assisi. Cronache e altre testimonianze del primo secolo francescano. Scritti e biografie di santa Chiara d'Assisi, Introduzione di Stanislao Campagnola, Padova 1977.

Thomas French, York Minster, The Great East Window, Corpus Vitrearum Medii Aevi, Great Britain, Summary Catalogue 2, Oxford 1995.

Eva Frodl-Kraft, Die mittelalterlichen Glasgemälde in Niederösterreich, 1. Teil, Albrechtsberg bis Klosterneuburg, Corpus Vitrearum Medii Aevi, Österreich 2, 1, Graz/Wien/Köln 1972.

Dies., Zur Farbensprache der gotischen Malerei, ein Entwurf, in: Wiener Jahrbuch für Kunstgeschichte 30/31, 1977/1978, S. 89–178.

Dies., Farbdualitäten, Gegenfarben, Grundfarben in der gotischen Malerei, in: Von Farbe und Farben, Albert Knöpfli zum 70. Geburtstag, Zürich 1980, S. 293–302.

Chiara Frugoni, Francesco e l'invenzione delle stimmate. Una storia per parole e immagini fino a Bonaventura e Giotto, Torino 1993.

Donald Lindsay Galbreath/Léon Jéquier, Handbuch der Heraldik, München 1989.

Joseph Gantner, Kunstgeschichte der Schweiz 2, Die gotische Kunst, Frauenfeld 1947.

Françoise Gatouillat/Michel Hérold, Les vitraux de Lorraine et d'Alsace, Corpus Vitrearum France, Recensement des vitraux anciens de la France 5, Paris 1994.

Françoise Gatouillat/Roger Lehni, Le vitrail en Alsace, Eckbolsheim 1995.

Markus Gerber, Die Verwechslung des Männer- und des Frauenklosters in Königsfelden. Bericht über die Untersuchung am Mauerwerk des Klosters 1982/83, in: Brugger Neujahrsblätter 96, 1986, S. 105–120.

Martinus Gerbert, De translatis Habsburgo-Austriacorum principum eorumque conjugum cadaveribus ex ecclesia cathedrali Basiliensi et monasterio Kœnigsfeldensi in Helvetia ad conditorium novum Sancti Blasii, Sankt Blasien 1772.

Servus Gieben, L'iconografia di Chiara d'Assisi, in: Chiara d'Assisi, Atti del XX convegno internationale Assisi 1992, Società internazionale di Studi Francescani, Spoleto 1993, S. 189–236.

Dorothy Gillerman, Enguerran de Marigny and the Church of Notre-Dame at Ecouis. Art and Patronage in the Reign of Philipp the Fair, Pensylvania State University Press 1994.

Johann Wolfgang von Goethe, Von deutscher Baukunst, Frankfurt a. Main 1772.

Jürg Goll, Frühmittelalterliche Fenstergläser aus Müstair und Sion, in: Il colore nel medioevo. Arte, Simbolo, Tecnica. La Vetrata in occidente dal IV all'XI secolo, Lucca 2001, S. 87–98.

Louis Grodecki, Les vitraux de Saint-Denis. Étude sur le vitrail du XIIe siècle I, Corpus Vitrearum Medii Aevi, France, Série «Études» I, Paris 1976.

Ders., Le vitrail roman, Fribourg 1977.

Ders./Catherine Brisac, Le vitrail gothique au XIIIe siècle, Fribourg 1984.

Die Zeit der frühen Habsburger. Dome und Klöster 1279–1379, Niederösterreichische Landesausstellung, Wiener Neustadt 1979.

Die Habsburger zwischen Rhein und Donau, Auf den Spuren der Habsburger, Aarau 1996.

Jeffrey F. Hamburger, Nuns as Artists. The Visual Culture of a Medieval Convent, Berkeley/Los Angeles/London 1997.

Ders., The Visual and the Visionary. Art and Female Spirituality in Late Medieval Germany, New York 1998.

Handbuch der Dogmengeschichte, hrsg. M. Schmaus und A. Grillmeier, Bd. 4, 4: B. Neunheuser OSB, Sakramentenlehre, Eucharistie in Mittelalter und Neuzeit, Freiburg/Basel/Wien 1963.

Handbuch zur Schweizer Geschichte 1, Zürich 1980.

Reiner Haussherr, Überlegungen zum Stand der Kunstgeographie, zwei Neuerscheinungen, in: Rheinische Vierteljahresblätter 30, 1965, S. 351–372.

Ders., Kunstgeographie – Aufgaben, Grenzen, Möglichkeiten, in: Rheinische Vierteljahresblätter 34, 1970, S. 158–171.

Ders., Über die Christus-Johannes-Gruppen, zum Problem «Andachtsbilder» und deutsche Mystik, in: Beiträge zur Kunst des Mittelalters. Festschrift für Hans Wentzel, Berlin 1975, S. 79–103.

Die heilige Schrift des Alten und Neuen Testamentes, hrsg. von Vinzenz Hamp, Meinrad Stenzel und Josef Kürzinger, Aschaffenburg 1975.

Daniel Hess, Die mittelalterlichen Glasmalereien in Frankfurt und im Rhein-Main-Gebiet, Corpus Vitrearum Medii Aevi, Deutschland 3, Teil 2, Berlin 1999.

Ders., Der sogenannte Staufener Altar und seine Nachfolge. Zur oberrheinischen Malerei um 1450, in: Begegnungen mit alten Meistern. Altdeutsche Tafelmalerei auf dem Prüfstand, hrsg. von Frank Matthias Kammel und Carola Bettina Gries, Germanisches Nationalmuseum, Wissenschaftliche Beibände zum Anzeiger des Germanischen Nationalmuseums 17, 2000, S. 77–87.

Christian Hesse, Sankt Mauritius in Zofingen. Verfassungs- und sozialgeschichtliche Aspekte eines mittelalterlichen Chorherrenstiftes, Aarau/Frankfurt am Main/Salzburg 1992.

Himmel, Hölle, Fegefeuer, Das Jenseits im Mittelalter, Katalog der Ausstellung im Schweizerischen Landesmuseum von Peter Jezler, Zürich 1994.

Himmelslicht. Europäische Glasmalerei im Jahrhundert des Kölner Dombaus (1248–1349), hrsg. von Hiltrud Westermann-Angerhausen, in Zusammenarbeit mit Carola Hagnau/Claudia Schumacher/Gudrun Sporbeck, Köln 1998.

Peter Hoegger, Die Kunstdenkmäler des Kantons Aargau 7, Der Bezirk Baden 3, Das ehemalige Zisterzienserkloster Marisstella in Wettingen, Basel 1998.

Otto Homburger/Christoph von Steiger, Der Physiologus Bernensis, Bern 1964.

Volker Honemann, A Medieval Queen and her Stepdaughter: Agnes and Elizabeth of Hungary, in: Queens and Queenship in Medieval Europe, Proceedings of a Conference Held at King's College London, April 1995, hrsg. von A. J. Duggan, Woodbridge 1997, S. 109–119.

Michel Huglo, L'office de Prime au chapitre, in: L'église et la mémoire des morts dans la France médiévale, Communications présentées à la table Ronde du CNRS, le 14 juin 1982, réunies par Jean-Loup Lemaître, Paris 1986, S. 11–18.

Duncan Immo, Reform and Division in the Medieval Franciscan Order. From Saint Francis to the Foundation of the Capucin, Rom 1987.

Carola Jäggi, Architecture et disposition liturgique des couvents féminins dans le Rhin supérieur aux XIIIe et XIVe siècles, in: Les dominicaines d'Unterlinden, Bd. 1, Paris 2000, S. 89–105.

Dies., Eastern Choir or Western Gallery? The Problem of the Place of the Nuns' Choir in Königsfelden and other Early Mendicant Nunneries, in: Gesta 40/1, 2001, S. 79–93.

Iohannis Abbatis Victriensis, Liber certarum Historiarum, hrsg. F. Schneider, 2 Bde., Leipzig/Hannover 1909/1910 (Scriptores rerum Germanicarum in usum scholarum ex monumentis Germaniae Historicis 42).

Fabienne Joubert, La commande laïque de vitraux à la fin du Moyen Âge: observations préliminaires, in: L'artiste et le commanditaire aux derniers siècles du Moyen Âge (XIIIe–XVIe siècles), sous la direction de Fabienne Joubert, Paris 2001, S. 271–288.

Dies., Illusionisme monumentale à la fin du XIVe siècle: Les recherches d'André Beauneveu à Bourges et de Claus Sluter à Dijon, in: Pierre, lumière, couleur. Etudes d'histoire de l'art du Moyen Âge, Textes réunis par Fabienne Joubert et Dany Sandron, Paris 1999, S. 367–384.

Cordula M. Kessler, «mit gold den guten sant Johannes da er sich nagte ufen unsern herrn brüste» – Eine Christus-Johannes-Gruppe mit Malanweisung, in: Zeitschrift für schweizerische Archäologie und Kunstgeschichte 51, 1994, S. 213–222.

Dies., Gotische Buchmalerei des Bodenseeraumes. Aus der Zeit von 1260 bis um 1340/50, in: Eva Moser (Hrsg.), Buchmalerei im Bodenseeraum 1997, S. 70–96 und 218–252.

Dieter Kimpel/Robert Suckale, Die gotische Architektur in Frankreich 1130–1270, München 1985.

Annelies Kirchhof-Hüssy, Untersuchungsbericht zu Lokalisation und Baugeschichte des Doppelklosters in Königsfelden anhand von Quellen aus den Staatsarchiven der Kantone Aargau und Bern. Ungedrucktes Manuskript, Bern 1984.

Heinrich Koller, Die Habsburger Gräber als Kennzeichen politischer Leitmotive in der österreichischen Historiographie, in: Historiographia mediaevalis. Studien zur Geschichtschreibung und Quellenkunde des Mittelalters, Festschrift für F.-J. Schmale zum 65. Geburtstag, hrsg. von D. Berg/H.-W. Goetz, Darmstadt 1988, S. 256–269.

Helma Konow, Die Baukunst der Bettelorden am Oberrhein, Berlin 1954.

Karl-Friedrich Krieger, Die Habsburger im Mittelalter, Von Rudolf I. bis Friedrich III., Stuttgart/Berlin/Köln 1994.

Michaela Krieger, Grisaille als Metapher. Zum Entstehen der Peinture en Camaieu im frühen 14. Jahrhundert, Wiener Kunstgeschichtliche Forschungen, hrsg. vom Kunsthistorischen Institut der Universität Wien 4, Wien 1995.

Dies., Die «Heures de Jeanne d'Evreux» und das Pucelle-Problem, in: Wiener Jahrbuch für Kunstgeschichte 42, 1989, S. 101–132.

Bruno Krings, Arnstein an der Lahn im Mittelalter (Veröffentlichungen der Historischen Kommission für Nassau 48), Wiesbaden 1990.

Klaus Krüger, Der frühe Bildkult des Franziskus in Italien. Gestalt und Funktionswandel des Tafelbilds im 13. und 14. Jahrhundert, Berlin 1992.

Kunstführer durch die Schweiz, begründet von Hans Jenny, Band 1, Bern 1971.

Peter Kurmann, Deutsche Kaiser und Könige. Zum spätstaufischen Herrscherzyklus und zur Reiterfigur Rudolfs von Habsburg am Straßburger Münster, in: Alexander Knaak (Hrsg.), Kunst im Reich Kaiser Friedrich II. von Hohenstaufen, Bd. 2., München/Berlin 1997, S. 154–169.

Ders., «Architektur in Architektur»: der gläserne Bauriß der Gotik, in: Himmelslicht. Europäische Glasmalerei im Jahrhundert des Kölner Dombaus (1248–1349), hrsg. von Hiltrud WESTERMANN-ANGERHAUSEN, in Zusammenarbeit mit Carola HAGNAU/Claudia SCHUMACHER/Gudrun SPORBECK, Köln 1998. Köln 1998, S. 35–43.

Ders., Der Beginn der Gotik in Frankreich. Zur Problematik eines kunsthistorischen Epochenbegriffs, in: Wolfram-Studien XVI, Aspekte des 12. Jahrhunderts, Freisinger Kolloquium 1998, hrsg. von Wolfgang HAUBRICHS/Eckart C. LUTZ/Gisela VOLLMANN-PROFE, Berlin 2000, S. 53–69.

Peter KURMANN/Brigitte KURMANN-SCHWARZ, Das religiöse Kunstwerk der Gotik als Zeichen der Übereinkunft zwischen Pfaffen und Laien, in: Pfaffen und Laien – ein mittelalterlicher Antagonismus?, Freiburger Colloquium 1996, hrsg. von Eckard Conrad LUTZ und Ernst TREMP, Freiburg 1999, S. 78–99.

Dies., Chartres die Kathedrale, Regensburg 2001.

Peter KURMANN/Eckart Conrad LUTZ, Marienkrönungen in Text und Bild, in: Die Vermittlung geistlicher Inhalte im deutschen Mittelalter, Internationales Symposium, Roscrea 1994, hrsg. von Timothy R. JACKSON/Nigel F. PALMER und Almut SUERBAUM, Tübingen 1996, S. 23–54.

Brigitte KURMANN-SCHWARZ, Französische Glasmalereien um 1450, Ein Atelier in Bourges und Riom, Bern 1988.

Dies., Die Berner Werkstatt des Nikolaus Glaser, in: Corpus Vitrearum, Tagung für Glasmalereiforschung, 16. Internationales Kolloquium in Bern 1991, Bern 1991, S. 43–48.

Dies., Le vitrail des Rois Mages dans l'ancienne collégiale de Berne et ses commanditaires, in: Revue de l'Art 107, 1995, S. 9–16.

Dies., Die heilige Klara in den Glasmalereien der ehemaligen Klosterkirche von Königsfelden, in: Alfonso MARINI/M. Beatrice MISTRETTO (Hrsg.), Chiara d'Assisi e la memoria di Francesco, Atti del Convegno per l'VIII centenario della nascita di s. Chiara, Fara Sabina 1994, Città di Castello 1995, S. 129–147.

Dies., Die Glasmalereien des 15.–18. Jahrhunderts im Berner Münster, Corpus Vitrearum Medii Aevi, Schweiz 4, Bern 1998.

Dies., Katalogbeiträge zu Königsfelden und Straßburg, Kathedrale, in: Himmelslicht, Europäische Glasmalerei im Jahrhundert des Kölner Dombaus (1248–1349), hrsg. von Hiltrud WESTERMANN-ANGERHAUSEN, in Zusammenarbeit mit Carola HAGNAU/Claudia SCHUMACHER/Gudrun SPORBECK, Köln 1998, S. 190–191, 284–286.

Dies., Les vitraux du chœur de l'ancienne abbatiale de Königsfelden. L'origine des ateliers, leurs modèles et la place de leurs œuvres dans le vitrail alsacien, in: Revue de l'Art 121, 1998-3, S. 29–42.

Dies., «…wilt vensster machen mit geferbtem glas … so mustu dir das laßen entwerffen auf papir einen maler …». Zur Entstehung der spätgotischen Glasmalereien des Berner Münsters und zur Herkunft der Glasmaler und Entwerfer, in: Berns große Zeit. Das 15. Jahrhundert neu entdeckt, hrsg. von Ellen J. BEER, Norberto GRAMACCINI, Charlotte GUTSCHER-SCHMID, Rainer C. SCHWINGES, Bern 1999, S. 444–456.

Dies., «… die Fenster in der kilchen allhier, die meine Herren zu machen und in Ehr zu halten schuldig …» Andenken – ewiges Seelenheil – irdische Ziele und Verpflichtungen gezeigt an Beispielen von Glasmalerei-Stiftungen für das Berner Münster, in: Berns große Zeit. Das 15. Jahrhundert neu entdeckt, hrsg. von Ellen J. BEER, Norberto GRAMACCINI, Charlotte GUTSCHER-SCHMID, Rainer C. SCHWINGES, Bern 1999, S. 457–465.

Dies., Les verriers à Bourges dans la première moitié du XVe siècle et leurs modèles: tradition et renouveau, in: Vitrail et arts graphiques, Table ronde coordonnée par Michel HÉROLD et Claude MIGNOT, Les cahiers de l'Ecole nationale du patrimoine 4, Paris 1999, S. 137–149.

Dies., Das Franziskusfenster von Königsfelden. Bild- und Texttradition, in: Pierre, lumière, couleur. Etudes d'histoire de l'art du Moyen Age, Textes réunis par Fabienne JOUBERT et Dany SANDRON, Paris 1999, S. 297–307.

Dies., Die Sorge um die Memoria. Das Habsburger Grab zu Königsfelden im Lichte seiner Bildausstattung, in: Kunst und Architektur 50, 1999, S. 12–23.

Dies., Vetrata, in: Enciclopedia dell'arte medievale XI, Roma 2000, Sp. 584–603.

Dies., Besprechung von Himmelslicht. Europäische Glasmalerei im Jahrhundert des Kölner Doms (1248–1349), hrsg. von Hiltrud Westermann-Angerhausen in Zusammenarbeit mit Carola HAGNAU, Claudia SCHUMACHER und Gudrun SPORBECK, Köln 1998, in: Kunstchronik 53, 2000, S. 258–264.

Dies., Datierung und Bedeutung von «Stifterbildern» in Glasmalereien, in: Nobilis artis manus, Festschrift für Antje Middeldorf-Kosegarten, hrsg. von Bruno KLEIN/Harald WOLTER-VON DEM KNESEBECK, Dresden/Göttingen 2002, S. 228–243.

Christian KUSTER, Die Glasmalereien der Kirche auf dem Staufberg, Seminararbeit am Lehrstuhl für Kunstgeschichte des Mittelalters, Wintersemester 1997/98, Universität Freiburg i. Ü.

Claudine LAUTIER, Les peintres-verriers des bas-côtés de la nef de Chartres au début du XIIIe siècle, in: Bulletin monumental 148, 1990, S. 7–45.

Dies., Der Prophet Zacharias (Troyes, Kollegiatskirche Saint-Urbain), in: Himmelslicht. Europäische Glasmalerei im Jahrhundert des Kölner Dombaus (1248–1349), hrsg. von Hiltrud WESTERMANN-ANGERHAUSEN, in Zusammenarbeit mit Carola HAGNAU/Claudia SCHUMACHER/Gudrun SPORBECK, Köln 1998. Köln 1998, S. 188–89.

Dies., Die Erfindung des Silbergelb in der Glasmalerei, in: Kölner Domblatt, Jahrbuch des Zentral-Dombau-Vereins 64, 1999, S. 227–260.

Michel LAUWERS, La mémoire des ancêtres, le souci des morts. Morts, rites et société au Moyen Âge (diocèse de Liège, XIe–XIIIe siècles), Paris 1997.

Legendae S. Francisci Assisiensis saeculis XIII et XIV conscriptae, Analecta franciscana sive chronica aliaque varia documenta ad historiam fratrum minorum spectantia, edita a patribus collegii S. Bonaventurae, Bd. 10, Quaracchi-Firenze 1926–1941.

Hans LEHMANN, Zur Geschichte der Glasmalerei in der Schweiz, in: Mitteilungen der antiquarischen Gesellschaft in Zürich 1906, S. 157–209; 1907, S. 213–264; 1908, S. 269–316; 1910, S. 319–358; 1912, S. 363–434, Register im letzten Heft.

Jacques LE MAHO, Les fragments de vitraux carolingiens de la cathédrale de Rouen, in: Il colore nel medioevo. Arte, Simbolo, Tecnica. La Vetrata in occidente dal IV all'XI secolo, Lucca 2001, S. 113–124.

Guy-Michel LEPROUX, La peinture à Paris sous le règne de François Ier, Corpus Vitrearum France, Études IV, Paris 2001.

Mirella LEVI D'ANCONA, The Iconography of the Immaculate Conception in the Middle Ages and Early Renaissance, New York 1954 (Monographs on Archaeology and Fine Arts 7).

Flora LEWIS, Rewarding Devotion: Indulgences and the Promotion of Images, in: The Church and the Arts, hrsg. von Diana WOOD, Papers Read at the 1990 Summer Meeting and the 1991 Winter

Meeting of the Ecclesiastical History Society 1995, S. 179–194.

Lexikon der christlichen Ikonographie, hrsg. von Engelbert KIRSCHBAUM SJ, Allgemeine Ikonographie, Bd. 1–4, Ikonographie der Heiligen, Bd. 5–8, Rom/Freiburg/Basel/Wien 1968–1976.

Lexikon des Mittelalters 1–10, München 1980–1999.

ALPHONS LHOTSKY, Geschichte Österreichs seit der Mitte des 13. Jahrhunderts, 1281–1358, Wien 1967.

Meredith Parsons LILLICH, Rainbow like an Emerald. Stained Glass in Lorraine in the Thirteenth and Early Fourteenth Centuries, University Park/London 1991.

Philippe LORENTZ, Jost Haller, le peintre des chevaliers et l'art en Alsace au XVe siècle, Colmar 2001.

Henri de LUBAC, Corpus mysticum, Kirche und Eucharistie im Mittelalter. Eine historische Studie, Einsiedeln 1969.

Wilhelm LÜBKE, Über die alten Glasgemälde der Schweiz. Ein Versuch, Zürich 1866.

Brigitte LYMANT, Die Glasmalerei bei den Zisterziensern, in: Die Zisterzienser. Ordensleben zwischen Ideal und Wirklichkeit, Ausstellung im Krönungssaal des Rathauses, hrsg. von Kaspar ELM, Peter JOERISSEN und Hermann Josef ROTH, Bonn 1980, S. 345–356.

Richard MARKS, Stained Glass in England during the Middle Ages, London 1993.

Ders., The Medieval Stained Glass of Northhamptonshire, Corpus Vitrearum Medii Aevi, Great Britain, Summary Catalogue 4, Oxford 1998.

Ders., Glazing in the Romanesque Parish Church, in: Il colore nel medioevo. Arte, Simbolo, Tecnica. La Vetrata in occidente dal IV all'XI secolo, Lucca 2001, S. 173–181.

Susan MARTI, Königin Agnes und ihre Geschenke, Zeugnisse, Zuschreibungen und Legenden, in: Kunst und Architektur 47, 1996, S. 169–180.

Frank MARTIN, Die Apsisverglasung der Oberkirche von San Francesco in Assisi. Ihre Entstehung und Stellung innerhalb der Oberkirchenausstattung, Worms 1993.

Ders./Gerhard RUF, Die Glasmalereien von San Francesco in Assisi. Entstehung und Entwicklung einer Gattung in Italien, Regensburg 1997.

Andrew MARTINDALE, Patrons and Minders: The Intrusion of the Secular into Sacred Spaces in the Late Middle Ages, in: The Church and the Arts, hrsg. von Diana WOOD, Papers Read at the 1990 Summer Meeting and the 1991 Winter Meeting of the Ecclesiastical History Society 1995, S. 143–178.

Die Chronik des MATTHIAS VON NEUENBURG, Fassung B und VC, Fassung WAU, hrsg. Adolf HOFMEISTER, Berlin, 1924–1940 (Monumenta Germaniae Historica, Scriptores rerum Germanicarum, Nova series 4).

Emil MAURER, Das Kloster Königsfelden, Die Kunstdenkmäler des Kantons Aargau 3, Basel 1954.

Ders., Habsburgische und franziskanische Anteile am Königsfelder Bildprogramm, in: Zeitschrift für schweizerische Archäologie und Kunstgeschichte 19, 1959, S. 220–225.

Ders./Stephan GRATWOHL, Silbergelb in Königsfelden, in: Österreichische Zeitschrift für Kunst und Denkmalpflege 40, 1986, S. 171–175.

Hans MAURER, Zofingen, Schweizerische Kunstführer, Bern 1980.

Marcel MAUSS, Essai sur le don, in: Marcel Mauss, Sociologie et antropologie, Paris 1978, S. 143–279.

Jürgen MICHLER, Die Dominikanerkirche zu Konstanz und die Farbe in der Bettelordensarchitektur um 1300, in: Zeitschrift für Kunstgeschichte 55, 1990, S. 253–276.

Ders., Materialsichtigkeit, Monochromie, Grisaille in der Hochgotik um 1300, in: Denkmalkunde und Denkmalpflege. Wissen und Wirken, Festschrift für Heinrich Magirius, Dresden 1995, S. 197–221.

Ders., Esslingen 1297/1997: 700 Jahre Chor der Stadtkirche Sankt Dionys. Ein Tagungsbericht, in: Denkmalpflege in Baden-Württemberg 3, 1998, S. 180–181.

John MOORMAN, A History of the Franciscan Order. From Its Origins to the Year 1517, Oxford 1968.

Victor MORTET/Paul DESCHAMPS, Recueil de textes relatifs à l'histoire de l'architecture et à la condition des architectes en France, au Moyen Âge, XIIe–XIIIe siècles, Paris 1929.

Ursula NILGEN, The Epiphany and the Eucharist: On the Interpretation of Eucharistic Motifs in Mediaeval Epiphany Scenes, in: Art Bulletin 49, 1967, S. 311–316.

Elisabeth OBERHAIDACHER-HERZIG, Fundator oder Stifter? Ein Beitrag zur Stifterikonographie in der Glasmalerei des späten 13. Jahrhunderts, in: Österreichische Zeitschrift für Kunst und Denkmalpflege 47, 1993, S. 138–143.

Friedrich W. OEDIGER, Über die Bildung der Geistlichen im späten Mittelalter, Leiden 1952 (Studien und Texte zur Geistesgeschichte des Mittelalters 2).

Otto Gerhard OEXLE, Memoria und Memorialbild, in: Memoria. Der geschichtliche Zeugniswert des liturgischen Gedenkens im Mittelalter, hrsg. von Karl SCHMID und Joachim WOLLASCH, Münstersche Mittelalterschriften 48, München 1984, S. 384–440.

Valentino PACE, Immagini di santità, La pala d'altare di s. Chiara a Santa Chiara d'Assisi, in: A. MARINI/M. B. MISTRETTO (Hrsg.), Chiara d'Assisi e la memoria di Francesco, Atti del convegno per l'VIII centenario della nascita di s. Chiara, Fara Sabina 1994, città di castello 1995, S. 119–128.

Nigel F. PALMER, Ars moriendi und Totentanz: Zur Verbildlichung des Todes im Spätmittelalter, in: Tod im Mittelalter, hrsg. von Arno BORST/Gerhart von GRAEVENITZ/Alexander PATSCHOVSKY/Karlheinz STIERLE, Konstanz 1993, S. 313–334.

Erwin PANOFSKY, Abbot Suger on the Abbey of Saint-Denis and its Art Treasures, Princeton 1979.

Carl PFAFF, Pfarrei und Pfarreileben. Ein Beitrag zur spätmittelalterlichen Kirchengeschichte, in: Innerschweiz und frühe Eidgenossenschaft, Jubiläumsschrift 700 Jahre Eidgenossenschaft 1 (Verfassung – Kirche – Kunst), Olten 1990, S. 205–282.

Ivo RAUCH, Das Marienstatter Flechtbandfenster-Bestand und Rekonstruktion, in: Die Klosterkirche Marienstatt, Worms 1999 (Forschungsberichte zur Denkmalpflege, hrsg. vom Landesamt für Denkmalpflege Rheinland-Pfalz), S. 76–84.

Ders., Anmerkungen zur Werkstattpraxis in der Glasmalerei der Hochgotik, in: Himmelslicht. Europäische Glasmalerei im Jahrhundert des Kölner Dombaus (1248–1349), hrsg. von Hiltrud WESTERMANN-ANGERHAUSEN, in Zusammenarbeit mit Carola HAGNAU/Claudia SCHUMACHER/Gudrun SPORBECK, Köln 1998, S. 103–106.

Roland RECHT, L'Alsace gothique de 1300 à 1365. Etude d'architecture religieuse, Colmar 1974.

Hans REINHARDT, La cathédrale de Strasbourg, Paris 1972.

Bruno REUDENBACH, «Ornatus materialis domus Dei». Die theologische Legitimation handwerklicher Künste bei Theophilus, in: Studien zur Geschichte der europäischen Skulptur im 12. und 13. Jahrhundert, hrsg. von Herbert BECK und Kerstin HENGEVOSS-DÜRKOPP, Bd. 1, Frankfurt 1994, S. 1–16.

Jean-Yves RIBAULT, André Beauneuveu et la construction de la Sainte-Chapelle de Bourges, Précisions chronologiques, in: Actes des Journées internationales Claus Sluter, Dijon 1992, S. 239–247.

Hans ROTT, Quellen und Forschungen zur südwestdeutschen und schweizerischen Kunstgeschichte im XV. und XVI. Jahrhundert. III. Der Oberrhein, Quellen, 2 Bde, Stuttgart 1936.

Ders., Quellen und Forschungen zur südwestdeutschen und schweizerischen Kunstgeschichte im XV. und XVI. Jahrhundert. III. Der Oberrhein, Text, Stuttgart 1938.

Conrad RUDOLPH, The «Things of Greater Importance». Bernard of Clairvaux's Apologia and the Medieval Attitude Toward Art, Philadelphia 1990.

Kurt RUH, Agnes von Ungarn und Liutgart von Wittichen: Zwei Klostergründerinnen des frühen 14. Jahrhunderts, in: Philologische Untersuchungen gewidmet Elfriede Stutz zum 65. Geburtstag, hrsg. von Alfred EBENBAUER, Philologica Germanica 7, 1994, S. 374–391.

Christine SAUER, Fundatio et memoria, Stifter und Klostergründer im Bild 1100–1350, Göttingen 1993 (Veröffentlichungen des Max-Planck-Instituts für Geschichte 109).

Wolfgang SCHENKLUHN, Architektur der Bettelorden. Die Baukunst der Dominikaner und Franziskaner in Europa, Darmstadt 2000.

Gerhard SCHMIDT, Die Chorschrankenmalereien des Kölner Domes und die europäische Malerei, in: Kölner Domblatt 54, 1979/1980, S. 293–340.

Ders., Zur Datierung der Chorfenster von Königsfelden, In: Österreichische Zeitschrift für Kunst und Denkmalpflege 40, 1986, S. 161–171.

Hartmut SCHOLZ, Entwurf und Ausführung. Werkstattpraxis in der Nürnberger Glasmalerei der Dürerzeit, Berlin 1991.

Ders., Tradition und Avantgarde, Die Farbverglasung der Besserer-Kapelle als Arbeit einer Ulmer «Werkstatt-Kooperative», in: Deutsche Malerei des Mittelalters 2, Bildprogramme, Auftraggeber, Werkstätten, hrsg. von Rüdiger BECKSMANN, Berlin 1992, S. 93–152.

Ders., Die mittelalterlichen Glasmalereien in Ulm, Corpus Vitrearum Medii Aevi, Deutschland I, Schwaben, Teil 3, Berlin 1994.

Ders., Die Straßburger Werkstattgemeinschaft. Ein historischer und kunsthistorischer Überblick, in: Bilder aus Licht und Farbe. Meisterwerke spätgotischer Glasmalerei. «Straßburger Fenster» in Ulm und ihr künstlerisches Umfeld, Katalog der Ausstellung, Ulm 1995, S. 13–22.

Ders., Ornamentverglasung der Hochgotik, in: Himmelslicht. Europäische Glasmalerei im Jahrhundert des Kölner Dombaus (1248–1349), hrsg. von Hiltrud WESTERMANN-ANGERHAUSEN, in Zusammenarbeit mit Carola HAGNAU/Claudia SCHUMACHER/Gudrun SPORBECK, Köln 1998, S. 51–62.

Ders., Glasmalerei der Zisterzienser am Beispiel Marienstatt, in: Die Klosterkirche Marienstatt, Denkmalpflege in Rheinland-Pfalz, Forschungsberichte Band 4, Worms 1999, S. 85–96.

Klaus SCHREINER, Der Tod Marias als Inbegriff christlichen Sterbens. Sterbekunst im Spiegel mittelalterlicher Legendenbildung, in: Tod im Mittelalter, hrsg. von Arno BORST/Gerhart von GRAEVENITZ/Alexander PATSCHKOVSKY/Karlheinz STIERLE, Konstanz 1993, S. 261–312.

Ernst SCHUBERT, Memorialdenkmäler für Fundatoren in drei Naumburger Kirchen des Hochmittelalters, in: Frühmittelalterliche Studien, Jahrbuch des Instituts für Frühmittelalterforschung der Universität Münster 25, 1991, S. 188–225.

Andreas SPEER, Lux mirabilis et continua. Anmerkungen zum Verhältnis von mittelalterlicher Lichtspekulation und gotischer Glaskunst, in: Himmelslicht, Europäische Glasmalerei im Jahrhundert des Kölner Dombaus (1248–1349), hrsg. von Hiltrud WESTERMANN-ANGERHAUSEN, in Zusammenarbeit mit Carola HAGNAU/Claudia SCHUMACHER/Gudrun SPORBECK, Köln 1998, S. 89–94.

Lieselotte E. STAMM, Die Rüdiger Schopf – Handschriften. Die Meister einer Freiburger Werkstatt des späten 14. Jahrhunderts und ihre Arbeitsweise, Aarau/Frankfurt am Main/Salzburg 1981.

Dies., Zur Verwendung des Begriffs Kunstlandschaft am Beispiel des Oberrheins im 14. und frühen 15. Jahrhundert, in: Zeitschrift für schweizerische Archäologie und Kunstgeschichte 41, 1984, S. 85–91.

Michael STETTLER, Die Kunstdenkmäler des Kantons Aargau 2, Basel 1948.

Ders., Königsfelden, Farbfenster des XIV. Jahrhunderts, Laupen 1949.

Ders./Emil MAURER, Die Kunstdenkmäler des Kantons Aargau 3, Basel 1953.

Sebastian STROBL, Glastechnik des Mittelalters, Stuttgart 1990.

Robert SUCKALE, Die Hofkunst Kaiser Ludwig des Bayern, München 1993.

Ders., Glasmalerei im Kontext der Bildkünste um 1300, in: Himmelslicht. Europäische Glasmalerei im Jahrhundert des Kölner Dombaus (1248–1349), hrsg. von Hiltrud WESTERMANN-ANGERHAUSEN, in Zusammenarbeit mit Carola HAGNAU/Claudia SCHUMACHER/Gudrun SPORBECK, Köln 1998, S. 73–77.

Ders., Les peintres Hans Stocker et Hans Tiefental. L'ars nova en Haute Rhénanie au XVe siècle, in: Revue de l'Art 120, 1998, S. 58–67.

THEOPHILUS (Ausgaben):

Albert ILG, Theophilus Presbyter Schedula diversarum artium. 1. Band. Revidierter Text, Übersetzung und Appendix, in: Quellenschriften für Kunstgeschichte und Kunsttechnik des Mittelalters und der Renaissance 7, Wien 1874.

Wilhelm THEOBALD, Technik des Kunsthandwerks im zehnten Jahrhundert des Theophilus Presbyter Diversarum artium schedula, in Auswahl neu herausgegeben, übersetzt und erläutert, Berlin 1933.

Charles Reginald DODWELL, Theophilus: De Diversis Artibus. Theophilus. The Various Arts, London 1961.

Charles DE L'ESCALOPIER, Théophile, prêtre et moine, Essai sur divers arts, Nogent-le-Roi 1977.

John G. HAWTHORNE und Cyril Stanley SMITH, Theophilus, On divers arts. The Foremost Medieval Treatise on Painting, Glassmaking and Metalwork, Translated from the Latin with Introduction and Notes, New York 1979.

Erhard BREPOHL, Theophilus Presbyter und das mittelalterliche Kunsthandwerk, Bd. 1 Malerei und Glas, Köln 1999.

Manfred TSCHUPP, Die Restaurierung der Klosterkirche Wettingen, Aarau 1996.

Oskar VASELLA, Untersuchungen über die Bildungsverhältnisse im Bistum Chur mit besonderer Berücksichtigung des Klerus. Vom Ausgang des 13. Jahrhunderts bis um 1530, in: 62. Jahresbericht der Historisch-Antiquarischen Gesellschaft von Graubünden 1932, Chur 1933, S. 3–212.

André VAUCHEZ, Les laïcs au Moyen Age. Pratiques et expériences religieuses, Paris 1987.

Renate WAGNER-RIEGER, Die Habsburger und die Zisterzienserarchitektur, in: Die Zisterzienser. Ordensleben zwischen Ideal und Wirklichkeit. Ergänzungsband, hrsg. von Kaspar ELM unter Mitarbeit von Peter JOERIßEN, Köln 1982, S. 195–211.

Hans WENTZEL, Die Glasmalereien in Schwaben von 1200–1350, Corpus Vitrearum Medii Aevi, Deutschland 1, Schwaben 1, 1, Berlin 1958.

Ders., Das Mutziger Kreuzigungsfenster und verwandte Glasmalereien der 1. Hälfte des 14. Jahrhunderts aus dem Elsaß, der Schweiz und Süddeutschland, in: Zeitschrift für schweizerische Archäologie und Kunstgeschichte 14, 1953, S. 159–179.

Hiltrud WESTERMANN-ANGERHAUSEN, Glasmalerei und Himmelslicht – Metapher, Farbe, Stoff, in: Himmelslicht. Europäische Glasmalerei im Jahrhundert des Kölner Dombaus (1248–1349), hrsg. von Hiltrud WESTERMANN-ANGERHAUSEN, in Zusammenarbeit mit Carola HAGNAU/Claudia SCHUMACHER/Gudrun SPORBECK, Köln 1998, S. 95–102.

Werner WILLIAMS-KRAPP, Die deutschen und niederländischen Legendare des Mittelalters. Studien zu ihrer Überlieferungs-, Text- und Wirkungsgeschichte, Tübingen 1986.

Norbert WOLF, Überlegungen zur Entstehung, Funktion und Verbreitung der deutschen Schnitzretabel des 14. Jahrhunderts, in: Figur und Raum. Mittelalterliche Bildwerke im historischen und kunstgeographischen Kontext, hrsg. von Uwe ALBRECHT und Jan von BONSDORFF, Berlin 1994, S. 91–111.

Martha A.W. WOLFF, The Master of the Playing Cards: An Early Engraver and His Relationship to Traditional Media, Ph.D. Yale University 1979.

Dies., Observations on the Master of the Playing Cards and Upper Rhenish Painting, in: Essays in Northern European Art. Presented to E. HAVERKAMP-BEGEMAN, Doornspijk 1983, S. 295–302.

Jeryldine WOOD, Perceptions of Holiness in Thirteenth Century Italian Painting: Clare of Assisi, in: Art History 14, 1991, S. 301–328.

Helen J. ZAKIN, French Cistercian Grisaille Glass, New York/London 1979.

Petra ZIMMER, Die Funktion und Ausstattung des Altares auf der Nonnenempore. Beispiele zum Bildgebrauch in Frauenklöstern aus dem 13.–16. Jahrhundert, Diss. Köln 1990.

Register

(Franz Jaeck)

Aachen 4
Aare 4, 11, 12
Aargau, VIII, IX, 2–4, 7, 9, 11, 22, 24, 28, 32, 34, 44, 45, 47, 48, 56, 62, 79, 90, 91, 94, 98, 107, 121, 228
Aargau, Staatsarchiv 43, 47, 50, 51
Abegg, Regine 9, 50
Adalberto I., Graf von Frohburg 22
Adam 43, 250, 251
Agatha, hl. 177, 250, 251
Agnes, hl. 18, 58, 178, 250, 251
Agnes, Königin von Ungarn 13, 15, 17, 20, 36–40 45, 47–51, 60, 76, 78, 81, 82, 99, 114, 254, 256 257
Albrecht I. von Habsburg, Deutscher König 4, 11, 13, 17, 20, 36–39, 44, 47, 48, 75, 246, 248
Albrecht II., Herzog von Österreich 36, 37, 39, 40, 49, 79, 115, 144, 194, 238, 256, 257
Alexandria 238
Alle Heiligen 227
Altenberg, Zisterzienserkirche 99
Althaus, Fritz VIII, 228
Altthann 46
Amos, Prophet 233
Anderes, Bernhard 9, 80
Andreas II., König von Ungarn 79
Andreas III., König von Ungarn 39, 46, 48, 99, 195
Andreas, Apostel 161, 244
Angenendt, Arnold 32–34, 43, 44
Anna von Böhmen, Herzogin von Österreich 246
Anna, Gräfin von Kyburg 35, 36
Anna, hl. 58, 77–79, 112, 113, 176–181, 228, 247, 250, 251, 253
Antonius von Padua, hl. 77, 79, 177, 250, 251, 254
Antwerpen, Museum Mayer van den Bergh 73
Apostel 18, 48, 58, 59, 66, 72, 73, 79, 92, 108, 109, 111–113, 118, 156–163, 228, 235, 237, 240, 241, 244–246, 262
Arbogast, hl. 92
Ardagger 77, 81
Arnstein 86, 87
Arpaden, ungarisches Königshaus 79
Arras, Museum 104
Artemis, antike Göttin 262
Assisi 64, 185, 246, 253
Assisi, Kathedrale 252
Assisi, San Damiano 252
Assisi, San Francesco 18, 75, 95

Assisi, Santa Chiara 76, 79
Athelard, John 88
Auenstein 2, 3, 4, 7, 24, 27, 42, 44, 45, 49, 51, 82, 90, 120, 224, 229, 227, 266
Augsburg 3, 37, 38, 41, 86, 114, 256
Augustinus, hl. 33, 34, 43
Avray, David L. d' 19
Bacher, Ernst 108
Baden 11
Baden, Markgrafen von 82
Baden-Württemberg 90, 96
Baldinger, Astrid IX, 9, 20, 24, 26, 36, 41, 51, 112
Barbara, hl. 18, 24, 58
Bari, San Nicola 248
Barontus, Mönch 43
Bartholomäus, Apostel 65, 160, 244, 245
Bartoli, Marco 75
Basel 8, 11, 41, 46, 78, 88, 90, 97–99, 107, 108, 114, 120, 121
Basel, Barfüsserkirche 20
Basel, Kartause 41
Basel, Predigerkirche 10
Bastia, San Paolo delle Abbadesse, Benediktinerinnenkloster 252, 253
Baur, Dunja IX
Beatus, hl. 59, 70, 118, 264, 265
Beauneveu, André 88
Beck, Marcel 11
Becksmann, Rüdiger IX, 3, 18, 50, 64–66, 81, 86, 87, 90, 92, 94, 96, 101, 106, 107, 108, 109, 114
Beer, Ellen Judith IX; 25, 27, 35, 41, 70, 92, 96, 98, 102, 116, 119, 120, 121, 129
Behling, Lottlisa 65
Belgien 4
Belting, Hans 72
Benecke, Sabine 35, 82
Benz, Richard 75
Berchtold von Rinach 27
Bern 23, 42, 87, 92, 95, 97, 119, 228
Bern, Archiv der Eidgenössischen Kommission für Denkmalpflege IX
Bern, Historisches Museum 12, 45
Bern, Münster 45, 57, 68, 70, 78, 82, 116, 119
Bern, Stadtarchiv, Sankt-Vinzenzen-Schuldbuch 88
Bernhard von Clairvaux 33, 41, 42, 80
Beromünster, Stift 26
Besançon 72
Bethlehem 57
Beyer, Victor 7, 91, 95, 98
Bickel, August 4, 21, 23, 24
Biel, Stadtkirche 97
Bigaroni, Marino 76

Binding, Günther 9, 81, 87
Block, Christiane 36, 93, 108, 113
Bodensee 21, 66
Boerner, Bruno VIII, 43 52, 73
Böhmen 11
Bonaventura, hl. 75, 247
Boner, Georg 13, 20, 36, 39
Bonmont, Zisterzienserkloster 72
Bossardt, Jürg A. IX, 228
Bötzberg 11
Bourges, Kathedrale 61
Bourges, Sainte-Chapelle 88
Bräm, Andreas 35, 82
Brinkmann, Ulrike 7
Brisac, Catherine 7
Brou, Saint-Nicolas-de-Tolentin 83
Browe, Peter 57
Brüderlin, Rolf VIII, 228
Brugg 11, 12, 20
Büchel, Emanuel 41
Buchmüller-Frey, Christine VIII, 228
Buchsgau 22
Bynum, Caroline Walker 9, 43, 52
Cäcilia, hl. 177, 250, 251
Castelnuovo, Enrico 2
Cavallini, Pietro 95
Caviness, Madeline Harrison 49
Cellarius, Christoph 2
Cham, Sohn des Noah 78
Chartres, Kathedrale 9, 47, 61, 81, 82, 88, 89
Chevalley, Denis A. 3, 86
Christina, hl. 176, 250, 251
Christophorus, hl. 77, 79, 180, 250, 251
Christus 9, 18, 38, 42, 50, 52, 56, 57, 59, 66–68, 70–72, 74, 79, 80, 87, 92, 93, 102, 103, 104, 105, 109, 110, 117, 126–130, 132–139, 141, 190, 191, 207, 208, 213, 219, 221, 228, 229, 232–237, 241, 243, 244, 250, 251, 253, 256, 257, 258, 260, 262, 264, 265
Cluny 43
Cœur, Jacques 61
Colmar, Dominikanerkirche 20, 66, 92–94
Colmar, Franziskanerkirche 20
Colmar, Unterlinden-Museum 96, 116, 117, 118
Conrad von Klingenberg 47
Coventry 88
Cuno von Buchsee 94, 95
Damaskus 240
Dante 43
David 77, 132, 234, 243
Deschamps, Paul 9, 64
Deutschland 4, 90, 91, 92, 96, 102, 106, 261

Diana, antike Göttin 249
Dietegen von Kastel 12
Dijk, Stephen J. P. van 79
Dionysius Areopagita, hl. 9
Dold, Fritz VIII, 107, 228, 233
Dominikaner 91, 95, 96
Dominikanerinnen 104
Drachenberg, Erhard 66, 75, 99
Drexler, Jolanda 75, 108
Dubler, Annemarie 48
Dürst, Hans 22, 26, 35, 45, 121
Eberbach 3
Eberhard, Graf von Habsburg-Laufenburg 36
Ecouis 104
Ehresmann, Donald L. 57
Eidgenossen 228
Elisabeth von Chalon, Gräfin von Kyburg 35
Elisabeth von Lothringen, Herzogin von Bar 40
Elisabeth von Niederbayern, Herzogin von Österreich 246
Elisabeth von Österreich, Herzogin von Lothringen 36, 37, 40, 49, 248
Elisabeth von Stoffeln, Äbtissin von Heiligkreuztal 107
Elisabeth von Virneburg, Herzogin von Österreich 15, 242
Elisabeth, Deutsche Königin 11, 13, 15, 20, 36–38, 45, 47–50, 79, 81, 82, 101, 254–256
Elisabeth, hl. 13, 18, 58, 79, 144, 234
Elisabeth, Mutter Johannes' des Täufers 218, 264
Elsass 4, 7, 8, 20, 66, 91, 92, 94–98, 251, 261, 266
Engen, John van 86
England 88
Ephesos 262
Erfurt, Barfüsserkirche 66, 75, 99
Erickson, Carolly 64
Erlande-Brandenburg, Alain 104
Esslingen, Franziskanerkirche 18, 86, 95, 106
Esslingen, Sankt Dionys 93, 94
Eva 43, 66, 77, 176, 250, 251
Evangelisten 18, 244, 266
Ezechiel, Prophet 233
Feld, Helmut 64, 76
Felder, Peter 11, 228
Felix in Pincis, hl. 48
Fides, hl. 18, 58
Florentius, hl. 92, 93
Fößel, Amalie 45, 49
Frankfurt 4, 96
Frankfurt, Städel 96, 98, 119, 120
Frankreich IX, 7, 21, 41, 86, 87, 91–93, 99, 102, 103, 105, 113

Franziskaner 57, 60, 64, 65, 75–79, 81, 90, 108, 239, 243, 248, 252, 254
Franziskus, hl. 18, 58, 64, 75, 79, 113, 164–169, 185, 228, 246, 247, 249, 252–254, 266
Freiburg im Breisgau 97, 120
Freiburg im Breisgau, Augustinermuseum 70, 97
Freiburg im Breisgau, Münster 95, 96, 101
Freiburg im Üchtland 91
French, Thomas 88
Frenzel, Gottfried 228
Frey, Jeannette IX
Friedrich (Ferry) IV., Herzog von Lothringen 37, 40, 248
Friedrich der Schöne, Deutscher König 4, 44, 76
Friedrich I., Barbarossa, Deutscher Kaiser 25
Friedrich II., Deutscher Kaiser 185, 252, 253
Frodl-Kraft, Eva 10, 11, 81
Frohburg, Grafen von 22
Frugoni, Chiara 75
Fugger, Johann Jakob 16, 17, 37, 58, 228, 256
Gabriel, Erzengel 109, 110, 234, 264
Gantner, Joseph 7
Gatouillat, Françoise IX, 8, 46, 66, 72, 92, 93, 96, 99, 115
Gebweiler (Guebwiller), Dominikanerkirche 20
Genf 41
Gerber, Markus 14
Gerbert, Martinus 13, 17
Gerlachus 87
Gervasius von Tilbury 72
Giacoma dei Settesoli 247
Giacomel, Franco 228
Gieben, Servus 76
Gillermann, Dorothy 104
Giotto 75, 95
Glaser, Niklaus 88
Glazier, Thomas 88
Gnadenthal 13
Goethe, Johann Wolfgang von 6, 10
Goll, Jürg 3
Göllheim 44
Goten 5
Gratian, Rechtsgelehrter 24
Gratwohl, Stephan 87
Gregor der Grosse, Papst 43, 69
Grodecki, Louis 3, 4, 7, 80, 86
Guido, Bischof von Assisi 75, 112, 113, 182, 246, 252
Gundelsdorf, Familie 41
Guta, Gräfin von Öttingen 15
Habakuk, Prophet 133, 157, 242, 243
Habsburg 11
Habsburg, Grafen von 26, 44–49, 51, 60, 65, 256

Habsburger, Familie 3, 4, 34, 35, 38, 40, 76, 81
Habsburg-Laufenburg, Grafen von 36, 46
Haina, Kirche des Zisterzienserklosters 10
Halle 2
Hamburger, Jeffrey F. 50, 72
Hartmann der Ältere, Graf von Kyburg 35
Hartmann der Jüngere, Graf von Kyburg 36
Haussherr, Reiner 50, 73, 91
Heidenheim 12
Heilige Drei Könige 8, 18, 25, 56, 57, 58, 106, 114, 115, 119, 120, 134, 213, 216, 225, 229, 234, 235, 262, 263, 267
Heiligenkreuz 10
Heiliges Römisches Reich Deutscher Nation 4, 7, 50, 92, 132, 234, 254
Heiligkreuztal 73, 106, 107
Heilwig, Gräfin von Kyburg 35
Heinrich von Kärnten 11
Heinrich, Herzog von Österreich 15, 36, 37, 39, 40, 49, 112, 156, 242, 246, 256
Heinrich, Propst von Ardagger 77, 81
Hemmel von Andlau, Peter, Glasmaler 87
Herebright, Maler 88
Herrgott, Marquart 15, 78
Herodias 238
Hérold, Michel IX, 8, 46, 66, 72, 92, 93, 96, 99, 115
Hess, Daniel IX, 86, 97, 120
Hesse, Christian 22, 46
Hieronymus, Ritter 247
Hoegger, Peter 9, 10, 35, 36, 41, 72 80 97, 98
Hoffmann, Felix 25
Homburger, Otto 69
Honemann, Volker 39
Horn, Georg 2
Huglo, Michel 33
Hunnen 5
Immo, Duncan 64, 76
Innozenz III., Papst 64, 71, 165, 246, 247
Isaaksmeister 95
Isaias, Prophet 132, 136, 157, 233, 242, 243, 250
Italien 2, 4, 87, 89
Jaeck, Franz VIII, IX, 228
Jäger, Clemens 16, 17, 37, 58, 228
Jäggi, Carola 51
Jakobus, der Jüngere, Apostel 244
Jakobus, der Ältere, Apostel 111, 156, 242–244
Jakobus, Verfasser des Kindheitsevangeliums 77
Japhet, Sohn des Noah 78, 250
Jean de France, Herzog von Berry 88
Jeanne d'Evreux, Königin von Frankreich 106
Jeremias, Prophet 136
Jerusalem 77, 235, 240, 250, 251

Jesse, Patriarch 77, 78, 176, 250
Jesus Sirach, Prophet 233
Joachim 78, 176, 250, 251
Johann, Herzog von Österreich 11, 12
Johanna von Pfirt, Herzogin von Österreich 79, 144, 258
Johannes, Bischof von Strassburg 11, 17
Johannes, Evangelist, hl. 40, 50, 58, 68, 71, 72, 87, 110, 111, 116, 117, 118, 190, 206, 214, 232, 233, 236, 244, 254, 256, 257, 258, 260, 262, 266
Johannes XXII., Papst 75
Johannes der Täufer 58, 66, 73, 79, 108–111, 113, 144–149, 228, 235, 238, 239, 241, 243, 245, 249, 264
Johannes von Viktring 11, 12
Jordan 235
Joseph von Arimathia 260
Joseph, hl. 70, 77, 105, 234, 235, 264, 265
Joubert, Fabienne 61, 88
Judas Thaddäus, Apostel 158, 242, 243
Kappel am Albis, Zisterzienserkloster 66, 81, 82, 94, 101
Karl IV., Deutscher Kaiser 40
Karlsruhe, Badische Landesbibliothek 80
Karlsruhe, Badisches Landesmuseum 82
Karlsruhe, Kunsthalle 97
Kärnten, Herzogtum 38
Katharina von Böhmen, Herzogin von Österreich 40
Katharina von Burgund, Herzogin von Österreich 46
Katharina von Coucy 15
Katharina von Savoyen, Herzogin von Österreich 15, 182, 252
Katharina, hl. 58, 73, 79, 108–110, 144–149, 228, 239, 241, 243, 245, 249
Katharinenthal, Dominikanerinnenkloster 70, 73, 82
Kauw, Albrecht 12
Kessler, Cordula M. 50, 73, 94
Kimpel, Dieter 7
Kirchenstaat 4
Kirchenväter 57
Kirchhof-Hüssy, Annelies 50
Klara, hl. 18, 50, 58, 72, 75, 76, 79, 112–114, 116, 182–187, 192, 229, 247, 251–253, 257, 258
Klarissen 60, 108
Klingenberg, Familie 101
Köln 88, 102
Köln, Dom 7, 102
Köln, Dominikanerkirche 7, 102
Köln, Klarissenkloster 82

Kölner, Familie 41
Kölner, Katharina 41
Kölner, Mechthild 41
Königsbronn, Zisterzienserkloster 12
Königsfelden VIII, IX, 2, 6–9, 13–20, 23, 24, 26, 34, 36, 38, 40, 41, 43–48, 50, 51, 56, 57, 59, 60–66, 70–73, 75, 76, 79, 81, 82, 86–91, 95, 96, 99, 100, 101, 104–108, 111, 112, 114–116, 118, 121, 198, 228, 233, 243, 249, 258, 263, 267
Köniz 65, 66, 95
Konow Helma 20, 21
Konstantin, römischer Kaiser 249
Konstanz 8, 13, 17, 47, 91, 94, 97, 107
Konstanz, Dominikanerkirche 66
Konstanz, Franziskanerkirche 21
Konstanz, Mauritiusrotunde 94, 96, 101
Korn, Ulf-Dietrich 50
Kremer, Bernhard 88
Krieger, Karl-Friedrich 4, 38, 76
Krieger, Michaela 106, 119
Krings, Bruno 87
Krüger, Klaus 79
Kunigunde von Eberstein, Markgräfin von Baden 80
Kurmann, Peter VIII, 5, 6, 9, 47, 49, 56, 57, 61, 73, 81, 92, 108
Kurmann-Schwarz, Brigitte IX, 9, 32, 34, 36, 40, 45, 47, 49, 51, 57, 61, 75, 76, 78, 81, 82, 87, 88, 91, 97, 116, 119, 120, 228, 237
Kuster, Christian IX, 27, 41, 46
Kyburg, Grafen von 4, 26, 35, 36, 45, 46
La Verna, Franziskanerkloster 247
Lang, Glasermeister 228
Langobarden 5
Lauer, Rolf 7
Laurentius, hl. 18, 58, 77, 79, 119, 180, 250, 251, 262, 263
Lautier, Claudine IX, 86, 89
Lauwers, Michel 32, 33, 42, 43, 46
Le Maho, Jacques 3
Le Mans, Kathedrale 86
Lehmann, Hans 35
Lehni, Roger 8
Lenzburg, Grafen von 4, 22, 24, 25
Lenzburg, Schloss 25, 228
Leopold I., Herzog von Österreich 15, 17, 36, 39, 40, 49, 182, 196, 246, 252, 256
Leopold III., Herzog von Österreich 15
Leopold IV., Herzog von Österreich 46
Leproux, Guy-Michel 89
Levi d'Ancona, Mirella 78
Lewis, Flora 71

Lhotsky, Alphons 4, 38, 76
Lichtenthal, ehemaliges Zisterzienserinnenkloster 80, 82, 256
Lillich, Meredith P. 72, 99
Limmat 4, 11
Longinus 68, 117, 118, 205, 260, 266
Lorentz, Philippe 97, 119
Lothringen 72, 82
Lubac, Henri de 57
Lübke, Wilhelm 6, 7
Lucia, hl. 178, 250, 251
Ludwig der Bayer, Deutscher Kaiser 4, 76
Ludwig von Toulouse, hl. 18, 58, 77, 79, 177, 250
Lutz, Eckart Conrad 73
Luxemburg 4
Luzern 41
Lymant, Brigitte 62
Maercker, Karl-Joachim 66, 75, 99
Magdeburg 3
Malachias, Prophet 134
Marburg, Elisabethkirche 13
Margareta, hl. 18, 58, 81, 179, 250, 251
Margarete von Lothringen, Herzogin von Chalon 40
Maria 17, 27, 35, 38, 50, 51, 57, 58, 68, 70, 73, 77, 78, 79, 81, 92, 93, 104–109, 116–120, 132, 150–155, 178, 206, 216, 218, 219, 228, 233–235, 237, 240, 241, 245, 247, 251, 254, 260, 262, 264–266
Maria Magdalena, hl. 18, 58, 59, 95, 98, 104, 118, 139, 213, 233, 236, 265
Marks, Richard VIII, 3, 45, 56, 60, 86, 88
Marti, Konrad 46
Marti, Susan 44, 45
Martin, Frank 18
Martin, hl. 18, 58, 77, 79, 179, 250, 251
Martindale, Andrew 47, 60
Märtyrerinnen 251, 262
Máthé, Piroska IX
Matthäus, hl., Evangelist 58, 158, 242, 243, 244, 245
Matthäus Parisiensis, Chronist 71
Matthias von Neuenburg 11, 12
Maurer, Emil 11, 16, 17, 19, 24, 27, 32, 36, 42, 44, 45, 50, 51, 75, 87, 99, 121, 254, 257
Maurer, Hans 23
Mauritius, hl. 24
Mauss, Marcel 44
Maxentius, römischer Kaiser 239
Meier, Glasermeister 228
Meinrad, Graf von Görz-Tirol 38
Meister der Spielkarten, Kupferstecher 97
Meister des Frankfurter Paradiesgärtleins 119
Meister Hans, Ulmer Glasmaler 45, 87

Merseburg 44
Meyer, André IX
Michael, hl. 18, 58, 247
Michler, Jürgen IX, 19
Moorman, John 64, 76
Mörlin, Konrad 41
Mortet, Victor 9, 64
Mühlethaler, Bruno 228
Müller, Johann Heinrich 219, 228, 229, 232, 233, 260
München, Bayerisches Nationalmuseum 74, 75
Münchenbuchsee 8, 66, 92, 94, 95, 96, 98
Münster, Westfälisches Landesmuseum 86, 87
Muri 3
Müstair 3
Mutzig, Pfarrkirche 101–103
Myra 248
Napoleon 237
Narbonne 64, 254
Naumburg, Dom 256
Nellenburg, Grafen von 4
Neuberg, Zisterzienserkloster 246
Neukloster, Zisterzienserinnenkirche 10
Nicodemus 260
Niederhaslach, Sankt Florentius 66, 92, 93, 94, 95, 98, 115, 117, 118
Niederlande 4
Niederösterreich 10
Nikolaus, hl. 18, 25, 58, 79, 93, 170–175, 229, 247, 248, 249
Nilgen, Ursula 57
Noah 66, 77–78, 176, 250
Normandie 3, 104
Nürnberg, Germanisches Nationalmuseum 76, 109
Nüscheler, Richard A. 37, 59, 82, 100, 112–115, 228, 232, 233, 239, 241, 243, 244, 245, 247, 249, 251, 253, 254, 256, 258
New York, Cloisters 106
Obazine 3
Oberhaidacher-Herzig, Elisabeth 81
Oberrhein 20, 72, 87, 91, 93, 99, 102, 119, 121
Odilienberg 251
Oediger, Friederich W. 60
Österreich 4, 23, 242
Oexle, Otto Gerhard 33, 42, 44, 46
Oppenheim, Sankt Katharinen 99, 100
Österreich, Herzöge von 38, 52, 156
Ostwald 8, 92, 93
Oswald, hl. 92
Otilia, hl. 77, 178, 250, 251
Otto, Herzog von Österreich 15, 36, 37, 39, 40, 49, 164, 246, 256

Oxford 88
Pace, Valentino 76
Palmer, Nigel 43, 74
Panofsky, Erwin 9
Paris 9, 89, 104, 105, 112
Paris, Sainte-Chapelle 7
Paris, Schloss auf der Île-de-la-Cité 7
Paulus, Apostel 59, 73, 74, 75, 118, 120, 150–156, 215, 228, 240–245, 247, 262
Petrus von Roissy 9
Petrus, Apostel, 27, 59, 95, 118–120, 215, 244, 262
Pfaff, Carl IX, 60
Philippus, hl. 94, 161, 244, 245
Pieterlen 228
Pius IX., Papst 78
Poissy, Dominikanerinnenkirche Saint-Louis 104
Polen 4
Portiuncula 247
Prämonstratenser 86, 87
Proetel, Katrin IX
Propheten 56, 126, 232, 233, 235, 237, 243
Provence 4
Prudde, John 88
Pseudo-Matthäus 77
Pucelle, Jean 106
Rahn, Johann Rudolf 14, 228, 229
Rapperswil, Heinrich von 9
Rauch, Ivo 62
Recht, Roland 7, 20
Regensburg, Monoritenkirche 74, 75
Reims, Kathedrale 7
Renggli, Eduard 228
Reudenbach, Bruno 86
Reuss 4, 11, 12
Rheinfelden, Grafen von 4
Rhonetal 4
Ribault, Jean-Yves 88
Rinach, Berchtold von 27
Rinach, Herren von 27, 42, 45, 49, 51, 52, 82, 120, 224, 266
Roger von Helmarshausen 86
Rom 71, 241, 246
Rom, San Lorenzo fuori le Mura 262
Rom, San Sisto 72
Rom, Santa Maria del Rosario 72
Romont, Schweizerisches Zentrum für Forschung und Information zur Glasmalerei VIII, IX, 3
Rosenweiler (Rosenwiller) 66, 68, 95, 113, 266
Rothenburg ob der Tauber, Jakobuskirche 114
Rott, Hans 88
Röttinger, Johann Jakob 228, 235

Rouen 3
Rubens, Peter Paul 89
Rudolf (Raoul), Herzog von Lothringen 36, 40, 49, 79, 170, 248, 249
Rudolf I. von Habsburg, Deutscher König 4, 20, 35, 36, 37, 38, 39, 40, 45, 256
Rudolf I., Markgraf von Baden 80
Rudolf III., Graf von Habsburg-Laufenburg 36
Rudolf IV., Erzherzog von Österreich 40
Rudolf von Montfort, Bischof von Konstanz 18, 58
Rudolf von Österreich, König von Böhmen 37, 39, 195, 256
Rudolf von Rheinfelden, Gegenkönig 44
Rudolf von Wart 12
Rudolph, Conrad 33, 44, 63
Ruf, Gerhard 18
Ruh, Kurt 39
Ruotschmann, Steffan 23
Saint-Denis 3, 77, 80, 86, 87
Salome 110, 111, 113, 238, 245, 249
Salomon 95
Salzburg 87
Sant'Angelo di Panzo bei Assisi 252
Sauer, Christine 33, 42, 46, 83
Saulus 74, 150, 151, 240, 241
Schaffhausen, Franziskanerkirche 21
Schenkluhn, Wolfgang 20, 64
Schinznach-Dorf 228
Schlatter, Alexander 228
Schlettstadt (Sélestat), Humanistenbibliothek 118, 120
Schlettstadt (Sélestat), St. Georg 8, 92–94
Schmid, Alfred, A. 228
Schmidt, Christa 66, 75, 99
Schmidt, Gerhard 36, 108, 112
Scholz, Fritz 228
Scholz, Hartmut IX, 3, 62, 87, 88, 96
Schreiner, Klaus 73, 74
Schubert, Ernst VIII, 42
Schwaben 47
Schwachheim, J.B. 13
Schwarz, Andrea IX
Schwarz, Dietrich W. H. 11
Schwarzach 3
Schweiz 4, 7, 24, 66, 90–92, 96, 98, 229, 263
Sem, Sohn Noahs 78
Sempach 15, 45
Simeon 102, 104, 235, 243
Simon, Apostel 111, 158, 242
Söflingen, Klarissenkloster 13
Spanien 32
Speer, Andreas 9, 87

Spoleto 247

Stamm, Lieselotte E. 91, 116

Staufberg 2, 8, 24, 25, 40, 41, 46, 49, 51, 56–58, 60, 61, 66, 68, 70, 73, 79, 82, 88–91, 96, 97, 118–121, 213, 227, 229, 263, 267

Staufen 26

Steiermark 246

Steiger, Christoph von 69

Stephanus, hl. 18, 58, 73–75, 119, 150, 240, 262, 263

Stettler, Michael 24, 25, 27, 36

Strassburg (Strasbourg) 87, 88, 91, 97, 107, 109, 119–121, 245, 257

Strassburg (Strasbourg), Alt-Sankt-Peter 96, 115, 117

Strassburg (Strasbourg), Dominikanerkirche 20, 66, 95, 96, 106, 114, 115

Strassburg (Strasbourg), Frauenhausmuseum 96, 101, 102, 115, 117

Strassburg (Strasbourg), Münster 5, 6, 7, 8, 10, 71, 73, 91, 92, 98, 114

Strassburg (Strasbourg), Münster, Katharinenkapelle 95, 111, 112, 113, 114

Strassburg (Strasbourg), Münster, Laurentiuskapelle 104, 106

Strassburg (Strasbourg), Protestantisches Seminar 99, 100

Strassburg (Strasbourg), Sankt Thomas 8, 105, 106, 107

Strassburg (Strasbourg), Sankt Wilhelm 66, 67, 95, 106

Strassburg (Strasbourg), Sitz des Franziskaner Provincials 50

Strobl, Sebastian 87

Suckale, Robert 7, 88, 96, 97, 118

Suger, Abt von Saint-Denis 77, 80, 87

Suhr 2, 3, 8, 24, 25, 42, 46, 52, 66, 90, 96, 115–117, 225, 229, 227

Tennenbach, Zisterzienserkloster 70, 96, 120

Thalheim 2, 3, 4, 24, 27, 28, 42, 46, 52, 56, 57, 60, 66, 90, 120, 224, 227, 229, 266

Thann 46

Theophilus Presbyter 2, 3, 65, 86, 87, 88

Thomas, Apostel 140, 156, 236, 237, 242, 243

Thornton, John 88

Tiefenbronn 96

Tobias, Patriarch 134, 233

Toul, Saint-Gengoult 72

Tours 250

Troyes 6

Troyes, Kathedrale 7

Troyes, Saint-Urbain 7, 93

Trümpler, Stefan VIII, IX, 228

Tschechische Republik 4

Tschupp, Manfred VIII, 37, 228

Tulln, Dominikanerinnenkirche 256

Ulm 13, 45, 87, 88

Ulm, Münster 96

Ulrich von Klingenberg 96

Umbrien 64, 247

Ungarn 44, 50, 198

Ursula, hl. 176, 250, 251

Usteri, Johann Martin 237, 240

Vandalen 5

Vasari, Giorgio 89

Vasella, Oskar 60

Vauchez, André 52

Verena, hl. 18, 58, 77, 79, 178, 250

Veronika, hl. 71

Vetter, Konrad 229, 260

Vierwaldstättersee 4

Vincentius, hl. 32, 119, 262, 263

Vitruvius 5

Volker, Abt von Wettingen 35

Walker, J. Hazelden 79

Walter von Achenheim 92, 93

Walter IV., Herr von Eschenbach 81, 82

Warwick 88

Wentzel, Hans 86, 95, 102

Westermann-Angerhausen, Hiltrud 86, 88

Westhofen (Westhoffen,) 92, 93, 94, 110, 111, 112

Wettiner 11

Wettingen 2, 4, 7–10, 12, 21, 33–36, 41, 42, 45–47, 49, 50, 60, 62, 63, 65, 66, 71–73, 80, 81, 83, 86, 89, 91, 94, 97–99, 228, 257

Wien 13, 15, 47

Wien, Österreichische Nationalbibliothek 16, 17, 18, 37, 38, 228

Wienhausen, Kloster 50

Wild-Block, Christiane 7, 91, 95, 98

Williams Krapp, Werner 61

Windisch 11, 13, 20, 45, 47

Windsor 88

Winkelhausen, Deborah IX

Witz, Konrad 97

Wohlgemuth, Urs VIII, 228

Wolf, Norbert 57

Wonnental, Zisterzienserinnenkloster 80

Wood, Jeryldine 79

Wülflinger, Rudolf, Abt von Wettingen 41, 42, 80, 97, 120

York, Kathedrale 88

Zacharias, Prophet 133, 135, 157, 242, 243, 264

Zacharias, Vater von Johannes dem Täufer 109, 144, 145, 258

Zackin, Helen 3, 62, 99

Zettler, Franz Xaver 93

Zimmer, Petra 50, 73

Zisterzienser 34, 64–66, 72 86, 94, 98

Zofingen 2, 3, 8, 21–24, 42, 46, 51, 56, 57, 66, 68, 69, 88–91, 96, 116–118, 121, 204, 227, 229, 261, 267

Zschokke, Fridtjof 7, 91, 95, 98

Zürich 8, 11, 94, 101

Zürich, Fraumünster 21

Zürich, Schweiz. Landesmuseum 70

Zürich, Zentralbibliothek IX

Zürichsee 66

Zurzach 77, 79, 178, 250

Abbildungsnachweis

Aarau, Kantonale Denkmalpflege: 1, 6–11, 13, 15–19, 21–36, 42–44, 46–50, 56, 57, 59, 65, 78–80, 82, 84, 88, 89, 92, 93, 95, 97, 98, 105. Farbabbildungen 84–95 B. Lattmann; Farbabbildungen 1–83 und 96–99 F. Jaeck.

Basel, Kantonale Denkmalpflege: 20

Bern, Archiv der Eidgenössischen Kommission für Denkmalpflege: 45

Bern, Kantonale Denkmalpflege: 52, 54, 68, 73, 74

Bern, Stadt- und Universitätsbibliothek: 14, 64

Brugg, Kantonsarchäologie: 12

Colmar, Musée d'Unterlinden: 102

Frankfurt, Städel: 77

Freiburg i. Br., Augustinermuseum (Bildverlag, Freiburg i. Br.): 55

Freiburg i. Br., Corpus Vitrearum Deutschland: 5, 53, 66, 69, 70–72, 75, 76, 86, 87, 94, 96, 99, 100, 103

Marburg, Bildarchiv Foto Marburg: 2, 4, 58

München, Bayerisches Nationalmuseum: 60

Nürnberg, Germanisches Nationalmuseum: 61

Pieterlen, Photo Kurmann: 3, 83, 85,

Sélestat, Bibliothèque humaniste: 104

Strasbourg, Musée de l'Œuvre Notre-Dame: 81, 101

Stuttgart, Landesbildstelle Württemberg: 90

Wien, Bundesdenkmalamt: 63

Wien, Österreichische Nationalbibliothek: 37–41

Zürich, Fritz Dold: 91

Zürich, Kantonale Denkmalpflege: 51, 67

Impressum

Die Publikation erscheint zum Anlass
der Bizentenarfeier «200 Jahre Kanton Aargau»
im Jahre 2003

Herausgeber:
Kanton Aargau, Departement Bildung, Kultur
und Sport, Abteilung Kultur
In Zusammenarbeit mit dem Schweizerischen Zentrum
für Forschung und Information zur Glasmalerei, Romont

Verlag:
Lehrmittelverlag des Kantons Aargau

Idee und Realisation:
Franz Jaeck, Kantonale Denkmalpflege Aargau

Autorin:
Brigitte Kurmann-Schwarz, Schweizerisches Zentrum für Forschung
und Information zur Glasmalerei, Romont

Farbfotografien:
Franz Jaeck, Kantonale Denkmalpflege Aargau

Grafische Gestaltung: Peter Frey, Aarau
Umbruch: Dunja Baur, Lenzburg
Korrektorat: Wort & Schrift, Hanspeter Hutmacher, Baden
Fotolitho und Bildbearbeitung: nc ag, Giorgio Panceri, Urdorf
Druck: Urs Zuber AG, Reinach
Buchbinderarbeiten: Buchbinderei Burkardt AG, Mönchaltdorf

Papier: Job Parilux 170 g/m^2, hochweiss, holzfrei, halbmatt
Schrift Titel/Lauftext: Akzidenz-Grotesk/Walbaum

© 2002 Kanton Aargau
© für die Texte bei den Autoren
© für die Abbildungen gemäss Abbildungsnachweis
ISBN 3-906738-32-9